College-Sport	Soccer	Eishockey	Basketball	Baseball	Amer. Football	Amer. Sports	Reisetips A–Z
Kalifornien ...	Südwesten	Mittl. Westen	Texas ...	Florida	Der Süden	Große Seen	Nordosten
					Anhang	Kanada	Der Nordwesten

"Latest News"

zu den Büchern von REISE KNOW-HOW im Internet.
Aktuelle Ergänzungen und Neuigkeiten
nach Drucklegung

http://www.reise-know-how.de/

Der
Reise Know-How Verlag Peter Rump GmbH
ist Mitglied der
Verlagsgruppe
REISE KNOW-HOW

**Margit Brinke, Peter Kränzle
USA für Sportfans**

Take me out to the Ball Game!

Populäre Baseball-Hymne

Margit Brinke, Peter Kränzle
USA für Sportfans

Impressum

Margit Brinke, Peter Kränzle

USA für Sportfans

erschienen im
REISE KNOW-HOW Verlag Peter Rump GmbH
Hauptstr. 198
33647 Bielefeld/Brackwede

© **Peter Rump**
1. Auflage 1997

ALLE RECHTE VORBEHALTEN

Gestaltung:
Umschlag: M. Schömann, P. Rump
Inhalt: Kordula Röckenhaus
Fotos: die Autoren, soweit nicht anders angegeben
Karten: C. Raisin, der Verlag

Druck, Bindung: Fuldaer Verlagsanstalt GmbH, Fulda

ISBN: 3-89416-633-9

PRINTED IN GERMANY

Dieses Buch ist erhältlich in jeder Buchhandlung der BRD, Österreichs,
der Niederlande und der Schweiz. Bitte informieren Sie Ihren Buchhändler
über folgende Bezugsadressen:
BRD: Prolit GmbH, Postfach 9, 35461 Fernwald (Annerod) und die Barsortimente
Schweiz: AVA-buch 2000, Postfach 27, CH-8910 Affoltern
Österreich: Mohr Morawa Buchvertrieb GmbH, Sulzengasse 2, A-1230 Wien
Niederlande: Nilsson & Lamm BV, Postbus 195, NL-1380 AD Weesp

Wer im Buchhandel trotzdem kein Glück hat, bekommt unsere Bücher gegen Vorein-
sendung des Kaufpreises plus 4,50 DM für Porto und Verpackung (Scheck im Brief)
direkt bei: **Rump-Direktversand**, Heidekampstr. 18, 49809 Lingen (Ems).

● Wir freuen uns über Kritik, Kommentare und Verbesserungsvorschläge.

Alle Informationen in diesem Buch sind vom Autor mit größter Sorgfalt gesammelt
und vom Lektorat des Verlages gewissenhaft bearbeitet und überprüft worden.
Da inhaltliche und sachliche Fehler nicht ausgeschlossen werden können, erklärt der Verlag,
daß alle Angaben im Sinne der Produkthaftung ohne Garantie erfolgen und daß Verlag wie
Autoren keinerlei Verantwortung und Haftung für inhaltliche und sachliche Fehler übernehmen.

Inhalt

Vorwort	9
Hinweise zur Benutzung	10

Praktische Reisetips A – Z

Anreise in die USA	14
Diplomatische Vertretungen	15
Essen und Trinken	15
Gesundheit	16
Hotelreservierung	16
Informationen vorab	17
Kleidung und Ausrüstung	18
Notfälle	18
Organisierte Reisen	20
Shopping	20
Sport als Familienunterhaltung	21
Sportmedien in den USA	23
Ticket-Vorbestellung	24
Unterwegs in den USA	25
Verhaltensregeln	31
Versicherungen	32
Visa für längeren Aufenthalt	33

American Sports

Sport in Amerika – mehr als nur ein Freizeitvergnügen	36
Die Profiligen	48
College-Sport	57
Spectator-Sport-Tips	58

American Football

Das Spiel	68
NFL – National Football League	77
Canadian Football	83

Baseball

Das Spiel	86
MLB – Major League Baseball	92
Minor League Baseball	98
Softball – Variante des Baseballs	100

Basketball

Das Spiel	104
NBA – National Basketball Association	109
CBA – Continental Basketball Association	113
Frauen-Profibasketball	115

Eishockey

Das Spiel	120
NHL – National Hockey League	124
Minor League Hockey	129
Nachwuchseishockey	133
Inline-Hockey	135

Soccer

Das Spiel	138
MLS – Major League Soccer	138
Indoor Soccer	141
Unterbau der MLS	143

College-Sport

Was ist College-Sport?	146
Sehenswerte College-Sportarten	150

Inhalt

Teams und Sportstätten

Der Nordosten	164
Die Großen Seen	194
Der Süden	219
Florida	241
Texas, Oklahoma und Arkansas	256
Der Mittlere Westen	268
Der Südwesten	282
Kalifornien und Nevada	298
Der Nordwesten	326
Kanada	343

Anhang

Glossar	362
Literaturhinweise	367
Register	376
Die Autoren	383

Exkurse zwischendurch

- Die Millionäre des Profisports — 42
- Ted Turner – das „Großmaul des Südens" — 45
- Die Finanzstruktur eines Proficlubs – am Beispiel der Detroit Red Wings — 52
- Eine amerikanische Institution – Super Bowl — 81
- NFL-Super Bowls mit Austragungsort — 82
- Hot dogs und Home runs — 95
- „Your career is our business" — 148
- Wer die Wahl hat, hat die Qual – Fans im Big Apple — 172
- Die Legion des Verderbens — 181
- „Simply the Best" – Eishockeylegende Mario Lemieux — 185
- „Mister Zuverlässig" — 187
- Die „Rote Armee" auf dem Eis — 203
- Back again: Air Jordan startet wieder durch — 209
- Das Enfant terrible der NBA — 211
- Der Provinzler ganzer Stolz — 213
- Die Panther zeigen Krallen — 225
- Oh when the Saints go marchin' in — 229
- Die Durham Bulls – das Aushängeschild des Minor-League-Baseballs — 233
- Der besondere Tip – „The Cockaboose Railroad" — 235
- Gott und Football — 239
- Football im Sonnenstaat — 244
- „Mister Universum" – der schönste Mann im Profisport — 250
- America's Team oder: Deep in the Heart of Texas — 260
- The League of Dreams — 278
- „King Kong" in Denver — 285
- Verläßlich wie ein Schweizer Uhrwerk — 289
- Vom Loser zum Winner – San Francisco 49ers — 305
- Die Dodgers in L.A. — 314
- Der neue King of Hollywood — 316
- Eishockey unter Palmen — 318
- Portland – das Bierparadies — 328
- Oregon Coast und „Zimmer mit Frühstück" — 330
- Jimi Hendrix, Computer und Basketball — 333
- Deutschlands bester Exportartikel seit dem VW Käfer — 337
- War on Ice – Lokalderbys zwischen Montréal und Toronto — 346

Vorwort

Alles begann in den 70er Jahren: Damals saßen wir noch so manche Nacht schlaftrunken vor dem Radio und lauschten den AFN-Übertragungen großer US-Sportereignisse, wie dem *Super Bowl*, dem NBA- und NHL-Finale oder den *World Series*. Die räumliche Nähe zu einer US-Kaserne verhalf uns schon bald zu einer weiteren unglaublichen Entdeckung: Per AFN-Fernsehen konnten wir zumindest das Bild „mit Schnee", wenn schon nicht den Ton, empfangen.

Mittlerweile hat sich vieles geändert, deutsche Sender übertragen regelmäßig Spiele der US-Profiligen, und die Zahl der US-Sports-Fans ist ins Unermeßliche gestiegen. Auch wir sind längst nicht mehr auf die nächtlichen AFN-Sendungen (alleine) angewiesen. Was jedoch alle Medien nicht vermitteln konnten, sind die Erfahrungen, die wir während vieler Jahre als regelmäßige Besucher der US-Sportstadien gemacht haben.

Da wir uns als Journalisten und Buchautoren seit langem intensiv mit dem nordamerikanischen Sport befassen, sind wir mit der US-Szene mittlerweile beinahe vertrauter als mit der heimischen. Da gerade in den letzten Jahren die Nachfrage nach aktuellen Informationen zu US-Sportereignissen enorm gewachsen ist, kamen wir auf die Idee, einen kompakten Führer zu schreiben, der möglichst umfassend über die amerikanische Sportszene Auskunft geben soll. Jeder Nordamerika-Reisende bekommt damit für wenig Geld einen nützlichen Leitfaden zu den dortigen Mannschaftssportarten in die Hand.

Wir können und wollen keine umfassende Darstellung des Sports in Nordamerika liefern, zumal das den Rahmen des Buchs bei weitem sprengen würde. Im Mittelpunkt dieses ungewöhnlichen „Sach-Reiseführers" stehen daher die typischen nordamerikanischen Sportarten **American Football, Baseball, Basketball und Eishockey.** Diese vier Mannschaftsspiele sind es ja auch, die als „**Spectator Sports**" (Zuschauersportarten) zunehmend deutsche Sportfans anziehen. Während Football, Basketball und Eishockey hierzulande eine kontinuierlich wachsende Fangemeinde haben, begegnet man Baseball zumeist immer noch mit verständnislosem Kopfschütteln. Dabei handelt es sich gerade dabei um den eigentlichen Nationalsport der Amerikaner, und der Besuch eines Baseballspiels – egal welcher Kategorie – kann unvermutet Zugang zur amerikanischen Mentalität eröffnen.

Es ist uns daran gelegen, auf die Andersartigkeit der amerikanischen Sportwelt hinzuweisen, denn trotz der geschickten Marketingstrategien der US-Profiligen und ungeachtet der Tatsache, daß immer mehr Fans hierzulande Souvenirartikel der US-Teams tragen, existieren zwischen dem Profisport in den USA und in Deutschland noch wesentlich mehr Unterschiede als Gemeinsamkeiten. Das beginnt schon damit, daß es in den USA weder Auf- noch Abstieg gibt.

In den einführenden Kapiteln wird die historische Entwicklung der einzelnen Sportarten geschildert, und es werden deren wichtigste Grundregeln und Besonderheiten erwähnt, so daß auch ein *„US-Sports-Anfänger"* gut gerüstet ein Spiel in den USA besuchen kann.

Die eigentliche Bedeutung des Buchs liegt jedoch in der **Bereitstellung von Informationen** zu einzelnen Sportarten, Mannschaften und Ligen. Wo sind welche Teams zu Hause? Wo befinden sich die Stadien, wo gibt's Tickets usw. usw. Darüber hinaus werden gerade im Regionalteil dem Fan diverse Hinweise und Tips gegeben, die über bloße Fakten und Adressen hinausgehen: Wo gibt es Sportshops, die besten Hot dogs, die größte Bierauswahl, was kostet ein Parkplatz?

Ein besonderes Kapitel haben wir dem **Collegesport,** insbesondere College Football und Basketball, gewidmet. Nicht aus einer persönlichen Vorliebe heraus, sondern vielmehr, weil der professionell betriebene Studentensport in den USA mit dem Berufssport in der Gunst der Fans leicht mithalten kann. In manchen Regionen ist Collegesport sogar wichtiger als jedes Profiereignis. Da die meisten Hallen auf dem Unicampus liegen, ist der Besuch eines Spiels ein ganz besonderes Erlebnis, zumal die Stimmung bei Collegespielen vielfach besser ist als bei den Profis. Da im College Football über hundert Unis, im College Basketball sogar über 300 in der höchsten Spielklasse in regionalen Ligen mitspielen, war es nötig, eine Auswahl der wichtigsten, aber auch besuchenswertesten Unis zu treffen.

Eine wichtige Anmerkung zum Schluß: Derzeit ist im US-Profigeschäft eine Aufbruchsstimmung zu spüren. Diese drückt sich unter anderem in neuen Outfits, aber auch im Bau neuer Sportarenen aus. Wo Pläne vorliegen bzw. die Neubauprojekte kurz vor der Fertigstellung stehen, haben wir das vermerkt. Dennoch muß in den kommenden Jahren laufend mit Änderungen gerechnet werden. Um das Buch auch künftig so aktuell wie möglich zu halten, wären wir dankbar für jede Mitteilung von *Neuerungen oder Änderungen*.

Hinweise zur Benutzung

Verwendete Abkürzungen

- ML – Major League, im Unterschied dazu wurde „Minor-League" immer ausgeschrieben
- CVB – Convention & Visitors Bureau (Tourismusbüro, Fremdenverkehrsamt)
- Zeitzonen: ET – Eastern Time, CT – Central Time, MT – Mountain Time, PT – Pacific Time
- vs. – versus (gegen)
- übliche Abkürzungen für Wochentage etc.

Erläuterungen zu Teams und Sportstätten in einzelnen US-Regionen und -Städten

- *Telefonnummern:* Bei Adressen wurde auf die ständige Nennung der Durchwahl von Deutschland nach

Hinweise zur Benutzung

Nordamerika – **001** – verzichtet. Die Vorwahl der betreffenden Stadt wurde im Normalfall zu Anfang angegeben und einmalig bei den Stadien wiederholt. Diese hervorgehobene Nummer gilt dann für alle nachfolgenden Telefonnummern.

● In den **Staatenporträts** wird angegeben, wieviele und welche Profiteams es im Staat gibt. Außerdem findet sich eine Auswahl wichtiger **Collegeteams,** zu denen Näheres dann entweder unter den entsprechenden Städten (sofern auch ML vorhanden) oder am Ende des entsprechenden Regionalkapitels unter der Rubrik „Wichtige College-Sports-Städte" aufgeführt wird. Das gleiche Anordnungsprinzip gilt für **Minor-League-Teams.** IHL- und CBA-Mannschaften wurden entweder unmittelbar nach den ML-Teams der entsprechenden Stadt oder am Kapitelende als "Minor-League-Mannschaften in Städten ohne ML-Teams" (ohne Detailangaben) genannt. Zusätzlich wurden **Frauen-Profibasketball-Teams** angefügt. Auf die detaillierte Auflistung aller Minor Leagues mußten wir verzichten, da dies den Rahmen gesprengt hätte. Wir haben deshalb mit der IHL und CBA die beiden bedeutendsten herausgegriffen. Infos und Kontaktadressen zu den anderen finden sich in den einleitenden Kapiteln zu den einzelnen Sportarten.

● Abgesehen von dieser regionalen Auflistung findet sich eine nach Ligen und Sportarten gegliederte Liste anschließend an die Staatenporträts.

● **Stadien** sind generell unter der im Teamnamen genannten Stadt zu finden, also z.B. das Giants Stadium unter N.Y., obwohl es sich in East Rutherford, N.J., befindet.

● Die bei der **Teamadresse** angegebene Telefonnummer (Team Office) stellt die erste Anlaufstation für Auskünfte aller Art dar. Speziell zu Tickets finden sich die Telefonnummern weiter unten bei den betreffenden Stadien.

● **Kanada** wurde abschließend als Bonus beigefügt.

Städteporträts

Auskünfte zur **Unterkunft** erteilen gegebenenfalls die Tourism Offices (siehe Infos). Angaben sind sonst als subjektive Tips zu verstehen, wobei, sofern möglich, die Nähe zur entsprechenden Sportstätte ein Kriterium war. In der Rubrik „**Essen & Trinken"** sind nur einige Empfehlungen oder lohnende Stadtviertel und gegebenenfalls Spezialitäten der Stadt oder Region genannt. Weitere Angaben finden sich bei den einzelnen Stadien; gleiches gilt für „Unterhaltung". Die Hauptsehenswürdigkeiten einer Stadt wurden in „**Don't miss"** erfaßt, dabei ist Sportbezogenes (wie eine Hall of Fame) mit * versehen. Sofern möglich, wurden unter „Shopping" Sportshops aufgeführt, ansonsten große Einkaufszentren oder -viertel, in denen ebenfalls zumeist Sportläden zu finden sind.

Stadion-Vorstellung

Auf die Nennung des/der in der Sportstätte spielenden Teams folgt die **Stadionadresse,** die sich – sofern nicht anders angegeben – in der betreffenden Stadt befindet. Unter *„Eröffnung"* wurde auf Neubau- oder Umzugspläne hingewiesen. Unter *„Tickets"* finden sich gegebenenfalls eine weitere Adresse, falls die Karten nicht direkt am Stadion erworben werden können, die Tikket-Telefonnummer, möglicherweise eine Bestelladresse, die Öffnungszeiten des Schalters (falls nicht angegeben gelten die üblichen Bürostunden: Mo-Fr 8/9-17 Uhr) und – sofern eruierbar – die Ticketpreise. Letztere beziehen sich mit wenigen Ausnahmen auf die Spielzeit 1996/97.

Die Höhe von *Parkgebühren* wurde nur in Einzelfällen – z.B. wenn extrem hoch – erwähnt. *„Imbiß"* bezieht sich auf die Eßgelegenheiten innerhalb des Stadions, unter *„Treffs"* wurden vor allem solche aufgenommen, die sich in nächster Nähe zur Sportstätte befinden, mit Schwerpunkt Sportbars. Weitere Treffpunkte sind gegebenenfalls unter „Essen & Trinken" oder „Unterhaltung" im Städteporträt zu finden. *„Something special"* meint Hinweise zu Atmosphäre, Publikum, Lage und Besonderheiten der Sportarena.

Praktische Reisetips A-Z

Anreise in die USA

Flugzeug

Flüge in die großen Sportzentren und Flugdrehkreuze – wie Atlanta, New York, Los Angeles, Chicago oder Dallas/Fort Worth – bieten verschiedene Anbieter und Fluggesellschaften zu unterschiedlichen Konditionen und Preisen an. Für möglichst variable Reisegestaltung ist bei **Buchung eines Transatlantik-Fluges** auf Anschlüsse, gegebenenfalls günstige Inlandsflugcoupons zu achten. Wichtig ist darüber hinaus, ob Gabelflüge oder Stopovers (meist einer umsonst, der zweite gegen Aufpreis) möglich sind.

Zu den größten **deutschen USA-Veranstaltern** zählen *Meier's Weltreisen, DERTOUR, Airtours, CA Ferntouristik* und *ADAC*, die bedeutendsten **amerikanischen Fluggesellschaften** sind *Delta, American Airlines (AA), USAir, United Airlines, Northwest* und *Continental Airlines* sowie *TWA*, außerdem bieten u.a. *British Airways (BA), KLM, Air Canada, Canadian Airlines* und vor allem *Lufthansa (LH)* zahlreiche USA- bzw. Nordamerika-Flüge an. Alle genannten sind Liniengesellschaften und starten meist täglich, als **Charter** fliegen die *LTU, Condor, Hapag Lloyd* und *World Airways* Amerika an, wobei jedoch aufgrund der Wochenbindung erstens die Flexibilität eingeschränkt und zweitens weniger Reisegepäck erlaubt ist.

Für den **Transport von Sportgeräten**, z.B. Fahrrädern, Surfboards, Kanus, wird von den meisten Fluggesellschaften eine Gebühr erhoben, Golfgepäck wird vielfach auch bis zu einem bestimmten Gewicht gratis transportiert.

Wer nur einen Flug buchen möchte, fragt am besten in einem oder besser mehreren Reisebüros nach dem günstigsten Preis von A nach B, statt nach dem Prospekt zu buchen. Es gibt häufig nirgends niedergeschriebene **Flugsondertarife**, außerdem hängt der Preis von der Reisesaison, in geringem Maße auch vom Wochentag des Abfluges und der Ankunft ab (Wochenendzuschläge).

Flugbörsen und **Last-minute-Reisebüros**, die es in beinahe jeder größeren Stadt gibt – z.B. *Travel Overland, McFlight, Getaway Travel* – bieten oft auf die Schnelle Schnäppchen an.

Eine weitere denkbare Möglichkeit für Organisationsmuffel wäre die Buchung eines **Pauschalarrangements „Fly & drive"**, d.h. Flug und Mietwagen, doch dabei ist die Route ziemlich starr fixiert und der Freiraum gering.

Zeitzonen

Die Vereinigten Staaten sind in **vier Haupt-Zeitzonen** eingeteilt: Eastern Time (ET), Central Time (CT), Mountain Time (MT), Pacific Time (PT). Die **Zeitverschiebung von der MEZ** beträgt 6 bis 9 Stunden (Ausnahmen: Alaska, Hawai), d.h. in Deutschland ist es 6 bis 9 Stunden später als in den USA. Bei der Fahrt nach Osten wird die Uhr jeweils vorgestellt (Zeitverlust), gen Westen nachgestellt (Zeitgewinn). Während sich bei Landung am Nachmittag oder Abend in

Nordamerika der **Jetlag** meist kaum auswirkt, ist die Umstellung bei Rückkehr nach Deutschland, morgens oder vormittags weit schwieriger, und man sollte besser einen freien Tag zusätzlich einplanen.

Diplomatische Vertretungen

Botschaften und Konsulate in den USA

In Washington
- ***Deutsche Botschaft,*** 4645 Reservoir Road NW., Washington, D.C. 20007-1998, Tel. (202) 209-4000;
- ***Österreichische Botschaft,*** 2343 Massachusetts Ave. NW., Washington, D.C. 20008, Tel. (202) 483-4474;
- ***Schweizer Botschaft,*** 2900 Cathedral Ave. NW., Washington, D.C. 20008-3499, Tel. (202) 745-7900.

In anderen Städten
In den meisten größeren amerikanischen Städten gibt es Konsulate oder Vertretungen. Sie sind einfach im Telefonbuch unter dem Stichwort „ambassy" oder „consulate" zu finden.

US-Vertretungen in Deutschland, Österreich, Schweiz

Deutschland
- Embassy of the USA, Deichmanns Aue 29, D 53170 Bonn, Tel. (0228) 399-1, Fax 449-2663
- U.S. Embassy Office Berlin, Neustädtische Kirchstr. 4-5, 10117 Berlin, Tel (030) 238-5174 o. Fax 238-9290
- Außerdem gibt es US-Konsulate in Düsseldorf, Frankfurt, Hamburg, Leipzig, und München.

Schweiz
- American Embassy, 95 Jubilaeumsstraße, CH-3005 Bern, Tel. (031) 357-7234, Fax 357-7398
- U.S. Consular Agency, World Trade Center, IBC-Buildung, 29rte. de Pre-Bois, CH-Genf, Tel. 022-798-1605 und 798-1615, Fax 798-1630
- U.S. Consular Agency, Dufourstr. 101, CH-Zürich, Tel. 422-2566, Fax 383-9814

Österreich
- American Embassy, Boltzmanngasse 16, AU-1090 Wien
- Consular Agency, Alter Markt 1, AU-5020 Salzburg, Tel. (0662) 848-776, Fax 849-777

Essen und Trinken rund um den Sport

Rund um die meisten Stadien und Hallen – zumindest um jene, die nicht allzuweit vom Stadtzentrum entfernt sind – gruppieren sich häufig **Bars und Kneipen,** die vor und nach den Spielen **als Fantreffs** fungieren und dann brechend voll sind. Viele Restaurants im Umkreis bieten **pre-game buffets** an und stellen manchmal sogar einen eigenen Shuttle-Service zur Arena.

Sportbars sind Kneipen mit mehreren großen TV-Bildschirmen, teils Satellitenempfang; es wird ständig Sport gesendet. Dazu bieten die Sportbars – wie der Name sagt – Bar- und Restaurantbetrieb. Es gibt häufig mehrere Sorten Faßbier – sofern vorhanden, die lokalen Microbrews – und gutes deftiges Essen. Sie stellen Treffpunkte von Sportfans jeglicher Couleur dar, oft zählen sogar die Stars der lokalen Teams zu den Gästen.

Um beim Essen zu bleiben: Gerade vor Footballspielen sind **Tailgate Parties** gang und gäbe. Auf den Parkplätzen wird dann der Grill angeworfen, Burgers und Steaks gebraten, Salat gemischt.

In den **Stadien** selbst gibt es ebenfalls genügend **Imbißmöglichkeiten:** Von Hot dogs über Burgers, Pizza, Candy hin zu Nachos oder Chips mit Salsa. Die Palette ist breit und erschöpft sich nicht – wie oft hierzulande – mit Würstchen und Pommes. Die Preise sind zudem moderat, auf alle Fälle wesentlich günstiger als in deutschen Stadien und Hallen. **Alkohol** gibt es übrigens nicht immer, gelegentlich sind nur *Lite* oder alkoholfreie Bierversionen im Angebot. **Rauchen** ist in allen Hallen, sogar in manchen Freiluft-Stadien (mit Ausnahme von Raucherecken) verboten.

Gesundheit

Anders als in vielen anderen Ländern ist in den USA die Sicherheit einer schnellen und gründlichen Behandlung im Krankheitsfall gegeben, vorausgesetzt man kann die Zahlungsfähigkeit durch eine Kreditkarte belegen. Der **hervorragenden medizinischen Betreuung** einerseits stehen die im Normalfall hohen Kosten entgegen, die vom Betroffenen vorgeschossen werden müssen. Bei Praxisbesuchen sehen Ärzte häufig am liebsten Bares. Bei Eintreten eines Notfalles sollte die Versicherungsgesellschaft telefonisch verständigt werden (siehe auch Versicherungen), in schweren Fällen auch das Konsulat oder die Botschaft.

Standard-Medikamente gegen Schmerzen, Durchfall oder Erkältungen können in jedem Supermarkt oder Drugstore billig und rezeptfrei gekauft werden, doch empfiehlt es sich trotzdem, die übliche kleine Reiseapotheke mitzunehmen. Da es weit mehr verschreibungspflichtige Medikamente gibt als bei uns, tut man gut daran, sich mit dringend nötigen Arzneien bereits zu Hause einzudecken und nötige Untersuchungen vorher durchführen zu lassen. Besondere **Impfungen** sind nicht erforderlich.

Hotelreservierung

In den meisten Fällen ist **Hotelvorausreservierung** dringend anzuraten, da bei größeren Events die günstig gelegenen Hotels und Motels schnell ausgebucht sind und zudem häufig saftige Preisaufschläge an den „game days" oder „Football weekends" verlangt werden. Vorausbuchung hat allerdings genaueste Reiseplanung zur Bedingung und bietet sich generell (abgesehen von den Spieltagen) in vielen Großstädten oder wo sich wichtige touristische Highlights befinden, in der Hauptsaison und bei nächtlicher Ankunft an. Oft beziehen sich die Angebote der Veranstalter auf eine **Aufenthaltsdauer** von mindestens 2 oder 3 Nächten (z.B. bei *Airtours, Meier's*) und auf Hotels der mittleren bis gehobenen Klasse.

Informationen vorab

Hotel in den USA

Hotelgutscheine (z.B. *Days Inn, Holiday Inn, Howard Johnson*) kommen meist teuer, da vor Ort oft noch Aufschläge zu entrichten sind. Deutsche **Reiseveranstalter** wie *DER Tour, Meier's Weltreisen, Airtours* und *CA Ferntouristik* bieten eine breite Palette an verschiedenen Unterkünften in den größeren amerikanischen Städten an. Für jene, die **auf eigene Faust buchen** möchten, sind im regionalen Serviceteil jeweils ein paar Hoteladressen angegeben.

Informationen vorab

Nach Auflösung des Fremdenverkehrsamtes der USA fungiert die **Handelsabteilung des Amerikanischen Generalkonsulats** in Frankfurt in Zusammenarbeit mit *Visit USA* als mögliche erste Anlaufstelle, Siesmayerstraße 21, 60323 Frankfurt, Tel. (069) 95679013 oder 75350, Fax (069) 748938. Aktuelle Infos liefern die **staatlichen Fremdenverkehrsämter** bzw. die lokalen Convention & Visitors Bureaus in den USA, die teils auch Vertretungen in Deutschland haben. Die entsprechenden Adressen sind im Regionalteil zu finden.

Außerdem bieten sich (noch) die **Amerikahäuser** (Berlin, Frankfurt, Hamburg, Hannover, Köln, Leipzig, München und Stuttgart) mit ihren umfangreichen Bibliotheken zur Reiseplanung an. Aus Kostengründen werden derzeit jedoch immer mehr dieser sinnvollen Institutionen aufgelöst.

Der **ADAC** stellt Mitgliedern auf Anfrage kostenlos Kartenmaterial und allgemeine Ratgeber zur Verfügung.

Nur vor Ort versorgt der amerikanische Automobilclub **AAA** europäische Clubmitglieder kostenlos mit aktuellen Karten und informativen „Tourbooks".

Kleidung und Ausrüstung

Viele Extras sind für den reisenden Sportfan nicht nötig, und wenn etwas vergessen wurde, kann es leicht und meist preiswerter als zu Hause im Sportsouvenirshop oder im Sportladen gekauft werden. Regenkleidung und Pullover, Mütze oder Hut, Handschuhe und dicke Socken, Sitzkissen und Sonnenschutz gehören zur **Grundausstattung** eines wahren Outdoor-Sportfans. Foto und Fernglas hingegen sind auch in der Halle wichtig, speziell, wenn man nicht direkt am Court sitzt – und wer tut das schon?

Die **Kleidung** selbst hängt von der jeweiligen Sportart ab. Während man sich bei Baseball- und Footballspielen – da im Freien – eher leger gibt, kommen Basketball und Eishockey häufig gesellschaftlichen Ereignissen gleich – nach dem Motto: Sehen und Gesehenwerden – und erfordern daher entsprechend ordentliche Kleidung. Eine Ausnahme stellen diesbezüglich Kanada und Hockey-Hochburgen wie New York, Boston, Chicago oder Philadelphia dar. Im Collegesport ist die Handhabung der Kleiderregeln generell lockerer als im Profisport, das Publikum ist jünger und ausgeflippter.

Notfälle

Im Notfall hilft ein *Cop,* das nächste Polizeirevier (Operator 0) oder die Notrufnummer 911 (Notrufzentrale). Bei **Diebstahl** oder **Verbrechen** ist auf alle Fälle in einem Polizeirevier Anzeige zu erstatten. Bei **Verstößen gegen Alkohol- oder Drogenge-**

Notfall-Tips

Vorsorgemaßnahmen vor Reiseantritt

- Für **Versicherungsschutz im Krankheitsfall** sorgen (Auslandsreise-Krankenversicherung, siehe auch Versicherungen).
- **Impfpaß,** evtl. **Gesundheitspaß** und **nötige Medikamente** mitnehmen.
- **Kreditkarte** rechtzeitig beantragen und sich nach Notfallhilfen und Sperrmodalitäten sowie Notruf-Telefonnummern erkundigen.
- In der Hausbank nach einer Möglichkeit der **Geldüberweisung im Notfall** erkundigen
- Zu Hause **Vollmacht für Postaushändigung** ausstellen bzw. Postlagerungsauftrag erteilen.
- Absichern, **wer im Notfall verständigt** und um Geldüberweisung bzw. andere Dienste gebeten werden könnte (z.B. Eltern, Geschwister). Evtl. Bankvollmacht erteilen und Adressen, Versicherungsnummer(n) usw. dort hinterlassen.
- **Telefonkarte** besorgen (z.B. *Telecom, AT&T),* sich mit entsprechenden Modalitäten vertraut machen.
- **Kopien aller wichtigen Dokumente** (Paß, Versicherungsscheine, Führerschein, Flugticket etc.) anfertigen und Nummern notieren. Einen Satz davon getrennt von den Originalen mitnehmen, einen zu Hause hinterlegen.
- **Sicherheitsgeldbetrag** gesondert einpacken.

setze und vorübergehendem Aufenthalt im Untersuchungsgefängnis *(jail)* steht einem ein *public defender* zu – weiter hilft auch die *Traveler's Aid Association of America*.

Der Notruf lautet 911. Bei **Pannen mit Mietwagen,** in denen meist jegliches Werkzeug und ein Warndreieck fehlen, bindet man ein weißes Tuch an die Antenne oder befestigt es am Fenster auf der Fahrerseite (nachts Blinker einschalten und verriegeln) und wartet (nachts) oder läuft zum nächsten Notruftelefon, das allerdings nicht immer ganz nah ist. Die Verleihfirma schickt – sofern möglich – einen Servicewagen, ansonsten sollte man den AAA-Pannen-

---

- **Originaldokumente** sicher am Körper (Brustbeutel, Gürteltasche o.ä.) mitführen, wenn möglich, im Hotelsafe deponieren.
- **„Notfall-Paß"** mit persönlichen Daten, Adresse, Kontaktperson/-adresse, Notruf-, Versicherungs-, Sperrnummern, Botschaft/ Konsulat am Reiseziel, Nummern der verschiedenen Dokumente, Schecks, Kreditkarten, Tickets usw. anfertigen.

Verlust/Diebstahl von Dokumenten oder Geld

Nach Anfertigung eines ausführlichen *Polizeiprotokolls* muß der Verlust von Dokumenten möglichst umgehend der betreffenden Stelle gemeldet werden. Getrennt aufbewahrte Kopien der Dokumente bzw. notierte Nummern sind bei *Wiederbeschaffung/Ersatz* von großem Vorteil. Für die Wiederbeschaffung von Dokumenten, wie Reisepaß oder Führerschein, sind die diplomatischen Vertretungen (siehe unten) zuständig. Bei Vorlage einer Form der Identifizierung (z.B. Kopie) wird gegen Gebühr ein Ersatzdokument ausgestellt. Der *Verlust von Flugtickets* muß der Fluggesellschaft, der *von Kreditkarten oder Schecks* der Bank bzw. Kreditkarten-Gesellschaft gemeldet werden.

Geldbeschaffung

- Eine **Kreditkarte,** die in den USA unabdingbar ist, hilft dank ihres individuell festgelegten Verfügungsrahmens auch in Notfällen weiter. Vor Reiseantritt sollte man allerdings dafür sorgen, daß auf dem Kreditkartenkonto ein auch für Notsituationen hinreichend großer Betrag deponiert ist. Ansonsten kann man notfalls folgendermaßen zu Geld kommen:
- **Blitzüberweisungen** funktionieren normalerweise am schnellsten von einer deutschen DVB-Bank (z.B. an Bahnhöfen) zu einer Western Union Bank (Infos: 069-2648201)
- Per **Postanweisung** dauert es etwas länger, wichtig ist dabei, den ZIP Code zu kennen und bei Abholung den Paß vorzulegen.
- **Konsulate** helfen nur in Ausnahmefällen, jedoch nie in Form von Bargeld, sondern z.B. in Form eines **Rückflugtickets** (das natürlich zurückbezahlt werden muß). Notfalls besteht die Möglichkeit, daß Verwandte das Geld auf ein Konto des Auswärtigen Amts einzahlen.
- **CC-Institute** helfen bei Verlust mit umgehender **Wiederbeschaffung der CC** (24 Std.) bzw. Zahlung eines Notfallgeldes weiter.

Erkrankung/Unfall

Bei schweren Fällen ist die **Krankenversicherung** zu verständigen, ggf. auch das Konsulat oder die Botschaft. Eine **ausführliche Bescheinigung** über Diagnose, Behandlung und Medikamente sowie eine Quittung über geleistete Zahlungen sollte vom Arzt eingeholt werden, da sie später der Versicherung vorgelegt werden muß.

dienst privaten Abschleppdiensten vorziehen. Bei kleineren Defekten kann der Wagen an der nächsten Mietstation repariert oder umgetauscht werden. Überlegenswert ist es, von zu Hause ein Erste-Hilfe-Set und einen Satz Notwerkzeug mitzunehmen.

Organisierte Reisen

Deutsche Veranstalter

Es gibt Reiseveranstalter wie **DERTOUR** („Sport Live"), die vollorganisierte Reisen zu speziellen Sportveranstaltungen anbieten. Das Angebot deckt allerdings schwerpunktmäßig Sportarten wie Marathonläufe, Leichtathletik, Motorsport und Tennis ab, so kann z.B. eine Reise (Flug, Hotel, Eintrittskarten) zum Tennis ATP Turnier im Madison Square Garden, New York, oder nach Florida gebucht werden. Insbesondere mit den typisch amerikanischen Sportarten, vor allem mit American Football, beschäftigt sich **Poppe Sports Events,** Eppichmauergasse 8, 55116 Mainz, Tel. (06131) 2010, Fax 201250.

US-Veranstalter

Organisierte Sporttrips zwischen drei und sechs Tagen veranstalten zwei Firmen in den USA:
- **SSS** *(Spectacular Sports Specials)* c/o *Poppe Sportreisen,* Tel. 06131/201235 (USA: New Orleans), aber bereits in Deutschland buchbar
- **STC** *(Sports Tour Classics),* Tel. 1-800-777-6925 (Scottsdale, AZ)

Shopping: Sportartikel und -kleidung

Jedes Kaufhaus – z.B. *J.C. Penney, Macy's, Sears* oder *Fred Meyer* – hat eine **Sportabteilung,** und in beinahe jeder Mall existieren Sportläden, speziell Footlocker (Sportschuhe) ist weit verbreitet. Ebenfalls meist an Ausfallstraßen, in Mall-Nähe, befinden sich große **Sportartikelmärkte,** einen großen Marktanteil hat z.B. *Sports Authority.* Adressen sind leicht in den gelben Seiten des Telefonbuches unter „Sporting Goods", „Sports Equipment" o.ä. zu finden. Abgesehen von Sportkleidung, -geräten und -schuhen in paradiesischer Auswahl gibt es in den großen Sport-Kaufhäusern meist eine breite Palette an **Fanartikeln.** Die Preise der Sachen liegen in der Regel weit unter den hiesigen Preisen, obwohl immer noch eine Sales Tax hinzukommt (Ausnahme: Oregon!).

In jeder Major-League-Stadt gibt es überdies **Souvenirshops,** entweder solche, die alle lokalen Clubs vertreten oder spezielle Läden einzelner Teams. Neben eigenen Souvenirs werden zumeist auch solche der anderen Mannschaften der jeweiligen Liga angeboten.

Jede **Uni** verfügt über einen meist kombinierten Schreibwaren-Buch-Laden (University Store), in dem sich immer auch eine Abteilung mit entsprechenden Souvenirs der Sportteams befindet.

In den Stadien gibt es stets mehrere Stände, die T-Shirts, Caps, Pins

Größentabelle

Herrenkleidung

Deutsche Größe (z.B. 50) minus 10 ergibt amerikanische Größe (40).

Herrenhemden:	D	USA
	36	14
	37	14,5
	38	15
	39	15,5
	40/41	16
	42	16,5
	43	17

Herrenschuhe:	D	USA
	39	6,5
	40	7,5
	41	8,5
	42	9
	43	10
	44	10,5
	45	11

Damenbekleidung:	D	USA	oder
	36	8	28
	38	10	30
	40	12	32
	42	14	34
	44	16	36
	46	18	38

Damenschuhe:	D	USA
	36	5,5
	37	6
	38	7
	39	7,5
	40	8,5
	41	9
	42	9,5

Kinderkleidung:	D	USA
	98	3
	104	4
	110	5
	116	6
	122	6x

und anderes verkaufen, allerdings oft etwas teurer als in den entsprechenden Läden abseits der Sportstätten.

Besonders lohnend kann ein Besuch einer **Outlet Mall** sein, in der eine Sportartikel- oder Kleidungsfirma, wie *Nike* oder *Champions,* ihre Artikel zu Fabrikpreisen verkauft.

Sportscards sind außer in Sportläden in beinahe jedem Supermarkt, Drugstore, in Zeitungskiosks oder manchmal auch in Buchläden zu bekommen.

Sport als Familienunterhaltung

Ein Sportspektakel bietet neben dem puren Sport gleichzeitig viel Spaß für die ganze Familie: **mehrere Stunden Unterhaltung und Show,** Wettbewerbe und Verlosungen, Musik, Tanz und Barbecue. Männer und Frauen, alt und jung, schwarz und weiß, essen und trinken, jubeln und trauern friedlich miteinander. Selbst in an sich rauhen Sportarten wie Football und Hockey sind **Ausschreitungen die Ausnahme.** Sportereignisse stellen in den USA Rundumunterhaltung für jedermann dar. Sie können (speziell im Basketball) den Rang kultureller Ereignisse – z.B. eines Theaterbesuches – einnehmen oder aber einem Familienausflug in einen Vergnügungspark (z.B. Baseball und Football) gleichkommen.

Dazu, daß amerikanische Sportveranstaltungen einen anderen Stellenwert erhalten und nicht wie bei uns rein auf das Sportereignis reduziert

Sport als Familienunterhaltung

Chicago Sports Mart

sind, tragen zahlreiche Veranstaltungen, Vorführungen und Pausenfüller auf dem und rund um das Spielfeld bei. Es beginnt beispielsweise mit den **Tailgate Parties,** meist auf den Parkplätzen vor dem Stadion abgehalten. Dort treffen sich die Football- und Baseballfans der verschiedenen Lager Stunden vor dem Spiel, stehen – selbst bei Eiseskälte – an ihren Grills, und Rauch und Barbecuegeruch erfüllen die Luft. Der *Six-Pack* gehört zwar meist ebenfalls dazu, doch Betrunkene sind die Ausnahme.

Beim langdauernden Baseball gibt es manchmal sogar **Picknickplätze und Grills** für die Fans innerhalb der Stadien, Kinderspielplätze und allerlei Stände und Vergnügungen dienen dem Zeitvertreib. Traditionell ist nach dem **7th Inning** gemeinsame Gymnastik für die Fans angesagt – nach dem Lied *„Take me out to the Ballpark"* (siehe im Kapitel Baseball). Ansonsten finden in den Hallen und Arenen in Spiel- und Werbepausen Promotions statt, **Verlosungen und Wettbewerbe,** die für manche Fans wichtiger sind als das Spiel selbst. Wer soundso oft den Korb oder das Tor trifft, kann z.B. eine Pizza, ein Auto oder einen Flug gewinnen. Manchmal genügt es schon, aufmerksam die Augen und Hände aufzuhalten, wenn T-Shirts oder Bälle vom Spielfeld in die Menge katapultiert oder von oben abgeworfen werden.

Maskottchen aller Art heizen die Stimmung ebenso an wie **Cheerleader,** eine Spezialität im Basketball und Football. Letztere gleichen beim College Football eher Akrobatik-Trupps und sind löblicherweise gemischtgeschlechtlich, während ansonsten die Show der Mädels häufig ziemlich stark an „Fleischbeschau" erinnert. Zuschauer werden auf dem Monitor gezeigt, ihnen wird auf Bestellung zum Geburtstag gratuliert, oder anwesende Prominente oder Größen der jeweiligen Stadt werden vorgestellt. Sie müssen Sporträtsel lösen oder ein bestimmtes Ticket gekauft haben, um etwas zu gewinnen.

Oft gibt es **Gratisgeschenke einzelner Sponsoren** schon am Eingang, z.B. wenn *Coca Cola* oder *Hitachi Cap Night* oder *Pacific Bell Golf Umbrella Day* ist, und während *Fan Appreciation Nights* oder *Weekends* geht auch niemand leer aus. Sponsoren großer Fastfoodketten bieten z.B. manchmal ihre Produkte bei Ticketvorlage zu ermäßigtem Preis an (z.B. *McDonald's, Pizza Hut*).

In den Pausen treten Mini- oder Seniorenteams auf, Akrobaten turnen sich waghalsig in die Herzen der Fans, oder aber es finden Ehrungen aller Art statt. Der **Pregame-Show** vor dem Spiel folgt danach die **Postgame-Show** mit der Wahl des wertvollsten Spielers *(most valuable player)*.

Für den Magen ist ebenfalls gut gesorgt. Egal, bei welcher Sportart und wo, jeder wird vermutlich **etwas Passendes zu essen** finden, noch dazu zu erschwinglichen Preisen. Oft gibt es eigene *Kids-Corners* oder preiswerte Essensbuden für Kinder, die z.B. *Peanutbutter-Jelly-Sandwiches* oder ähnliche Dauerbrenner anbieten. Direkt an den Sitzen werden oft zusätzlich *Pops* (Soft drinks), Pop Corn, Eis und manchmal auch Bier verkauft.

Sportmedien in den USA

Printmedien

Die **lokalen Tageszeitungen** verfügen jeweils über einen umfassenden Sportteil, der sich schwerpunktmäßig mit den eigenen Teams befaßt. Profund informieren über Sport vor allem **USA-Today** bzw. in Kanada **Globe & Mail.**

Darüber hinaus existieren zu allen Sportarten **Fachmagazine,** z.B. *Basketball America, Basketball Weekly, Slam, Baseball Weekly* oder *The Hockey News* und einige übergreifende Sportzeitschriften. **The Sporting News** ist die wohl traditionsreichste Wochenzeitung mit genau recherchierten, mehr an ein Fachpublikum gerichteten Stories und regelmäßigen Infos zu den Teams der vier Major Leagues und zum Bereich des College Sports; die Schwerpunkte liegen beim Football und Baseball. Bei **Sports Illustrated** handelt es sich um ein farbig gestaltetes Wochenmagazin mit gut lesbaren Stories, ohne viele Statistiken und querbeet durch die Sportwelt – genau das Richtige also für den allgemein interessierten Sportfan. **SPORT Magazine und Inside Sports** sind zwei Monatsmagazine mit Berichten zu den Major Leagues und College Sports.

Neben diesen regelmäßig erscheinenden Heften spielen die **Saison-Sonderhefte** zu College Sports und Major Leagues eine wichtige Rolle. Aus der Vielzahl ragen die Sonderhefte *Sporting News* für MLB, NFL, NHL, NBA, College Football und College Basketball sowie die Sonderhefte von *Street & Smith's* heraus.

Auch im Bereich der Sportmedien sind **Verbindungen** das ein und alles. So gehören *CNN* und *Time Warner Inc.* – der Herausgeber von *Sports Illustrated* – zusammen, ist *ESPN* Teil der *ABC-Division,* die wiederum zur *Walt Disney Co.* gehört, *FOX Part* des Medienimperiums von *Rupert Murdoch* und die *Gannett Co. Inc.* gibt u.a. *USA-Today* und *Baseball Weekly* heraus.

TV-Sender

- **ESPN,** ein landesweiter Kabel-TV-Sportsender, der sich vor allem mit College Sports, Baseball, Eishockey, aber auch Inline-Hockey beschäftigt. Der neue *ESPN 2* berichtet häufig über Fun- und Extrem-Sportarten.
- **CNN/SI,** Sportnews rund um die Uhr von *CNN* und *Sports Illustrated (Time Warner).*
- **FOX,** landesweiter Privatsender, der NFL und NHL sowie neuerdings MLB überträgt.
- **NBC,** landesweit, v.a. NBA-Spiele und MLB.
- **ABC** und **CBS,** landesweit, v.a. Football und College Sports.
- **TNT** und **TBS,** zwei Privatsender mit der neuen Unterabteilung *Turner Sports* von *Ted Turner,* neben Spielen der Atlanta Braves (Baseball) wird v.a. NBA ausgestrahlt.
- Regionale Kabel-Sportsender, wie **SportSouth** in den Südstaaten, berichten außer über die Major Leagues auch viel über College Sports und Minor Leagues.
- **CTV** *(Canadian Television Network),* schwerpunktmäßig NBA und NHL.
- **TSN** *(The Sports Network),* kanadischer Kabel-Sportsender.

Radio

ESPN betreibt auch einen eigenen Radiosender. Ansonsten berichten die jeweiligen lokalen Sender regelmäßig über die Sportszene und senden tägliche Live-Übertragungen.

Ticket-Vorbestellung

Es gibt mehrere **überregionale Ticketservices,** wie *TicketMaster,* oder regionale, wie *BASS* in der San Francisco Bay Area, über die vorab Tickets bestellt werden können. Die entsprechenden Nummern finden sich in jedem Telefonbuch, meist in den gelben Seiten unter „Tickets".

Es folgt eine Auflistung von **Ticket-Master-Büros** in den größten Städten. Über diese Organisationen können auch Tickets für Events in anderen Städten bestellt werden:
- Chicago: Tel. (312) 559-1212
- Dallas: Tel. (214) 373-8000
- Miami: Tel. (305) 523-3309
- New York: Tel. (212) 307-7171
- Los Angeles: Tel. (213) 480-3232

Im Regionalteil sind gegebenenfalls die **lokalen Ticketservices** angegeben, die man auch schon von Deutschland aus kontaktieren kann. Dort findet sich auch ein Hinweis, wenn Tickets besonders schwer erhältlich, d.h. die Stadien häufig oder immer ausverkauft sind.

Oft ist es einfacher, zu versuchen, über das **Ticket Office der einzelnen Profiteams** bzw. das **Sports Department einer Unimannschaft** an Eintrittskarten zu kommen. Allerdings sollte man das rechtzeitig im voraus tun, speziell, wenn man ein ganz konkretes Spiel besuchen möchte.

Bei **schriftlicher Bestellung** – am besten per Fax – fällt meist eine Bearbeitungsgebühr von ein paar Dollars an. Häufig wird als Garantie die Angabe einer Kreditkartennummer oder ähnliches verlangt.

Tickets können am Spieltag normalerweise am „*will-call*"-Schalter des jeweiligen Stadions abgeholt werden. Es gibt jedoch durchaus Regionen und Städte, in denen Vorbestellung nicht nötig ist und man leicht vor Ort Karten bekommt (siehe Regionalteil).

Viele **Hotels** der gehobenen Kategorien besorgen ebenfalls auf Wunsch und falls verfügbar Karten, manche Herbergen in großen Sportstädten betreiben sogar ein eigenes kleines Ticket Office.

Durchschnittspreise für Tickets 1996/97

Mit etwas Glück kann man Tickets schon unter $ 10 ergattern, vor allem im Baseball ist das kein Problem. Im Football hingegen ist dies fast Utopie, in dieser Sportart sind häufig Einheitspreise oder nur wenige Preiskategorien üblich – und die Ticketpreise liegen meist weit über $ 15. Am teuersten sind Partien der NBA- und NHL-Clubs. Neben billigen Karten, die sich jeder leisten kann, gibt es natürlich auch solche, die für den Normalbürger unerschwinglich sind: Die besten Karten im Madison Square Garden in New York, direkt am Spielfeldrand, kosten beispielsweise $ 1000 !

Nachfolgend die durchschnittlichen Ticketpreise der verschiedenen Sportarten (Stand 1997)
- MLB (Baseball): $ 12
- NFL (American Football): $ 36
- NBA (Basketball): $ 34
- NHL (Eishockey): $ 38
- Minor Leagues: In allen Sportarten wesentlich niedrigere Preise als in den vier großen Ligen – im Baseball ca. $ 5, im Basketball (CBA) und Eishockey (IHL) rund $ 10-15.

Unterwegs in den USA

Überblick

Die Alternativen für die Überbrückung der oft weiten Strecken zwischen den einzelnen Sportmetropolen lauten: Flugzeug, Bahn, Bus oder Mietwagen, für Kurzstrecken kommen der öffentliche Nahverkehr, das Taxi oder die eigenen Füße in Frage.

Flugzeug

Inlandsflug-Coupons auf stand-by-Basis gibt es nicht mehr, wer zeitlich ungebunden und flexibel ist, bucht vor Ort, z.B. über Zeitungsannoncen, billiger.

Mietwagen

Die meisten Reisenden sind im „Land der unbegrenzten Möglichkeiten" mit dem Mietwagen unterwegs.

Buchen von Deutschland aus

Es ist preiswerter und zeitsparender, einen Mietwagen bereits zu Hause, im Reisebüro, zu buchen. Die **großen Mietwagenfirmen in den USA,** die von den hiesigen Reiseveranstaltern angeboten werden, sind *Avis, Alamo, Hertz* und *Dollar-Rent-a-Car*. Sie können sich – auch abhängig vom Veranstalter – in der Höhe der Versicherung (meist $ 2 Mio.), den Mietpreisen, den Bedingungen hinsichtlich Alter des Fahrers oder Fahrgebiet, Zahl und Verteilung der Mietstationen, Möglichkeiten zu Einwegmieten bzw. Höhe der Rückführgebühren und anderen Details unterscheiden.

Inzwischen sind die großen Anbieter dazu übergegangen, **Packages** (Super Inclusive/Inclusive bzw. Sparpaket) anzubieten. Beide Varianten schließen Vollkasko (CDW/LDW) und sämtliche Steuern ein, bei dem Komfortpaket sind weitere Zusatzversicherungen (Gepäck/Insassenversicherung PEP/PAI) enthalten, deren Notwendigkeit man jedoch vorab prüfen sollte.

Unlimited Mileage (freie Fahrmeilen) sind in den USA – im Unterschied zu Kanada – üblich.

Chartern vor Ort

Ein **Leihwagen** kann ebenfalls kurzfristig vor Ort gechartert werden (Telefonbuch: „Automotive oder Car Rentals"), was meist kostspieliger ist als eine Vorausbuchung von Deutschland. Auf alle Fälle sollte man dann nach **special rates** (z.B. weekend- oder AAA-rate für Autoclubmitglieder) fragen.

Nutzung vor Ort

Sofern man das Auto nicht sofort am **Flughafen** abholt, sollte man

Mietwagen – ein Muß in den USA

Unterwegs in den USA

sich nach Adresse und Öffnungszeit des betreffenden **Stadtbüros** erkundigen. Normalerweise bieten diese Filialen mehrere Vorteile: Zum einen ist der Andrang meist geringer, der Service besser, und es passiert des öfteren, daß man statt der gebuchten **Fahrzeugkategorie** ohne Aufpreis eine höhere erhält, wird doch an amerikanischen Stationen, abgesehen von Cabrio oder Van (Kleinbus), meist nur nach *„Budget"*, *„Midsize"* und *„Fullsize"* unterschieden. Bei der Auswahl unter den hierzulande fein differenzierten Kategorien (kein spezieller Wagentyp buchbar!) spielen Personenzahl, Art und Menge des Gepäcks sowie Ansprüche an den Komfort – wobei selbst amerikanische Kleinwagen relativ luxuriös ausgestattet sind – eine Rolle.

Generell gibt es eine **Mindestmietdauer** (3-4 Tage), und am günstigsten sind die Wochenpreise. Die **Rückgabe des Wagens** erfolgt gewöhnlich am selben Ort bzw. im selben Staat (Florida oder Kalifornien), gegen Aufpreis (Einwegmieten) oder unter bestimmten Bedingungen auch an beliebigen Stationen.

Trotz erfolgter **Bezahlung** zu Hause wird vor Ort immer zusätzlich zum „Voucher" die **Vorlage einer Kreditkarte** zur Stellung einer Kaution und als Garantie für die Begleichung sonstiger anfallender Kosten verlangt.

Parken

Je nach Lage der besuchten Sportstadien – z.B. Innenstadt oder Umland – unterscheiden sich Zahl und Preis, Bequemlichkeit und Sicherheit der **Parkplätze.** Meist gilt die Regel: Wer zuerst kommt, mahlt zuerst, d.h. bekommt einen Parkplatz in Stadionnähe. Außer der Proportionalität

Um die Arenen herum gibt es genügend Parkplätze

zwischen Entfernung zum Stadion und Ankunftszeitpunkt gibt es ein ebensolches Verhältnis zwischen der Entfernung des Parkplatzes vom Stadion und dem Preis.

Parkgebühren in völlig unterschiedlicher Höhe fallen zwar immer an, doch sind diese in der Regel auf den nächstliegenden Parkplätzen höher als in entfernteren Gefielden. Bei diesem Grundsatz muß allerdings bedacht werden, daß bei manchen Stadien und in manchen Städten die **Sicherheit** im weiteren Umfeld der Sportstätte abnimmt.

Offizielle größere Parkplätze und -garagen sind im allgemeinen privaten vorzuziehen – bei letzteren ist Vorsicht geboten. Kleinere oder private Plätze, z.B. im Hof, sind darüber hinaus häufig mit dem Nachteil verbunden, daß ein **vorzeitiges Wegfahren** meist unmöglich ist, da jeder Quadratmeter zugeparkt wird. Die überwiegende Zahl der Stadien verfügt über hinreichend Parkmöglichkeit, zumal man nicht davon ausgehen muß, daß jedes Spiel ausverkauft bzw. gut besucht ist. Prinzipiell ist es besser, man nimmt höhere Parkgebühren in Kauf, aber dafür ist der Weg zum Stadion kurz, die Sicherheit größer und der Platz überwacht.

Überführen von PKWs und Trampen

Auto Driveaway Companies (siehe Telefonbuch) suchen gelegentlich Leute zum **Überführen von PKWs,** dafür ist die Stellung einer Kaution und eine amerikanische Referenzadresse nötig.

Hitch-Hiking (Trampen) ist unüblich und z.T. verboten.

Wohnmobile

Wohnmobile sind teuer und **lohnen nur für Gruppen oder Familien.** Selbst die Summe, die Mietwagen und Motelunterbringung zusammen kosten, ist meist noch niedriger als Mietgebühr, Benzin- und Campingplatzkosten. Großstädte sind zudem eher ungeeignet für derartig große Gefährte.

Für eine Gruppe von Sportfans kann ein Camper dennoch eine **interessante Alternative** sein: Vor allem bei Footballspielen treffen sich die harten Fans schon am Abend vor dem Spiel auf den Parkplätzen mit ihren Wohnmobilen und eröffnen die berühmten Tailgate Parties – eine ideale Gelegenheit, mit Einheimischen in Kontakt zu treten. Informationen zur Anmietung von Campern erteilt jedes Reisebüro.

Bahn

Im öffentlichen Personenverkehr hat die **Eisenbahngesellschaft Amtrak** die Führung vor der größten amerikanischen Busgesellschaft *Greyhound* übernommen, wobei hierzulande über diese bequeme und gesellige Art zu reisen wenig bekannt ist. Dabei gibt es über deutsche Reisebüros einen Bahnrundreisepaß, den **USA Rail Pass**, für eine bestimmte Reisedauer und Region; vor Ort ein Bahnticket zu erwerben ist hingegen genauso teuer wie ein Flug. Genaue Vorausplanung ist nötig, da in den

Unterwegs in den USA

Zügen **Reservierungspflicht** besteht und täglich höchstens eine bzw. aufgrund kürzlich in Kraft getretener Streckenstreichungen und Frequenzverringerungen, sogar nur mehrmals wöchentlich eine Bahn pro Strecke verkehrt. Die eigentlichen Tickets holt man sich unter Vorlage von Paß und Reservierungsschein am ersten Bahnhof ab.

Leider herrscht in den lokalen Reisebüros diesbezüglich ein **Informationsdefizit,** und der Erwerb eines Bahnpasses und die nötigen Reservierungen können Nerven und Zeit kosten.

Buchtip: Ende 1997 wird im Reise Know-how Verlag ein Buch zum Thema Bahnreisen in Nordamerika erscheinen.

Informationen erteilen:
- **Meso-Amerika-Canada Reisebüro,** Berlin, Tel. 030-881-4122
- **Austria Reiseservice,** Hessgasse 7, A-1010 Wien, Tel. (022) 310-7441
- **Kuoni Travel,** Neue Hard 7, CH-8037 Zürich, Tel. (0277) 4583
- oder direkt: **AMTRAK National Railroad Passenger Corporation,** 60 Massachusetts Ave., NE., Washington D.C. 20002, Tel. 1-800-872-7245 bzw. (202) 906-3000. Internet: http://www.amtrak.com

Busse

Zwar etwas billiger, aber weniger komfortabel und zudem zeitaufwen-

Busfahren in Charlotte

US-Sportkalender

Übersicht nach Sportarten

- **Baseball:** Anfang April bis Anfang Oktober, Play-offs und World Series im Oktober
- **Profibasketball:** Anfang November bis Mitte April, Play-offs Mitte April bis Ende Mai, Finale in der Regel Anfang Juni
- **College Basketball:** Anfang Dezember bis Februar, Play-offs im März, Final Four am ersten April-Wochenende
- **Eishockey:** Anfang Oktober bis Anfang April, Play-offs April bis Ende Mai, Stanley-Cup-Finale in der Regel Ende Mai/Anfang Juni
- **Football:** erster Septembersonntag bis Weihnachten, Play-offs Ende Dezember bis Mitte Januar, Super Bowl am letzten Sonntag im Januar
- **College Football:** letzter Samstag im August bis erster Samstag im Dezember, - College Bowls Ende Dezember und an Neujahr bzw. 2. Januar
- **Soccer:** Anfang April bis Mitte September, Play-offs Ende September bis Mitte Oktober

Übersicht nach Wochentagen

Während bei Basketball und Eishockey, bei Profis und im College, **täglich** Spiele stattfinden können (schwerpunktmäßig Dienstag, Mittwoch, Freitag, Samstag), spielt die NFL in erster Linie **sonntags**. Traditionell gibt es US-weit eine Begegnung am **Montag** – *Monday Night Football* – und selten, vor Feiertagen, auch einmal ein Match an einem Donnerstag. College Football spielt man bevorzugt an **Samstagnachmittagen,** High School Football **freitags abends.** Für Baseball gibt es keine festen Wochentage. Alles in allem besteht beinahe jeden Tag Gelegenheit, eine der Sportarten zu sehen – vorausgesetzt, man befindet sich am richtigen Ort.

Monatsübersicht

- **Januar** NBA, NHL, NFL-Play-offs & Super Bowl, College Basketball
- **Februar** NBA, NHL, College Basketball
- **März** NBA, NHL, College Basketball-Endrunde, MLB-Springtraining
- **April** NBA, NHL, College Basketball Final Four, MLB, MLS
- **Mai** NBA-Play-offs, NHL-Play-offs & Finale, MLB, MLS
- **Juni** NBA-Finale, MLB, MLS
- **Juli** MLB, MLS
- **August** MLB, NFL-Preseason, MLS
- **September** MLB, NFL, College Football, NHL-Preseason, MLS
- **Oktober** MLB-Play-offs, NFL, College Football, NHL, NBA-Preseason
- **November** NFL, NBA, NHL, College Football
- **Dezember** NFL, NBA, NHL, College Football-Bowls, College Basketball

---

dig gelangt man mit Bussen an sein Ziel bzw. in dessen Nähe. Die führende **amerikanische Busgesellschaft** ist **Greyhound** (Infos: 1-800-231-22), zu ihr hat sich inzwischen auch der einstige Konkurrent *Trailways* gesellt. Verschiedene Bustypen (Local, Nonstop, Express) und ein **Ameripaß** (in Deutschland preiswerter als in den USA) bieten sich an. Regulär kostet jede Meile ca. 10 c., die Strecke von Küste zu Küste rund $ 300.

Infos gibt es im Reisebüro, direkt bei *ISTS Interkontinental Reisen,* Tel. (089) 2727191, oder direkt bei

Greyhound World Travel GmbH, Kaiserstr. 15, 60311 Frankfurt, Tel. (069) 20893.

Unterwegs in den Städten

Öffentliche Verkehrsmittel

Oft, vor allem wenn die **Sportarenen in oder nahe der Innenstadt** liegen, ist es günstiger, öffentliche Verkehrsmittel zu benutzen (z.B. in Atlanta, New Orleans, Oakland, New York, Cleveland, Chicago, Denver, Seattle oder Portland).

Es gibt allerdings auch Städte, wo Busse oder andere **öffentliche Verkehrsmittel das Stadion gar nicht bedienen,** oder wo es aufgrund anderer Gegebenheiten (Dimensionen, Art der Umgebung) nicht günstig erscheint, auf öffentliche Verkehrsmittel zurückzugreifen: z.B. in Los Angeles, Dallas, Houston, Sacramento, Orlando, Miami, Tampa Bay oder Phoenix.

Zu Fuß

Manchmal ist es sogar möglich, zu Fuß zu gehen, vorausgesetzt, man nächtigt in einem **zentral gelegenen Hotel.** Beispielsweise ist der Madison Square Garden in **New York** von vielen Manhattan-Hotels aus leicht zu Fuß zu erreichen; gleiches gilt für das Omni in **Atlanta** oder den GM Place in **Vancouver.** Da nach Spielende die meisten Leute zu Fuß unterwegs sind, besteht selbst zu später Stunde kaum Gefahr.

Verhaltensregeln

Hooligans sind in den USA und Kanada so gut wie unbekannt, Ausschreitungen und Pöbeleien sind äußerst selten und Rowdies die Ausnahme.

Alkohol spielt unter den Fans eine weit geringere Rolle als hierzulande, dafür steht Unterhaltung für die ganze Familie im Vordergrund. In manchen Stadien wird überhaupt nichts Alkoholisches ausgeschenkt, manchmal nur in der Leichtversion oder der alkoholfreien Variante, und grundsätzlich nur an Zuschauer ab einem bestimmten Alter – meist 21 (Vorlage einer ID erforderlich). Nicht überall wird Bier auch direkt an den Sitzplätzen verkauft, manchmal gibt es sogar eigene Sektionen, an denen der Konsum von Alkohol völlig verboten ist.

Nichtraucherhallen und -stadien sind üblich, d.h. selbst unter freiem Himmel ist **Rauchen** in der Menge häufig untersagt. Es gibt dann irgendwo abseits Raucherecken.

Amerikaner sind aufgeschlossen, meist redselig und tolerant. Sie sind auch im Stadion gerne zu einer Diskussion bereit oder erklären meist bereitwillig Regeln oder taktische und technische Finessen. In **Kontakt mit Amerikanern** kommt man auf alle Fälle rasch, egal, wo man sitzt. Man sollte allerdings vermeiden, sich über die Langweiligkeit von Baseball, die alleinige Allmacht von „König Fußball", die Oberflächlichkeit oder Verrücktheit der Amerikaner, ihre Küche, Politik, Sprache oder andere Eigenarten auszulassen.

Versicherungen

Vor jedem Spiel wird die **Nationalhymne** – in den unterschiedlichsten Variationen – dargeboten; sind kanadische Teams beteiligt, wird außer der amerikanischen auch noch die kanadische gespielt oder gesungen. Jeder steht auf, wenn die Hymne ertönt und man bricht regelmäßig in tosenden Jubel aus, wenn das Ende mit „.... *Home of the Brave*" erreicht ist. In den USA hat Patriotismus einen ganz anderen Stellenwert als anderswo auf der Welt: Man ist einfach stolz auf seine Heimat, die Heimat der Demokratie und Freiheit. Denn in welchem Land der Welt hat eine demokratische Verfassung nun schon seit über 200 Jahren Bestand?

Versicherungen

Am unkompliziertesten ist es, gleich mit der Reisebuchung eines der von den Reiseveranstaltern angebotenen **Versicherungspakete** (z.B. Rat-und-Tat- oder Vierjahreszeiten-Paket) abzuschließen. Ein solches umfaßt Kranken-, Unfall-, Gepäck- und Haftpflicht-Versicherungen. Meist preisgünstiger ist der gezielte Abschluß einzelner Policen – wie einer Krankenversicherung –, z.B. bei Banken oder freien Versicherungsmaklern.

Für Leute, die viel reisen, lohnen sich die angebotenen **Jahresversicherungen.** Notieren sollte man sich auf alle Fälle die auf den Versicherungsscheinen oder -karten angegebenen **Notfall-Rufnummern.**

Inwieweit Versicherungen im Einzelfall tatsächlich sinnvoll sind, muß jeder selbst entscheiden. **Unfall und Haftpflicht** können beispielsweise bereits durch bestehende Versicherungen abgedeckt sein; die Deckungssummen sind jedoch zu überprüfen. Als Schadensnachweis ist der Versicherung gegebenenfalls ein Polizeiprotokoll vorzulegen. Schäden, die bei der Ausübung von Sport entstehen, sind meist in der Reisehaftpflicht versichert.

Der Abschluß einer **Gepäckversicherung** lohnt nicht immer. Es gibt viele Einschränkungen, z.B. hinsichtlich Sonderausstattung aller Art. Wertvoller Besitz wie ein Laptop, Foto-, vor allem aber Sportgeräte, sind nicht automatisch mitversichert.

Bei **Verlust oder Beschädigung des versicherten Gepäcks** müssen abgesehen von einer Bestätigung des entsprechenden Beförderungs- oder Beherbergungsunternehmens eine genaue Auflistung der fehlenden/beschädigten Gegenstände sowie schlimmstenfalls sogar die Kaufquittungen vorgelegt werden (wohl dem, der diese aufgehoben hat!).

Eine **Reiserücktrittskosten-Versicherung** kann extra vereinbart werden. In Anbetracht der relativ hohen Kosten sind die Bedingungen hierfür genau zu studieren. Nicht in allen Fällen zahlt die Versicherung bei Nichtantritt einer Reise oder bei einem unfreiwilligen Abbruch tatsächlich.

Unverzichtbar ist für einen USA-Reisenden der Abschluß einer **Reisekrankenversicherung.** Die Behandlungskosten sind extrem hoch, und europäische Krankenkassen – mit Ausnahme einiger weniger privater

Krankenversicherer, die weltweiten Vollschutz gewähren – übernehmen diese nicht. Im Reisebüro können Krankenversicherungen kurzfristig vor Reiseantritt unkompliziert für unterschiedliche Zeitdauer abgeschlossen werden, meist günstiger sind jedoch die Angebote von Privatversicherern. *Universa* beispielsweise bietet eine Krankenversicherung für beliebig viele Reisen von jeweils maximal zwei Monaten Dauer innerhalb eines Jahres für weniger als DM 20 pro Person an. Bei Versicherungsabschluß sollte auf **Vollschutz ohne Summenbegrenzung** geachtet werden. Außerdem ist zu überprüfen, ob ein **Rücktransport** im Falle eines Unfalls oder einer schweren Krankheit übernommen wird bzw. an welche Bedingungen (z.B. Krankenhausaufenthalt) dieser geknüpft ist. **Automatische Verlängerung** der Versicherung im Krankheitsfall ist ein weiterer wichtiger Punkt. Die Leistungspflicht sollte bei verhinderter Rückreise weiter gelten, denn falls nicht, gehen die enormen Behandlungskosten sofort nach Ablauf zu Lasten des Patienten.

Krankwerden in den USA bedeutet hervorragende medizinische Betreuung, aber im Normalfall auch, daß die Kosten vorgeschossen werden müssen. Als **Nachweis der Zahlungsfähigkeit eines Patienten** werden Kreditkarten akzeptiert. Bei Eintreten eines Notfalles sollte die Versicherungsgesellschaft telefonisch verständigt werden. **Ausführliche Quittungen** (mit Datum, Namen, Bericht über Art und Umfang der Behandlung, Betrag) sind Voraussetzung, damit die Auslagen später von der Versicherungsgesellschaft erstattet werden.

Visa für längeren Aufenthalt

Für einen mehr als dreimonatigen Aufenthalt ist ein *„Nichteinwanderungsvisum für vorübergehenden Aufenthalt"* nötig, das vorher beantragt werden muß und derzeit 50 DM kostet. Ebenso wird ein Visum verlangt, wenn kein Rückflugticket vorgelegt werden kann. **Studentenvisa** F 1 – z.B. für ein Sportstudium in Amerika – erfordern die Vorlage einer Hochschulbestätigung (d.h. man muß schon in Deutschland in einer Hochschule eingeschrieben sein), darüber hinaus muß finanzieller Rückhalt nachgewiesen werden (Bürgschaft, Einkommensnachweis). Möchte man länger als 90 Tage Urlaub machen, ist es ebenfalls nötig, die zeitraubende Visumsprozedur in Kauf zu nehmen, dabei müssen unter anderem die Reisepläne detailliert dargelegt werden.

Visa erteilen die Konsularabteilungen der US-Botschaften, z.B. in Bonn (Deichmanns Aue 29, 53179 Bad Godesberg, Tel. 028-3391), in Berlin (Neustädter Kirchstr. 4-5, 10117 Berlin, Tel. 030-8324087 o. 8197454) oder in München (Königinstraße 4, 80539 München, Tel. (089) 2888-0. Informationen und Adressen zum Längerbleiben bieten mehrere Handbücher und Organisationen. (siehe auch Dipl. Vernetzungen)

American Sports allgemein

Sport in Amerika – mehr als nur ein Freizeitvergnügen

Stellenwert in der Gesellschaft

„Sport ist die schönste Nebensache der Welt" – selbst hierzulande hat dieser Ausspruch an Gültigkeit verloren. Ausgehend von den USA ist Sport mittlerweile zu einem wichtigen Wirtschaftsfaktor und einem bedeutenden Teil des Showgeschäfts geworden. Schon lange ist Sport **über die Funktion der Körperertüchtigung hinausgewachsen,** vor allem in Nordamerika: Jeder Amerikaner treibt irgendeine Art von Sport, zumeist sein gesamtes Leben lang.

Doch außer der aktiven Ausübung gehört seit über 100 Jahren das passive Miterleben sportlicher Wettkämpfe zum kulturellen Leben. In amerikanischen Tageszeitungen ist der Sportteil zumeist der wichtigste und umfangreichste, und der Erfolg der einzigen überregionalen Zeitung *USA-Today,* die mit einer Auflage von über zwei Millionen die größte amerikanische Tageszeitung ist, beruht nicht auf ihrem weltweit als vorbildlich anerkannten Layout, sondern in erster Linie auf ihrem Sportteil, der in den USA seinesgleichen sucht.

„It's like there is a wide receiver open downfield, and we have a quarterback who keeps running the fullback up the middle" – das ist nicht der Kommentar eines Reporters während einer Football-Übertragung, dies waren die Worte eines Mitarbeiters aus *Ross Perots* Wahlmannschaft 1992, mit denen er seinem Boß konservatives Verhalten vorwarf. Solche Bilder, dem Sportbereich entlehnt und auf andere Zusammenhänge übertragen, kann ein aufmerksamer Beobachter in den USA immer wieder finden. Sport ist in Nordamerika etwas Alltägliches, ein **in allen Lebensbereichen** fest integrierter Bestandteil. Kein Wunder, daß erfolgreiche Sportler und Trainer, die Einblick in ihre Erfolgsphilosophie geben, in der Welt des Busineß und der Politik als Redner geschätzt sind, wobei dort Begriffe wie *Team* oder *Coach* längst übernommen wurden. Und selbst in die Gefühlswelt spielt Sport mit hinein, *„Love is just like a baseball game"* war einmal ein populärer Schlager, und wer nach amerikanischem Sprachgebrauch einen *Home Run* erzielt hat, meint nicht unbedingt eine Topaktion im Baseball, sondern eher im heimischen Schlafzimmer.

Sport in Nordamerika ist **fest verwurzelt in Geschichte und Kultur,** sogar die **Jahreszeiten** sind eng mit sportlichen Ereignissen verknüpft. So interessiert niemanden der kalendarische Frühlingsbeginn; erst wenn der US-Präsident Anfang April, am *Opening Day,* die Baseballsaison eröffnet, dann ist für die Amerikaner Frühjahr. Die warmen Monate hindurch begeistern die *Boys of Summer* die ganze Nation, werden aber die Blätter gelb, die Tage kürzer und die Abende kühler, hört man überall *Marching Bands* spielen: Der Herbst ist die Jahreszeit des American Footballs. Und bei Kälte und Schnee schließlich pilgert man in die Hallen, um Basketball und Eishockey zu sehen.

Sport in Amerika – mehr als nur ein Freizeitvergnügen

Doch nicht nur die Jahreszeiten sind fest mit dem Sportgeschehen verwoben, auch die **Feiertage** haben traditionell eine feste Verbindung zum Sport: So ist Neujahr ohne College Football unvorstellbar, und zum Ritual an Thanksgiving gehören Spiele der NFL (Football). Andererseits eroberten sich spezielle Sporttermine im Kalender einen Platz als Festtage: *Opening Day* im Baseball, das Finale der NFL um den *Super Bowl,* die *World Series* (Baseball-Finale) oder die berühmte *March Madness*, wenn im März die besten College-Teams ihren Basketballmeister ermitteln.

Dem aufmerksamen Leser wird aufgefallen sein, daß bisher der Name einer Sportart noch nicht fiel: **Soccer,** wie in Nordamerika Fußball genannt wird, spielt nur eine untergeordnete Rolle. Die uneingeschränkte Zuneigung der Nordamerikaner gilt eindeutig jenen vier Sportarten, die in den USA oder Kanada aus der Wiege gehoben und dadurch fester Bestandteil der Geschichte und Kultur beider Länder geworden sind: **Baseball, American Football, Eishockey** und **Basketball.** Soccer spielt diesbezüglich nur die zweite Geige, waren es doch Zuwanderer aus Fußballhochburgen wie Südamerika und Südeuropa, die diesen Sport in Amerika einführten.

Die Wurzeln des Berufssports reichen ins 19. Jahrhundert zurück, doch nicht allein die **Profis** sind es, die die sportbesessenen Amerikaner buchstäblich Tag für Tag in ihren Bann ziehen, sondern den **Studentenmannschaften** der unzähligen Universitäten und Colleges kommt eine gleichfalls wichtige Rolle zu. An jedem Tag wird irgendwo etwas geboten, im Baseball stehen sogar von April bis Oktober beinahe täglich Spiele der beiden Profiligen auf dem Programm.

Für die Stimmung sorgt die Marching Band

Sport in Amerika – mehr als nur ein Freizeitvergnügen

Zuschauersport ist allgegenwärtig, das ganze Jahr, die ganze Woche über, und damit ein wichtiger Teil der Freizeitgestaltung. Dabei kommt der Besuch einer Sportveranstaltung viel eher dem einer Theateraufführung oder eines Konzerts gleich, und entsprechend sind auch Benehmen und (zumindest in den Hallen) Kleidung. Eine Sportveranstaltung ist nicht, wie in Europa, ein kurzzeitiges „Sau-Rauslassen" für die harten Fans, sondern vielmehr eine *Familienangelegenheit*. Mit Kind, Oma und Kegel zieht man am Sonntagnachmittag zum Baseball- oder Footballstadion, mit Kühltasche und Sonnenschirm, Buggy und Spielzeug ausgestattet. Ein Sportspektakel bietet Spaß für die ganze Sippe – nicht nur für Männer – mehrere Stunden Unterhaltung und Show, Wettbewerbe und Verlosungen, Musik, Tanz und BBQ. Viele amerikanische Familien planen ihre Kurzausflüge sogar nach dem Sportkalender und wählen für den Wochenendausflug z.B. die Stadt, in der „ihr" Team gerade antreten muß.

Eine Fixierung der Sportarten auf bestimmte *Gesellschaftsschichten* oder *Bevölkerungsgruppen* gibt es nicht, Männer und Frauen, Professoren und Arbeiter, alt und jung, Schwarze und Weiße, essen und trinken, jubeln und trauern zumeist friedlich miteinander. Es gilt beispielsweise nicht Soccer als der Sport der „Proletarier" und Basketball als der der Intellektuellen, wie hierzulande.

Die *Anhängerschaft eines Teams* ist buntgemischt und ihre Zusammensetzung hängt eher von Stadt oder Region als von der Sportart selbst ab. Einschränkend muß allerdings gesagt werden, daß gewisse Sportarten bestimmten ethnischen Gruppen näher sind als andere – Basketball z.B den Afroamerikanern oder Baseball den Latinos –, daß Eintrittspreise ein Entscheidungskriterium für bestimmte Gesellschaftsschichten darstellen - Baseball ist z.B. wesentlich billiger und familienfreundlicher als Basketball oder Football – und Unisport mehrheitlich eine andere Altersgruppe anzieht als Profisport.

Sport ist in den USA über den Wert als aktive oder passive Freizeitgestaltung hinaus ein wichtiger *Wirtschaftsfaktor* für die beteiligten Gemeinden. Überdies kann Sport Vorteile bringen, z.B. ist es möglicherweise bei einer späteren Anstellung von Vorteil, einmal in einer bestimmten Unimannschaft gespielt zu haben. Sport ist wahrlich keine Nebensache, sondern ein Bestandteil des öffentlichen Lebens und für einen Amerikaner vielleicht noch wichtiger als Politik.

Eine schlagkräftige Mannschaft, vor allem im American Football oder Basketball, bewirkt bei einer *Universität* nicht nur einen enormen *Prestigegewinn*, sondern läßt auch die Kassen klingeln. Ein Erfolg in einem der Football-Bowls zu Saisonende bringt den beteiligten Unis einige Millionen Dollar an *Preisgeld* auf ihre Konten.

Die größeren Städte wetteifern hingegen vehement um die Gunst der Profifranchises. Notfalls wird, wie in Cleveland, sogar mit harten Bandagen gekämpft: Dort drohten die Bürger, angeführt von ihrem Bürgermeister, der NFL einen Prozeß vor dem Bundesgerichtshof an, falls ihre Mannschaft umziehen würde. **Profisport** ist eine wichtige **Auszeichnung für eine Stadt,** eine Attraktion mit großer Ausstrahlung: Nicht nur wegen des Freizeitwertes, sondern auch als **Wirtschaftsunternehmen**, das Steuern einbringt und Arbeitsplätze sichert. Nicht zu vergessen ist schließlich der Stellenwert als Touristenattraktion – Grund genug, diesen besonderen Reiseführer in Angriff zu nehmen!

Derzeit gibt es in den USA **zehn Städte mit Profifranchises in allen vier Major Leagues.** Los Angeles wurde deswegen hinzugerechnet, weil in Kürze (1998 oder 1999) mit der Zuweisung einer NFL-Franchise zu rechnen ist: Boston*, Chicago, Dallas*, Denver*, Detroit, Greater Los Angeles*, Greater Miami, Greater New York*, Philadelphia, Phoenix, Greater San Francisco* (* = Städte mit einem zusätzlichen MLS-Team). Diese Metropolen stellen ideale Ziele für Sportfans dar, wenngleich es nie möglich ist, Spiele aller vier Major Leagues während eines Aufenthalts zu besuchen (siehe US-Sportkalender im Kapitel Praktische Reisetips). Da zu erwarten ist, daß sich die MLS (Soccer) bald de facto als Fünfte im Bunde etablieren kann, wurde „unser" Fußball in die detaillierte Betrachtung mitaufgenommen.

Geschichte des Sports in den USA

Die **Ursprünge** der vier bedeutenden Sportarten Baseball, Basketball, Eishockey und Football liegen im 19. Jahrhundert. Mit Ausnahme von Basketball, das gezielt „erfunden" wurde, gehen sie teilweise auf alte europäische Spiele zurück, die die Siedler mit in die neue Welt brachten; beim Eishockey sind sogar Sportarten der Ureinwohner miteingeflossen. Interessant ist, daß Baseball und Football zunächst von der Oberschicht aufgegriffen und zum Freizeit- und Wettkampfsport aufgebaut wurden.

Die Wiege des **Football** steht auf den Campi berühmter Universitäten der *Ivy League,* wie Harvard, Yale oder Princeton. Das erste offizielle Spiel bestritten Princeton und Rutgers am 6.11.1869, und erst später entdeckten die Arbeiter in den Industriestädten Football als Freizeitbeschäftigung.

Baseball entwickelte sich ab den 30er Jahren des 19. Jh. in Städten wie New York, Boston und Philadelphia dank der Förderung durch junge Ärzte, Bankiers, Rechtsanwälte und Geschäftsleute zum eigentlichen Nationalsport der Amerikaner, zur *National Pasttime.*

Langwieriger und komplizierter verlief hingegen die Entwicklung des **Eishockeys**, dessen Geburtsort Kanada ist. Britische Soldaten brachten aus Schottland ein Hockeyspiel namens *Shinty* oder *Shinney* mit und verbanden die Regeln mit einem heimischen indianischen Spiel, *Baggatiway* genannt. Im Sommer spielte man auf Rasen und im Winter auf zugefrorenen Seen. Erst als sich Studenten, vor allem aus der Region um Montréal, des Spiels annahmen, ent-

Sport in Amerika – mehr als nur ein Freizeitvergnügen

wickelte sich Eishockey in der modernen Form. Am 3.3.1875 fand das erste sicher überlieferte Eishockeyspiel im Victoria Skating Rink in Montréal statt. Es wurde mit Schlittschuhen gespielt und erstmals ein Holz-Puck als „Spielball" verwendet.

Drei der vier uramerikanischen Sportarten dienten ursprünglich der Oberschicht als Zeitvertreib, die vierte im Bunde war für Jugendliche konzipiert worden: **Basketball.** *Dr. James Naismith,* Lehrer an einer YMCA-Schule in Springfield (Massachusetts), mußte sich auf Weisung des Schuldirektors Gedanken machen, was er seinen Schülern als attraktive Alternative zu den Schönwettersportarten Football und Baseball im Winter anbieten könnte. Mit Erfolg: Das Grübeln des Kanadiers resultierte in der Erfindung des Basketballs 1891.

Die Neigung des Menschen zur Nachahmung, rasante Umstrukturierung und Modernisierung der amerikanischen Gesellschaft um die Jahrhundertwende sorgten rasch dafür, daß *alle vier Sportarten* in allen Bevölkerungskreisen ihre **Anhänger** fanden. Vor allem Baseball erreichte bald einen ganz besonderen Status innerhalb der Arbeiterschicht, es wurde „ihr" Sport.

Schon 1876 wurde mit der **National League** die **erste Profiliga der Welt** gegründet, die bis heute das Geschehen mitbestimmt. Um die Jahrhundertwende folgten Profiligen im Eishockey und Basketball. Die **NHL** (Eishockey) setzte schon mit ihrer Gründung 1917 Maßstäbe und gilt als älteste und traditionsreichste Profiliga außerhalb des Baseballs. Basketball fand und findet besonders im Universitätsbereich seine größte Anhängerschaft. 1946 entstand nach zahllosen gescheiterten Versuchen die **NBA** als neue Bas-

Wirtschaftsunternehmen Sport: Luxushallen sind Standard

Sport in Amerika – mehr als nur ein Freizeitvergnügen

ketball-Profiliga; ihr war jedoch erst in den 80er Jahren der Durchbruch beschert.

Der **Zweite Weltkrieg** markiert im amerikanischen Sport einen wichtigen **Wendepunkt.** Stand zuvor Collegesport fast uneingeschränkt neben dem Nationalsport Baseball im Mittelpunkt, begannen sich nach 1945 allmählich die **Profiligen in den großen Metropolen** zu etablieren. Eine verbesserte Infrastruktur, vor allem die Zunahme des Flugverkehrs, ermöglichte es, sogar Teams an der Pazifikküste ins Leben zu rufen. In den späten 40er Jahren siedelten sich erste Football-Clubs in Kalifornien an, in den 50er Jahren folgte Baseball, in den 60er Jahren Basketball und zuletzt Eishockey.

Die **Entwicklung des Sports zum „Big Business"** in Nordamerika wurde durch das Fernsehen eingeleitet, TV-Rechte und Werbung brachten Geld in die Kassen der Clubs. Mehr und mehr Zuschauer pilgerten in die Stadien oder verfolgten das Geschehen vor den TV-Geräten.

Wie die NBA (Basketball) steht die NFL (Football) traditionell mit den Universitätsteams im dauernden **Konkurrenzkampf um die Zuschauergunst.** Die NFL kann zwar ihre Wurzeln bis 1920 zurückverfolgen, doch erst die Fernsehen verhalf dem Profifootball in den 60er Jahren zum Durchbruch. Auch wenn heute über 65.000 Fans im Schnitt jedes Spiel der 30 NFL-Teams besuchen, bringen die Traditionsteams des College Football weit mehr Fans auf die Beine: Über 100.000 sind es z.B. regelmäßig in Ann Arbor (Uni Michigan) und in Knoxville (Uni Tennessee). Auch die College-Basketballer locken Zehntausende in die Hallen, und wenn die besten Teams der über 300 (!) erstklassigen Unis im März ihren Meister ermitteln, müssen sogar die hochdotierten Profis mit dem zweiten Platz in der Zuschauergunst Vorlieb nehmen.

Medien, Werbung und Sport

Die Bedeutung des Sports in Nordamerika spiegelt sich auch in den Medien wieder. In den **Tageszeitungen** wird Sport umfassend und fachkundig abgedeckt, vor allem die überregionale **USA Today** verfügt über einen ausgezeichneten Sportteil. Darüber hinaus sind die beiden Top-Sportmagazine, **Sports Illustrated** und **The Sporting News** besonders lesenswert. (Siehe Sportmedien in den USA im Kapitel Praktische Reisetips).

An Fachzeitschriften besteht kein Mangel, für jede Sportart gibt es mindestens eine, in Baseball, Football oder Basketball fällt die Auswahl bei der breiten Palette sogar sehr schwer.

Eine Sportveranstaltung live zu erleben, ist unvergeßlich, dennoch sollte man auch einmal ein Spiel am Fernsehgerät verfolgen, denn **TV-Übertragungen** in den USA sind kunstvolle Inszenierungen. Von den dortigen professionellen TV-Kommentaren könnten viele unserer Reporter nur lernen: bestens vorbereitet – auch was die Aussprache von Namen angeht –, Kenner der jeweili-

Sport in Amerika – mehr als nur ein Freizeitvergnügen

gen Sportart und ihrer taktischen Finessen, weitestgehend objektiv und ohne Lokalpatriotismus. Bei aller Seriosität darf natürlich der Witz und die Spritzigkeit nicht zu kurz kommen, wer beispielsweise einmal den berühmten New Yorker *Marv Albert* oder *Chick Hearn*, eine Legende in Los Angeles, gesehen oder gehört hat, weiß, wovon die Rede ist.

Ohne **Werbung** läuft keine Profiliga, sie bringt lebensnotwendige Einnahmen, doch die Vergabe von **Lizenzen** für TV- und Radioübertragungen sowie für die Herstellung und den Verkauf von Souvenirs erweist sich als größere Goldgrube.

Selbst die **Stars** verdienen häufig ***mehr Geld durch Werbung als durch ihre Spielergehälter.*** Schon als der Berufssport noch in den Kinderschuhen steckte, waren Sportler als Werbeträger geschätzt. In den 20er Jahren war es der berühmte Baseballstar *Babe Ruth,* der als erster sportelnder Werbeträger neue Maß-

---

Die Millionäre des Profisports
(nach „Forbes", 16.12.1996)

- *Mike Tyson* (Boxen): $ 75,0 (Gehalt in Mio.)+0 (Werbeeinnahmen in Mio) = $ 75,0 (Gesamt in Mio.)
- *Michael Jordan* (NBA – Basketball): 12,6+40,0 = 52,6
- *Michael Schumacher* (Autorennen): 25,0 +8,0 = 33,0
- *Shaq O'Neal* (NBA – Basketball): 7,4+7,0 = 24,4
- *Emmitt Smith* (NFL – Football): 13,0+3,5 = 16,5
- *Evander Holyfield* (Boxen): 15,0+0,5 = 15,5
- *Andre Agassi* (Tennis): 2,2+13,0 = 15,2
- *Arnold Palmer* (Golf): 0,1+15,0 = 15,1
- *Dennis Rodman* (NBA – Basketball): 3,9+9,0 = 12,9
- *Pat Ewing* (NBA – Basketball): 10,9+1,5 = 12,4
- *Cal Ripken Jr.* (MLB – Baseball): 6,0+6,0 =12,0
- *Roy Jones Jr.* (Boxen): 12,0+0,0 = 12,0
- *Dan Marino* (NFL – Football): 9,2+2,5 = 11,7
- *Wayne Gretzky* (NHL – Eishockey): 6,0+5,5 =11,5
- *Riddick Bowe* (Boxen): 11,5+0,0 = 11,5
- *Pete Sampras* (Tennis): 3,3+8,0 = 11,3
- *Oscar de la Hoya* (Boxen): 10,8+0,5 =11,3
- *Grant Hill* (NBA – Basketball): 4,3+6,5 = 10,8
- *Ken Griffey Jr.* (MLB – Baseball): 8,0+2,8 = 10,8
- *Dale Earnhardt* (Autorennen): 2,5+8,0 = 10,5
- *David Robinson* (NBA – Basketball): 7,4 - 2,0 = 9,4
- *Hakeem Olajuwon* (NBA – Basketball): 6,8 +2,5 = 9.3
- *Clyde Drexler* (NBA – Basketball): 8,9+0,3 = 9,2
- *John Elway* (NFL – Football): 6,8+2,0 = 8,8
- *Neil O'Donnell* (NFL – Football): 8,5+0,3 = 8,8
- *Steve Young* (NFL – Football): 4,5+4,0 = 8,5
- *Frank Thomas* (MLB – Baseball): 7,2+1,2 = 8,4
- *Mario Lemieux* (NHL – Eishockey): 7,5+0.8 = 8,3
- *Barry Bonds* (MLB – Baseball): 8,0+0,3 = 8,3
- *Tory Aikman* (NFL – Football): 4,9+3,2 = 8,1
- *Charles Barkley* (NBA – Basketball): 4,5+3,5 = 8,0
- *Cecil Fielder* (MLB – Baseball): 7,4+0,2 = 7,6

Sport in Amerika – mehr als nur ein Freizeitvergnügen

Topverdiener des Sports: Shaq O'Neal (Orlando Magic)

stäbe setzte. Der Basketballstar unserer Tage, *Michael Jordan,* weiß die Vorarbeit *Ruth'* zu schätzen, verdient er doch etwa 40 Millionen Dollar jährlich allein durch Werbung. Bis zum Sommer 1996 standen dem nur rund $ 3,9 Mio „Festgehalt" gegenüber, seit der Spielzeit 1996/97 klafft die Lücke allerdings nicht mehr so weit auseinander (siehe Kasten). *Jordan* ist kein Einzelfall, auch Superstars wie *Shaq O'Neal* (NBA) oder *Deion Sanders* (NFL) stecken ähnliche Summen für Werbung ein.

Sport in Amerika – mehr als nur ein Freizeitvergnügen

Millionen-Gehälter sind in den USA mittlerweile gang und gäbe, haben oft weniger mit dem spielerischen Können zu tun als mit einem gutem Manager und dessen Verhandlungsgeschick.

Man könnte beinahe neidisch werden angesichts dieser Gehälter! Noch scheinen die Club-Bosse über dicke Börsen zu verfügen, was angesichts der Summen, die Profiligen in den USA einnehmen, kein Wunder ist – andere Sportligen in der Welt können davon nur träumen! So erhält die **Football-Liga NFL** fast $ 4,5 Milliarden alleine für die Vergabe der TV-Rechte, etwa $ 3,2 Milliarden aus dem Verkauf von Souvenirlizenzen. Zudem kann ein Club mit rund $ 15 bis 20 Millionen aus dem Verkauf von Tickets rechnen.

Besonders beliebt sind derzeit die sogenannten **Luxury Boxes,** abgeschlossene komfortable Logen für Geschäftsleute, Firmen und Hautevolee, die diese für fünfstellige Summen pro Jahr anmieten. Die Höhe dieser Mieteinnahmen veranlaßt viele Vereine dazu, die jeweiligen Städte zum Bau neuer Stadien oder zum Umbau der alten zu drängen, damit zwischen 50 und 80 solcher Logen zur Verfügung stehen.

Baseball nimmt neben Eishockey derzeit noch die wenigsten TV-Gelder ein, NFL und NBA sind klar marktführend. Doch MLB holt nach dem einschneidenden Streik von 1995 auf: 1996 bis 2000 gibt es erstmals $ 340 Mio. von *FOX, NBC, ESPN* und *Prime Liberty* für die Übertragungsrechte.

FOX gilt als der innovativste Sender, der bewußt das junge Publikum ansprechen möchte. Zunächst sorgte der Sender des australischen Medienzars *Rupert Murdoch* wegen seines NFL-Deals 1994 für Schlagzeilen, danach landete er einen NHL-Deal und holte damit Eishockey aus der Versenkung. Die Idee, mit einem reflektierenden Puck die Übertragungen attraktiver zu machen und dem Zuschauer die Möglichkeit zu geben, diesen besser verfolgen zu können, wurde und wird heiß diskutiert: Die wahren Fans schütteln den Kopf, Neulinge sind begeistert. Zuletzt schlug *Murdoch* nun im Baseball zu, wobei die MLB besonders originell und spritzig übertragen werden soll. Die ersten Werbesendungen für die zukünftigen Übertragungen liefen unter dem Motto „*Baseball on FOX: Same Game. New Attitude"* und haben in der Jugendszene bereits voll eingeschlagen.

Der Erfolg von *FOX* hat die traditionellen Sender auf den Plan gerufen. In den letzten Jahren waren mehrere Zusammenschlüsse zu Großkonzer-

John Elway (Denver Broncos)

Sport in Amerika – mehr als nur ein Freizeitvergnügen

Ted Turner – das „Großmaul des Südens"

„Mouth of the South" wird er genannt, „Großmaul des Südens" – und dabei tut es nichts zur Sache, daß *Robert Edward Turner III* 1939 im hohen Norden, nämlich in Cincinnati, das Licht der Welt erblickte. Er ist ein **typisches Südstaatengewächs:** redselig und gesellig, verwegen und mutig, Uncle Remus und Rhett Butler in einer Person. Seine Familie stammt aus Georgia, sein Vater war Plantagenbesitzer und Unternehmer, hinterließ ihm allerdings statt Reichtümer Schulden. Seine unglückliche Kindheit ging beinahe lückenlos in zwei ebensolche Ehen und mehrere Liebschaften über.

Mit dem **Erwerb der eher maroden TV-Station WTCG** in Atlanta 1970 erhob *Turner* den Grundsatz *„Either lead, follow or get out of the way"* zu seiner Devise. Und machte sich zugleich mit eisernem Willen, Risikobereitschaft, mit einem Hauch von Skrupellosigkeit und viel Geschäftssinn daran, den Medienbereich zu revolutionieren. Für Ordnung in seinem Privatleben war fortan Aerobic-Queen *Jane Fonda* zuständig, die ihre Aufgabe wie kaum jemand im Griff zu haben scheint. Eine erste Satelliten-Fernsehstation wurde zum Flagschiff von **Turner Broadcasting System (TBS),** der große Durchbruch gelang jedoch mit der Gründung von **CNN,** 1980. *Turner* bewies erneut den richtigen Riecher, als er seine Reporter 1991 in die Golfregion schickte und sozusagen direkt aus den Schützengräben berichten ließ.

CNN erklomm die Leiter und erkämpfte sich seinen Platz in der Reihe der wenigen überregional empfangbaren Sender in den USA: *ABC, CBC, NBC* und *CNN, TNT.* Inzwischen haben sich zu *CNN* und *TNT* **Headline News** und **The Cartoon Network** gesellt. Turners letzter Coup war die Kooperation mit dem Mediengiganten *Warner.* Erstes „gemeinsames Kind" ist der **24-Stunden-Sportkanal CNN/SI** *(SI=Sports Illustrated,* ebenfalls ein Warner-Unternehmen).

Zeitweise konzentrierte sich *Turner* stärker auf Hollywood. 1994 drehte er im eigenen Studio, *„Turner Pictures",* seinen ersten **Kinofilm in Breitwandformat,** einen Monumentalschinken über die blutige Schlacht von Gettysburg 1863. Gleichzeitig verwirklichte er einen Jugendtraum: auf Seiten der Konföderierten zu kämpfen. Unter den mehr als 5000 Komparsen bedarf es allerdings schon des genauen Hinsehens, um Südstaaten-Lieutenant *Turner* ausfindig zu machen.

Turner, selbst eher unsportlich, machte den Sport zu seinem „Hobby", und mittlerweile **gehören ihm zwei Top-Profimannschaften** in Atlanta: die Basketballer *Hawks* und die Baseballer *Braves.* Für letztere hat er anläßlich der Olympischen Spiele 1996 gleich ein neues Stadion initiiert. Der Vorgänger, das erst 30 Jahre alte Atlanta Fulton County Stadium, soll nach abgeschlossenem Umbau des Olympiastadions endgültig den Abbruchwalzen preisgegeben werden. Wenn nun auch noch die NHL seinem Drängen nachgibt und ihm demnächst eine Hockey-Franchise zugestellt, gehört *Turner* zu den bedeutendsten Männern im US-Berufssport. Und wie stellt sich Turner seine Beerdigung vor: „Ich will im offenen Sarg vor einem Heimspiel der Braves ins Stadion gefahren werden – alles live ausgestrahlt in meinen Sendern …"

nen zustandegekommen, die sich bei Sportübertragungen nicht in den Hintergrund drängen lassen wollen: **ABC** und der reine Sportsender **ESPN,** mit eigenem zweiten Programm, gehören beispielsweise als Teil des Disney-Konzerns zusammen. Der Nachrichtensender **CNN** rief 1997 einen eigenen Sportkanal in Zusammenarbeit mit dem führenden Sportmagazin *Sports Illustrated* ins Leben und gehört *Time Warner.*

45

Sport in Amerika – mehr als nur ein Freizeitvergnügen

Sport und Demokratie

Lange hing man dem irrsinnigen Glauben nach, Sport und Politik wären zwei völlig getrennte Welten – nach dem eingangs erwähnten Motto „Sport – die tollste Nebensache der Welt". Doch schon in der immer wieder als Idealbeispiel herangezogenen Antike war dies in Wahrheit nicht der Fall. In Nordamerika ist Sport seit jeher **eng mit Demokratie verbunden,** denn Sport bot und bietet die besten Chancen zu Gleichstellung, Integration und Anerkennung. Profitierten zu Anfang des 20. Jahrhunderts zunächst die zahlreichen Einwanderer davon, sind es seit den 60er Jahren die Afroamerikaner und zuletzt die Latinos.

Alle Teilnehmer spielen nach den selben Regeln, unabhängig von ihrer Herkunft, bringen jedoch ihre **spezifischen Talente,** z.B. Kampfgeist, coole Überlegtheit oder Kunstfertigkeit im Umgang mit dem Spielgerät, mit ein. Dabei können Sportler sogar das tägliche Leben beeinflussen; viele Aussprüche berühmter Sportler sind zu geflügelten Worten geworden, so z.B. der Satz *„it ain't over till it's over",* von dem legendären Baseballspieler *Yogi Berra.*

Sport hat in den USA vereinzelt sogar politisch-soziale Ereignisse vorweggenommen, so beispielsweise bei der **Integration der Afroamerikaner.** Vor dem Aufkommen der Bürgerrechtsbewegung in den 60er Jahren *(Martin Luther King, Jun.),* sorgte der Baseballclub Brooklyn Dodgers (heute in L.A. zu Hause) für Aufsehen, als dort erstmals 1947 ein schwarzer Spieler, *Jackie Robinson,* unter Vertrag genommen wurde. Wenig später zogen die NBA und die NFL nach, und heute spielen die Afroamerikaner eine tragende Rolle im Sport. Dabei sind nur 13% der US-Bevölkerung afroamerikanischer Herkunft, doch 18% der Baseballer, etwa 60% der Footballer und gar an die 85% der Basketballer (ähnlich im Collegesport) haben eine dunkle Hautfarbe.

Da Berufssport in Nordamerika schon seit Beginn des 20. Jahrhun-

Afroamerikaner haben sich einen festen Platz in der Sportszene erspielt (GA Tech)

Sport in Amerika – mehr als nur ein Freizeitvergnügen

derts fester Bestandteil des Alltagslebens ist, stellt er eine **Aufstiegsmöglichkeit für wirtschaftlich und sozial Benachteiligte** dar. Sport bietet eine *equal opportunity*, da statt Herkunft oder Hautfarbe nur Talent und Leistung zählen. Im Prinzip zumindest, denn der spektakuläre Aufstieg „vom Tellerwäscher zum Millionär" gelingt nur den wenigsten, und die Unterschicht hat es aufgrund fehlender Grundlagen (wie Schulausbildung, Geld für Ausrüstung etc.) auch im Sport wesentlich schwerer, nach oben zu kommen.

Dennoch: Es waren Sportarten wie Baseball und Basketball, die in der ersten Hälfte unseres Jahrhunderts die **unterschiedlichen Ethnien** in die US-Gesellschaft integriert haben. Ebenso haben Basketball und Football in jüngster Vergangenheit den Afroamerikanern eine neue Perspektive der Gleichberechtigung eröffnet, ebenso neuerdings den Frauen, für die seit 1997 gleich zwei Basketball-Profiligen existieren (s.u.).

Ein nicht zu unterschätzender Aspekt ist die Rolle des **Teamgeistes,** der trotz aller Individualität ein Kennzeichen der amerikanischen Gesellschaft geblieben ist. Der nordamerikanische Sport hat dazu beigetragen, daß auch in der Berufswelt heute Teamgeist eine zunehmend wichtige Rolle spielt. Das Zusammenwirken von Teamgeist und Individualität im Sport kommt gerade in den Sportarten besonders zum Ausdruck, die in der neuen Welt „erfunden" wurden: Baseball, Basketball, American Football und Eishockey.

Dabei spielen natürlich **Einzelpersönlichkeiten** eine bedeutende Rolle. Die Zurschaustellung individueller Extravaganz wirkt unglaublich anziehend, und die drei wichtigsten Basketballer aller Zeiten, *Julius Erving, Magic Johnson* und *Michael Jordan,* sind berühmter als Politiker oder Künstler. Aufgrund ihrer Hautfarbe strahlt ihr Einfluß besonders auf die afroamerikanische Gemeinde aus, die Basketball zum idealen Sport auserkor, um die expressive Kultur Schwarzamerikas auszudrücken.

Erfolgreich als Sportler und Geschäftsmann: Magic Johnson

Das zeigt einmal mehr die wichtige Rolle der Sportler als **Role Model,** und dabei spielt – vor allem bei der Jugend – die Hautfarbe des Idols überhaupt keine Rolle.

Ein Trend der letzten Jahre zeigt schließlich einmal mehr die Bedeutung des Sports in unserer Gesellschaft: Nach der Einbeziehung der Minoriäten in die multikulturelle US-Gesellschaft sind es nun die **Frauen,** die ihre Forderung nach Gleichberechtigung eindrucksvoll im Sport anmelden. So tauchen plötzlich Frauen in den Männerligen auf, und es entstehen eigene Frauen-Profiligen. Frauen haben sich ihre feste Rolle im Sportalltag erkämpft, als Journalistinnen, als Zuschauer, als Berufssportlerinnen und im Management. Wer glaubt, dies sei im ausgehenden 20 Jh. selbstverständlich, irrt, doch trugen Erfolge wie diejenigen der US-Basketballerinnen und Softballerinnen bei den Olympischen Spielen 1996 in Atlanta wesentlich dazu bei, daß das Gerede vom „schwachen" Geschlecht endlich ein Ende nahm und letztlich nur die Leistung zählt .

Die Profiligen

Es ist schon erstaunlich, wie in den letzten Jahren die vier Hauptsportarten, Baseball, Football, Eishockey und Basketball, in aller Welt für Furore sorgen und rund um den Globus immer mehr Freunde gewinnen. Dabei entwickelten sich die **Sportszenen in Nordamerika und Europa** jahrzehntelang getrennt. Während in Deutschland erst nach dem Zweiten Weltkrieg amerikanische und kanadische Soldaten ihre damals „exotischen" Sportarten mitbrachten, fristeten andererseits populäre Sportarten wie Fußball und Handball in der neuen Welt ein Schattendasein. In den 80er Jahren wurde alles anders: Sport legte gewaltig an Unterhaltungswert zu, und dank moderner Technik konnten plötzlich Ereignisse auch im hintersten Winkel der Welt verfolgt werden.

Während sich hierzulande der Berufssport nur langsam und mühsam aus seiner konservativen Vereinsmeierei löst, können die nordamerikanischen Berufskollegen auf eine über 100jährige Erfahrung zurückblicken, Jahre, in denen die **Strukturen der US-Profiligen** langsam herangewachsen und inzwischen gefestigt sind. Diesen Vorteil nutzen sie heute entsprechend aus, z.B. indem längst nicht mehr in den USA allein vermarktet, sondern – von jedem anderen Unternehmen – ein **globales Publikum** gesucht wird.

Wobei ein weiterer großer Unterschied angesprochen wäre: Die vier Major Leagues in den USA und Kanada arbeiten **wie große Konzerne,** deren Hauptziel es ist, Gewinn zu erwirtschaften. Fast 11 Milliarden Dollar (!) soll nach Schätzungen 1993 der Gesamtwert der Proficlubs der vier Major Leagues betragen haben. Kein Wunder also, daß Franchises nicht nur ihren Topspielern Millionenverträge zahlen können.

Die Major Leagues

Major Leagues (MLs) sind eine **amerikanische Spezialität,** und unter

Die Profiligen

ihrem Deckmantel agieren auch die vier typischen Sportarten: Baseball, Basketball, Eishockey und Football, seit kurzem auch Fußball (Soccer). Gab es anfangs noch mehrere Konkurrenzligen und Gerangel um Franchises, hat sich inzwischen **pro Sportart eine einzige Profiliga** herausgebildet. In diesen Organisationen wird der beste Sport geboten, werden die höchsten Gewinne eingefahren, die meisten Zuschauer gezählt und die höchsten Gehälter bezahlt. Kurzum, diese Ligen bestimmen den Sportmarkt Nordamerikas und – zunehmend – auch der Welt.

Die Größen der Sportwelt heißen **NBA** *(National Basketball Association)*, **NFL** *(National Football League)*, **NHL** *(National Hockey League)* und **MLB** *(Major League Baseball)*, ein Zusammenschluß der beiden Baseball-Profiligen, der AL *(American League)* und der NL *(National League)*. Auch wenn sich die neue Fußball-Profiliga **MSL** *(Major Soccer League)* selbst zu den Major Leagues rechnet, wird sie in den USA noch nicht „offiziell" als solche gewertet. Dank einer wachsenden Fanbasis und entsprechender Zuschauerzahlen (etwa 20.000 im Schnitt) besteht jedoch Anlaß zur Hoffnung, daß Fußball bald als fünfte zu den vier „Nationalsportarten" Nordamerikas hinzutreten wird.

Ergänzend zu den Major Leagues gibt es in jeder Sportart neben den **Uniteams** eine Reihe von zweitklassigen Profi- und Halbprofiligen, sogenannte **Minor Leagues.**

Die Minor Leagues

In den 50er und 60er Jahren versuchten sich neben den vier Major Leagues **weitere Profiligen** zu etablieren. Sie hatten zwar hin und wieder Erfolg, konnten aber letztlich in dem wirtschaftlichen und sportlichen **Konkurrenzkampf** nicht lange bestehen. Dennoch haben diese Ligen das Spiel und die Organisationsstruktur beeinflußt, da letztendlich die finanzkräftigsten Clubs jeweils in die etablierten Ligen aufgenommen wurden. Berühmt war die **ABA** *(American Basketball Association)*, die dem Basketball neue Impulse – wie den Drei-Punkte-Wurf und den Dunk – gab.

Die „glorreichen Vier" – die Trophäen der Major Leagues

- **Stanley Cup** – seit 1917 der Meisterpott der NHL, aber schon 1893 für Kanadas bestes Team gestiftet. Gewicht: 14,5 kg, Größe: 90 cm. Auf diesem einzigen Wanderpokal im Profigeschäft werden alle Meister mit allen Spielern eingraviert.
- **Commisioner's Trophy** – seit 1967 vergebener Meisterpokal des MLB (Baseball). Gewicht: 13,5 kg, Größe: 77 cm. Auf einer runden Basis „wehen" die Wimpel der 28 Clubs aus purem Gold.
- **Vince Lombardi Award** – 1967 eingeführt als Meistertrophäe der NFL (Football). Gewicht: 3,2 kg, Größe: 54 cm. Sie stellt die Nachbildung eines Footballs in Originalgröße dar und ist benannt nach einem legendären NFL-Trainer.
- **Larry O'Brien Trophy** – 1978 erstmals dem Meister der NBA (Basketball) verliehener Pokal. Gewicht: 6,5 kg, Größe: 62 cm. Ursprünglich *Walter A. Brown* (Gründer der *Boston Celtics*) gewidmet, wurde er 1984 nach dem langjährigen Commissioner *O'Brien* umbenannt. Die komplett vergoldete Trophäe gibt einen auf dem Korb tanzenden Basketball in Originalgröße wieder.

Daneben versuchten sich **kleinere Profiligen** mit mehr Erfolg zu etablieren. Sie traten erst gar nicht in Konkurrenz zu den „Großen", sondern suchten sich **Nischen,** kleinere Städte, für ihre Franchises aus. Und, was ihnen bis heute das Überleben sichert: Sie arbeiteten von Anfang an mit den Major Leagues zusammen, in erster Linie als **Ausbildungsreservoir**. Da die ML-Clubs keine eigenen Nachwuchsmannschaften unterhalten, sind sie auf diese Grundlage angewiesen.

Baseball

Vor allem im Baseball existiert eine ganze Reihe sportlich unterschiedlich eingestufter, regional gegliederter Minor Leagues, die die Spieler der Topteams ausbilden. So sind Teams der **AAA (triple A)** gleich nach der Major League anzusiedeln, also zweitklassig, **AA** bedeutet Drittklassigkeit und **A** stellt die niedrigste Profistufe dar. Dank dieser Struktur gibt es kaum eine größere Stadt in den USA, die keine Baseball-Profimannschaft hat.

Eishockey

Im Eishockey gibt es eine ähnliche Dichte von Minor Leagues wie im Baseball. Durch den Boom, den die Sportart gerade in den USA erlebt, gibt es mittlerweile sieben Ligen:
- **AHL** *(American Hockey League)*
- **IHL** *(International Hockey League)*
- **ECHL** *(East Coast Hockey League)*
- **ColHL** *(Colonial Hockey League)*
- **CHL** *(Central Hockey League)*
- **WPHL** *(Western Professional Hockey League)*
- **WCHL** *(West Coast Hockey League)*

Basketball

Im Basketball unterhält die NBA zwar nur eine einzige Ausbildungsliga, die **CBA** *(Continental Basketball Association)*, doch deren Spieler genießen weltweit einen hervorragenden Ruf, einige der Akteure tauchen sogar regelmäßig in der deutschen Bundesliga auf.

Football

Als einzige Liga unterhält die NFL **bisher keine Minor League** im eigentlichen Sinne, sondern greift statt dessen auf eine professionell strukturierte **College-Football-Szene** zurück. Die Unterstützung der World League durch die NFL und Verhandlungen mit der kanadischen Football-Liga CFL *(Canadian Football League)* deuten jedoch den **Beginn einer Minor-League-Organisation** auch im Football an.

Wie funktioniert eine Profiliga?

Egal, ob Major oder Minor League, nordamerikanische Profliclubs arbeiten im Stile eines **Wirtschaftsunternehmens,** dessen Hauptziel das Erwirtschaften von Gewinnen ist. Das Produkt, das an die Frau und den Mann gebracht werden soll, heißt attraktives Spiel, und das Werkzeug ist ein erfolgreiches Sportteam.

Die Profiligen

Einnahmequellen

Aus dem **Verkauf von Eintrittskarten,** der **Vermietung von Luxuslogen** an die lokale Geschäftswelt und der Partnerschaft mit **lokalen Werbekunden** fließt jedoch nur ein Teil des Gewinns in die Kassen. Ein nicht unerheblicher Part kommt über die Liga selbst, die als „Stammunternehmen" an Interessenten **Franchise-Lizenzen** vergibt.

Das Rückgrat der Ligen und Franchises bilden jedoch Einnahmen aus dem Verkauf von **Fernseh- und Souvenirlizenzrechten**. Bedenkt man, daß beispielsweise der NFL allein für den Verkauf von TV-Rechten für vier Jahre 4,42 Milliarden Dollar in die Kasse fließen, versteht man, warum man nicht kleckern muß, sondern ganz gehörig klotzen kann. Immerhin werden die Ligaeinnahmen nach einem Schlüssel, der finanzschwächere Teams bevorteilt, unter den Franchises verteilt.

Auch am **Souvenirverkauf** läßt sich eine goldene Nase verdienen (was hierzulande inzwischen Vereine wie der *FC Bayern München* ebenfalls gemerkt haben), fast 600 Milliarden Dollar, Jahr für Jahr, erwirtschaftet allein hieraus die NBA. Solche Zahlen belegen eindrucksvoll, daß die Major Leagues nichts anderes sind als große, effektiv organisierte und finanzkräftige Unternehmen.

Zutritt zu den Profiligen

Es verwundert nicht, daß viele gerne von diesem Kuchen ein Stückchen abbekämen. Doch den Zutritt zu den Profiligen, egal ob in Major oder Minor Leagues, kann man sich nicht erspielen. **Auf- und Abstieg** sind in Nordamerika **unbekannt.**

Ein Wirtschaftsunternehmen floriert oder geht bankrott oder packt die Koffer, um in einer anderen Stadt sein Glück zu versuchen. Die Profige-

Minor League Baseball gibt es fast überall, selbst in Kanada

Die Profiligen

schichte ist geprägt von solchen **Pleiten und Umzügen.**

Wer in eine Liga aufgenommen werden will, muß diese erst einmal von seiner Seriosität überzeugen und eine nicht unerhebliche **Aufnahmegebühr** auf das Ligakonto überweisen. 165 Millionen Dollar bezahlten beispielsweise die beiden neuen kanadischen Clubs, Toronto und Vancouver, der NBA für ihre Aufnahme 1995. Selbst in den Minor Leagues sind Summen über eine Million Dollar inzwischen üblich. Nach dem Motto, eine Liga ist nur so stark wie ihr schwächstes Glied, versucht man, durch ein **spezielles Verteilungssystem** *(Draft)* den schlechtesten Mannschaften die besten Nachwuchstalente zuzuweisen. Was nützten schließlich hervorragende Administration und brillantes Marketing, wenn das „Produkt" – der gebotene Sport – wenig attraktiv ist.

Marktwert der Franchises

Nach einer Untersuchung 1996 unter den vier Major Leagues stellte sich heraus, daß die **NFL-Vereine** die „wertvollsten" sind. Im Schnitt hat eine NFL-Franchise einen **Marktwert** von $ 174 Mio., gefolgt von den **NBA-Franchises,** die im Schnitt $ 127 Mio. wert sind. Auf den dritten Platz zurückgefallen sind die **Baseball-Clubs** der beiden zur MLB zusammengefaßten Profiligen AL und NL mit $ 115 Mio. Das Schlußlicht bildet weiterhin die **NHL** mit „nur" $ 74 Mio. im Durchschnitt.

Natürlich hat man in den USA, wo finanzielle Dinge ganz selbstverständlich offen dargelegt werden – vom Einkom-

---

Die Finanzstruktur eines Profíclubs – am Beispiel der Detroit Red Wings (NHL)

Die einflußreichen *Detroit Red Wings* verkörpern einen hervorragend geführten und erfolgreichen Proficlub. Sie besitzen eine eigene Halle, was selbst in den USA nicht unbedingt üblich ist, die pro Spiel von über 19.000 Fans gefüllt wird. Lokale Übertragungen aller Spiele sind vereinbart, und der Einflußbereich dieses Teams erstreckt sich weit nach Kanada hinein, das nur durch eine Brücke getrennt auf der anderen Flußseite liegt. Kein Wunder, daß die *Red Wings* als einer der wertvollsten NHL-Clubs gelten, mit Abstand vor anderen traditionsreichen Vereinen wie den *New York Rangers, Montréal Canadiens* oder *Boston Bruins.*

Einwohner in Detroit	4,285 Mio.
Wert des Clubs	$ 140 Mio.
Plätze im Stadion	19.275
Saisonkarten	17.000
Zuschauerschnitt	19.820
Ausverkaufte Spiele	alle 40 Heimspiele
Billigstes/teuerstes Ticket	$ 15/43
Luxury Boxes (Logen für Geschäftsleute oder High Society)	83
davon vermietet	83
Mietpreis für eine solche Box	$ 75.000
Lokale TV-Einnahmen	ca. $ 3,6 Mio.
Lokale Radio-Einnahmen	ca. $ 1,4 Mio.

men des Präsidenten bis hin zu den Salärs der Superstars –, auch eine **Liste aller Sport-Franchises nach ihrem Marktwert** aufgestellt: Nicht überraschend befinden sich danach unter den Top 6 alleine vier NFL-Teams: Unangefochten an der Spitze die *Dallas Cowboys* mit $ 272 Mio. Marktwert, gefolgt von den *Miami Dolphins* ($ 214 Mio.), den Baseballern *New York Yankees* ($ 209 Mio.), den *New York Knicks* (NBA, $ 205 Mio.) und zwei weiteren NFL-Teams, nämlich den *Baltimore Ravens* ($ 201 Mio.) und den *San Francisco 49ers* ($ 196 Mio.). Die Schlußlichter der Liste – auch das verwundert nicht – bilden NHL-Franchises wie die *Hartford Whalers* ($ 40 Mio.) und die *Edmonton Oilers* ($ 42 Mio.). Da verdient ja mancher Superstar in anderen Ligen allein schon mehr!

Nachwuchsarbeit einmal anders

Nachwuchsarbeit in Nordamerika unterscheidet sich deutlich von hiesigen Gegebenheiten. Sportvereine wie in Deutschland gibt es nicht, statt dessen kommen den Schulen und der Eigeninitiative der Eltern die tragende Rolle zu. Besonders der **Highschoolsport** ist bedeutsam, und Footballspiele – traditionell am Freitagabend – fungieren in manchen Regionen als wahre Zuschauermagneten.

Im **Baseball** bildete sich gar eine hochklassige regional gegliederte Liga für die Jüngsten aus, die **Little League,** in der viele der späteren Stars ihre ersten Lorbeeren verdienen.

Die eigentliche Ausbildung der Talente übernehmen jedoch die **Universitäten,** die den besten Sportlern Stipendien offerieren. Die Besten im Collegesport formieren dann das Talentreservoir für die Profiligen.

Nur im **Baseball und Eishockey** hat sich ein **Minor-League-System** als Quelle für Nachwuchs herausgebildet. Baseball- und Eishockeyclubs nehmen dabei viele Talente schon früh unter Vertrag, bilden sie in den zahlreichen Farmteams aus und berufen sie erst bei Bedarf in ihre erste Mannschaft.

Damit jedoch kein unkontrollierter Konkurrenzkampf zwischen den Proficlubs um die besten Talente ausbricht und nicht nur die finanzkräftigen Vereine zum Zuge kommen, hat der US-Profisport eine Einrichtung ins Leben gerufen, die dafür sorgen soll, daß der Nachwuchs möglichst gerecht auf alle Clubs verteilt wird: die sogenannte **College Draft.** Bei der einmal jährlich stattfindenden **Nachwuchsbörse** werden die Talente auf die Clubs verteilt, nur über diese Draft dürfen Amateure in eine Profiliga aufgenommen werden; lediglich bei Ausländern bestehen Sonderregelungen.

Das Ziel, ein **möglichst gleiches Spielniveau** zu gewährleisten, wird erreicht, indem man die besten Nachwuchsspieler den schwächsten Teams zuteilt. Der Punktestand der abgelaufenen Saison gilt dabei als Maßstab: In Umkehrung der Tabelle stehen die Teams mit der schlechtesten Bilanz zuvorderst und dürfen als erste **aus dem Nachwuchspool auswählen.** Die besten Teams müssen sich demnach mit den schwächeren Talenten begnügen – zumindest in der Theorie, denn in Wirklichkeit werden Draft-Rechte in Transaktionen einbezogen, getauscht und verkauft. Hat eine Mannschaft einen Spieler ausgewählt, darf nurmehr dieser eine Verein mit dem Akteur über einen Vertrag verhandeln.

Dieses System hat sich bewährt, hilft es doch immer wieder schwachen Teams, in den Profiligen aufzuschließen. Prominentestes Beispiel sind die **Chicago Bulls,** die bis in die 80er Jahre nur „Prügelknabe" der NBA waren und erst in den 80ern durch den „Zuerwerb" herausragender Talente wie *Michael Jordan* und *Scottie Pippen* eine schlagkräftige Spitzenmannschaft formen konnten. Während im Basketball, American Football und Eishockey die Draft eine große Rolle spielt, hat im Baseball das Farmsystem mit seinen zweit-, dritt- und viertklassigen Profiteams größere Bedeutung.

Fans in den USA

Die Mähr von Nordamerika als Melting Pot ist überholt, vielmehr lebt in dem riesigen Land ein **buntes Gemisch verschiedener Rassen und Kulturen** nebeneinanderher, teils in eigenen Enklaven abgeschottet, teils tolerant, zur Vermischung bereit und sich gegenseitig befruchtend. Verbindend sind der Stolz auf eigene Herkunft und Erbe einerseits, auf die demokratischen Errungenschaften und Vorteile der neuen Heimat andererseits. Vor diesem Hintergrund wird vielleicht verständlicher, daß in den USA ein ganz anderer **Patriotismus** zu Hause ist als andernorts.

In den USA geht man wesentlich unbefangener, zugleich aber respektvoller mit Staatsinsignien wie Flagge und Nationalhymne um. Trotz aller Herkunftsunterschiede oder Hautfarben, im **Sportstadion sind alle Zuschauer gleich,** hier stehen sie gemeinsam wie eine Mauer hinter ihrem Team. Ein gutes Beispiel: die Anhängerschaft der Profifootballmannschaft **Washington Redskins.** Die US-Hauptstadt bevölkern einerseits Zugezogene, die Regierungsämter bekleiden oder in den Firmen angestellt sind, andererseits eine arme Arbeiterschicht, die sich vor allem aus Afroamerikanern aus Virginia und den Carolinas rekrutiert. Wenn jedoch der Schlachtruf *„hail to the skins"* ertönt, sind alle sozialen und herkunftsmäßigen Unterschiede vergessen. Zu einem besonderen Spagat sind auch die Politiker gezwungen, müssen sie doch sowohl die Mannschaft ihres Wahlkreises als auch die Redskins unterstützen.

Sport spielt in der amerikanischen Gesellschaft eine so gewichtige Rolle, daß sich nicht einmal der **Präsident** heraushalten kann. Traditionell muß er, der „**First Fan**", die Baseball-Saison im April eröffnen. Da Washington keine Profimannschaft mehr hat, gibt der Präsident im nahen Baltimore mit dem ersten Wurf den Startschuß zur neuen Spielzeit. Und noch etwas hat sich in den letzten Jahren, seit *Ronald Reagan*, eingebürgert: Die Champions der unterschiedlichen Profiligen und Universitätsmeisterschaften werden ins Weiße Haus geladen und offiziell vom Präsidenten geehrt.

Für den **sportverrückten Bill Clinton** stellen diese Aufgaben eher ein willkommenes Vergnügen als eine Pflicht dar. Als fast fanatischer Anhänger der Teams „seiner" Uni Arkansas ist er bei Spielen der Basketballer oder Footballer immer wieder einmal inmitten der Fans auszumachen; Pluspunkte von der ganzen Nation erntete er, als er 1994 in Washington alles stehen und liegen ließ, um beim Finalspiel der Uni Arkansas um die Basketballmeisterschaft dabeizusein. Bei der Siegesfeier warf der Präsident dann sogar Protokoll und Vorkehrungen über den Haufen und brachte sein Sicherheitspersonal schwer ins Schwitzen, als er sich unter die feiernden Studenten und Fans mischte und mit dem schwarzen Coach der Mannschaft Freudentänze vollführte. Wenn's um Sport geht, sind eben doch alle gleich!

Zuschauerausschreitungen sind in amerikanischen Stadien fast unbekannt. Sicher, es gibt gelegentlich Übergriffe von Fans auf Spieler und umgekehrt, doch „Schlachten" unter den Fans – wie bei Fußballspielen in Europa – finden nicht statt.

Vielmehr verbindet die Fans der **Stolz darauf, ein Profiteam in ihrer Kommune zu haben,** und so

Perfektes Outfit für Braves-Fans (GDITT)

Fans in den USA

haben in Green Bay die Bewohner sogar eine AG gegründet, um damit in den Besitz des lokalen NFL-Clubs zu gelangen und Abwanderungsbestrebungen in lukrativere Metropolen im Keim zu ersticken. Die Stadt Cleveland hat der NFL sogar eine neue Franchise abgerungen, als der Boß der örtlichen *Browns* die Mannschaft kurzerhand nach Baltimore umsiedelte. Football ist in Cleveland von elementarer Bedeutung, und man drohte der Liga mit einer Verfassungsklage. Basketball gilt in den US-Bundesstaaten Indiana, North Carolina oder Kentucky als „bürgerliches Grundrecht", Football gleicht im tiefen Süden der USA und in Texas einer Religion, und in Kanada wurde Eishockey als offizieller Nationalsport quasi unter „Denkmalschutz" gestellt.

Grenzübergreifend in jeder Hinsicht ist der **Nationalsport Baseball,** der sogar in Kreisen, die Sport sonst als dekadent ansehen („No Sports"-Generation), Verehrung erfährt. Dieses Schlagspiel – mit seiner Variante Softball – offenbart erst den wahren Mentalitätsunterschied zwischen Amerikanern und Europäern. Während hierzulande Baseball kaum Beachtung findet und die meisten deutschen US-Besucher ein Spiel nur gelangweilt gähnend – meist nie bis zum Ende – verfolgen, begleitet Baseball einen Amerikaner von der Wiege bis ins Grab. Dazu mehr im Kapitel „Baseball".

Sportliche Leistung, Fun und Entertainment, sind die Hauptkriterien, die eine Sportveranstaltung erfüllen soll, zum Abreagieren geht so gut wie niemand ins Stadion. Deshalb sucht man Fanclubs, wie es sie hierzulande gibt, vergeblich. Es gibt lediglich lockere und **unorganisierte Zusammenschlüsse von Fans,** die durch ausgefallene Ideen – z.b. Transparente, Gesichtsbemalungen oder Kopfschmuck – auf sich aufmerksam machen. Eine solche Fangruppe ist in den USA zumeist auf einen speziellen Star fixiert und steht mit ihm in Kontakt, was in Nordamerika kein Problem ist, da Profisportler im Umgang mit Zuschauern, besonders Kindern, wesentlich unbefangener sind.

Selten finden sich hingegen organisierte Fangruppen in den Stadien. In amerikanischen Arenen entstehen die Gruppen eher spontan, kauft man sich z.B. ein Ticket in einem bestimmten Sektor, gehört man eben zu der dort zusammensitzenden Fangruppe.

Wichtiger sind die sogenannten **Booster Clubs,** in die man nicht ohne weiteres aufgenommen wird. In ihnen sitzen die einflußreichsten Leute einer Stadt, die nicht nur den Verein im Stadion unterstützen, sondern auch durch andere Veranstaltungen die Verbundenheit der Stadt mit ihrem Club festigen.

Ähnliche Zusammenschlüsse gibt es **an Unis,** dort sammeln sich die ehemaligen Abgänger der Hochschule und sorgen mit oft nicht unerheblichen finanziellen Zuwendungen für eine gute Ausstattung des Athletic Departments.

In den Stadien herrscht meist prächtige **Stimmung,** und dabei sind die bei uns belächelten Anzeigetexte (*„clap your hands!"* oder *„make noise!"*) eigentlich unnötig. Sie dienen vielmehr dazu, in brenzligen Situationen, wenn Fanausschreitungen nicht auszuschließen sind, die Aggression in Lärm, Klatschen, Mitsingen oder Mittanzen bekannter Lieder umzulenken. Wer einmal im berühmten Dog Pound in Cleveland ein Footballspiel miterlebt oder umgeben von rotgewandeten Fans der Uni Alabama mit Zehntausenden schwarzer und weißer Fans gemeinsam die heimliche Hymne *„Sweet Home Alabama"* angestimmt hat, wird die überschwengliche und vor allem ansteckende **Begeisterung der Zuschauer** nicht mehr vergessen.

Watching the game, eine Sportveranstaltung in den USA oder Kanada zu besuchen, beschränkt sich nicht auf das bloße Verfolgen der sportlichen Aktionen auf dem Feld, es ist vielmehr eine Art „Festival", mit allem Drum und Dran. Dazu gehören z.B. jene berühmten **Tailgate Parties** vor den Footballspielen (siehe American Football). Sportstadien werden zu **sozialen Begegnungsstätten,** jeder kennt beinahe jeden – zumindest in seinem Umkreis – und Gruppen wie Hooligans sind fast unbekannt, werden gegebenenfalls sofort ausgeschlossen.

Wichtig ist der **enge Kontakt zwischen Sportlern und Fans,** besonders jungen, der sich aber nicht auf die Stars allein beschränkt. Die Teams sind sehr aufgeschlossen gegenüber ihren Zuschauern und versuchen, sich mit Werbegeschenken, Parties, Veranstaltungen ihre Sympathie zu sichern.

Wer deutsche Volksfeststimmung sucht, wie sie beispielsweise in deutschen Eishockeyhallen herrscht, wird nur selten fündig; das entspricht nicht der US-Mentalität. Am impulsivsten sind noch die Footballfans, vor allem im College-Bereich, dort wird gesungen oder rhythmisch angefeuert, doch ebenfalls im Normalfall ohne Gewalt und Haß. Und natürlich hängt die Stimmung auch von der Region ab: So sind die **Zuschauer** im Süden oder in den Großstädten an der Ostküste lauter als diejenigen im Westen. Doch Vorsicht, Ausnahmen bestätigen die Regel: In Sacramento ist beispielsweise die Hölle los, obwohl es als Hauptstadt Kaliforniens massenhaft Amts- und Verwaltungspersonal zu den Zuschauern zählt. Als Rüpel sind hingegen die Zuschauer in New York und Chicago gefürchtet, egal in welchem Stadion, werden schlechte Leistungen des eigenen Teams wie des Gegners mit Spott und verbalen Schimpftiraden bedacht.

College-Sport

Ganz anders als bei uns ist in den USA Universitätssport eine **traditionsreiche Institution,** die nicht nur der körperlichen Ertüchtigung dient und unter Ausschluß der Öffentlichkeit stattfindet, sondern seit etwa 1900 ein **soziales Ereignis** darstellt. Wenn heute Studenten Football oder Basketball spielen, ist das Fernsehen live dabei, pilgern Zehntausende begeisterter Fans in die Stadien. **Initiatoren dieser Beliebtheit** waren sportliche Duelle rivalisierender Unis wie Yale, Princeton oder Havard – vergleichbar mit den Ruderrennen zwischen Oxford und Cambridge in England. Diese drei Eliteunis waren schon im ausgehenden 19. Jh. maßgeblich an der **Entwicklung des American Football** beteiligt. **Basketball** wurde 1891 an einer Hochschule erfunden und war seitdem der traditionelle Wintersport der Studenten.

Doch es wäre nicht Amerika, wenn nicht auch die Unis aus der Begeisterung am Sport **Profit** geschlagen hätten. So wurden schon bald die sportlichen Treffen der Uniteams zu Großereignissen hochstilisiert, zu denen sich Zehntausende Fans einfanden. Heute ist College-sport aus dem Sportalltag nicht mehr wegzudenken. Wenn die Football- oder Basketballteams um Meisterehren spielen, müssen sogar die **Profis in die zweite Reihe** treten. Unisport ist mindestens gleichgewichtig, in manchen Regionen sogar wesentlich populärer als Profisport; es wird ihm daher ein eigenes Kapitel gewidmet.

Wer einmal ein Spiel der Student(inn)en besucht hat, wird häufig nachhaltig vom „Virus" befallen, denn vielfach ist die Stimmung und **Begeisterung im Stadion** – zumeist auf dem Campus gelegen – südländisch mitreißend und dabei ohne Aggressivität. Man trägt die Farben seines Teams buchstäblich auf der Haut zu Markte und feiert vor und nach dem Spiel mit den anderen Fans ein rauschendes Fest. Bei einem College-Football- oder College-Basketball-Spiel lernt man nebenbei viel über Land und Leute und kommt in den Genuß eines ungeahnten Sporterlebnisses.

Spectator-Sport-Tips

Allgemeines

In dem vorliegenden Band stehen die typischen amerikanischen Mannschaftssportarten im Mittelpunkt, die inzwischen auch hierzulande mehr und mehr Freunde finden. Es gibt darüber hinaus Sportarten, die überall bekannt und beliebt sind und vielfach auch als Freizeitbeschäftigungen eine große Rolle spielen. Hierzu gehören z.B. **Tennis** und **Golf,** beide sind in den USA eine Art Volkssport. Sie können vielfach auf öffentlichen Plätzen (ohne Vereinszugehörigkeit etc.) praktiziert werden, und Aktivsportler werden überall leicht Möglichkeiten zur Ausübung finden (siehe Telefonbuch).

Reiseveranstalter bieten diese Sportarten häufig im Paket mit Unterkunft und Kursen oder Turnieren an, ansonsten sind die Termine spezieller Events über die entsprechenden Fremdenverkehrsämter oder andere Infoquellen ausfindig zu machen. Sie sind zu zahlreich, um sie einzeln aufzulisten.

Ähnlich verhält es sich mit **Pferde- und Hunderennen:** Jede größere Stadt verfügt über eine Pferderennbahn, und vor allem in den Südstaaten sind Greyhound-Rennen in Kreisen der einfachen Bevölkerung sehr beliebt.

Spectator-Sport-Tips

Golf: Nationalsport der High Society
(Gatlinburg, Chamber of Commerence)

Rodeo

Über 100.000 begeisterte Zuschauer können sich nicht irren: Wenn alljährlich am letzten Juliwochenende Massen von Menschen in Cheyenne, im US-Bundesstaat Wyoming, zusammenströmen, muß etwas Außergewöhnliches geboten werden. Wer sich umsieht, weiß sofort Bescheid: Überall Cowboys, Pferde und Indianer – es kann sich nur um Rodeo handeln. In der Tat gehören die **Geschicklichkeitsübungen aus der Zeit des Wilden Westens** zu einer in ganz Nordamerika beliebten Sportart. Überall in den Weiten der Prärie werden diese Rodeos veranstaltet, und unzählige Fans treffen sich, um die waghalsigen Aktionen der mutigen Männer und Frauen zu bestaunen. Diese versuchen, sich möglichst lange auf dem Rücken wilder Bullen zu halten, wetteifern darin, wer am schnellsten ein Kalb einfangen kann, oder wer auf Wildpferden die beste Figur abgibt.

Auch in anderen Städten – wie im kanadischen Calgary – finden große Rodeo-Festivals statt, doch die unumstrittene **Hauptstadt des Rodeos** ist **Cheyenne.** Seit 1897 wird dort mit den "Cheyenne Frontier Days" die Cowboy- und Westerntradition hochgehalten. Obwohl die Rodeos selbst nur ein Teil des ganzen Spektakels sind, zu dem außerdem Planwagenrennen, Paraden, Pow-Wows – die traditionellen Zusammenkünfte der Ureinwohner –, und natürlich Lagerfeuerromantik und Country-Musik, Steaks und Whiskey gehören, stehen die Rodeos dennoch im Mittelpunkt.

Die Nachfahren der Cowboys, die sich auf wilde Bullen und Pferde schwingen, sind in den USA und Kanada **gutverdienende Profis.** Die männlichen und weiblichen Rodeoteilnehmer tingeln in den warmen Monaten mit ihren Wohnwagen durch den Westen, um bei Rodeos außer dem Startgeld ein möglichst lukratives Preisgeld einzustecken. Darüber hinaus wollen sie sich einen Namen machen, der dann den Aufstieg in die Höhen des Olymp, sprich Cheyenne, ermöglicht. Die Qualifikation zu diesem Event ist für die modernen Cowboys und -girls das höchste Ziel, denn erst wer beim *"Daddy of 'em all",* dem "Vater aller Rodeos",

Spectator-Sport-Tips

Rodeo – Erinnerung an Wildwest
(Calgary CVB)

teilnahm und den Zuschauern dort sein Können gezeigt hat, der hat sich einen festen Platz im Rodeozirkus erobert und dessen Geldbeutel beginnt sich zu füllen. Man möchte es kaum glauben, aber gegen Cheyenne verblaßt selbst die glitzernde Spielerstadt Las Vegas, in der alljährlich die Endrunde stattfindet!

Autorennen

Quizfrage: Wie heißt die **beliebteste Zuschauersportart in den USA?** Nein, weder Baseball noch Football oder Basketball können mit der Begeisterung mithalten, die die Amerikaner derzeit dem Autorennen entgegenbringen. Natürlich wird die beliebteste Sportart, was Zuschauerzahlen angeht, in verschiedenen Varianten angeboten, doch unübertroffene Nummer 1 ist das sogenannte **NASCAR Racing** (siehe unten). Zu diesen Rennen mit frisierten Serienwagen pilgern inzwischen im Schnitt 180.000 Fans, und über 100 Millionen Zuschauer verfolgen sie Jahr für Jahr an den Bildschirmen.

Weitere beliebte Autorennen sind **IndyCar Racing,** entspricht etwa den Wagen der Formel 1, **NHRA** (frisierte "Raketen"), **Trans-Am** (frisierte Wagen ein- und desselben Typs, sonst ähnlich NASCAR) und **IMSA** (kleinere Formel-Rennwagen). In der Regel laufen die Autorennen in den USA nicht anders ab als hierzulande. Wochenende für Wochenende werden quer übers Land Rennen ausgetragen, mit einigen Highlights, wie das Indy 500, das Coca Cola 600 oder Daytona 500, die dann tagelang die Medien beherrschen.

Indy Car Racing

Seit 1996 betreiben zwei konkurrierende Organisationen diese Rennveranstaltungen: Da wäre zum einen **IndyCar,** mit 15 Wettbewerben, neben Rennen in den USA werden jeweils eines in Brasilien und Australien sowie zwei in Kanada (Toronto und Vancouver) ausgetragen. Das herausragende Ereignis ist das weltweit berühmte **Indy 500** in Indianapolis. Der zweite Rennzirkus nennt sich **Indy Racing League,** der Veranstaltungen innerhalb den USA abhält und sich als neue Konkurrenz zu *IndyCar* sieht.

IndyCar-Rennen fahren vor allem viele aus der Formel 1 bekannte **Fahrer,** wie *Jacques Villeneuve* (Kanada), *Emerson Fittipaldi* (Brasilien) oder *Michael Andretti,* dessen Vater ein bekannter Formel-1-Star war. Der Superstar unter den Indy Car Racern ist jedoch *Al Unser Jr.,* der noch nie Formel 1 gefahren ist, aber in den USA abgöttisch verehrt wird.

Indianapolis 500

- **Ort:** Indianapolis Motor Speedway
- **Termin:** letztes Wochenende im Mai
- **Teilnehmer:** elf Startreihen mit jeweils drei Fahrern
- **Sonstiges:** Indy FanFest um das Rennen, mit Infos, Souvenirs, Gastronomie, Konzerten, Theater und weiteren Veranstaltungen wie Autogrammstunden der Fahrer (jeweils Fr 9-18, Sa 10-16 und So 7-11 Uhr)

NASCAR Racing

Eigentlich sehen die Rennwagen der NASCAR-Fahrer beinahe ganz normal aus, wie Nachbars neuer Sportflitzer. Doch wenn die Rennfahrer über die ovalen Pisten donnern, merkt man, daß an den Maschinen wohl einiges verändert wurde und es sich bei NASCAR tatsächlich um richtige Rennwagen handelt. **NASCAR** *(National Association of Stock Car Auto Racing)* ist die bekannteste und beliebteste Organisation, die diese **Stock-Car-Rennen** veranstaltet. Etwa 40 der besten Fahrer stehen bei ihr unter Vertrag, die in 31 Rennen um Prämien und Punkte sowie um die Meisterschaft fahren.

Stock Car Racing, also das Wettrennen mit hochfrisierten Serienautos, hat eine **lange Tradition.** Es entstand in den Südstaaten, als in den 30er Jahren Autos die Pferde als Transportmittel abzulösen begannen und die Prohibition, das staatliche Alkoholverbot, in Kraft trat. Wie man weiß, hat dies wenig bewirkt und wurde auch bald wieder aufgehoben, doch in den 20er und 30er Jahren mußte der illegal in den dichten Wäldern Kentuckys und Tennessees hergestellte Whiskey irgendwie an den Mann gebracht werden. Damals übernahmen verwegene Autokuriere die Aufgabe, den "Stoff" in Städte wie Atlanta zu transportieren. Die sogenannten *Liquor Runners* frisierten ihre Wagen auf, damit die Polizei keine Chance hatte, sie bei einer Verfolgungsjagd einzuholen. Manch einer der Kuriere wurde in der Bevölkerung zum Idol stilisiert, und man setzte die Tradition nach der Prohibition fort, indem man Rennen organisierte. Das Stock-Car-Fieber war entzündet. Schon 1947 gründete der Mechaniker *Bill France NASCAR,* doch ahnte er wohl damals noch nicht, daß sich innerhalb von 50 Jahren daraus ein Riesenunternehmen entwickeln sollte, das sogar an der Wall Street floriert und über zwei Milliarden Dollar pro Jahr Gewinn erwirtschaftet.

1950 wurde in Darlington, South Carolina, die erste eigentliche **NASCAR-Rennstrecke** eröffnet, und seither schießen derartige Bahnen überall wie Pilze aus dem Boden. Über ein etwa 2,5 km langes Oval, dessen schmalseitige Kurven erhöht

Spectator-Sport-Tips

sind, dröhnen dann die etwa 40 Rennwagen. An einem Renntag ist eine Menge geboten, und da das Oval relativ überschaubar ist und alles eng beieinanderliegt, ist die Hölle los. Inzwischen verfolgen im Schnitt 180.000 begeisterte Fans die großen NASCAR-Rennen, und ein Ende des Booms ist nicht abzusehen.

Hartnäckig hält sich das Vorurteil, Stock Car Racing sei der typische *"Redneck"-Sport,* die Lieblingsbeschäftigung der einfachen (weißen) Arbeiterschicht der Südstaaten. Es stimmt zwar, daß NASCAR dort immer noch genauso beliebt ist wie American Football, doch pilgern längst mehr Fans in die Anlagen in Kalifornien und im übrigen Westen als in jene im Südosten. Und eine Umfrage hat jüngst überraschende Ergebnisse gebracht: 38% der Fans sind weiblichen Geschlechts, zwei Drittel gehören (von ihrem Einkommen her) der Mittelschicht an, und, nach Berufssparten betrachtet, sind über 50% Facharbeiter, Angestellte und Manager – NASCAR dürfte damit endgültig sein "Redneck-Image" abgelegt haben.

Der Boom und das neue Image spiegeln sich auch in den **Werbepartnern** wieder. Bier-, Tabak- und Reifenfirmen sind längst nicht mehr die dominierenden Geldgeber, inzwischen will fast jede Firma am Boom teilhaben, egal ob Banken, Softwareproduzenten oder der Fast-food-Gigant *McDonald's.*

Kein Wunder, daß angesichts des Geldsegens die NASCAR-Funktionäre strahlen und schon ganz **neue Rennanlagen planen:** Bald sollen *Speed-Parks* im Rahmen neuer *All-American Sport-Parks,* großen Sport-, Freizeit- und Vergnügungsparks, entstehen.

Die **Rennsaison** wird traditionell mit dem **Daytona 500** Mitte Februar

Talladega, Rennbahn und Museum in einem

Spectator-Sport-Tips

Die Top-NASCAR-Rennen

- **Daytona 500:**
Daytona Internat. Speedway, Florida – Februar (Headquarter von NASCAR)
- **TranSouth 400:** Darlington Raceway, South Carolina – März
- **Food City 500:** Bristol Internat. Raceway, Tennessee – April
- ***Winston Select 500:** Talladega Superspeedway, Alabama – Ende April, Anfang Mai
- **Miller Genuin Draft 500:** Dover Downs Internat. Speedway, Maryland – Mai
- ***Coca Cola 600:** Charlotte, North Carolina – Mai
- **California 500:** Fontana, CA – Juni
- **Pepsi 400:** Daytona, FL – Juli
- **Brickyard 400:** Indianapolis Motor Speedway, Indianapolis – August
- **ITW DeVilbiss 400:** Michigan Internat. Speedway, Brooklyn, Michigan – August
- **Mountain Dew Southern 500:** Darlington, SC – September
- ***GM Quality 500:** Charlotte, NC – Oktober
- ***Diehard 500:** in Talladega, AL – Oktober
- **NAPA 500:** Atlanta, GA – November

* = besonders empfehlenswerte Topereignisse

---

in Daytona, Florida, eröffnet. Bis mit dem **500-Meilen-Rennen** am zweiten Sonntag im November bei Atlanta das Rennjahr beendet wird, fegen überall in den USA die Stars um die Ovals und begeistern Woche für Woche Millionen. Jeweils am Ende der Saison vergibt NASCAR an den punktbesten Fahrer den **Winston Cup,** den in den USA wohl prestigeträchtigsten Motorrennsportpreis.

Was für deutsche Rennsportfans *Michael Schumacher* ist, das verkörpert **Dale Earnhardt** für die Amerikaner. Der in Kannapolis in North Carolina geborene Südstaatler ist nicht nur der erfolgreichste NASCAR-Fahrer aller Zeiten, er ist zugleich Volksheld in den Südstaaten und bereits vor dem Ende seiner aktiven Laufbahn eine Legende. Seit 1975 gewann er bereits mehr als 60 Winston-Cup-Rennen, fuhr über 25 Millionen Dollar Preisgelder ein und ergatterte neun Meistertitel.

Weitere große Fahrer stehen jedoch schon in den Startlöchern bereit, in *Earnhardts* Fußstapfen zu treten: So beispielsweise der erst 25jährige *Jeff Gordon, Sterling Marlin, Rusty Wallace, Mark Martin, Michael Waltrip, Bill Elliott* oder *Ted Musgrave.*

Das ganze Jahr über (außer Dezember und Januar) kann man in den großen Rennarenen **NASCAR-Rennen** um den Winston Cup besuchen und für ein Wochenende in eine ganz andere Welt eintauchen. Wir wollen

NASCAR-Topspots

- **Talladega Superspeedway**
östlich, vor den Toren Birminghams, Alabama, an der I-20, Exit 168 bzw. 173, gelegen
Infos & Tickets:
P.O.Box 777, Talladega, AL 35160, Tel. (205) 362-9064
mit International Motorsports Hall of Fame, tgl. 9-17 Uhr, Tel. (205) 362-5002.
- **Charlotte Motor Speedway**
an der US 29, nordwestlich Charlotte
Infos & Tickets:
P.O.Box 600, Charlotte, NC 28026-0600, Tel. (704) 455-3200
Geländetouren alle 30 Min., $, Mo-Sa 9-16 Uhr, So 13-16 Uhr, mit Giftshop.

an dieser Stelle nur die berühmtesten der über 30 Rennen erwähnen (mit Austragungsort und Monat; der genaue Termin ist variabel). Infos zu anderen Rennen – und oft auch Tickets – bekommt man bei jeder Kartenverkaufsstelle. Wer nur ein bißchen Begeisterung für Autos aufbringen kann, sollte sich eines dieser NASCAR-Rennen mit seiner ganz spezifischen Atmosphäre ansehen.

Lacrosse

Lacrosse? Viele USA-Besucher, selbst große Fans des American Sports, werden mit diesem Namen wenig anfangen können. Dabei ist Lacrosse doch die älteste noch immer praktizierte Sportart in Nordamerika. Bei den **Irokesen,** dem berühmten Indianerstamm – genauer dem Zusammenschluß sechs einzelner Irokesenstämme zu einem Bund im Nordosten der USA – wurde dieser Sport sehr ernsthaft betrieben, glich einer kultischen Handlung. Ganze Dörfer oder Sippen, mit hundert Spielern oder mehr, traten auf riesigen Spielfeldern an.

Das Spiel, das nach indianischer Vorstellung der Schöpfer erfunden hat, wurde ihm zu Ehren praktiziert und diente gleichzeitig dazu, Zwistigkeiten in spielerischer Art und Weise beizulegen. Doch schon bei den Six Nations, wie der politische Zusammenschluß der sechs Irokesenvölker genannt wird, der auch Pate für die US-Verfassung stand, wußte man von der **Härte des Sports** und nannte Lacrosse auch den "kleinen Bruder des Krieges". Es war auch eines der Spiele, das die Entwicklung des Eishockeys stark beeinflußt hat. Es ist **weitgehend wetterunabhängig,** kann in Hallen oder im Freien gespielt werden, und ist ein Sommer- und Herbstsport.

Die Begeisterung der Irokesen für Lacrosse griff rasch auf andere Indianerstämme und im 19 Jh. auch auf weiße Siedler über. Mittlerweile wurde Lacrosse, noch vor Eishockey, als **kanadischer Nationalsport** unter Schutz gestellt. In den USA wird Lacrosse vor allem an Universitäten im Nordosten gespielt, in den letzten Jahren entpuppt sich auch die professionell betriebene Hallenversion als Renner.

Den Höhepunkt stellt auch in diesem Sport die Weltmeisterschaft dar. 1998 werden die **World Games of Lacrosse** an der John Hopkins University in Baltimore, USA, abgehalten. Dort wird neben den Teams aus den USA, Kanada, Japan, Tschechien, England, Schottland, Schweden, Australien, Wales auch eine Mannschaft aus Deutschland antreten. Das meiste Interesse dürfte jedoch die Nationalmannschaft der Iroquois Nation auf sich vereinen. Die besten Spieler der Irokesen aus den USA und Kanada bilden eine der führenden Mannschaften der Welt. Für sie geht es dabei nicht nur um den Titel, sondern darum, im indianischen Nationalsport dem Rest der Welt zu zeigen, wozu man in der Lage ist.

Langsam kann sich auch die **Major Indoor Lacrosse League,** die Hallenprofiliga, einen größer werdenden Fankreis erspielen. Viele der Spieler, die an der Uni zu den Stars gehörten, können hier weiter ihrem Sport nachgehen. Sie verdienen zwar nur ca. $ 175 aufwärts pro Spiel, doch der Anfang ist gemacht.

Lacrosse selbst ist eine eigenartig anmutende, aber **faszinierende Sportart:** Die Schnelligkeit und Körperbetonung erinnern an Eishockey, die Taktik an Soccer und Basketball, der Kraftaufwand und der harte Körperkontakt an American Football. **Ziel** der jeweils zehn Spieler pro Team ist es, einen kleinen, harten Vollgummiball mit einem Schläger, an dessen oberem Ende ein kleiner Korb (für den Ball) befestigt ist, in ein 1,80x1,80 m großes Tor zu befördern. Da Körpereinsatz erlaubt ist und der Ball mit hoher Geschwindigkeit quasi aus dem Schläger katapultiert wird, sind die Spieler mit Helmen, Schulterschutz und Handschuhen ausgestattet. Das Spiel dauert 60 Minuten und erfordert Ausdauer, Kraft, Schnelligkeit und Durchsetzungsvermögen.

Die **Hochburgen des Lacrosse** liegen im Nordosten der USA sowie in den kanadischen Provinzen Ontario und Québec. Derzeit erlebt Lacrosse einen unerwarteten Boom, in den USA und Kanada spricht man schon vom "fastest-growing team sport", den inzwischen über eine Million Sportbegeisterter in den USA ausüben.

Den sportlichen Saisonhöhepunkt stellt das alljährlich stattfindende Finalturnier der Universitätsmannschaften, das sogenannte **College Final Four,** dar. Seit 1984 werden die Halbfinale und das Finale live vom Sportsender *ESPN* übertragen, und über 30.000 Fans sind bei den Spielen direkt dabei. Wer einmal eine Begegnung erleben möchte,

---

Lacrosse Top Spots

● **Cornell University Big Red,** Ithaca, New York 14853, Tel. (607) 255-5220.
● **John Hopkins University Blue Jays,** Charles/34th Street, Baltimore, Maryland 21218, Tel. (410) 338-7490.
● **Syracuse University Orangemen,** Syracuse, New York 13244, Tel. (315) 443-2385.
● **University of Virginia Cavaliers,** P.O.Box 9017, Charlottesville, Virginia 22906, Tel. (804) 982-5100.

---

sollte bei einem Ostküstenbesuch ein Spiel der Unis Syracuse, Virginia oder – noch besser – der Cornell oder John Hopkins Unis einplanen.

Halls of Fame

Museen widmen sich heutzutage allen möglichen (und unmöglichen) Dingen, und so gibt es in Nordamerika auch solche für die verschiedensten Sportarten. Dabei stehen allerdings meist nicht Artifakte im Mittelpunkt, sondern handelt es sich vielmehr um umfassende Erinnerungsstätten an große Persönlichkeiten bestimmter Sparten, sogenannte **Halls of Fame** (Ruhmeshallen). Diese Nachfolger der großen Walhalla gibt es in den USA in fast unüberschaubarer Zahl, für alle möglichen Persönlichkeiten und Einrichtungen, für Musiker, Sportler oder Künstler. Sie halten die Erinnerung an große Stars und wichtige Ereignisse wach und machen alte Zeiten mit Hilfe von Erinnerungsstücken, Tonband- oder Videoaufnahmen, Rekonstruktionen und Fotos lebendig.

Spectator-Sport-Tips

Halls of Fame – Adressen

- **Baseball Hall of Fame**
  25 Main Street, Cooperstown, New York, Tel. (607) 547-7200 o. 547-9983 (Infos), tgl. 9-17 Uhr (im Sommer bis 21 Uhr), $ 8
- **Pro Football Hall of Fame**
  2121 George Halas Drive NW, Canton, Ohio, Tel. (216) 456-8207 bzw. 452-0243 (Infos), tgl. 9-17 Uhr (im Sommer bis 20 Uhr), $ 5
- **Basketball Hall of Fame**
  1150 W. Columbus Ave., Springfield, Massachussets 01101-0179, Tel. (413) 781-6500 o. 787-1548 (Infos), Fax 781-1939, tgl. 9-17 Uhr (im Sommer bis 18 Uhr), $ 7
- **College Football Hall of Fame**
  Washington/St. Joseph Sts., im Century Center, "Gridiron Plaza", South Bend, Indiana, Tel. (219) 235-9711, 1995 neu eröffnet
- **Canadian Football Hall of Fame and Museum**
  58 Jackson Street W, Hamilton, Ontario L8P 1L4 – Kanada, Tel. (905) 528-7566, Fax 528-9781, Mo-Sa 9.30-16.30, So 12-16.30 Uhr, $ 3
- **Hockey Hall of Fame**
  BCE Place, 30 Yonge Street, Toronto, Ontario M5E 1X8 – Kanada, Tel. (416) 360-7735, Fax 360-1501, Mo-Sa 9.30-17.00, So 12-17.00 Uhr, $ 3
- **International Hockey Hall of Fame**
  York/Alfred Streets, Box 82, Kingston, Ontario K7L 4V6 – Kanada, Tel. (613) 544-2355, Fax 544-2355
- **US Hockey Hall of Fame**
  801 Hat Trick Ave., P.O.Box 657, Eveleth, Minnesota 55734, Tel. (218) 744-5167, Fax 744-2590, tgl. 10-17 Uhr, $ 2
- **NCAA Hall of Champions (College Sports)**
  6201 College Blvd., Overland Park, Kansas 66211, Tel. (913) 339-0000 oder 1-800-735-NCAA, tgl. 10-17 Uhr (im Sommer bis 18 Uhr), $ 2

Mittlerweile ist die Zahl solcher Ruhmeshallen für Vertreter bestimmter Sportarten enorm angewachsen. Vier gelten gemeinhin als die wichtigsten derartigen Institutionen, als die Mekkas der Sportfans: die **Baseball Hall of Fame**, die **Pro Football Hall of Fame**, die **Basketball Hall of Fame** und die **Hockey Hall of Fame.** Die vielen lokalen Halls of Fame sind mehr oder weniger sehenswert, es sind große und vorbildlich aufgemachte darunter, aber auch sehr kleine, die nur aus einem einzigen, schnell zu besichtigenden Raum bestehen. Da der Eintritt jedoch meist billig oder sogar gratis ist, sollte man ruhig alle sich bietenden Gelegenheiten beim Schopf packen.

Alabama Sports Hall of Fame

American Football

Das Spiel

Boom in Europa

American Football war hierzulande lange mit dem Etikett „brutal und exotisch" versehen. Erst durch die in Deutschland stationierten US-Soldaten und durch zunehmenden USA-Tourismus erlebte der uramerikanische Sport ab den 70er Jahren einen Boom. Heute steht er, dank der **World League** – einer von der NFL in Europa unterstützten Profiliga –, vor allem bei der Jugend ganz oben in der Gunst. Inzwischen kennt jeder jene schwergewichtigen, dickgepolsterten und behelmten Atlethen, die mit enormem Körpereinsatz versuchen, einen eiförmigen (!) Ball hinter eine Linie zu tragen. Immer mehr Deutsche wollen es sich bei einem Amerika-Besuch nicht entgehen lassen, dieses Spiel und die besondere Atmosphäre inmitten von begeisterten Fanscharen mitzuerleben.

Geschichte

Entwickelt hat sich American Football, wie Rugby, aus unserem Nationalsport Fußball, den die Amerikaner *Soccer* nennen. 1869 wurde zwischen den beiden Unis Rutgers und Princeton in New Jersey das erste Footballspiel – damals mehr eine **Mischung aus Fußball und Rugby** – bestritten. Fünf Jahre später setzte sich dann ein neues Regelwerk durch, das an der Uni Havard entwickelt worden war und American Football **als eigenständige Variante endgültig vom Rugby trennte.**

In den 80er Jahren wurden die Regeln verfeinert und verbessert, 1883 der erste Unimeister gekürt und in den 90er Jahren tauchten **erste Proficlubs** auf. Bis zur Gründung der NFL sollte es jedoch noch eine Zeitlang dauern: 1920 entstand mit der **American Professional Football Association** die Liga, aus der später die NFL hervorgehen sollte.

American Football ist wie Baseball fest im Alltagsleben der Amerikaner verankert, was auch mit der Geschichte zusammenhängen mag: **Eliteunis** wie Princeton, Yale und Havard waren wesentlich an der Entwicklung des Regelwerks beteiligt, die ersten Profiteams aber entstanden in den grauen **Industriestädten** der Bundesstaaten Pennsylvania, Ohio oder New York und machten den Sport unter der einfachen Arbeiterschicht populär. Für die einen war Football „körperliche Ertüchtigung", für die anderen „Freizeitvergnügen" und Ausdruck sozialer Gleichstellung.

Popularität in den USA

Ein Außenstehender mag sich wundern über die **grenzenlose Begeisterung,** die die amerikanische Gesellschaft bei Spielen miteinander verbindet – unsere Fußballsamstage gleichen dagegen „Trauerfeiern mit Erbschaftsstreit". Daß American Football – als College- und als Profisport – bis heute seine Popularität nicht eingebüßt hat, sondern weiter boomt, liegt jedoch an einigen weiteren spezifischen Eigenarten, auf die weiter unten einzugehen ist.

Das Spiel

Für Millionen von Amerikanern *gleichen sich die Regeln im Football und jene im Alltag.* Hier wie dort kommt es auf das Können des Einzelnen ebenso an wie auf das Zusammenwirken mehrerer im Team. Hier treffen die beiden urtypischen amerikanischen Eigenschaften zusammen, die mitgeholfen haben, das riesige Land zu erschließen und die bis heute die Gesellschaft prägen: uneingeschränkter *Individualismus,* der jedem seine Chance gibt und bei entsprechendem Einsatz zum Erfolg – oder aber zum schnellen Absturz führen kann –, und *Gruppenzwang,* der dafür sorgt, daß sich der Einzelne zur Erreichung seines Zieles auch unterordnen kann und eine gewisse zugeteilte Rolle im Räderwerk spielt. Diese Eigenarten haben z.B. dafür gesorgt, daß Firmen unvorstellbare Machtpositionen erreichen konnten, obwohl die Beteiligten durchaus sehr eigenwillige Persönlichkeiten waren – bestes Beispiel ist *Microsoft.*

„American Football ... hat mich Geduld gelehrt, Geben und Nehmen. Aber vor allem hat es mir vermittelt, wie man in einer harten Welt überlebt," sagte einmal *Sam Huff,* früher ein außergewöhnlicher Footballspieler, später Vize der *Marriott*-Hotelkette. Mag das eine Erklärung dafür sein, daß immer mehr Eltern ihre Kids, auch Mädchen, Football spielen lassen? Football als *Lehrstunde fürs Überleben* und Miteinanderauskommen, nach dem Motto „Jeder ist auf den anderen angewiesen"? Selbst die gefeierten Stars vergessen nur selten, daß sie auf die Unterstützung ihrer Teamkollegen angewiesen sind. So lädt beispielsweise *Brett Favre,* Superstar und Quarterback der *Green Bay Packers,* seine *Line* (die Spieler, die die gegnerischen Verteidiger abblocken, daran hindern, den

Die Wurzeln sind beim Football noch unverkennbar: Rugby (GDITT)

Das Spiel

Spielmacher zu Boden zu reißen und zugleich Lücken für eigene Angriffe eröffnen), nach „getaner Arbeit" regelmäßig zum Essen ein – fast wie im Berufsleben: Der Chef belohnt seine Crew für gute Leistung!

In dieser engen Verquickung zwischen **Alltag und Football** und der Tatsache, daß fast jeder Amerikaner in seinem Leben irgendwann einmal auf dem Rasen aktiv war, liegt die **magische Anziehungskraft** des eiförmigen Lederballs auf Millionen. Wenn zwischen September und Januar an Samstagen die Studenten und sonntags die Profis spielen, hält es keinen Amerikaner mehr ruhig auf dem Sitz: Zwischen 60.000 und 100.000 füllen die Stadien, und Millionen verfolgen die Übertragungen vor TV-Geräten und Radios.

Regeln und Spielverlauf

Allgemeines

Doch nun zum Spiel selbst und seinen Regeln. Es soll hier nur auf Allgemeines hingewiesen werden, Abhandlungen über taktische Finessen gibt es bereits genug. Man glaubt es kaum, daß die jeweils elf gepolsterten Giganten, die da auf dem Rasen (dem **Gridiron**) aufeinander losgehen, unzählige Regeln zu befolgen haben, die von sieben Herren (die **officials**) in weißen Hosen und schwarzweiß gestreiften Hemden überwacht werden.

Begeht ein Spieler eine **Regelwidrigkeit,** fliegt ein gelbes Tuch, die sogenannte *Flag,* in hohem Bogen auf das Grün. Nach einiger Beratung teilt der Hauptschiedsrichter (der **umpire**), erkennbar an der weißen Kappe, laut über Mikrofon das Vergehen und die Strafe mit – wieder typisch amerikanisch. Aber wir eilen dem Geschehen auf dem Rasen voraus.

„**Schach auf dem Rasen**" nennen es die einen, „Krieg auf dem Rasen" abschätzig die anderen – und beides trifft es nicht voll. Wie in keiner anderen Sportart wird im Football **jeder Spielzug genauestens einstudiert** und der Situation entsprechend vom Trainer bekanntgegeben. Die Verteidiger versuchen an der Aufstellung zu erkennen, welche Aktionen auf sie zukommen. Eine ganze Reihe von **Trainern** ist damit betraut, den Überblick zu bewahren, einige von ihnen sitzen weit oben auf den Rängen. Ihre Beobachtungen werden über Funk weitergemeldet und fließen in die Anweisungen mit ein, die dann die Trainer auf das Spielfeld rufen oder signalisieren.

Die Akteure, angeführt vom **Quarterback** (Spielmacher), versuchen diese Vorgaben auf dem *Gridiron* umzusetzen. Im Halbkreis (dem **Huddle**) stellen sich die Angreifer vor jedem Spielzug um den Quarterback auf und erhalten von ihm **Anweisung, wie die nächste Aktion auszusehen hat.** Obwohl dieser nur verschlüsselte Zahlen-Wort-Kombinationen verwendet, weiß sofort jeder Bescheid, welcher Spielzug gemeint ist und welche Rolle er selbst dabei übernimmt. Schließlich verfügt jedes Team über ein dickes **Buch mit allen Spielzügen,** das jeder Angriffsspieler vom Trainer bekommt und auswendig kennen muß. Was theore-

Das Spiel

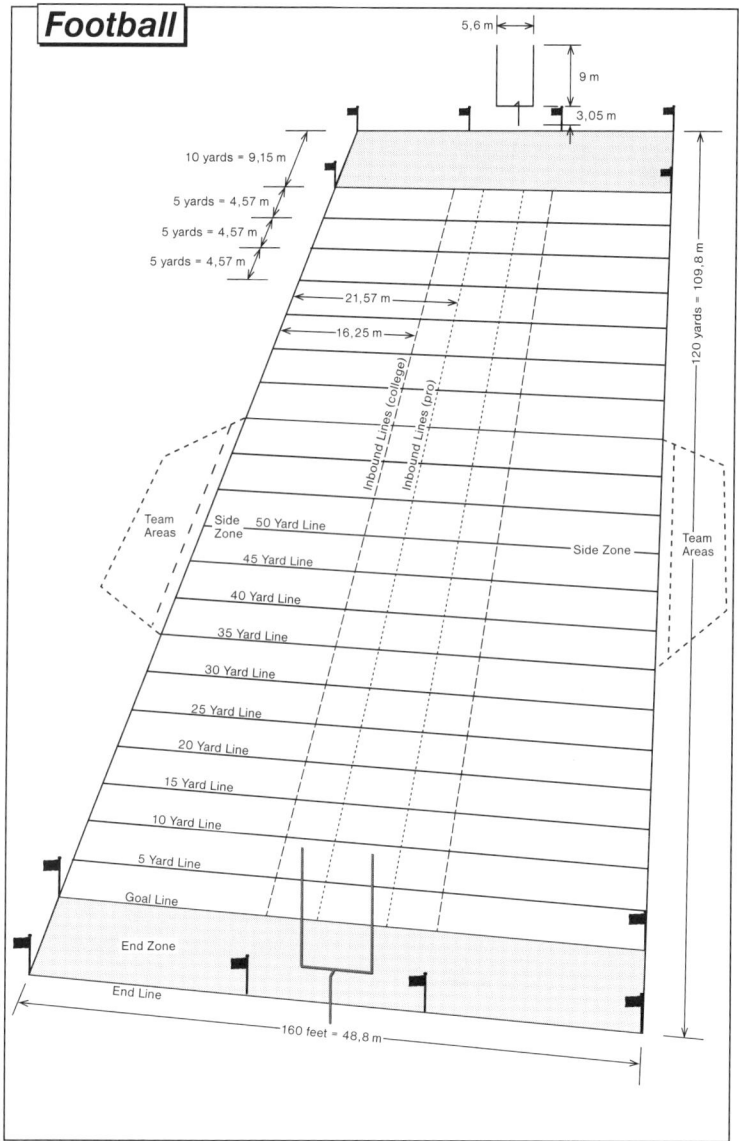

Das Spiel

Schiedsrichterzeichen

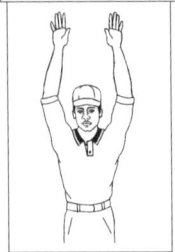
Touchdown, field goal-good or extra point-good

Safety

Penalty refused, incomplete pass or misses field goal: Strafe abgelehnt, Fehlversuch

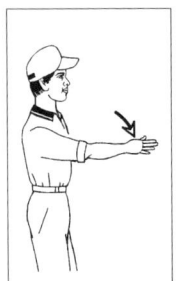
First down: Erster Versuch

Time out: Auszeit

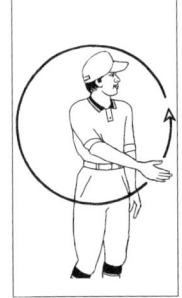
Time-in: Spielzeit läuft wieder

Touchback: Ball nach Kickoff oder Punt in der Endzone

Personal foul

Loss of down: Verlust von Versuchen

Clipping: Illegales Blocken von hinten

Delay of Game: Spielverzögerung

Enchroachment or offside: Verletzung der neutralen Zone

Das Spiel

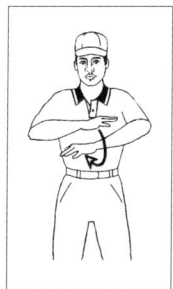
False start: Frühstart oder unerlaubte Formation

Holding: Halten

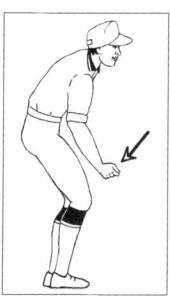
Illegal Cut: Unerlaubter Block

Unsportsmenlike conduct: Unsportliches Verhalten

Illegal motion: Unerlaubte Bewegung im Rückraum

Illegal use of hands: Unerlaubter Einsatz der Hände oder Arme

Ineligible receiver downfield: Nichtberechtigter Fänger

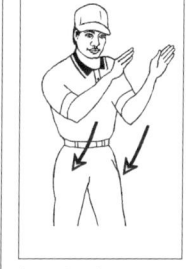
Intentional grounding: Absichtlich geworfener, nicht fangbarer Paß zur Spielzeitersparnis

Pass interference: Behinderung eines Paßempfanges

Tripping: Beinstellen

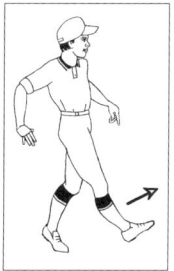
Roughing the kicker: Behinderung eines Kickers

Das Spiel

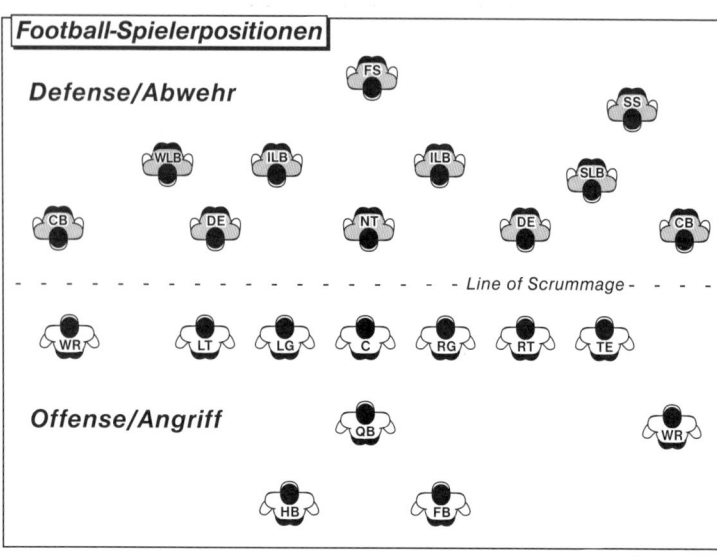

Defense / Abwehr
- FS Free Safety
- SS Strong Safety
- CB Cornerback
- ILB Inside Linebacker
- SLB Strong Side Linebacker
- WLB Weak Side Linebacker
- DE Defensive End
- NT Nose Tackle

Offense / Angriff
- WR Wide Receiver
- LT Left Tackle
- LG Left Guard
- C   Center
- RG Right Guard
- RT Right Tackle
- TE Tight End
- QB Quarterback
- HB Halfback
- FB Fullback

tisch bekannt und im Training eingeübt wurde, muß dann im Spiel gegen den Widerstand des Gegners in die Realität umgesetzt werden.

Mit dem *Kickoff* beginnt ein Spiel: Ein Team (bestehend aus elf Feldspielern und über 30 weiteren, beliebig auswechselbaren Ersatzspielern, aufgeteilt in Angriff und Abwehr) schießt den Ball mit dem Fuß in die Spielhälfte seines Gegners. Dort, wird der Ball von einem Gegenspieler gefangen und dieser versucht, ihn soweit wie möglich in Gegenrichtung zu tragen. Dort, wo der Ballträger zu Fall gebracht werden kann, startet seine Mannschaft den ersten von vier Versuchen, den Ball über zehn Yards (9,14 m) vorwärts zu tragen oder zu werfen.

First, second, third und fourth downs heißen diese Versuche, und schafft man die zehn Yards, erhält man vier neue *Downs,* ansonsten wechselt das Angriffsrecht. Das geht solange weiter, bis der Ball in die gegnerische Endzone gebracht wurde und das Team für einen solchen **Touchdown** sechs Punkte erhält. Natürlich versucht die jeweils abwehrende Mannschaft, das Vorrücken zu verhindern. Gelingt ihr dies, geht der Ball an sie über und sie ist dran, Boden gut zu machen und zu punkten.

Über **viermal 15 Minuten,** wobei die Uhr nach gewissen Unterbrechungen angehalten und nach 30 Minuten eine Pause eingelegt wird, versuchen die Teams, vorzupreschen bzw. den Gegner zu stoppen. Wer am Ende die meisten Punkte hat, ist **Sieger.** Bei einem Unentschieden wird um maximal 15 Minuten verlängert; das Spiel ist dann zu Ende, sobald eine Mannschaft punktet.

Einige Feinheiten zum Schluß: Beim *fourth down* besteht die Möglichkeit, daß ein Team, sofern es sich noch in der eigenen Hälfte befindet und sicher ist, die erforderlichen 10 Yards nicht mehr zu schaffen, dem Gegner den Ball mit einem **Punt** übergibt. Der Ball wird von einem Spieler mit dem Fuß weit in die andere Hälfte geschossen, wo ihn der Gegner wie bei einem *Kickoff* fangen und zurücktragen muß. Wo er zu Boden geht, beginnt der Gegner neuerlich mit seinen vier Versuchen.

Befindet sich ein Team jedoch vor dem vierten Versuch schon nah an der gegnerischen Endzone und scheint es zu risikoreich, noch einmal einen Touchdown-Versuch zu unternehmen und zu bescheiden, nur zu punten, dann läßt man seinen **Kicker** in Aktion treten. Dieser stößt den Ball mit dem Fuß in Richtung Tor, das an eine überdimensionale Stimmgabel erinnert und sich in der Endzone befindet. Falls es ihm gelingt, den Ball zwischen die Pfosten und über die Querstange zu plazieren, spricht man von **Field Goal,** das für drei Punkte gut ist.

Nach einem erfolgten *Touchdown* tritt ebenfalls der *Kicker* in Aktion, um seiner Mannschaft den **Bonus von einem Zusatzpunkt** zu sichern. Als Alternative für diesen Torschuß käme ein Spielzug von der 10-Yard-Linie in Frage, bei dem der Ball noch einmal in die Endzone befördert werden müßte (2 Punkte).

Eine **Interception** ist ein vom Gegner abgefangener Paß, ein **Fumble** ein Ballverlust (z.B. durch Fallenlassen) der angreifenden Mannschaft. Bei letzterem ist es offen, wer nach diesem faux pas in Ballbesitz gelangt, es wird danach auf jeden Fall abgepfiffen. Eine *Interception* hingegen unterbricht das Spiel nicht, sondern wendet lediglich das Blatt völlig.

Von Kickern und anderen Cracks

Nicht so wichtig, diese **Kicker,** könnte man meinen, die *Touchdowns* erzielen ja andere. Doch gerade die Aufgabe der Kicker ist wahrlich kein Kinderspiel, speziell, wenn sich ein Team besonders gut auf die Abwehr versteht. Solche Spiele werden dann häufig durch die *Field Goals* der *Kicker* entschieden. Kein Wunder also, daß diese **Spezialakteure,** obwohl sie nichts anderes machen, als den Ball zu kicken, besonders um-

Das Spiel

hätschelt werden – immerhin lastet auf ihnen oft **viel Verantwortung,** denn in der Verlängerung reicht ein guter Kick zum Sieg aus. Oder auch nicht: Unvergessen bleiben wird der mißlungene Versuch des *Kickers* der *Buffalo Bills* im Super Bowl 1991. Hätte er den Ball zwischen die Stangen gesetzt, wäre *Buffalo* Meister geworden, doch so jubelte statt dessen der Lokalrivale aus New York.

Wie der *Kicker* hat jeder Footballer seine besondere Aufgabe, vom *Quarterback,* dem Star der Mannschaft, der für die Umsetzung der Spielzüge zuständig ist, über den Ballträger (**Running Back**) und -fänger (**Wide Receiver**), den Blocker (**Linebacker**) oder spezielle Abwehrspieler (siehe Graphik).

Defense (Verteidigung)

Die Angreifer einer Mannschaft mögen zwar weit stärker im Rampenlicht stehen und als Helden umjubelt werden als ihre Kollegen von der *Defense,* doch diese stellen das **eigentliche Rückgrat eines guten Teams** dar. Sie hindern den Gegner am Punkten, setzen die Angreifer konstant unter Druck und sorgen dafür, daß die eigene Offense in Ballbesitz kommt. In der ersten Reihe steht die **Line** *(Tackles, Ends),* die zunächst versucht, den gegnerischen *Quarterback* auszuschalten oder nicht ins Spiel kommen zu lassen. Gleichzeitig sind sie dafür zuständig, das Laufspiel des Gegners – dessen *Running Back* versucht, den Ball nach vorn zu tragen –, zu unterbinden und dabei keine Lücken entstehen zu lassen. Hinter dieser Line stehen die **Linebackers,** mit ähnlichen Aufgaben, jedoch leichtgewichtiger und damit beweglicher. Die schnellsten Verteidiger sind die **Cornerbacks,** die die gegnerischen Ballfänger decken. Als die eigentlichen Liberos der Abwehr gelten schließlich die **Safeties,** denen es vor allem obliegt, Lücken rasch zu erkennen und zu schließen. Sie geben oft den eigenen Mitspielern Tips, welchen Spielzug der Gegner plant.

Tailgate Party

Football besteht nicht nur aus den zwei oder drei Stunden Spiel, sondern ist ein Gesamtereignis. Jeder US-Besucher, der im Herbst durch das Land reist, sollte sich an einem Wochenende die Zeit nehmen, zusammen mit Zehntausenden von Fans ein **rauschendes Football-**

An Junior Seau, dem Line Backer der Charges, ist schon mancher gescheitert (San Diego Charges)

fest zu feiern. 30 NFL-Teams und unzählige Unis, über das ganze Land verteilt, geben dazu genügend Gelegenheit. Im Stile eines großen Familienfests **trifft man sich Stunden vor dem Kickoff,** auf dem Stadionparkplatz oder auf umliegenden Freiflächen. Grills werden angeheizt, Fleisch gebraten, und die Zuschauer hocken oder stehen zusammen, fachsimpeln und stimmen sich auf das Spiel ein.

Dabei stört es in kälteren Regionen die Fans kaum, daß sie in Kälte und Schnee feiern müssen, im Gegenteil, gerade in einer Stadt wie Green Bay wird der Football-Sonntag richtiggehend zelebriert, ungeachtet der Minusgrade und der Schneedecke. Da haben es die Fans in Jacksonville leichter, wo immer milde Temperaturen herrschen und Eis nur in Drinks vorkommt. Alkohol spielt dabei eine untergeordnete Rolle – Stimmung kommt trotzdem auf, denn die Zuschauer stehen voller Begeisterung hinter ihrer Mannschaft.

Die NFL – National Football League

Vom College Football und seiner Bedeutung wird in einem eigenen Kapitel die Rede sein, im folgenden soll in erster Linie die NFL, die National Football League, im Zentrum stehen. Sonntag für Sonntag pilgern im Schnitt über 65.000 Fans in jedes der Stadien, um eines der Punktspiele der NFL mitzuverfolgen. Traditionell wird **jeden Montag** ein ausgewähltes Spiel ausgetragen und landesweit übertragen, außerdem wird an **einigen Donnerstagen,** v.a. am Thanksgiving-Wochenende, gespielt. In der Regel beherrscht die NFL jedoch den amerikanischen **Sonntag von September bis Ende Januar.**

Dann stehen sich die beiden Topteams im berühmten Endspiel, dem **Super Bowl,** gegenüber. Bezeichnenderweise ist dies das größte Sportereignis in den USA, das zwei Wochen Medien und Alltag beherrscht und das über 120 Millionen Amerikaner vor die Fernsehgeräte lockt, wenn das Finale läuft. Eine Werbeminute während der Lifeübertragung kostet übrigens fast eine Million Dollar!

Historischer Überblick

Die Wurzeln der NFL reichen ins Jahr 1920 zurück, damals wurde die American Professional Football Conference gegründet und zwei Jahre später in **NFL** *(National Football League)* umbenannt. Zehn Teams nahmen in der ersten Saison teil, als noch ein gewisser *Jim Thorpe* Präsident, Trainer und Spieler in einer Person war. *Thorpe* gewann später als erster Sportler indianischer Herkunft eine Goldmedaille bei Olympischen Spielen. Teams wie die *Decatur Staleys* (heute: *Chicago Bears*) oder die *Duluth Eskimos* wetteiferten um Siege, Geld und Meisterehren. 1932 begann man damit, den Champion regelmäßig in einem Finalspiel zu ermitteln.

Die NFL – National Football League

Eine neue Epoche wurde 1959 eingeläutet, als Ölmulti *Lamar Hunt* aus Dallas mit anderen Millionären die **AFL** *(American Football League)* gründete. Jahrelang existierten beide Profiligen nebeneinander, ehe man sich 1966 zur Kooperation entschloß. 1967 wurde das erste NFL/AFL Championship Game in Los Angeles ausgetragen, das die *Green Bay Packers* (NFL) 35:10 gegen die *Kansas City Chiefs* (AFL) gewannen – dies war zugleich der **Super Bowl I.**

1970 erfolgte dann der endgültige **Zusammenschluß der beiden Profiligen,** die moderne NFL war geboren, mit zwei Hauptgruppen, den sogenannten Conferences der AFC und der NFC, die getrennt ihre Meister und damit die beiden Super-Bowl-Teilnehmer ausspielen.

Die **zunehmende Popularität** erlaubte es dem Profifootball erstmals in den 50er Jahren, mit dem Nationalsport der USA, dem Baseball, in Konkurrenz zu treten. Ein wegweisender Schritt war 1956 der erste Fernsehvertrag der NFL mit *CBS,* durch den Profifootball **endgültig in den Rang als landesweites Ereignis** erhoben wurde. Der Zusammenschluß der beiden Ligen AFL und NFL sorgte für ein Anwachsen auf 26 Mannschaften und bewirkte einen ungeahnten Fanzuwachs. 1970 begann *ABC* mit der regelmäßigen Live-Ausstrahlung des **Monday Night Game**, bis heute eine der Institutionen in der US-Sportwelt.

In den 70er Jahren **entwickelte sich** der Profifootball in erster Linie **auf sportlichem Gebiet weiter.** Die Spieler wurden athletischer, schneller und agierten kraftvoller. Die Liga selbst versuchte durch **Regeländerungen** die Verletzungsgefahr zu verringern – vor allem Quarterbacks und Ballfänger wurden besser geschützt – und dadurch die Attraktivität des Spiels zu steigern. **Spieler,** die in den 70er Jahren für Aufsehen sorgten, waren u.a. Quarterback *Fran Tarkenton* (Minnesota Vikings), *O. J. Simpson* (Buffalo Bills) und vor allem der berühmt-berüchtigte *Steel-Curtain,* die Abwehr der *Pittsburgh Steelers,* und ihre beiden Top-Angreifer *Terry Bradshaw* und *Franco Harris.* Pittsburgh gelang es zwischen 1975 und 1980 viermal, den Super Bowl zu gewinnen und damit in die Annalen der NFL einzugehen.

Die 80er Jahre gingen dann als das **Jahrzehnt der San Francisco**

Emmitt Smith, Superstar der 90er Jahre (DFS)

49ers in die Geschichte ein: Ebenfalls vier Titel erspielte sich das Superteam, angeführt von *Joe Montana,* der bereits als Aktiver zur Legende wurde.

In die Fußstapfen der 49ers traten in den frühen 90er Jahren die **Dallas Cowboys,** die mit ihren Stars, *Troy Aikman* und *Emmitt Smith,* seit 1993 dreimal den Titel nach Dallas geholt haben.

Mit *Paul Tagliabue* begann im Jahr 1989 der **Aufbruch der NFL ins 21. Jahrhundert,** Computer hielten Einzug, Funkgeräte in den Helmen der Quarterbacks zum Empfang der trainerlichen Anweisungen wurden gang und gäbe. Um eine Fortdauer des Football-Booms zu gewährleisten, wurde verstärkt versucht, die **Jugend für Football zu begeistern,** nachdem zuletzt Basketball zum Renner avanciert war. Neben *NBC, TNT, ABC* und *ESPN* wurde mit *FOX* ein vierter TV-Sender als Übertragungsmedium gewonnen, und zwar einer, der wegen seiner Sit Coms und Soap Operas gerade unter dem jungen Publikum zahlreiche Anhänger hat.

Mit dem Start in die neue Ära wagte die NFL 1995 zugleich die **Aufnahme zweier neuer Clubs:** der *Carolina Panthers* und der *Jacksonville Jaguars.* Nachdem 1976 mit Seattle und Tampa Bay zwei weitere Franchises aufgenommen worden waren, umfaßt die NFL nun 30 Mannschaften, auf die ganzen USA verteilt. Wenn 1998 die *Cleveland Browns* wieder am Spielbetrieb teilnehmen und spätestens 1999 der Profifootball nach Los Angeles zurückkehrt, umfaßt die NFL 32 Clubs.

Tickets

Die Begeisterung für die NFL ist groß, und mancher Besucher mag angesichts der Fanscharen annehmen, daß kaum eine Chance bestünde, an Karten zu kommen. Doch so schnell sollte man sich nicht geschlagen geben. Die **Nachfrage** hängt vom betreffenden Team, seiner aktuellen Spielstärke oder dem Gegner ab. Selbst in Hochburgen ist es nämlich niemals ausgeschlossen, reguläre Tickets zu erhalten. Und nebenbei existiert ja auch noch die Möglichkeit, es mit den **Scalpers** (Schwarzhändler – offiziell ist der Verkauf nur zum aufgedruckten Preis erlaubt.)

Um sich Enttäuschungen zu sparen, bemüht man sich am besten schon möglichst lange vor Reiseantritt – **von Deutschland aus** – um Eintrittskarten (siehe Telefonnummern bei den einzelnen Teams oder den US-weiten Ticketservices, wie *TicketMaster* oder *Bass).*

Für jene, die gerne vorplanen möchten, hier etwas über die **Chancen, von bestimmten Teams Tickets zu ergattern:**

Relativ **mühelos** erhält man in der Regel Tickets für Spiele der *Tampa Bay Buccaneers,* der beiden New Yorker Teams *(Jets und Giants),* der *New England Patriots* (Foxboro, bei Boston), der *Cincinnati Bengals,* der *Indianapolis Colts,* der *Seattle Seahawks,* der *Minnesota Vikings,* der *Arizona Cardinals* (Tempe, bei Phoenix), der *Detroit Lions,* der *New Orleans Saints,* der *Atlanta Falcons* und der *Houston Oilers* (wohl nur noch bis

Die NFL – National Football League

> **NFL-Kontaktadressen**
>
> Anmerkung: Die einzelnen Teamadressen finden sich bei den jeweiligen Städten im Regionalteil.
> - **NFL – National Football League**
>   410 Park Avenue
>   New York, N.Y. 10022
>   Tel. (212) 758-1500; Fax 826-3454.
> - **NFL International,**
>   Eschersheimer Landstraße 526
>   60433 Frankfurt/Main
>   Tel. (069) 530-9935; Fax 530-9938
> - **NFL-Internet-Adresse:**
>   http://www.nfl.com

Topspiele anstehen, die die Nachfrage in die Höhe schnellen lassen.

Etwas **schwieriger** ist die Kartenbeschaffung in Oakland, Miami, Jacksonville, Kansas City, San Diego, Philadelphia oder Chicago.

Glück, Geschick und viel Geduld braucht man, um Tickets für Spiele folgender Clubs zu bekommen: *Baltimore Ravens, Buffalo Bills, Carolina Panthers* (Charlotte), *Denver Broncos* und *St. Louis Rams.*

Wenig Hoffnung besteht, was die *Green Bay Packers, Dallas Cowboys, Pittsburgh Steelers, Washington Redskins* und *San Francisco 49ers* angeht – aber man weiß ja nie...

zum Umzug nach Nashville, 1998). Man sollte sich jedoch vorher erkundigen, ob nicht Lokalderbys oder

---

DIE NFL-TEAMS

1. AFC
(American Football Conference)

AFC East
- *Buffalo Bills*
- *Indianapolis Colts*
- *Miami Dolphins*
- *New England Patriots* (Boston)
- *New York Jets*

AFC Central
- *Baltimore Ravens*
- *Cleveland Browns* (ab 1999 wieder dabei)
- *Jacksonville Jaguars*
- *Houston Oilers* (ab 1998 in Nashville)
- *Pittsburgh Steelers*

AFC West
- *Denver Broncos*
- *Kansas City Chiefs*
- *Oakland Raiders*
- *San Diego Chargers*
- *Seattle Seahawks*

2. NFC
(National Football Conference)

NFC East
- *Arizona Cardinals* (Phoenix)
- *Dallas Cowboys*
- *New York Giants*
- *Philadelphia Eagles*
- *Washington Redskins*

NFC Central
- *Chicago Bears*
- *Detroit Lions*
- *Green Bay Packers*
- *Minnesota Vikings* (Minneapolis)
- *Tampa Bay Buccaneers*

NFC West
- *Atlanta Falcons*
- *Carolina Panthers* (Charlotte, NC)
- *New Orleans Saints*
- *St. Louis Rams*
- *San Francisco 49ers*

(ab 1999 kommt ein Team aus Los Angeles als neue Franchise hinzu)

Die NFL – National Football League

Eine amerikanische Institution – der Super Bowl

Olympische Spiele, Wimbledon, Weltmeisterschaften – alles „Peanuts" im Vergleich zum Topereignis im Profifootball, dem Super Bowl! Das alljährlich am **letzten Sonntag im Januar** ausgetragene Finalspiel der NFL um die Profifootballmeisterschaft stellt alle anderen Sportereignisse mühelos in den Schatten: Ohne Übertreibung kann man den Super Bowl als *das Sportereignis schechthin* bezeichnen. Millionen Zuschauer verfolgen das Spiel vor den TV-Geräten, zwischendurch immer wieder von Werbeeinblendungen unterbrochen, für deren Ausstrahlung Firmen jahrelang Schlange stehen und Millionen Dollar auf den Tisch der Fernsehgesellschaft *NBC* blättern.

Überall in den USA und vermehrt in aller Welt, auch in Deutschland, werden Super-Bowl-Parties veranstaltet. Die NFL versteht es, aus dem Meisterfinale ein rauschendes Fest und zugleich ein großes Geschäft zu machen, indem sie diese **wichtigste Woche des Jahres richtiggehend zelebriert:** Am Montag reisen die Teams an, dienstags wird trainiert, mittwochs ist „Media Day", wo sich die Kontrahenten im Stadion der Presse stellen, donnerstags sind in den Teamhotels Einzelinterviews erlaubt, am Freitag stehen die großen Abschlußpressekonferenzen auf dem Programm, samstags findet die Generalprobe im Stadion statt und am Sonntag schließlich das große Spiel.

Doch nicht nur die Presse steht eine Woche lang unter Strom, auch die Fans sind während dieser Zeit vollauf beschäftigt: Am Austragungsort wird eine **riesige Fete** – neben diversen privaten Parties – organisiert, und die Fans können sich in einem eigens aufgebauten **Football-Vergnügungspark** namens *„NFL Experience"* die Zeit vertreiben.

1967 fand der **erste Super Bowl** statt und zwar zunächst als Finale zwischen den beiden konkurrierenden Ligen NFL und AFL. Auch als letztere zwei Jahre später in die NFL aufgenommen wurde, blieb das Finale bestehen.

Die NFL bestimmt Jahr für Jahr neu den **Austragungsort** und bevorzugt dabei – aus verständlichen Gründen – Städte in warmen Regionen, wie in Kalifornien, den Südstaaten oder Florida. Zu den beliebtesten Orten gehören New Orleans und Miami, sie dürfen in regelmäßigen Abständen das Finale veranstalten. Und was dieses Ereignis für die gastgebende Stadt und den entsprechenden US-Bundesstaat bedeutet, umschrieb der Gouverneur von Arizona, wo 1996 die Dallas Cowboys ihren fünften Titel errangen, so: „Das waren die wichtigsten Tage in der Geschichte von Arizona!"

Dallas ist übrigens neben *San Francisco,* das ebenfalls fünfmal den Super Bowl gewinnen konnte, das **erfolgreichste NFL-Team.** Vier Titel holten sich die *Pittsburgh Steelers,* während *Minnesota, Buffalo* und *Denver* zwar viermal im Finale standen, aber immer als Verlierer vom Platz gingen.

Auch wenn im Terminkalender jedes Amerikaners der Tag, an dem der Super Bowl stattfindet, rot markiert und selbst der US-Präsident an diesem Tag für niemanden zu sprechen ist, sind **sportlich gesehen** die Endrundenpartien, in denen die beiden Finalisten, der AFC- und NFC-Meister, ermittelt werden, meist hochklassiger und spannender. In den letzten Jahren war das Finale nämlich zumeist schon in der ersten Halbzeit entschieden. Aber wen stört das schon, schließlich gilt es, *das größte Sportfest der Welt* zu zelebrieren!

Die NFL – National Football League

NFL-Super Bowls mit Austragungsort

(angegeben sind 1. die Nummer des Super Bowls, der seit 1967 (I.) jährlich stattfindet; 2. der Austragungsort; 3. die Finalgegner und 4. das Endergebnis)

I	Los Angeles	Green Bay vs. Kansas City	35-10
II	Miami	Green Bay vs. Oakland	33-10
III	Miami	New York Jets vs. Baltimore	16-7
IV	New Orleans	Kansas City vs. Minnesota	23-7
V	Miami	Baltimore vs. Dallas	16-13
VI	New Orleans	Dallas vs. Miami	24-3
VII	Los Angeles	Miami vs. Washington	14-7
VIII	Houston	Miami vs. Minnesota	24-7
IX	New Orleans	Pittsburgh vs. Minnesota	16-6
X	Miami	Pittsburgh vs. Dallas	21-17
XI	Pasadena	Oakland vs. Minnesota	32-14
XII	New Orleans	Dallas vs. Denver	27-10
XIII	Miami	Pittsburgh vs. Dallas	35-31
XIV	Pasadena	Pittsburgh vs. L.A. Rams	31-19
XV	New Orleans	Oakland vs. Philadelphia	27-10
XVI	Pontiac	San Francisco vs. Cincinnati	26-21
XVII	Pasadena	Washington vs. Miami	27-17
XVIII	Tampa	L.A. Raiders vs. Washington	38-9
XIX	Stanford	San Francisco vs. Miami	38-16
XX	New Orleans	Chicago vs. New England	46-10
XXI	Pasadena	New York Giants vs. Denver	39-20
XXII	San Diego	Washington vs. Denver	42-10
XXIII	Miami	San Francisco vs. Cincinnati	20-16
XXIV	New Orleans	San Francisco vs. Denver	55-10
XXV	Tampa	New York Giants vs. Buffalo	20-19
XXVI	Minneapolis	Washington vs. Buffalo	37-24
XXVII	Pasadena	Dallas vs. Buffalo	52-17
XXVIII	Atlanta	Dallas vs. Buffalo	30-13
XXIX	Miami	San Francisco vs. San Diego	49-26
XXX	Tempe	Dallas vs. Pittsburgh	27-17
XXXI	New Orleans	Green Bay vs. New England Patriots	_-_

Die nächsten Super-Bowl-Austragungsorte:
Super Bowl XXXII – San Diego, California – 25.1.1998
Super Bowl XXXIII – Miami, Florida – 31.1.1999

Canadian Football

Die CFL –
Canadian Football League

Die **Kanadier** sind in mancher Hinsicht ein zerrissenes Volk: Einerseits können sie einen gewissen Minderwertigkeitskomplex gegenüber dem übermächtigen und vor Selbstbewußtsein strotzenden Nachbarn im Süden nicht verbergen, doch andererseits kultivieren sie einen unbändigen Stolz auf ihre Andersartigkeit und Weltaufgeschlossenheit. Es verwundert daher auch nicht, daß **American Football zwar übernommen** wurde, doch in Kanada etwas **anderen Regeln** gehorcht.

Lediglich in den Präriestaaten, in Alberta (Edmonton und Calgary), Manitoba (Winnipeg) und vor allem in Saskatchewan, hat die Sportart eine große **Anhängerschaft,** ansonsten ist Football hier im Norden weniger beliebt. So wird auch die CFL (Canadian Football League) kontinuierlich von **Finanzsorgen** heimgesucht. Das hofft man in Kürze ändern zu können, sollte sich die Idee der CFL realisieren, als offizielle Aufbau- und Ausbildungsliga der NFL zu fungieren. Doch bis dahin werden sicher noch einige Schneestürme über das weite Land fegen und Nachrichten vom bevorstehenden Bankrott der CFL in den kanadischen Zeitungen weiterhin für Schlagzeilen sorgen.

Immerhin kann die kanadische Liga stolz auf über **100 Jahre Profifootball** verweisen – mehr als die übermächtige NFL. „Wir wollen und können der großen NFL nicht das Wasser reichen," meinte einmal der ehemalige Liga-Commissioner *Larry W. Smith,* und so versucht die CFL, nach einem kurzen Intermezzo mit US-Franchises, sich nun ganz auf ihre kanadischen Wurzeln zu verlassen. Zusammenarbeit mit der NFL ja, aber nur unter dem selbstbewußten neuen **Motto „radically canadian".**

Die CFL hat als **Maßnahme zur wirtschaftlichen Gesundung** die Spielergehälter jeder Mannschaft rigoros auf 2,5 Millionen beschränkt. Nur ein Superstar pro Team ist davon ausgenommen und darf eine beliebig hohe Summe erhalten. Damit hofft man, wirtschaftlich besser über die Runden zu kommen, bei einem Zuschauerschnitt von etwa 25.000 Fans pro Spiel wäre dies durchaus denkbar. Dennoch sind einige Clubs immer noch Sorgenkinder, z.B. diejenigen in Hamilton und Ottawa.

Im November – meist bei tiefem Schnee – stehen sich im **Grey Cup,** dem Super Bowl der CFL, die besten beiden Teams gegenüber.

Canadian Football League

Canadian Football

Für den „normalen" Kanadabesucher, der im Sommer reist, ist es von Vorteil, daß die reguläre CFL-Saison bereits im Juni beginnt, zu einer Zeit, wenn in den USA noch niemand an Football denkt. Zudem ist es kein Problem, **Karten** zu erwerben, und an Attraktivitität und Spannung fehlt es auch nicht. Vielmehr ist kanadisches Football **das Richtige für „Anfänger",** wird doch hier bei weitem nicht so körperbetont gespielt wie in der NFL. Die beste Stimmung und an die NFL heranreichende Spielstärke gibt es in Edmonton, Calgary, Winnipeg und besonders in Regina (Saskatchewan).

Der etwas andere Football

Die für Fans besondere Attraktivität des Canadien Football basiert auf einigen Modifikationen der geläufigen NFL- oder College-Football-Regeln. Hauptgrund für diese Änderungen ist, daß die CFL stärker auf **Dynamik, Wendigkeit und Schnelligkeit** setzt als auf Kraft und körperlichen Einsatz. Kein Wunder, daß viele College-Stars, die in der NFL als zu „schwächlich" eingestuft werden, in der CFL eine Profikarriere starten, z.B. der in den USA als College-Spieler berühmte *Doug Flutie,* der in der CFL zu einer Legende avancierte.

Die wichtigsten **Besonderheiten,** die CFL-Football schneller machen und das Paßspiel in den Vordergrund rücken:
- **Zwölf Feldspieler** anstelle von elf.
- Nur **drei Versuche** (downs) statt der sonst üblichen vier.
- **20-Yard-Endzone** statt der üblichen 10 Yards.
- Jedes Team hat nur **20 Sekunden** (statt 40 in der NFL) Zeit, einen Spielzug vorzubereiten.
- Jedes Quarter muß mit einem Spielzug enden, ein **Auslaufenlassen der Uhr** ist nicht erlaubt.
- Die **Torpfosten** befinden sich am Anfang der Endzone und nicht an deren Ende wie in der NFL, wodurch Field Goals in der CFL leichter möglich sind.
- Das Spielfeld ist mit 110 Yards Länge und 65 Yards Breite größer als jenes der NFL mit 100 x 53,5 Yards.

CFL-Kontaktadressen

Die einzelnen Teamadressen finden sich bei den jeweiligen Städten.
- **CFL – Canadian Football League**
Fifth Floor, 110 Eglinton Ave W
Toronto, Ontario M4R 1A3
Tel. (416) 322-9650, Fax 322-9651.
- **CFL-Internet-Adresse:**
http://www.cfl.ca

Die CFL-Teams

Eastern Division
- *Hamilton Tiger-Cats*
- *Montréal Alouettes*
- *Ottawa Rough Riders*
- *Toronto Argonauts*

Western Division
- *B.C.* (British Columbia) *Lions* (Vancouver)
- *Calgary Stampeders*
- *Edmonton Eskimos*
- *Sakatchewan Roughriders* (Regina)
- *Winnipeg Blue Bombers*

Baseball

Das Spiel

Popularität in den USA

Take me out to the ball game,
Take me out with the crowd.
Buy me some peanuts and Cracker Jack.
I don't care if I never get back,
Let me root, root, root for the home team,
If they don't win it's a shame -
For it's one, two, three strikes, you're out
At the old ball game.

Jedes Kind kennt in den USA diesen Refrain eines Songs, den *Jack Norworth* und *Albert von Tilzer* 1908 dichteten und komponierten. Das Lied fiel zwar als Musicalsong durch, doch als **Hymne des Baseballsports** ist es seither ein Hit. Wenn im siebten der neun *Innings* (Durchgänge) das Spiel kurioserweise mit dem **7th Inning Strech** kurz unterbrochen wird, damit der Kreislauf der Fans durch gemeinsame Gymnastik wieder in Gang kommt, dann wird bis heute in allen US-Stadien, egal ob Highschool oder MLB-Topfavorit, dieses Lied angestimmt - und alle singen mit.

Nichts verdeutlicht besser die verbindende Kraft dieses Sports, der – trotz aller Popularität des American Football – der wahre **US-Nationalsport** ist und bleibt. Baseball ist nicht einfach nur ein Sport, Baseball ist ein Teil der amerikanischen Geschichte sowie der Kultur und des Alltags der amerikanischen Gesellschaft. Wie könnte man sonst die Unruhe erklären, die ein ganzes Volk erfaßt, wenn die Sonnenstrahlen wärmer und die Tage länger werden?

Dann wird es für einen Amerikaner Zeit, den Baseballhandschuh aus dem Schrank zu holen, zu reinigen und zu fetten, um sich mit den unzähligen Gleichgesinnten ins Freie zu wagen. Bis in den Herbst hinein wird das Schlagspiel mit dem kleinen Lederball Tag für Tag Gesprächsthema Nummer Eins sein. Nein, Baseball ist kein gewöhnlicher Sport, Baseball gehört zu den USA wie der Grand Canyon, die Statue of Liberty oder Hollywood Baseball ist ein Stück Amerika!

Historischer Überblick

Um 1900, als Baseball gerade seinen Kinderschuhen entwuchs, behaupteten viele, darunter auch der Sportartikelmillionär und ehemalige Spieler *Albert G. Spalding,* daß ein Herr namens *Abner Doubleday,* späterer Bürgerkriegsheld, dieses **Spiel erfunden** habe. Doch dieser *Doubleday* hat das Spiel 1839 in Cooperstown (New York) genausowenig erfunden, wie es allein als Variation des englischen Cricket oder des deutsch-österreichischen Schlagballspiels bezeichnet werden kann. Nein, **Schlagballspiele** gab es schon in der Antike, und die unterschiedlichen Varianten sind in Nordamerika lediglich *zu einem neuen Sport verschmolzen.*

So sprach man schon zu Beginn des 19. Jh. an der Ostküste der USA vom **Townball,** ein Ballspiel, das regelmäßig um neue Elemente und Regeln bereichert wurde, was letztendlich in der Entstehung des heutigen umfangreichen und komplizierten

Das Spiel

Regelwerks des Baseballs resultierte. Townball, wegen der regionalen Herkunft auch als *Massachusetts Game* bezeichnet, fand zunächst in den ländlichen **Oberschichten** großen Zulauf; erst später interessierte sich auch die feine städtische Gesellschaft für das Spiel als sommerliche Freizeitbeschäftigung. Die Industrialisierung und damit die Verbesserung der Lebensbedingungen auch weniger begüterter Schichten und deren neugewonnene Freizeit sorgten für wachsendes Interesse am Baseball.

1845 wurde mit dem *Knickerbocker Club of New York* der **erste nachgewiesene Baseballclub** gegründet, der auch lange die Szene mit neuen Regeln bestimmte.

Der **US-Bürgerkrieg** 1861-1865 stellt zwar kein Ruhmesblatt in der Geschichte des Landes dar, doch für den Baseballsport spielte er eine entscheidende Rolle: In den Militärlagern lenkten sich die Soldaten beider Seiten mit Baseball ab, und nach Kriegsende hatte sich das „Baseballfieber" über das ganze Land verbreitet – aus einem ehemaligen High-Society-Vergnügen war ein **Volkssport** geworden. Man sprach bereits im späten 19. Jh. vom **National Game,** als mehr und mehr Zuschauer die Spiele verfolgten.

Dennoch dauerte es bis in die 70er Jahre des 19.Jh., ehe ein **geregelter Spielbetrieb** zustande kam. Lange spielten Amateure und ab 1863 auch bezahlte Profis in verschiedensten Ligen, 1869 wurde mit den *Cincinnati Red Stockings* ein **erster reiner Proficlub** ins Leben gerufen. Sein Erfolg führte 1871 zur Gründung der *National Association of Professional Baseball Players,* der **ersten richtigen Profiliga,** die neun Mitglieder zählte.

Wenngleich Korruption und Unstimmigkeiten rasch deren Ende herbeiführten, war dennoch die Basis geschaffen für die am 2. Februar 1876 gegründete **NL** *(National League),* mit der unaufhaltsam der Aufstieg des Berufsbaseballs begann. Immer wieder versuchten Konkurrenzligen mit der NL in Wettstreit zu treten, doch nur die 1900 ins Leben gerufene **AL** *(American League)* konnte mithalten und bildet heute mit der NL die **MLB.** Seit 1905 ermitteln die Meister der beiden Ligen in den *World Series* die beste Profimannschaft, und ab 1997 gibt es erstmals auch Punktspiele zwischen Teams beider Ligen.

Weltweite Verbreitung

Oberflächlich betrachtet, scheint der US-Nationalsport **Baseball in Deutschland** nur über einen verschwindend kleinen Fankreis zu verfügen und ein Mauerblümchen-Dasein zu führen. Doch dieser Eindruck täuscht, denn seit Jahren kann diese Sportart eine feste, stetig wachsende Anhängerschaft und mehr und mehr Aktive verzeichnen. Aber ungeachtet dessen bleibt Baseball hierzulande ein **Fremdkörper,** und das wahre Baseball mit allem Drum und Dran findet man nur drüben. Es müssen ja nicht gleich die Topteams sein, deren Spiele man besucht, die zahllosen Minor Leagues bieten ein ebenfalls nicht zu verachtendes Er-

Das Spiel

lebnis. Erst nach einer solchen bis zum Ende durchgestandenen Partie wird man das Land besser verstehen und manche Eigenart der Amerikaner in einem anderen Licht sehen können.

Weltweit gehen etwa 210 Millionen Menschen dem Baseballsport nach, davon spielen mehr als die Hälfte die leicht abgewandelte Version **Softball,** eine Art Baseball für Freizeitsportler (siehe unten). Baseball gehört damit – wer hätte das hierzulande geglaubt? – zu den vier größten Sportarten der Welt. Im Weltverband **IBA** *(International Baseball Association)* sind derzeit 81 Mitgliedsnationen zusammengeschlossen, neben Nordamerika gilt Baseball auch in Zentralamerika und Asien (v.a. Japan, Taiwan, Südkorea) als Nationalsport.

Baseball hat selbst in Deutschland Anhänger

Regeln und Spielverlauf

Ein Ball von 7,3 cm Durchmesser, hart, mit Kork gefüllt und lederüberzogen, wird von einem Werfer (**Pitcher**) mit voller Wucht aus 17 m Entfernung zielgenau auf einen Schläger (**Batter**) geworfen. Dieser versucht, mit einem keulenartigen Schläger *(bat)* aus Holz oder Aluminium den Ball ins Feld zurückzuschlagen, am besten unerreichbar über die Spielbegrenzung hinaus *(home run)*. Auf dem Rasen verteilt stehen acht Teamkollegen des *Pitchers,* die den geschlagenen Ball möglichst aus der Luft fangen – der *Batter* wäre dann sofort aus – oder schnellstmöglich nach vorn spielen, so daß der Schläger möglichst wenig Strecke – sprich **Kissen (Bases)** – hinter sich lassen kann.

Einen Punkt kann nur die Mannschaft erzielen, die gerade zum Schlagen an der Reihe ist *(at bat)* und damit quasi die Offensive bildet. Ein Punkt *(run)* wird dann gutgeschrieben, wenn ein *Batter* die vier Kissen *(Bases)* umrundet hat, die das quadratische Innenfeld (s. Graphik) markieren. Das Spiel hat viele weitere Feinheiten, die das Vorrücken auf die vier *Bases* oder das Ausspielen des *Batters* genau regeln.

Der Idealfall für den *Batter* ist der sogenannte **Home Run,** der es ihm erlaubt, ohne Einflußnahme der verteidigenden Mannschaft die vier *Bases* zu umrunden und zu punkten. Auf der anderen Seite trachtet der *Pitcher* danach, so gut zu werfen, daß der *Batter* entweder gar nicht trifft oder sein Treffer von den Mitspielern leicht ab-

Das Spiel

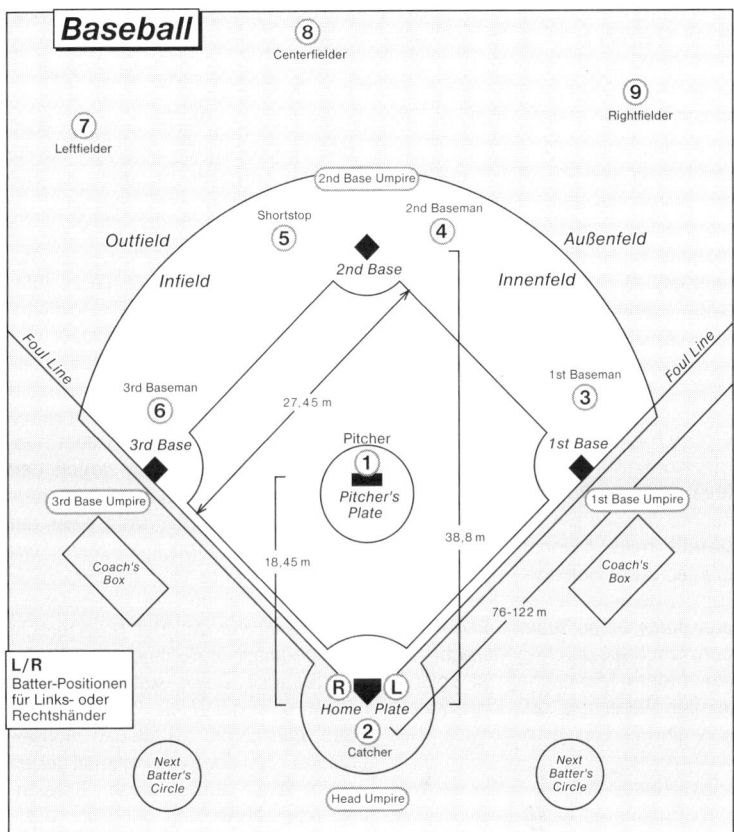

gefangen werden kann. Trifft der *Batter* dreimal nicht, ist er aus und geht zurück auf die Bank – das vertieft gelegene und überdachte **Dugout** –, ebenso verhält es sich, wenn nach einem gelungenen Schlag der Ball aus der Luft abgefangen wird oder wenn der Ball eher an der ersten *Base (First Base)* ankommt als der *Batter* selbst.

Um auf eine der *Bases* zu gelangen, muß der Schläger einen **Hit** schlagen: Der Ball muß vor dem Handschuh *(Glove)* eines Verteidigers den Boden berühren, und der *Batter* muß die *First Base* eher erreichen als der von den Verteidigern schnell dorthin beförderte Ball. Ist dies gelungen, übernimmt ein Mitspieler die Funktion des *Batters*. Während er schlägt, versucht der erste, der zum Läufer *(Run-*

ner) geworden ist, auf die nächsten *Bases* vorzurücken, bis er die vierte **(Home Plate)** erreicht hat und dafür einen Punkt erhält. Er muß dabei wiederum jeweils vor dem Ball am Kissen ankommen und darf nicht vom Ball berührt werden. Sicher *(safe)* ist der *Runner* nur dann, wenn er auf einer der *Bases* steht, die wiederum immer von einem Spieler der Defensivmannschaft, dem **Baseman,** „bewacht" werden. Während der Vorbereitungen des *Pitchers* zum Wurf kann der *Runner* versuchen, „heimlich" die Distanz zwischen zwei *Bases* zurückzulegen, man spricht dann von einer **stolen base.**

Im Normalfall geht ein Baseballspiel über **neun Durchgänge,** sogenannte *Innings*. Ein **Inning ist zweigeteilt,** beide Mannschaften sind je einmal zum Schlagen und einmal zum Verteidigen an der Reihe. Sind drei *Batter* eines Teams ausgeschieden, wechselt das Angriffsrecht, und die andere Mannschaft ist solange an der Reihe, bis drei ihrer Spieler aus sind – das erste *Inning* wäre dann vorbei.

Das Team, das am Ende die meisten Punkte verbucht, geht als **Sieger** vom Feld. Ein Unentschieden gibt es nicht, es werden solange *Innings* angehängt, bis eine Mannschaft einen Punktevorsprung hat. Ein Team muß also nicht nur über gute Werfer verfügen, es benötigt auch treffsichere *Batter,* denn was nützt die beste Abwehr, wenn niemand punktet? Im Laufe der Geschichte des Baseballs haben sich für die jeweiligen Aufgaben Spezialisten herausgebildet. So verfügt eine Mannschaft über eine ganze Reihe guter *Pitcher* und setzt Spieler zumeist nur auf ein- und derselben Feldposition ein.

Neben dem Werfer und Schläger gibt es einen dritten wichtigen Spieler: den **Catcher.** Er gehört zur Defensivmannschaft und „bewacht" die vierte, die *Home Base,* fängt jedoch auch die Würfe des *Pitchers* ab, die der *Batter* nicht oder schlecht trifft. Zudem ist es der einzige verteidigende Spieler, der wie der *Batter* das Spielfeld überblickt und so die Positionierungen seiner Kollegen korrigieren kann. Mit Hilfe von Zeichen signalisiert er seinem Werfer zudem spezielle Wurfvarianten, die gegen den *Batter* erfolgbringend sein könnten.

Hinter dem *Catcher* steht einer der vier **Schiedsrichter** – der *Home Plate Umpire* – , dem eine ganz wichtige Aufgabe zukommt: zu überwachen, daß der *Pitcher* den Ball regelgerecht in eine imaginäre Schlagzone **(Strike Zone)** wirft. Diese erstreckt sich im Raum über der *Home Plate* vom Knie des *Batters* bis zu seinen Achselhöhlen. Trifft der *Pitcher* viermal gegen einen *Batter* nicht in diesen Bereich, wirft also **Balls,** darf der *Batter* automatisch auf die *First Base* vorrücken. Da der *Umpire* ganz seinen geschulten Augen trauen muß, kommt es gerade bei seiner Anzeige, ob **Ball oder Strike** – ein vorschriftsgemäß geworfener Ball, den der *Batter* nicht trifft – häufig zu heftigen Diskussionen zwischen Schiedsrichter, Spielern, Trainern (die heißen im Baseball Manager) und natürlich den Fans.

Klingt ganz einfach, und tatsächlich, wer mit den Grundregeln ver-

Das Spiel

traut ist, kann einem Spiel gut folgen und findet sicher rasch Gefallen am Geschehen auf dem Rasen. Die wahre Faszination des Baseballs, der **National Pasttime,** eröffnet sich jedoch erst demjenigen, der sich auch mit den Feinheiten beschäftigt, der beispielsweise die Wurftechnik des *Pitchers* erkennt und weiß, weshalb die *Batter* kaum zum Zuge kommen. Beinahe jeder Amerikaner ist übrigens gerne bereit oder sogar stolz darauf, einem Besucher die Details zu erklären und Spielzüge zu kommentieren.

Zahlen sagen (fast) alles

Statistiken spielen im Sport eine immer größere Rolle. Mit Zahlen versucht man Erfolge oder Niederlagen zu erklären, wenn dies anhand des Dargebotenen nicht möglich ist. Während viele Kritiker Zahlen überhaupt keine besondere Aussagekraft beimessen, schwören Baseballfans auf sie.

„Baseball ohne **Scorecard** (Anm.: Spielberichtsbogen)," gesteht ein Fan, „ das wäre wie Fernsehen ohne Fernbedienung." In diesem Sport sind Zahlen (fast) alles: Jeder Schritt, geworfene Ball, erfolgreiche Schlag oder mißratene Fangversuch wird penibel aufgelistet und kann Tag für Tag in der **Zeitung** nachgelesen werden. Der wahre Baseballfan wirft erst einen kurzen Blick auf die Tabelle, um sich anschließend in die oft seitenlangen Stastiken der Spiele, die Boxscores genannt werden, zu vertiefen und diese zu kommentieren und zu deuten. Der Erfolg der einzigen überregionalen Tageszeitung „*USA Today*" gründet zu einem nicht unerheblichen Teil gerade in der minuziösen Auflistung der *Scorecards* aller Baseballspiele.

Eine Spielstatistik eines Baseballspiels liest sich für Ungeübte wie ein Hieroglyphentext. Erst wer das **Abkürzungssystem** entschlüsseln kann, versteht, um was es geht.

COLORADO	ab	r	h	bi	CHICAGO	ab	r	h	bi
EYng 2b	5	2	1	1	McRae cf	5	1	1	2
Hbrd cf	5	1	2	1	Zeile 3b	5	0	2	1
Bchette lf	5	1	2	0	Grace 1b	4	0	4	0
LWlkr rf	5	3	3	1	Sosa rf	4	0	0	0
Glrrga 1b	5	1	3	2	Gnzalez lf	3	0	0	0
Girardi c	4	1	0	0	Dnston ss	4	1	1	0
Castilla 3b	3	1	1	2	Servais c	4	1	1	1
Bates ss	2	0	1	3	Snchez 2b	4	1	2	0
Rynoso p	3	0	0	0	Blinger p	0	0	0	0
SReed p	1	0	0	0	Wndell p	0	0	0	0
Holmes p	0	0	0	0	Franco ph	1	0	0	0
VndrWl ph	1	0	1	0	Trchsel p	0	0	0	0
Lskanic p	0	0	0	0	Rivera p	0	0	0	0
					MPerez p	0	0	0	0
					Bullett ph	0	0	0	0
					Foster p	0	0	0	0
					Casian p	0	0	0	0
					AYng p	0	0	0	0
					HJhnsn ph	1	0	1	0
Totals	39	10	14	10	Totals	35	4	12	4

```
Colorado      015  101  020—10
Chicago       040  000  000— 4
```

E: Girardi (8), Reynoso (2), Sosa (11), Servais (9). DP: Colorado 2. LOB: Colorado 9, Chicago 7. 2B: LWalker (25), Galarraga (23), Castilla (28), Bates (16), Hubbard (6), McRae (34), HJohnson (2). HR: EYoung (4), Hubbard (3). SB: LWalker 2 (10), McRae (22), Dunston (10), Bullett (5). S: Bullinger. SF: Castilla.

Colorado	IP	H	R	ER	BB	SO
Reynoso W,6-6	5	10	4	4	1	0
SReed	2	1	0	0	1	0
Holmes	1	0	0	0	0	0
Leskanic	1	1	0	0	0	0
Chicago						
Bullinger L,11-6	3 1-3	8	7	7	2	3
Wendell	2-3	0	0	0	0	0
Trachsel	1 2-3	2	1	1	1	1
Rivera	0	1	1	0	0	0
MPerez	1-3	0	0	0	0	1
Foster	1 2-3	0	1	1	2	2
Casian	0	1	1	1	0	0
AYoung	1 1-3	2	0	0	0	0

Rivera pitched to 1 batter in the 6th, Casian pitched to 1 batter in the 8th. HBP: by Bullinger (Castilla). Umpires: Home, West; First, Darling; Second, Hirschbeck; Third, Vanover. T: 2:55. A: 23,034 (38,765).

Beispiele für Abkürzungen	
1b	1. Baseman
2b	2. Baseman
3b	3. Baseman
cf	Centerfielder
lf	Leftfielder
rf	Rightfielder
c	Catcher
ss	Shortstop
p	Pitcher
ph	Pinch Hitter
SF	Sacrifice fly
E	Error
HBP	Hit by pitch
DP	Double play
SB	Stolen base
CS	Caught Stealing
ERA	Earned run average
R	Runs
H	Hits
AB	At bat
RBI	Runs batted in oder nur
BI	Batted in
SO	Strikeouts
LOB	Left on base
HR	Home run
2B	Double
3B	Triple
S	Save
W	won
L	lost
T	Time
A	Attandance

Die MLB – Major League Baseball

Spricht man in den USA von Baseball, meint man damit vorrangig die Profiszene. Mit der Entstehung der ersten Liga bereits 1876 waren es seit jeher die Profis, die den Sport geprägt haben, und so stehen die drei Buchstaben MLB *(Major League Baseball)* fast synonym für Baseball im Allgemeinen. MLB ist der **Zusammenschluß der beiden US-Profiligen,** der **AL** *(American League)* und der **NL** *(National League).* Seit Jahrzehnten arbeiten AL und NL zwar zusammen, doch bisher mit jeweils eigenen Spielplänen. Nur in den sogenannten **World Series** standen sich die beiden Ligameister direkt gegenüber, um die beste Baseballmannschaft der Welt zu küren. Erst ab 1997 kooperieren die beiden Ligen enger und tragen auch Punktspiele gegeneinander aus. Fans in großen Metropolen mit AL- und NL-Teams, wie New York, Chicago oder Los Angeles, erhalten damit erstmals die Gelegenheit, richtige Lokalderbys zu erleben.

Tradition über alles

Der Historiker *Geoffrey C. Ward* und der Filmemacher *Ken Burns* haben sich zu Beginn der 90er Jahre daran gewagt, das Phänomen Baseball genauer unter die Lupe zu nehmen. Als Resultat entstand eine achtstündige **Dokumentation über das National Game,** die 1994 die ganzen USA in ihren Bann zog. Das daraus hervorgegangene fast 500 Seiten starke Buch *(G. C. Ward, K. Burns,* „Baseball – An Illustrated History", Alfred A. Knopf Verlag, New York, 1994) kann jedem Fan ans Herz gelegt werden, der mehr über diesen Sport und vor allem seine traditionsreiche Geschichte wissen möchte.

Man erhält z.B. Informationen über die **Baseball-Legende Babe Ruth,** der in den *roaring twenties* zum Nationalhelden wurde, über *Lou Gehrig* oder über *Joe DiMaggio* – der später *Marilyn Monroe* heiratete. Die Stars jener berühmten **Negro League,** die vor Aufnahme der ersten Afroamerikaner in die MLB 1947 *(Jackie Robinson)* gerade in den schwarzen Vierteln verehrt wurden, z.B. *Leroy „Satchel" Paige,* einer der besten Pitcher aller Zeiten, waren ebenso spektakulär wie die Spielerinnen der **All-American Girls Professional Baseball League.** Während des Zweiten Weltkrieges fesselten sie die Fans und sind noch heute so gut in Erinnerung, daß ein Film mit *Madonna* in der Hauptrolle in den 90er Jahren die Kinos füllte.

Neue Wege ging der Baseball in den 60er Jahren. Nachdem das Radio schon vor dem Zweiten Weltkrieg Baseball selbst im hintersten Winkel des Landes bekanntgemacht hatte, sorgte das Fernsehen Jahrzehnte

Wade Boggs, Star der traditionsreichen N.Y. Yankees (N.Y. Yankees)

Die MLB – Major League Baseball

später für einen ähnlichen **Popularitätsschub.** Endlich konnte man die Stars live erleben und Spiele aus allen Ecken der USA auch sehen. Doch die **Medien** waren es nicht allein, die Baseball aus dem Nordosten und mittleren Westen an die Westküste brachten. Erst der **Umzug von berühmten Teams** wie den *Giants* und *Dodgers* aus der Baseballhochburg New York nach San Francisco und Los Angeles verbreitete den Sport landesweit. Längst sind zu den traditionellen Clubs, wie den *New York Yankees* oder *Boston Red Sox,* weitere Franchises getreten: *30 Profiteams* gibt es mittlerweile.

Die zunehmende Begeisterung, das finanzielle Engagement des Fernsehens, das immer mehr Gelder für TV-Übertragungsrechte bot, sorgten dafür, daß die **Spielergehälter** explosionsartig in die Höhe schnellten: Erhielten 1967 die Profis noch im Schnitt $ 19.000 Gehalt pro Saison, waren es 1996 schon über eine Million Dollar – eine kaum vorstellbare Entwicklung, die bei den Fans auf harsche Kritik stößt. Auch der **Streik,** der die Saison 1994 ohne Meisterschaft abrupt abbrach, da sich Spieler und Teambosse darum stritten, wer vom fetten Kuchen mehr bekommen sollte, hinterließ deutliche **Spuren bei den Zuschauern.** Inzwischen pilgern sie zwar wieder in Scharen in die Stadien, jedoch nicht, weil sie alles vergessen und verziehen hätten, nein, vielmehr weil es eben ihr *National Game* ist.

Sitzt man in einem gefüllten Baseballstadion, genießt das Spiel, die Sonne, den Snack und kommt ins Gespräch mit seinem Platznachbarn, dann frage man einmal nach **Spielerlegenden** wie *Willie Mays, Hank Aaron, Ted Williams, Mickey Mantle, Sandy Koufax, Pete Rose, Yogi Berra, Frank Robinson, Jim Palmer, Tom Seaver, Reggie Jackson* oder *Nolan Ryan.* Seine oder ihre Augen werden plötzlich einen besonderen Glanz bekommen, und der Redefluß wird kaum mehr ein Ende nehmen. Es gibt im Baseball viele Ereignisse und Stars, die sich dermaßen fest in die Köpfe der Fans eingeprägt haben, daß weder Alter noch Hautfarbe des Befragten eine Rolle spielen.

Erkundigt man sich hingegen nach den **heutigen Stars,** werden die Gesichter länger – noch trüben der Schock über den Streik und die Wut über die enormen Gehaltssummen die Euphorie –, aber dennoch werden Spieler wie *Ken Griffey, Jr., Mike Piazza, Cal Ripken* oder *Frank Thomas* genannt werden. Namen, die eines Tages sicher einen genauso legendären Klang haben werden wie die zuvor Genannten.

Stadien mit Atmosphäre

Daß neue Sportarenen derzeit in den USA wie Pilze aus dem Boden schießen, ist bekannt, ebenso, daß sich darunter mehr oder weniger gelungene Exemplare befinden. Zu erster Kategorie gehören unumstritten die neuen **Ballparks – die Baseballstadien.** Es wird viel Wert auf Bequemlichkeit, abwechslungsreiche Gastronomie und gute Infrastruktur gelegt: Die Stadien sollen möglichst in oder nahe Downtown liegen und

Die MLB – Major League Baseball

gut an den öffentlichen Nahverkehr angeschlossen sein.

Doch das wirklich Besondere an den Ballparks ist ihre **Architektur.** Sie als postmoderne Bauten zu bezeichnen, trifft den Kern nur zum Teil, denn es ist keinesfalls Ziel der oder des Architekten, einen Abklatsch des Altbewährten zu schaffen und dabei historische Zitate neuzubeleben. Vielmehr steht im Vordergrund der praktische Gedanke, eine puristische und benutzerfreundliche Arena zu schaffen, die legendäre Vergangenheit und moderne Zukunft miteinander verbindet.

Heute maßgebend und marktführend im Bereich der Sportbauten ist das **Architekturbüro HOK Sports Inc.**, vor 14 Jahren aus dem Architekturbüro *Hellmuth, Obata & Kassabaum* hervorgegangen. Nachdem die von dieser Firma neu erbauten Baseballarenen nicht nur als zukunftsweisende **zweckmäßige Sportanlagen,** sondern zugleich als **Musterbeispiele**

Hot dogs und Home Runs

20 Milliarden Hot dogs – 60 Stück pro Einwohner – sollen die Amerikaner jährlich verdrücken, und allein etwa 26 Millionen werden in den 28 Baseballstadien verzehrt. Essen und Sport sind untrennbar, doch auch der gesellschaftliche Aspekt, das Treffen von Leuten, die Diskussionen mit anderen Fans, das Familienerlebnis, sind Elemente, die Amerikaner in die Stadien locken – um dort gemeinsam ihren Snack zu genießen. Traditionell gehören **Baseball und Hot dogs** (auch *Franks,* für Frankfurter Würstchen, genannt) eng zusammen, doch wie der Ursprung des Baseballs umstritten ist, gibt es auch mehrere Versionen darüber, wo erstmals *Franks* in einem Baseballstadion verkauft wurden.

Die einen meinen, den Anfang hätte ein Wirt in St. Louis gemacht, dem die *Browns* gehörten. Während der Spiele habe er erstmals zum Bier Würstchen verkauft. Andere glauben, **Harry M. Stevens** sei der Erste gewesen, der 1901 seine *dachshunds* für 10 cents im Polo Ground, dem Vorläufer des Yankee Stadiums in New York, anbot und kurz und bündig mit „*Hot Dogs!*" anpries. Seither gehört das heiße Würstchen zum amerikanischen Baseball wie Bier zum Oktoberfest. Man erzählt sich vom Baseball-Mythos *Babe Ruth,* daß er in Spielpausen schon einmal ein Dutzend Dogs verdrückt haben soll. Wer aber glaubt, Wurst ist Wurst, der irrt gewaltig. In den 28 Stadien werden ganz unterschiedliche dogs verkauft, gewöhnliche und ganz spezielle. Beispielsweise gibt es in Kansas City den *King Colossal,* in Minneapolis den *Jumbo Dog,* in San Francisco einen singulären *Tofu Dog.* Legendär ist allerdings nur der *Dodger Dog* in Los Angeles.

Im Regionalteil werden wir gegebenenfalls auf besondere Spezialitäten hinweisen, denn Hot dogs sind zwar viel, aber nicht alles. **Regionale Delikatessen** und Biere lokaler Kleinstbrauereien – in San Francisco gibt es alleine 20 Sorten –, gehören ebenfalls zum Angebot. Daß mehr und mehr gesunde Snacks und Salatbars gefragt sind, soll nach jüngsten Umfragen am verdreifachten Zuwachs an weiblichen Fans liegen, die inzwischen bis zu 35% der Zuschauer ausmachen.

Und schließlich – ganz wichtig – gehört etwas Gegrilltes dazu: das heißgeliebte **Barbecue** (kurz *BBQ),* das im Leben der Amerikaner eine ganz wichtige Stellung einnimmt, nach dem Motto: „*Barbecue is an attitude".* Wer dies nachfühlen möchte, könnte sich z.B. zum Oriole Park at Camden Yards in Baltimore begeben. An der Eutaw Street, direkt unter den Bleachers, den billigen heißen (Sonnen-)Plätzen, brutzelt verführerisch *Boog's Barbecue,* eine stadtbekannte BBQ-Spezialität . Baseball ist eben mehr als nur ein Spiel!

Die MLB – Major League Baseball

moderner Architektur gelten, beauftragte unlängst auch der Boß des traditionsreichsten Baseballclubs, der *New York Yankees, HOK* mit der Planung eines neuen Yankee Stadiums. Anschauungsmaterial des Unternehmens gibt es bereits genug: das Coors Field in **Denver** *(Colorado Rockies),* der Comiskey Park in **Chicago** *(Chicago White Sox),* das Jacobs Field in **Cleveland** *(Cleveland Indians)* oder den Oriole Park at Camden Yards in **Baltimore** *(Baltimore Orioles).* Letztgenannter Ballpark dürfte der schönste im gesamten Land sein, und selbst die Anglistikprofessorin und Krimiautorin *Martha Grimes* schwärmt in höchsten Tönen: *".... as if this grand new stadium was one of the ancient places of the earth."*

Mit Denver, Chicago, Cleveland und Baltimore wurde bereits eine Reihe von Orten aufgelistet, die zu den Topspots gehören. Leider sind **Tickets** hier nur schwer zu bekommen, Spiele in Cleveland sind angeblich über Jahre hinaus ausverkauft. Doch mit etwas Glück kommt man dennoch ins Stadion, denn immer wieder werden Karten zurückgegeben, erweist sich mancher Gegner als wenig attraktiv, oder die Heimmannschaft spielt schwächer als erwartet – und schon sind Tickets zu haben.

Neben den oben aufgelisteten gibt es weitere Ballparks, die besonders reizvoll sind, tolle Fans haben oder malerisch liegen. **Chicago** bietet da mit dem alten Wrigley Field *(Chicago Cubs)* aus den 20er Jahren eine gute Alternative zum nagelneuen Comiskey Park, in **Atlanta** kann man im umgebauten Olympiastadion den *Braves* vor fantastischer Skyline zusehen, und auch im Dodgers Stadium in **Los Angeles** konkurriert die spektakuläre Lage mit den Aktionen auf dem Spielfeld. Ebenfalls über ein neues Superstadion verfügen die *Texas Rangers* in **Arlington,** vor den Toren von Dallas, und ab dem Jahr 2000 werden die Besucher der Traumstadt **San Francisco** mit dem neuen Baseballstadion im alten Hafenviertel, China Basin, eine weitere Attraktion zu bewundern haben.

Spring Training

Eine jahrzehntealte Tradition des Baseballs ist das sogenannte *Spring Training.* Den März über rufen die Proficlubs ihre Spieler zusammen und bereiten sich auf den **Saisonstart im April** vor. Dazu haben die Vereine in den beiden Sonnenstaa-

---

MLB–Kontaktadressen

- **MLB – Major League Baseball**
350 Park Ave.
New York, NY 10022
Tel. (212) 339-7800, Fax 355-0007.
- **MLB – International**
Suite 3 - Westhill House
6 Swain's Lane
London, N6 6QU - Great Britain
Tel. (0044) 171-428-9988, Fax 428-9990.
- **MLB-Internet-Adresse:**
http://www.majorleaguebaseball.com.
- **AL – American League**
350 Park Ave.
New York, NY 10022
Tel. (212) 339-7600, Fax 593-7138.
- **NL – National League**
350 Park Ave.
New York, NY 10022
Tel. (212) 339-7700, Fax 935-5069.

Die MLB – Major League Baseball

DIE MLB-TEAMS

American League (AL)

AL East
- Baltimore Orioles
- Boston Red Sox
- Detroit Tigers
- New York Yankees
- Toronto Blue Jays

AL Central
- Chicago White Sox
- Cleveland Indians
- Kansas City Royals
- Milwaukee Brewers
- Minnesota Twins (Minneapolis)

AL West
- Anaheim Angels
- Oakland Athletics (A's)
- Seattle Mariners
- Texas Rangers (Dallas)

National League (NL)

NL East
- Atlanta Braves
- Florida Marlins (Miami)
- Montréal Expos
- New York Mets
- Philadelphia Phillies

NL Central
- Chicago Cubs
- Cincinnati Reds
- Houston Astros
- Pittsburgh Pirates
- St. Louis Cardinals

NL West
- Colorado Rockies (Denver)
- Los Angeles Dodgers
- San Diego Padres
- San Francisco Giants

Neue Teams ab 1998:
- Tampa Bay Devil Rays (St. Petersburg)
- Arizona Diamond Backs (Phoenix)

---

ten Florida und Arizona eigene Trainingsstätten eingerichtet. Die Vorbereitung, Training und Spiele, findet nicht – wie man annehmen könnte – unter Ausschluß der Öffentlichkeit statt, vielmehr hat sich das Spring Training in den letzten Jahren zu einer richtigen **Touristenattraktion** entwickelt.

Tausende Amerikaner, zumeist Rentner, verbringen ihren Urlaub in den

American League

Sonnenstaaten, wenn andernorts noch Kälte herrscht, und werfen dabei schon einmal einen Blick auf ihre Lieblingsmannschaften. Auch Kinder lieben diese Trainingslager, denn nirgendwo sonst kommen sie den Stars so nahe, die sich hier zudem noch entspannt und wohlgelaunt geben. **Hochburgen des Spring Trainings** sind **in Arizona** die Metropole Phoenix mit ihren Vororten Tempe oder Scottsdale sowie Tucson und **in Florida** sowohl die Tampa Bay Area als auch Orlando und die Region nördlich von Miami. Karten zu den Vorbereitungsspielen sind sehr billig (rund $ 5) und en masse vorhanden. Nähere Infos erteilen die Tourismusämter der beiden Bundesstaaten oder die jeweiligen MLB-Clubs.

Minor League Baseball

Über die Bedeutung und die speziellen Besonderheiten des Minor-League-Sports war eingangs schon allgemein die Rede. In der Baseballszene legten die MLB-Clubs seit jeher besonderen Wert auf eigene Nachwuchsarbeit. Anders als hierzulande wurden jedoch keine zweiten und Junioren-Mannschaften ins Leben gerufen, dafür wurde eine komplette *zweitklassige Profiszene* geschaffen. Man nutzte das Interesse am Baseball auch in kleineren Städten und rief Proficlubs außerhalb der großen Metropolen, die über MLB-Teams verfügten, ins Leben. Entweder stehen diese Minor League Clubs mit den MLB-Vereinen in einem *Partnerschaftsverhältnis* oder sie sind eine Art *Tochterunternehmen*.

In letzter Zeit entstehen zunehmend *unabhängige kleine Profiligen,* die den derzeitigen Boom im Minor League Baseball ausnutzen. Der Streik in der MLB, die steigenden Eintrittspreise und Millionengehälter haben viele Fans dazu gebracht, sich in den Minor Leagues umzusehen. Dort wird der *Sport noch mit wahrer Begeisterung ausgeübt,* Leistung dominiert über Geld, denn schließlich muß sich ein Spieler erst einmal für die nächsthöhere Liga empfehlen. Die Akteure steigen normalerweise von der untersten Liga (A) Stufe für Stufe bis zur MLB auf, die Clubs selbst bleiben jedoch immer ihrer Liga verbunden, denn ein Auf- oder Abstieg zwischen den Ligen ist in den USA unbekannt und nicht Teil des Profisportsystems.

Die unterste Stufe des Minor League Baseballs stellt die *A-Kategorie* dar. Spieler, die zum ersten Mal einen Profivertrag erhalten, müssen in der untersten Klasse anfangen und sich hier behaupten, ehe sie die Rangleiter nach oben steigen. In den *AA-Ligen* steigt das Spielniveau und wer dem Kader einer *AAA (triple A)-Mannschaft* angehört, steht möglicherweise kurz vor dem Sprung in die MLB.

Für Besucher dürfte diese Kategorisierung jedoch unerheblich sein, bieten doch alle Klassen und Ligen bodenständigen, ursprünglichen Baseball. Die Zahl der Ligen, denen Teams nach geographischen Kriterien zugeordnet sind, ist hoch, und es wäre unmöglich, alle Mannschaften aufzulisten. Das Büro der *Vereinigung aller Minor Leagues,* der *National Association of Professional Baseball Leagues* (siehe unten) oder jede lokale Tageszeitung erteilt bei Interesse Auskunft. Ticketprobleme gibt es nur an wenigen Orten oder bei ganz speziellen Begegnungen.

Baseballhochburgen, die die MLB vergessen lassen

Aus der Vielzahl der Mannschaften und Städte eine Auswahl zu treffen, fällt schwer. Dennoch seien im Folgenden einige besonders lohnenswerte Ziele herausgegriffen, wobei auf geographische Ausgewogenheit geachtet wurde.

Das Städtchen *Durham* in North Carolina ist berühmt als Tabakhochburg und als Sitz der Duke University. Hohen Ruf genießt die dortige Klinik, aber auch Fans des Minor League Baseballs schätzen den Ort. Bis 1995 galt das El Torro Stadium von 1929 als *das* Minor-League-Stadion schlechthin. Auch mit dem Neubau ist es gelungen, das Herz jedes Fans höherschlagen zu lassen: Es ist ein kleines gemütliches Schmuckstück, in dem die *Bulls* jetzt spielen – bekannt geworden auch durch den Film „Bull Durham" mit *Kevin Costner.* Die *Durham Bulls* spielen in der Carolina League (Class A), als Farmteam der *Atlanta Braves.*

Südländisch temperamentvoll geht es im Baseballstadion von **Albuquerque,** New Mexico, zu. Dort sind die *Dukes* zu Hause, das Top-Farmteam der traditionsreichen *Los Angeles Dodgers,* die in der Pacific Coast League (AAA) um Ruhm und Ehre spielen. In Albuquerque bekommt man nicht nur künftige MLB-Stars zu sehen – die *Dodgers* sind Spitze, was Nachwuchsausbildung angeht –, sondern genießt zugleich das Leben im warmen, sonnigen New Mexico, mit freundlichen Leuten und erstklassigem Essen – unbedingt die Burritos im Stadion probieren!

Portland, die größte Stadt Oregons, mag zwar basketballverrückt sein, doch im Sommer verlagern die Bewohner ihre Begeisterung auf Baseball. Es gibt nichts Schöneres, als im Civic Center, mitten in der Stadt, in der Sonne zu sitzen und die *Rockies,* das Farmteam der *Colorado Rockies,* ihre Spiele in der Northwest League (Class A) austragen zu sehen. Und da es in der *City of Roses* nicht nur süß, sondern auch nach Hopfen und Malz duftet, ist nach dem Spiel für Unterhaltung gesorgt: Es existieren mehr als 35 Klein- und Kleinstbrauereien in der Stadt, die die Fans in ihre gemütlichen Pubs und Gaststuben locken.

„Fun is Good" lautet das Motto der *St. Paul Saints* (Independent League) aus **St. Paul,** der *S*chwesterstadt von Minneapolis, Minnesota. Die Mannschaft gehört der unabhängigen Northern League an und zieht aufgrund ihrer ausgefallenen Showeinlagen die Fans in Scharen an. Da rennt schon einmal ein Ferkel einem Baseball hinterher oder kommen alle Fans in den Genuß eines kostenlo-

Paradies für Sport- und Bierfans: Portland (POVA)

sen Gutscheins für einen Schönheitssalon. Aber auch die Spieler, darunter das Enfant terrible des Profibaseballs, *Mike Veeck,* können sich sehen lassen und werden immer wieder von MLB-Clubs abgeworben. Zuletzt startete hier der Superstar *Darryl Strawberry* nach einer Sperre wegen Drogenmißbrauchs sein Comeback und 1997 wurde erstmals eine Frau als Spielerin verpflichtet – ein Novum im Baseballsport.

Minor-League-Baseball-Adressen

- *National Association of Professional Baseball Leagues*
P.O. Box A
St. Petersburg, FL 33731
Tel. (813) 822-6937, Fax 821-5819.

Ligenübersicht des Minor League Baseball

- *AAA-Ligen*
American Association, International League, Pacific Coast League.
- *AA-Ligen*
Eastern League, Southern League, Texas League.
- *A-Ligen*
California League, Carolina League, Florida League, Midwest League, New York-Penn League, Northwest League, South Atlantic League, Independent (unabhängige) Leagues, Big South League, Frontier League, Heartland League, North Atlantic League, Northeast League, Northern League, Prairie League, Texas-Louisana League, Western League.
- *Rookie-Ligen*
Appalachian League, Pioneer League.

Kanada ist nicht nur Synonym für Eis und Schnee, Natur und Einöde, es gibt auch viele schöne Städte, viel Kultur und Geschichte, und neben Eishockey auch eine lebendige Baseballszene. So übertragen in den warmen Monaten die eishockeyverrückten Fans in **Edmonton,** Alberta, ihre Begeisterung auf die *Trappers* (Pacific Coast League, AAA), das Topfarmteam der *Oakland Athletics.* Etwa 10.000 Zuschauer finden sich jeweils in dem schmucken neuen Telus Field ein, malerisch zwischen der Hochhauskulisse und der Flußpromenade des North Saskatchewan Rivers gelegen.

Softball – Variante des Baseballs

Wer im Frühjahr, Sommer oder Herbst irgendwo in Nordamerika unterwegs ist, der wird zwangsläufig irgendwo auf Softball stoßen, denn jedes Kind und jeder Erwachsene scheint diesem Spiel nachzugehen, und die Sportanlagen sind immer mit heiter gestimmten Aktiven bevölkert. Softball ist nichts anderes als eine Variante des Baseballs, bei der **Ball und Handschuh größer,** das Spielfeld kleiner ist.

Die **Wurftechnik** ist beim Softball anders: Der Ball wird nicht von oben wie im Baseball, sondern von unten aus dem Handgelenk geworfen. Je nach aufgewandter Kraft und damit Schnelligkeit des Balles unterscheidet man *Fast Pitch* und *Slow Pitch Softball.*

Softball – Variante des Baseballs

Softball – die Baseballvariante für jedermann

Fast Pitch Softball ist vor allem als Frauensport beliebt und zum Zuschauen nicht uninteressant. Hier ist trotz der größeren Bälle die Trefferquote geringer als im Baseball, da gerade das Können der *Pitcher* maßgeblich ist. Es handelt sich also zugleich um einen Leistungssport mit hohem Anspruch, der seit 1996 olympische Disziplin ist und in dem die Amerikanerinnen wahre Meister sind. 1997 startete deshalb eine Frauenprofiliga ihren Spielbetrieb.

Slow Pitch Softball ist dagegen ein reiner Volkssport. Da der Ball langsam geworfen wird, ist es nicht schwer, nach einiger Übung den Ball gut zu treffen. Deshalb ist diese Softballvariante so beliebt, jeder kann mitmachen, weder Alter noch Geschlecht spielen eine Rolle. Es ist ein **Familiensport,** dessen Reiz vor allem in seiner leichten Erlernbarkeit liegt, denn Baseball selbst gilt als schwieriges Spiel.

Softball in seiner Slow-Pitch-Version ist also weniger zum Zusehen

Softball – Variante des Baseballs

gedacht, als vielmehr zum Selbstausprobieren und Mitspielen. Der **Spielbetrieb** findet deshalb auch nicht in überregionalen Ligen statt, sondern in unzähligen lokalen Gruppen, in denen sich jene finden, die den Sport mit einem gewissen Leistungsanspruch betreiben möchten. Freizeitsportler sind in jedem Park und auf jedem Schulsportplatz anzutreffen, und ein interessierter Besucher dürfte keine Probleme haben, fachkundig in das Spiel eingeweiht zu werden.

Basketball

Das Spiel

Popularität in Deutschland

Keine Sportart hat in den letzten Jahren für derartige Furore gesorgt wie Basketball. Lange Jahre galt dieser Sport hierzulande als Spiel der Schüler und Studenten und fristete als Leistungssport eher ein **Mauerblümchendasein.**

Das änderte sich zu Beginn der 90er Jahre grundlegend: Plötzlich war Basketball in aller Munde und avancierte zum **In-Sport**, vor allem unter Jugendlichen. Unsere **einheimische Szene** profitierte ebenfalls von dem weltweiten Boom, konnte jedoch nie – wie in den USA – dem Basketball den Status eines Volkssports verleihen. Selbst der Popularitätsschub in Gestalt des **Streetball** war nur von kurzer Dauer.

Wie überall auf der Welt werden auch in Deutschland die Teams und **Stars der nordamerikanischen Superliga NBA** *(National Basketball Association)* mehr verehrt als die eigenen Topspieler. Das liegt nur zum Teil am unerreichbar hohen sportlichen Niveau, wesentlich mehr trug die geschickte **Vermarktungsstrategie** der Ligafunktionäre dazu bei, die Spieler zu Showgrößen hochstilisierte. So genießen Stars wie *Michael Jordan* oder *Shaq O'Neal* inzwischen mehr Verehrung als bekannte Stars aus dem Unterhaltungssektor. Sportstars stellen heute Hollywoods Prominenz in den Schatten – ein Verdienst der NBA!

Geschichte

Im Unterschied zu anderen Sportarten, die sich kontinuierlich über einen längeren Zeitraum hinweg entwickelt haben, ist Basketball eine bewußt erfundene Sportart. Als **wintertauglicher Schülersport** wurde Basketball quasi von heute auf morgen aus dem Boden gestampft, und zwar im Jahr **1891** vom Sportlehrer **Dr. James Naismith** am YMCA College in Springfield (Bundesstaat Massachusetts). Zu den von seinem Erfinder *Naismith* festgelegten Grundzügen kamen in späteren Jahren nurmehr wenige Neuerungen, wie das Dribbeln mit dem Ball, hinzu.

Niemand konnte jedoch ahnen, daß sich dank der weltweit verbreiteten YMCA-Schulen der neue Sport

Populäre Spielvariante für Jung und Alt: Streetball

Das Spiel

in Windeseile verbreiten und schon 1936 bei den Olympischen Spielen in Berlin ein vielbeachtetes Debut feiern sollte. Von da an ging es überall, sogar in Deutschland, rapide aufwärts, und bis heute erlebt der Basketball einen **weltweiten Boom.**

Während der Basketball weltweit unter der Ägide des **FIBA** *(Federation International de Basketball)* organisiert ist, entwickelte sich ab den 50er Jahren in den **USA** unabhängig davon eine **eigene Profiszene.** Sportlich gesehen scheinen die amerikanischen Profiteams der NBA auf einem anderen Stern zu agieren, doch organisatorisch ziehen sie seit ihrer Aufnahme in die FIBA 1992 mit dieser an einem gemeinsamen Strang, der heißt, Basketball zum beliebtesten Sport der Welt zu machen. Wenn der Erfinder *Naismith* gewußt hätte, welchen Stein er mit seinem Ballspiel auf Obstkisten ins Rollen gebracht hat!

Weltweiter Siegeszug

Hoch hinaus im Basketball
(Dallas Mavericks)

Basketball als „Lückenfüller" im Winter – diese Zeiten sind längst vorüber. Mittlerweile ist Basketball, zumindest in den **USA,** das Hauptgesprächsthema an kalten Winterabenden, hat Eishockey weit hinter sich gelassen und kann selbst mit American Football konkurrieren.

Seit Streetball seinen weltweiten Siegeszug antrat, gehen Millionen Menschen **rund um den Globus** das ganze Jahr über auf Korbjagd. So wurde aus der Winterbeschäftigung für Footballer innerhalb nur eines Jahrhunderts eine Sportart, die derzeit für die meisten Schlagzeilen sorgt und auf dem besten Weg ist, im kommenden **21. Jahrhundert** zur beliebtesten Freizeitbeschäftigung und zum Topentertainment aufzusteigen. Seit seiner Erfindung gleicht die Geschichte des Basketballs einem einzigartigen kometenhaften Aufstieg – und der Zenit ist noch immer nicht erreicht. **Global Ball** heißt das Zauberwort, mit Hilfe dessen der Basketball von den USA aus die Welt erobern will.

Das Spiel

Basketball

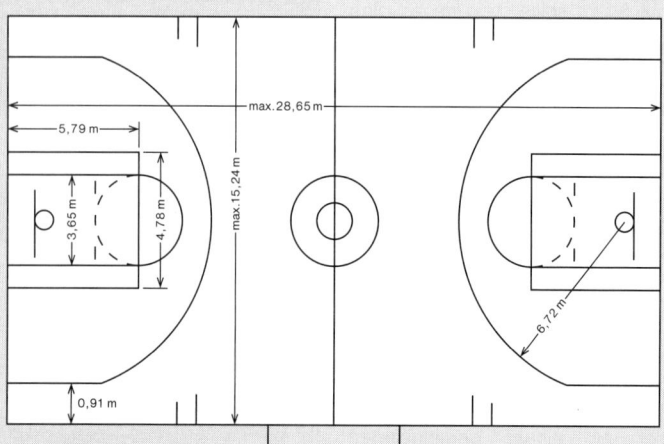

Das Spielfeld der NBA,
mit rechteckigem Freiwurfraum und 6,72 m entfernter Drei-Punkt-Wurflinie.

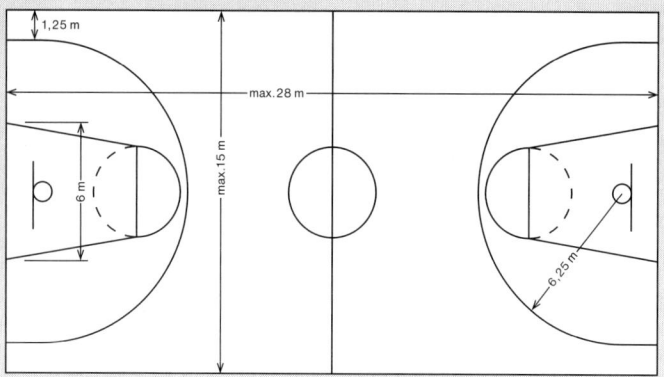

Das Spielfeld der FIBA, auch im College-Basketball verwendet, mit trapezförmigem Freiwurfraum und einer nur 6,25 m vom Korb entfernten Dreierlinie.

Das Spiel

Der Erfolg des Basketballs liegt sicher auch an der **Einfachheit des Sports.** Alles, was man braucht, ist ein Ball und ein 3,05 m hoch an einem Brett angebrachter Korb – und schon kann's losgehen. Das ist einer der Gründe, warum **Streetball,** die „Basketballversion für jedermann", derart epedemieartig in aller Welt Fuß fassen konnte und damit auch dem Basketball neuen Zulauf bescherte.

Regeln und Spielverlauf

Die jeweils fünf Spieler jeder Mannschaft müssen sich an ein umfassendes **Regelwerk** halten, dessen **Basis** 1891 von *Naismith* gelegt und das im Laufe der Jahrzehnte ständig ergänzt wurde. Da dieses hierzulande den meisten in den Grundzügen geläufig ist, wird an dieser Stelle auf Erläuterungen zum Spielablauf verzichtet. Hingewiesen werden soll lediglich auf die Unterschiede zwischen letzteren und jenen im College Basketball.

Wer zum ersten Mal ein **NBA-Spiel** sieht, wird sich nicht nur über die sportliche Extraklasse der Spieler wundern, sondern auch über einige formale Unterschiede: z.B. das Spielfeld selbst, seine Maße und Linien oder die Spieldauer. Auch Details variieren – natürlich bei gleichen Grundregeln –, denn im Laufe der Entwicklung richtete die NBA ihr Augenmerk verstärkt auf ein **möglichst schnelles und attraktives Spiel** für die Zuschauer. Außerdem muß in den USA stets der Tatsache Rechnung getragen werden, daß Sponsoren, vor allem die Werbepartner der TV-Anstalten, Raum für ihre Werbeeinblendungen fordern.

Im folgenden sind die wichtigsten **Unterschiede zwischen der NBA und dem „Rest der Welt",** wobei College Basketball sich prinzipiell an diejenigen Regeln des Weltverbandes FIBA hält, aufgelistet:

- Die **Spielzeit** in der NBA geht über vier Spielabschnitte, sogenannte *Quarters,* jeweils zwölf Minuten lang. Bei Spielunterbrechungen wird die Uhr – wie üblich – angehalten, und nach zwei Vierteln ist Halbzeitpause.

- Als **Spielfeld** verwendet allein die NBA eine rechteckige Zone statt der sonst üblichen trapezoiden, zudem befindet sich bei den Profis in den USA die **Drei-Punkte-Wurf-Linie** 6,72 m weit vom Korb entfernt, hierzulande sind es nur 6,25 m.

- In der NBA sind **sechs Fouls** statt der sonst üblichen fünf pro Spieler erlaubt, ehe es zum Spielausschluß kommt.

- Die **Zonenverteidigung,** hierzulande zum Grundrepertoir der Abwehrtechniken gehörend, gilt in der NBA als *Illegal Defense* und ist verboten. Der erste Verstoß zieht eine Verwarnung nach sich, weitere führen zur Bestrafung mit einem technischen Foul und damit zu einem Freiwurf für den Gegner. Bei den amerikanischen Profis ist **Mann-gegen-Mann-Verteidigung** Usus.

- In der NBA gibt es sieben **Auszeiten** à 100 Sekunden zuzüglich zwei von je 20 Sekunden Dauer. *Time-outs* dürfen in der NBA nur von einem Spieler genommen werden, nicht vom Trainer, wie hierzulande. Die Kurzaus-

Das Spiel

zeiten dienen vor allem Werbeeinblendungen bei TV-Übertragungen.

• Die hierzulande übliche **30-Sekunden-Regel**, die besagt, daß innerhalb dieser Zeit ein Korbversuch unternommen werden muß, hat die NBA auf 24 Sekunden verkürzt. Im College Basketball gibt es sogar noch regionale Ligen, die gar keine Zeitbeschränkung kennen.

• In der NBA kommen **drei Schiedsrichter** – statt zwei – zum Einsatz.

Ein **NBA-Spiel live zu erleben**, die besondere Atmosphäre, die Fans und den hochklassigen Sport zu genießen, ist schon etwas Besonderes, und das kann nicht einmal ansatzweise durch die regelmäßigen Übertragungen von NBA-Spielen durch das DSF ersetzt werden. Wenn vor Spielbeginn, dem *Tip-off*, das Licht ausgeht und die Stars einzeln im Scheinwerferstrahl einlaufen, die Nationalhymne ertönt und zwischen 15.000 und 20.000 Zuschauer Aktionen bejubeln und zu Standing Ovations auf den Sitzen stehen, werden selbst „Sportmuffel" mitgerissen.

Schiedsrichterzeichen

Persönliches Foul: Geschlossene Faust

Persönliches Foul (keine Freiwürfe): Finger deutet zur Seitenlinie

Doppelfoul: Mit geschlossenen Fäusten winken

Absichtliches Foul: Handgelenk umfassen

Technisches Foul: T-form mit offener Handfläche

Halten: Foulzeichen: Handgelenk umfassen

Die NBA – National Basketball Association

Historischer Überblick

Mit der Spielzeit 1996/97 feierte die NBA ihr 50jähriges Bestehen. Als sich am 1.11.1946 die *New York Knicks* und die *Toronto Huskies* in den Maple Leaf Gardens in Toronto gegenüberstanden, fungierte die Liga in erster Linie als **Lückenfüller für die reichen NHL-Clubs.** Mit Basketball konnte man die Stadien in jenen Zeiten füllen, wenn die Eishockey-Cracks pausierten. Die **BAA** *(Basketball Association of America),* machte sich jedoch schnell selbständig, und als 1949 sechs Teams der konkurrierenden **NBL** aus dem mittleren Westen übernommen wurden, begann der Aufstieg des Profibasketballs unter dem neuen Namen **NBA.**

In der Folge sorgte die Liga immer wieder für **einschneidende Änderungen:** die Einführung der 24-Se-

Stoßen: Foulzeichen:
Stoßen imitieren

Regelwidrige Benutzung der Hände: Foulzeichen:
Schlagen ans Handgelenk

Anzeige des Foulspielers:
Angabe der Spielernummer mit den Händen

Während der Freiwürfe:
Zeichen für zwei Freiwürfe

Während der Freiwürfe:
Zeichen für einen Freiwurf

Die NBA – National Basketball Association

kunden-Zeitregel, die Verpflichtung des ersten afroamerikanischen Spielers 1950 – ein Schritt, der die Bürgerrechtsbewegung im folgenden Jahrzehnt vorwegnahm – oder die Einführung der 3-Punkte-Linie, um nur einige zu nennen.

Karl Malone – Superstar des Profibasketball (Salt Lake City CVB)

Viele der NBA-spezifischen Besonderheiten und Regeln hängen damit zusammen, daß es sich um ein **Wirtschaftsunternehmen** handelt, das auf möglichst hohe Gewinne zielt. Was lange Zeit durch den Verkauf von Tickets gewährleistet wurde, kann heutzutage nurmehr mittels lukrativer TV-Verträge und Souvenirverkauf bewerkstelligt werden. Auf diesem Gebiet hat die NBA für ganz neue Standards gesorgt.

Seit der Rechtsanwalt *David Stern* 1983 den Posten als Ligachef, offiziell *NBA Commissioner*, übernommen hat, ging es mit der **lange Zeit maroden NBA,** geplagt von finanziellen Sorgen und Drogenproblemen, **kometenhaft aufwärts.** *Stern* sorgte für eine solide wirtschaftliche Basis, regelte geschickt das Verhältnis zwischen Teambossen und Spielern – letztere beteiligte er mit 53% am Gewinn –, und brachte dank seiner geschickten Vermarktung den weltweiten Boom der letzten Jahre gezielt ins Rollen. Inzwischen sind die NBA und ihre 29 Mitglieder, seit 1995 gehören zwei kanadische Vertreter dazu, kein Millionenunternehmen mehr; nein, mittlerweile werden Milliarden im Ligabüro in New York verwaltet.

Nach anfänglichen Problemen gelang es der Liga ab den späten 70er Jahren, die Herzen der Fans zu erobern und sich heute hinter der NFL als **zweitbeliebteste Liga** fest zu etablieren.

NBA at 50 – bedeutete ein ganzes Jahr Feierlichkeiten, bot aber auch die **Gelegenheit zurückzublicken** – auf **Stars** wie *George Mikan, Bill*

Die NBA – National Basketball Association

Russell, Walt Chamberlain, Oscar Peterson, Kareem Abdul-Jabbar, Larry Bird und Magic Johnson, oder auf **Teams** wie die legendären Boston Celtics der 60er Jahre. Zwischen 1959 und 1966 hatten sie jeden Titel geholt und insgesamt 16 NBA-Meisterschaften gewonnen. Oder die Los Angeles Lakers der 80er Jahre, die mit Magic Johnson und Kareem Abdul-Jabbar den Basketballsport revolutionierten und die Basis für eine Mannschaft schufen, die derzeit in aller Munde ist: die Chicago Bulls. Mit ihren Stars Michael Jordan, Scottie Pippen und dem schillernden, in vielerlei Hinsicht aus dem Rahmen fallenden Dennis Rodman hat dieses Team ganz neue Akzente gesetzt.

Doch anläßlich des Jubiläums wurde auch ein **Blick in die Zukunft** gewagt: Hat die NBA ihren Zenit erreicht? Wie lange können die derzeit üblichen Millionengehälter noch bezahlt werden? Ist das sportliche Niveau tatsächlich im Niedergang begriffen, wie viele Fachleuten meinen?

Die NBA baut auf ihrem Weg in die nächsten 50 Jahre ganz besonders auf einen Spieler: **Michael „Air" Jordan.** Als „bester Basketballer aller Zeiten" begeistert er seit mehr als einem Jahrzehnt die Fans; ihm kommt das Verdienst zu, vormals uninteressierte Sportmuffel zu Basketballfans gemacht zu haben. Er soll die Liga nun in eine neue Ära führen und den jungen Stars als Vorbild dienen.

Wenn er dann in die Reihe der Legenden zurücktritt, sollen die **neuen Supertalente,** wie Chris Webber, Juwan Howard, Grant Hill, Shawn Kemp oder Shaquille O'Neal, der „Center des 21. Jahrhunderts", in den Startlöchern stehen und die Liga weiter in Richtung rosige Zukunft führen.

Tickets

Bei einer Liga, die einen derartigen Höhenflug erlebt wie die NBA, ist es natürlich nicht immer und überall einfach, an Karten heranzukommen. So sind Spiele der Portland TrailBlazers **seit Jahrzehnten ausverkauft,** und nur viel Glück, Kontakte oder der Schwarzmarkt können bei der Ticketbeschaffung helfen.

Andererseits kann man bei Clubs, von denen man annehmen würde, daß man eh nie Karten bekommt, die besten Plätze noch Stunden vor dem Spiel am Kassenhäuschen erstehen. Wer sichergehen möchte, sollte sich möglichst **frühzeitig an den Verein oder ein Ticketbüro wenden** und Karten vorbestellen. Auch das geht bei manchem Verein unkompliziert, bei anderen hilft nur Hoffen und Harren.

NBA-Kontaktadressen

● *NBA – National Basketball Association*
Olympic Tower
645 Fifth Ave.
New York, N.Y. 10022 - USA
Tel. (212) 407-8000, Fax 826-0579
● *NBA Europe S.A.*
40, rue de la Boetie
F - 75008 Paris
Tel. (033) 1-53-536-200,
Fax 1-53-536-399
● *NBA-Internet-Adresse:*
http://www.nba.com

Die NBA – National Basketball Association

DIE NBA-TEAMS

In Klammern ist, sofern sie nicht aus dem Namen hervorgeht, die Heimatstadt angegeben.

Eastern Conference

Atlantic Division
- *Boston Celtics*
- *Miami Heat*
- *New Jersey Nets*
- *New York Knicks*
- *Orlando Magic*
- *Philadelphia 76ers*
- *Washington Wizards* (ehemals *Bullets*)

Central Division
- *Atlanta Hawks*
- *Charlotte Hornets*
- *Chicago Bulls*
- *Cleveland Cavaliers*
- *Detroit Pistons*
- *Indiana Pacers* (Indianapolis)
- *Milwaukee Bucks*
- *Toronto Raptors*

Western Conference

Midwest Division
- *Dallas Mavericks*
- *Denver Nuggets*
- *Houston Rockets*
- *Minnesota Timberwolves* (Minneapolis)
- *San Antonio Spurs*
- *Utah Jazz* (Salt Lake City)
- *Vancouver Grizzlies*

Pacific Division
- *Golden State Warriors* (Oakland)
- *Los Angeles Clippers*
- *Los Angeles Lakers*
- *Phoenix Suns*
- *Portland Trail Blazers*
- *Sacramento Kings*
- *Seattle SuperSonics*

Neben Portland sind Spiele der *Boston Celtics, Charlotte Hornets, Chicago Bulls, Detroit Pistons, Houston Rockets, Phoenix Suns, Sacramento Kings, Seattle SuperSonics* und *Utah Jazz* häufig ausverkauft und **Tickets schwer zu erhalten** – aber, wie gesagt, nie aufgeben! Gut besucht sind außerdem die meisten Partien der *Cleveland Cavaliers, Indiana Pacers, Los Angeles Lakers, Miami Heat, Milwaukee Bucks, Minnesota Timberwolves, New York Knicks, Orlando Magic, Toronto Raptors* und *Washington Bullets*.

Kaum Probleme, ein Ticket zu bekommen, hat man meistens in Atlanta (wo, gleichgültig, wie gut die *Hawks* spielen, Plätze leerbleiben), bei den *Dallas Mavericks* (Football ist hier übermächtig), den *Denver Nuggets, Golden State Warriors, Los Angeles Clippers, New Jersey Nets, Philadelphia 76ers* und *Vancouver Grizzlies*. Bei diesen Teams hängt die Stadionauslastung eng zusammen mit dem momentanen Abschneiden der Mann-

NBA

Alle NBA-Meister

- *1947* — Philadelphia Warriors
- *1948* — Baltimore Bullets
- *1949/50* — Minneapolis Lakers
- *1951* — Rochester Royals
- *1952-1954* — Minneapolis Lakers
- *1955* — Syracuse Nationals
- *1956* — Philadelphia Warriors
- *1957* — Boston Celtics
- *1958* — St. Louis Hawks
- *1959-1966* — Boston Celtics
- *1967* — Philadelphia 76ers
- *1968, 1969* — Boston Celtics
- *1970* — New York Knicks
- *1971* — Milwaukee Bucks
- *1972* — Los Angeles Lakers
- *1973* — New York Knicks
- *1974* — Boston Celtics
- *1975* — Golden State Warriors
- *1976* — Boston Celtics
- *1977* — Portland Trail Blazers
- *1978* — Washington Bullets
- *1979* — Seattle Super Sonics
- *1980* — Los Angeles Lakers
- *1981* — Boston Celtics
- *1982* — Los Angeles Lakers
- *1983* — Philadelphia 76ers
- *1984* — Boston Celtics
- *1985* — Los Angeles Lakers
- *1986* — Boston Celtics
- *1987/88* — Los Angeles Lakers
- *1989/90* — Detroit Pistons
- *1991-1993* — Chicago Bulls
- *1994/95* — Houston Rockets
- *1996* — Chicago Bulls
- *1997* — Chicago Bulls

schaft. Ohne Probleme bekommt man auch in San Antonio Karten, da die Halle, eigentlich eine Football-Arena, zwischen 20.000 und 40.000 Fans faßt.

Und noch ein letzter **Tip:** Zumeist ist es günstiger, im **Frühjahr** ein NBA-Spiel zu besuchen statt zu Jahresende, da dann die Teams besser eingespielt sind, um Endrundenplätze kämpfen oder den Fans noch einen guten Saisonabschluß bieten wollen. Die **reguläre Saison** dauert in der Regel bis zum dritten Aprilwochenende, dann folgt die **Endrunde** (Playoffs), wo die Wahrscheinlichkeit, Karten zu erhalten, zwar sinkt, doch mit etwas Glück auch hierfür welche zu ergattern sind, da nicht alle Play-off-Partien ausverkauft sind.

Die CBA – Continental Basketball Association

„The League of Dreams" – so nennt man in den USA die CBA. Fast 20 Jahre dient die **zweitklassige Profiliga** nun bereits als Experimentierfeld und **Nachwuchsreservoir für die NBA.** Neben Schiedsrichtern und Managern bildet die CBA auch Trainer und in erster Linie natürlich Spieler aus. Der Vorteil für die NBA liegt auf der Hand: Talente, die noch keinen Platz im Kader haben, bleiben verfügbar und erhalten gleichzeitig genügend Spielpraxis – mehr, als wenn sie bei einem NBA-Team auf der Bank säßen. So holen Jahr für Jahr die NBA-Vereine im Laufe der Saison Spieler aus der CBA, um Lücken, die durch den Ausfall eines Akteurs entstanden, schnell schließen zu können. Den CBA-Spielern kommt dabei entgegen, daß sie zumeist gut eingespielt und sofort effektiv einsetzbar sind.

Der Traum jedes Basketballers ist der, einmal in der besten Liga der Welt, der NBA, zu spielen, doch nur

Die CBA – Continental Basketball Association

wenige schaffen den Sprung in den Kader eines der 29 Teams. Für all jene Talente, die sich nicht so schnell geschlagen geben, stellt die CBA – die sich stolz **offizielle Aufbauliga der NBA** nennt – möglicherweise ein ideales Sprungbrett dar. Dort können sie darauf hoffen, von den Talentspähern der NBA, den sogenannten *Scouts,* doch noch entdeckt zu werden, denn wie die Vergangenheit lehrt, geht auf diesem Wege immer wieder einmal für einen CBA-Crack der Traum von einer NBA-Karriere in Erfüllung. Viele inzwischen bekannte Stars der NBA, wie *John Starks, Mario Elie* oder *Anthony Mason*, haben früher in der CBA auf ihre Chance gewartet.

Auch **Trainer aus der CBA** machten in der NBA Karriere: Die beiden derzeit besten NBA-Coaches, *George Karl,* Erfolgscoach der *Seattle Super Sonics,* und *Phil Jackson,* Meistertrainer der *Chicago Bulls,* haben beide ihr Handwerk in der CBA gelernt.

Dabei kann die CBA auf eine noch **längere Tradition als die NBA** zurückblicken. Beginnt die CBA-Zeitrechnung zwar offiziell erst im Jahr 1978, liegt die Ligagründung 50 Jahre zurück. Damals hieß die Minor League noch **EBA** *(Eastern Basketball Association),* und als sich im April 1946 sechs Clubs aus dem US-Bundesstaat Pennsylvania zu einer Profiliga zusammenschlossen, wagte keiner der Gründungsväter auch nur davon zu träumen, daß ihre Liga einmal eine derart tragende Rolle im Basketball spielen sollte. Für viele Fachleute gilt nämlich die CBA heute als die beste Basketball-Liga der Welt – nach der NBA.

Den entscheidenden Schritt von einer kleinen, kaum bekannten Profiliga an der Ostküste der USA zu einer anerkannten Aufbauliga der NBA unternahm 1978 *James Drucker.* Er setzte sich für den **neuen Namen CBA** ein, negierte damit den vormals gebräuchlichen Namensbestandteil *Eastern,* und erreichte einen formellen **Kooperationsvertrag mit der NBA,** der im Kern bis heute die Zusammenarbeit zwischen den beiden Ligen regelt. Wer glaubt, daß die Gegenleistung, die die CBA ihrer „großen Schwester" bieten kann, vergleichsweise gering wäre, muß sich eines Besseren belehren lassen: Über 300 CBA-Spieler nutzten seit 1978 die Chance, sich einen festen NBA-Stammplatz zu erspielen und fundamentieren somit die Bedeutung als wichtiges Nachwuchspotential.

Obgleich die CBA versucht, auf **wirtschaftliche Stabilität ihrer Mitglieder** zu achten, haben nicht alle Clubs längere Zeit Bestand. Erst in den letzten Jahren ist eine Stabilisierung festzustellen, fahren die meisten Franchises wachsende Profite ein. Die Gemeinden, in denen CBA-Teams spielen, sind stolz auf „ihr Profiteam", und neue Hallen entstehen. Die Zuschauer haben erkannt, daß auch in dieser Liga guter Basketball geboten wird und es sich lohnt, in die Hallen zu pilgern. Fast 4000 Zuschauer besuchen mittlerweile im Schnitt jedes CBA-Spiel, und ein Ende des **Booms** ist nicht abzusehen.

Leider liegen viele der Franchises etwas abseits der üblichen Touristenzentren, doch wer sich zufällig in der Nähe eines Clubs aufhält, der sollte sich ein **CBA-Spiel nicht entgehen lassen.** Vielleicht bejubelt er dabei einen Ballakteur, der kurz darauf in der deutschen Bundesliga als großer Star gefeiert wird oder gar in der NBA auftaucht. **Am interessantesten für Besucher** dürften die *Florida Beachdogs* sein, die in West Palm Beach, unweit Miami, spielen. Aber auch Spiele in Oklahoma City (Oklahoma) und Omaha (Nebraska) lohnen. Wer in Chicago, Indianapolis oder Detroit weilt, der befindet sich quasi im „Heartland" der CBA, die Teams von *Grand Rapids, Quad City, La Crosse, Fort Wayne* und *Rockford* sind in dieser Region zu Hause.

Doch man sollte nicht glauben, **Tickets** gäbe es in Hülle und Fülle: Spiele der *Sioux Falls Skyforce* (South Dakota), *Grand Rapids* oder *Fort Wayne* sind schnell ausverkauft. Die Ticketpreise liegen übrigens zwischen $ 10 und $ 20, also erheblich unter dem NBA-Schnitt!

CBA-Kontaktadressen

- **CBA – Continental Basketball Association**
  701 Market St., Suite 140
  St. Louis, MO 63101-1824
  Tel. (314) 621-7222, Fax 621-1202.
- **CBA-Internet-Adresse:**
  http://www.cbahoops.com.

Die CBA-Teams

American Conference
- *Connecticut Pride* (Hartford)
- *Florida Beachdogs* (West Palm Beach)
- *Fort Wayne Fury*
- *Grand Rapids Mackers*
- *Quad City Thunder* (Rock Island)
- *Rockford Lightning*

National Conference
- *Idaho Stampede* (ab Herbst 1997)
- *La Crosse Bobcats*
- *Oklahoma City Cavalry*
- *Omaha Racers*
- *Sioux Falls Skyforce*
- *Yakima Sun Kings*

Frauen-Profibasketball

„Eine Frau, die ein Ziel vor Augen hat, kann man nicht aufhalten" – dieses Motto hat sich die neue 1996 gegründete US-Frauenprofibasketball-Liga **ABL** *(American Basketball League)* auf ihre Fahnen geschrieben. Nach mehreren fehlgeschlagenen Versuchen, eine Frauenprofiliga zu etablieren, sind es nun gleich zwei, die den Spielbetrieb aufnehmen: Neben der ABL, die zwischen Oktober und März spielt, gab im Juni 1997 die **WNBA** *(Women's National Basketball Association)* ihr Debut.

In der Tat war die Zeit längst reif für Frauen-Profibasketball, denn in den USA, wo die höchste Spielklasse bisher die Uniteams bildeten, erlebt **Frauen-Basketball gegenwärtig einen ungeahnten Zulauf.** Mit oft über 5000 Fans gefüllte Hallen sind die Regel, und selbst Fachleute sind voll des Lobes: „Den besten Basketball spielen derzeit die Frauen", behauptete unlängst sogar die Trainerlegende *John Wooden*. Besonders der Auftritt der US-Mannschaft bei

Frauen-Profibasketball

den Olympischen Sommerspielen lieferte den Beweis für die Popularität und die **sportliche Klasse der Damen;** sie wurden von den Amerikanern mehr als das hochgelobte Männerteam der NBA gefeiert!

Auf dieser **Euphoriewelle** hoffen nun ABL und WNBA, in eine rosige Zukunft zu reiten, gelang es doch, alle zwölf *„Gold-Girls"* von Atlanta in der einen oder anderen Liga unter Vertrag zu nehmen. Nach den ersten Monaten der ABL und der Anfangseuphorie für die WNBA sind noch alle begeistert und ignorieren erste kritische Stimmen, die vor einem **Kon-**

Seit 1996 groß im Kommen: Frauen-Profibasketball (NBA Photos/S. Cunnungham)

kurrenzkampf beider Ligen warnen. "Eine Liga kann bestehen", gesteht ein Insider, "doch zwei sicher nicht". Am besten wäre es, wenn sich die beiden in nächster Zukunft zusammenschließen und gemeinsam für Furore sorgen würden. Denn die Fans sind begeistert von dem gebotenen hohen Spielniveau, wie die Zahlen zeigen: Die Spiele der ABL besuchten im ersten Jahr zwischen 3500 und 8000 Fans – kein schlechter Start!

Die ABL –
American Basketball League

Die drei **ABL-Initiatoren** *Anne Cribbs, Steve Hams* und *Gary Cavalli* sind überzeugt, daß ihre Liga Zukunft hat und nicht, wie vor rund zwanzig Jahren die erste Frauen-Profiliga WBL *(Women's Pro Basketball League),* ins finanzielle Abseits gelangen wird. Deshalb geht die ABL **neue Wege:** Alle acht Teams werden einheitlich vom Ligabüro in Palo Alto, vor den Toren San Franciscos, aus verwaltet. Da nicht nur das Management, sondern auch die Spielerinnen mit **riesiger Begeisterung und viel Einsatz** bei der Sache sind, scheint der Start geglückt. "Darauf haben wir doch alle nur gewartet", gestand beispielsweise *Katy Steding* von *Portland*

Die ABL-Teams

Eastern Conference
- *Atlanta Glory*
- *Columbus Quest*
- *Richmond Rage*
- *New England Blizzard*

Western Conference
- *Colorado Xplosion*
- *Portland Power*
- *San Jose Lasers*
- *Seattle Reign*

Power, eine der besten Basketballerinnen der Welt, und fügt hinzu: "Warum sollen nur Männer mit Basketball Geld verdienen dürfen?"

Eitler Sonnenschein herrscht in der ABL dennoch nicht, denn es gibt ein **großes Problem: die Frauenprofiliga der NBA,** die im Sommer 1997 gestartet ist. Doch trotz der Vorteile, die diese etablierte Liga den Damen bieten kann – erfahrenes Management und Vermarktung –, hat die **ABL durchaus Chancen zu bestehen.** Außer dem Bonus des Vorreiters kommt ihr zugute, daß ihre Saison von Oktober bis März dauert, während die Frauenliga der NBA ungewohnterweise im Sommer aktiv ist.

Die WNBA – The Women's National Basketball Association

Nachdem die ABL ihre Pläne für die Gründung einer neuen Frauenprofiliga kundgetan hatte, rief die **NBA ihre eigene „Damenabteilung",** die WNBA, ins Leben. Von Ende Juni bis Ende August (Finalspiel 1997 am 30. August) werden acht von NBA-Clubs

---

ABL-Kontaktadresse

- ***ABL – American Basketball League***
  1900 Embarcadero Road
  Suite 100
  Palo Alto, CA 94303
  Tel. (415) 856-3200; Fax 856-3280.

Frauen-Profibasketball

> **WNBA-Kontaktadressen**
>
> • **WNBA – Women's National Basketball Association**
> Olympic Tower
> 645 Fifth Ave.
> New York, N.Y. 10022
> Tel. (212) 688-9622, Fax 750-9622
> • **WNBA-Internet-Adresse:**
> http://www.wnba.com

> **Die WNBA-Teams**
>
> **Eastern Conference**
> - *Charlotte Sting*
> - *Cleveland Rockers*
> - *Houston Comets*
> - *New York Liberty*
>
> **Western Conference**
> - *Los Angeles Sparks*
> - *Phoenix Mercury*
> - *Sacramento Monarchs*
> - *Utah Starzz*

im unmittelbaren Schatten der NBA-Stars spielen sollen, sondern die ungeteilte Aufmerksamkeit der Fans verdienen.

Die einzelnen WNBA-Mannschaften werden von den lokalen NBA-Teams verwaltet, so daß man dort neben Infos auch *Tickets* erhält.

betreute Mannschaften auf Korbjagd gehen.

Die **Wahl der Spieltermine** ist interessant: Einmal scheint man nicht mit der ABL in Konkurrenz treten zu wollen, und zum anderen möchte man Spielerinnen, die im Winter in der ABL oder in Europa spielen, eine weitere Möglichkeit zum Geldverdienen geben. Gelegentlich kommt allerdings der Verdacht auf, daß die NBA ihre Damenriege vielleicht als eine Art Lückenfüller in der Sommerpause, zur Auslastung der eigenen Hallen, betrachten könnte. Das hätten die Spielerinnen nicht verdient – aber vielleicht steckt ja auch nur der Gedanke dahinter, daß die Damen nicht

Eishockey

Das Spiel

Geschichte

Obwohl Eishockey in Deutschland eine lange Tradition hat und nach Fußball die populärste Mannschaftssportart ist, handelt es sich doch um einen ureigenen nordamerikanischen Sport, der in der uns **heute geläufigen Form** in Kanada entstanden ist: Auf einer etwa 60x30 m großen, mit einer Bande umgebenen Eisfläche versuchen jeweils fünf Feldspieler eine kleine Hartgummischeibe, den *Puck,* in das von einem Torhüter bewachte gegnerische Tor zu schießen. An dieser Stelle soll jedoch weniger auf die Feinheiten des Spiels eingegangen, als vielmehr auf die nicht unwesentlichen Besonderheiten des nordamerikanischen Eishockeys hingewiesen werden.

Anders als bei American Football, Baseball oder Basketball ist für Eishockey eine **lange Vorlaufzeit bei der Entwicklung** charakteristisch. Hockey ist bereits in der Antike gespielt worden, und von *Hurley,* der in Irland gespielten Version, stammt das älteste Regelwerk aus dem zwölften Jahrhundert. Diesen Sport und einige andere **alte Hockeyspiele,** wie das *Shinty* aus Schottland, machten die Briten im Laufe ihrer Seefahrten und der Zeit der Kolonisation in aller Welt bekannt.

Die eigentliche Initialzündung für das Eishockey, **Hockey auf Eis mit Schlittschuhen,** fand jedoch **in Kanada** statt. Dort berichteten schon im 16. Jahrhundert französische Siedler von einem "Hocquet"-Spiel, mit dem sich die Ureinwohner die Zeit vertrieben. Dieses vermischte sich mit den von den Briten einge-

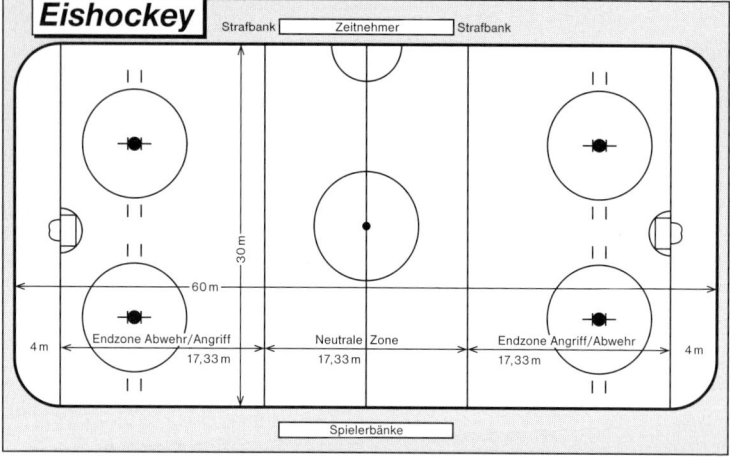

Das Spiel

führten Hockeyspielen, und angesichts der klimatischen Gegebenheiten im hohen Norden kam man auf die Idee, während der langen öden Winter auf zugefrorenen Seen dem Sport nachzugehen. Als dann eines Tages jemand mit angeschnallten Schlittschuhen auftauchte – die schon im 16. Jahrhundert erfunden worden waren –, eröffneten sich für die Balljagd mit dem Schläger ganz neue Perspektiven. Dennoch: Mit Eishockey, wie wir es heute kennen, hatte das noch nicht viel zu tun.

Als **offizieller Geburtstag des modernen Eishockeys** gilt der 3. März 1875, auch wenn einige behaupten, es hätte bereits zwanzig Jahre zuvor im kanadischen Kingston eine Eishockeyliga gegeben. An jenem Märztag aber fand ein Spiel im Victoria Skating Rink in Montréal statt, durch einen Zeitungsbericht gut dokumentiert. Man spielte erstmals auf einer begrenzten Eisfläche, es waren weniger als zehn, nämlich sechs Akteure pro Team auf dem Eis, und – als maßgebliche Neuerung – kam ein Puck, eine Scheibe aus Holz, zum Einsatz.

Was in den nächsten Jahren folgte, waren nurmehr **geringfügige Modifikationen:** 1877 wurde der Gummipuck erfunden, 1879 das erste Regelwerk entwickelt (1886 modernisiert), 1880 entstand die bis heute gebräuchliche Schlägerform, 1885 die erste Liga in Kanada, 1893 spielte man Eishockey erstmals in den USA, ab 1894 verbreiteten kanadische Studenten den Sport in Europa, 1899 öffnete in Montréal das erste echte Eishockeystadion seine Tore, 1904 wurden die Spielfeldmaße festgelegt, und 1908 wurde in Kanada zum ersten Mal zwischen Profis und Amateuren unterschieden.

Im selben Jahr gründete sich der internationale Verband, und Eishockey wurde als Sparte in den Deutschen Eissportverband aufgenommen. Die **Gründung der NHL** *(National Hockey League)* am 26.11.1917 markierte den Beginn der erfolgreichsten Profi-Eishockeyliga der Welt.

Popularität in den USA und Kanada

Wie in Deutschland hat sich Eishockey in den **USA** über lange Jahre eine **große Anhängerschaft** erspielt. In den Metropolen des Nordostens und des mittleren Westens, wie Boston, New York, Philadelphia, Chicago oder Detroit, ist Eishockey seit mehreren Jahrzehnten eine feste Größe. Die Begeisterung ist fast ebenso grenzenlos wie in Kanada, wo Eishockey neben *Lacrosse* offizieller Nationalsport ist und quasi heilig ist.

Hockey – wie es die Nordamerikaner schlicht nennen – gilt heute weltweit als der **Boomsport** schlechthin, als der "Sport des 21. Jahrhunderts". Denn, was sich in letzter Zeit in Regionen der USA abspielt, die mit Eis und Schnee nichts oder nur wenig am Hut haben, ist wahrlich verwunderlich: In Kalifornien, Texas, in der Wüste Arizonas, unter den Palmen in Florida oder gar im tiefsten US-Süden, wo der Football regiert, spricht man plötzlich über Eishockey, pilgern die Fans in Scharen zu Spielen, schießen zweitklassige Profilclubs wie

Das Spiel

Schiedsrichterzeichen

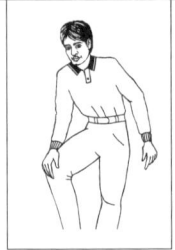
Kneeing: Kniecheck

Roughing: Unnötige Härte

Misconduct: Diziplinarstrafe; Unsportsmenlike Conduct: Unsportliches Verhalten, Schwere Disziplinarstrafe

Spearing: Stockstich

Holding: Halten

Slashing: Stockschlag

Icing: Unerlaubter Weitschuß

Wash out: Tor ungültig

Boarding: Bandencheck

Cross-checking: Cross-Check

High Stick: Hoher Stock

Elbowing: Ellbogencheck

Das Spiel

   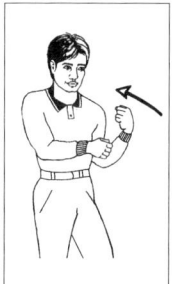

Timeout: Auszeit | Tripping: Beinstellen | Interference: Form der Behinderung, nur in der NHL geahndet | Hooking: Haken

 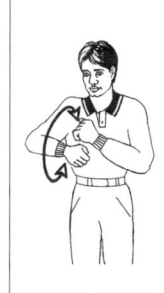

Delayed calling of penalty: Strafe angezeigt | Charging: Behinderung

Pilze aus dem Boden und hat die NHL ihre finanzstärksten Franchises.

Die **Begeisterung der Amerikaner** für Eishockey hängt sicher damit zusammen, daß der Sport schnell, abwechslungsreich und körperbetont ist. Insbesondere liebt man in den USA die Show und feiert überschwenglich jedes Spiel als Gesamtereignis.

Dagegen gelten die **Kanadier** als **ruhig und sachkundig.** Sie geraten weniger leicht aus dem Häuschen als die Amerikaner – "die jubeln doch schon, wenn die Eismaschine in Einsatz kommt", meinte einmal ein kanadischer Fan –, verstehen aber mehr von den Finessen des Sports. Selbst Juniorenspiele finden in professionellem Rahmen statt, und obwohl einige kanadische NHL-Clubs derzeit finanzielle Probleme haben, ist die **Liebe der Kanadier zu ihrem Nationalsport** ungebrochen.

Nirgendwo sonst kann man sich besser über den Sport, seine Talente und Stars unterhalten als in einer kanadischen Eishalle, wer jedoch **Stimmung** mit La-ola-Wellen und Sprechchören sucht, muß in den USA ein Spiel besuchen. Übrigens, die gefürchtetsten Fans sind jene der *New York Rangers,* doch selbst da sind grobe Ausschreitungen selten, beschränkt sich der Unmut meist auf verbale Äußerungen.

Die NHL – National Hockey League

Überblick

Jeder Eishockeyfreund, egal, ob Zuschauer oder Aktiver, kennt die drei magischen Buchstaben: NHL. Hinter dieser Abkürzung für die *National Hockey League* (*1917), verbirgt sich nicht einfach nur eine beliebige Profiliga in Nordamerika, die drei Buchstaben stehen für das **"Maß aller Dinge"** im schnellsten Mannschaftssport der Welt. In der NHL spielen die **besten Cracks der Welt,** die sowohl im Mutterland des Sports, Kanada, als auch in den USA, in Skandinavien, Rußland oder in der Tschechischen Republik ihr Handwerk erlernt haben. In ihrer ethnischen Vielfalt ergeben sie ein buntes Gemisch, das erst in den letzten Jahren an Zusammenhalt und Schlagkraft gewonnen hat und heute als Synonym für unübertrefflichen Eishockeysport steht.

Kein Wunder, daß die **Zuschauer in Scharen** in die zumeist nagelneuen Hallen der derzeit 26 NHL-Clubs pilgern, in der Regeln sind es über 15.000 pro Spiel. Geld scheint in Hülle und Fülle vorhanden, und im New Yorker Liga-Office sitzen die besten Marketingstrategen des Landes.

Lange außerhalb der traditionellen Eishockeyhochburgen Kanada und dem Nordosten der USA nicht ernst genommen, beginnt die NHL seit drei Jahren, die **Sportwelt zu erobern,** zuletzt beflügelt durch den Inline-Skating- und Streethockey-Boom. Selbst der Weltverband hat mittlerweile erkannt, daß nur mit dem "Zugpferd" NHL ein ähnlicher weltweiter Aufschwung wie im Basketball möglich ist und sich allein um diese drei Buchstaben der Puck im anbrechenden 21. Jahrhundert drehen wird.

Aktuelle wirtschaftliche Situation

Fast 75 Jahre hat es gedauert, bis die Bosse der NHL-Vereine gemerkt haben, daß es höchste Zeit ist, das neue Jahrhundert mit neuen Strategien anzugehen. Mit der Verpflichtung von **Gary Bettman** als Ligaboß *(Commissioner)* 1993 begann das all-

Harte Cracks auf dem Eis
(Montreal Canadiens)

Die NHL – National Hockey League

mähliche Erwachen des **vormaligen "Mauerblümchens" im US-Profisport.** Lange Jahre nur die Nummer Vier, nach American Football, Basketball und Baseball, galt die NHL früher als verknöchert und konservativ.

Bettman schaffte es, die **Liga aufzumöbeln** und einem jungen Publikum schmackhaft zu machen. Der **derzeitige Boom** in den USA darf als Resultat seiner Arbeit gewertet werden und brachte ihm zugleich einen neuen Vertrag der NHL-Bosse ein – mit einem garantierten Jahresgehalt von geschätzten zwei bis drei Millionen Dollar. Nicht schlecht für den nur 1,70 m großen Rechtsanwalt, der eigentlich von Eishockey wenig verstand, sein Handwerk in der NBA gelernt hatte und dort zur "rechten Hand" des Chefs der Basketball-Liga, *David Stern,* aufgestiegen war. Vieles von dem, was er bei den Profibasketballern gelernt und was sich dort als richtige Strategie erwiesen hatte, bringt *Bettman* jetzt in die NHL ein.

Gary Bettman

Kritiker sehen denn auch die NHL als "Showliga", als Ableger der NBA, doch unbestritten ist, daß *Bettman* das marode Schiff wieder flottgemacht hat und eine vormals ungekannte Eishockey-Euphorie in den USA entfacht hat. So betrat die NHL eine **neue wirtschaftliche Ära,** darauf bauend, mit modernen attraktiven Trikots und Vereinsabzeichen die Fans zum Souvenirkauf zu animieren, Zuschauer in die neuen Luxushallen zu locken und endlich als TV-Sport ähnlich abkassieren zu können wie die NFL oder die NBA.

Room to grow, **Raum zur Entwicklung,** glaubt *Bettman* mit seiner Liga zu haben. So vermessen, zu meinen, daß Hockey in der Popularität ganz nach oben rücken könnte, ist er allerdings nicht – er will vielmehr die NHL als feste Größe amerikaweit etablieren.

NHL

Die NHL – National Hockey League

Voraussetzung dafür ist jedoch die **finanzielle Sanierung aller Vereine**, ist doch eine Profiliga immer nur so stark wie ihre schwächsten Mitglieder. Und diesbezüglich hat er noch ein hartes Stück Arbeit vor sich, denn vor allem die kanadischen Clubs in der Provinz sind schwer am Knabbern. Für sie schuf er einen speziellen Fonds zur Sicherung ihres Fortbestandes, denn auch dem Amerikaner *Bettman* ist klar: Kanada ist und bleibt das Mutterland und das Herz des Eishockeys.

Der Stanley Cup

Der NHL-Pokal ist der **traditionsträchtigste Meisterpokal des Profisports** überhaupt. Der sogenannte *Stanley Cup* wurde schon 1892 von *Lord Stanley, Earl of Preston*, seines Zeichens General Governor der englischen Krone in Kanada, als Belohnung für die beste Eishockey-Mannschaft gestiftet. Als sich zu Beginn des 20. Jahrhunderts immer mehr die Profíclubs um den Pokal rangelten, die Amateure ins Hintertreffen gerieten und nach 1918 ausschließlich NHL-Clubs den Pott gewannen, ging er 1927 endgültig in den **Besitz der Liga** über. Seither wird der Stanley Cup als **Wanderpokal** Jahr für Jahr dem NHL-Meister überreicht, die Namen werden auf dem Pokal eingraviert.

Legendäre Clubs

Eishockey ist ein Mannschaftssport, und selbst wenn immer wieder die großen Stars – wie *Wayne Gretzky* oder *Mario Lemieux* – im Mittelpunkt stehen, sind es gewisse Teams, deren Namen einen speziellen Klang haben. Dazu gehören die **Original Six**, jene sechs Mannschaften, die bereits in den Anfangsjahren der NHL mit von der Partie waren: die legendären *Montréal Canadiens*, die 16mal den Stanley Cup gewannen, die *Toronto Maple Leafs*, die *Detroit Red Wings*, die *Chicago Blackhaws*, die *Boston Bruins* und die *New York Rangers*. Diese Teams fesseln noch heute Fans in aller Welt.

Doch zu ihnen sind **andere Teams** gestoßen, die **ebenfalls stolz auf ihre Tradition** verweisen: die *Edmonton Oilers*, die *Philadelphia Flyers*, die *New York Islanders* oder die *Pittsburgh Penguins*.

Zunehmend erfreuen sich auch die **jüngeren NHL-Clubs** der gestiegenen Gunst der Zuschauer, und Na-

Legendär: Die Montreal Canadiens (Montreal Canadiens)

Die NHL – National Hockey League

men wie *Florida Panthers, Anaheim Mighty Ducks, Los Angeles Kings, Phoenix Coyotes* oder *Colorado Avalanche* werden sicher in nicht allzuweiter Ferne im gleichen Atemzug wie die sechs legendären Clubs genannt werden.

Tickets

Das derzeit in den USA grassierende Eishockeyfieber sorgt für eine entsprechende **Nachfrage** an Tickets. Doch keine Angst, selbst in New York bestehen gute Chancen – vorausgesetzt, man bemüht sich lange vorher – Karten zu erhalten. Neben den genannten *Original Six* – *Montréal, Toronto, Detroit, Chicago, Boston* und *New York Rangers* –, die, gleichgültig, wie gut sie spielen, die Hallen füllen, erfreuen sich die Teams in Pittsburgh, Philadelphia, Florida, St. Louis, Colorado, Anaheim, San Jose und Vancouver

---

NHL-Kontaktadressen

- **NHL – National Hockey League**
  1251 Avenue of the Americas
  New York, N.Y. 10020
  Tel. (212) 789-2000; Fax 789-2020.
- **NHL-Toronto**
  75 International Blvd., Suite 300
  Rexdale, Ontario M9W 6L9 - Canada
  Tel. (416) 798-0809; Fax 798-0819.
- **NHL-Montréal**
  1800 McGill College Ave., Suite 2600
  Montréal, Québec H3A 3J6 - Canada
  Tel. (514) 288-9220; Fax 284-0300.
- **NHL-Europe**
  Signaustraße 1
  CH - 8008 Zürich
  Tel. (0041) 1-389-8080; Fax 389-8090.
- **NHL-Internet-Adresse:**
  http://www.nhl.com.

Die NHL-Teams

In Klammern angegeben ist der Ort, an dem die Heimspiele ausgetragen werden.

Eastern Conference

Atlantic Division
- *Florida Panthers* (Miami)
- *New Jersey Devils* (East Rutherford)
- *New York Islanders* (Uniondale, Long Island)
- *New York Rangers*
- *Philadelphia Flyers*
- *Tampa Bay Lightning*
- *Washington Capitals*

Northeast Division
- *Boston Bruins*
- *Buffalo Sabres*
- *Caroliner Hurricanes* (ab 1598 Raleigh)
- *Montréal Canadiens*
- *Ottawa Senators*
- *Pittsburgh Penguins*

Western Conference

Central Division
- *Chicago Blackhawks*
- *Dallas Stars*
- *Detroit Red Wings*
- *St. Louis Blues*
- *Toronto Maple Leafs*
- *Phoenix Coyotes*

Pacific Division
- *Anaheim Mighty Ducks*
- *Calgary Flames*
- *Colorado Avalanche* (Denver)
- *Edmonton Oilers*
- *Los Angeles Kings*
- *San Jose Sharks*
- *Vancouver Canucks*

Neue Teams
- *Atlanta* (ab 1999)
- *Columbus* (ab 2000)
- *Minneapolis/St Paul* (ab 2000)
- *Nashville* (ab 1998)

Die NHL – National Hockey League

Die Stanley-Cup-Sieger

1. Stanley-Cup-Sieger vor der Gründung der NHL

- **1893/94** — Montréal AAA
- **1895** — Montréal Victorias
- **Februar 1896** — Winnipeg Victorias
- **Dezember 1886** — Montréal Victorias
- **1897/98** — Montréal Victorias
- **1899/1900** — Montréal Shamrocks
- **1901** — Winnipeg Victorias
- **1902** — Montréal AAA
- **1903-1905** — Ottawa Silver Seven
- **1906** — Montréal Wanderers
- **Januar 1907** — Kenora Thistles
- **März 1907** — Montréal Wanderers
- **1908** — Montréal Wanderers
- **1909** — Ottawa Senators
- **1910** — Montréal Wanderers
- **1911** — Ottawa Senators
- **1912/13** — Québec Bulldogs
- **1914** — Toronto Blueshirts
- **1915** — Vancouver Millionaires
- **1916** — Montréal Canadiens
- **1917** — Seattle Metropolitans

2. Stanley-Cup-Sieger mit NHL-Beteiligung

- **1918** — Toronto Arenas (NHL)
- **1919** — kein Sieger (Serie Montréal-Seattle wegen einer Grippewelle abgebrochen)
- **1920/21** — Ottawa Senators (NHL)
- **1922** — Toronto St. Pats (NHL)
- **1923** — Ottawa Senators (NHL)
- **1924** — Montréal Canadiens (NHL)
- **1925** — Victoria Cougars (WCHL)
- **1926** — Montréal Maroons (NHL)

3. Der Stanley Cup als alleinige NHL-Meistertrophäe

- **1927** — Ottawa Senators
- **1928** — New York Rangers
- **1929** — Boston Bruins
- **1930/31** — Montréal Canadiens
- **1932** — Toronto Maple Leafs
- **1933** — New York Rangers
- **1934** — Chicago Black Hawks
- **1935** — Montréal Maroons
- **1936/37** — Detroit Red Wings
- **1938** — Chicago Black Hawks
- **1939** — Boston Bruins
- **1940** — New York Rangers
- **1941** — Boston Bruins
- **1942** — Toronto Maple Leafs
- **1943** — Detroit Red Wings
- **1944** — Montréal Canadiens
- **1945** — Toronto Maple Leafs
- **1946** — Montréal Canadiens
- **1947-1949** — Toronto Maple Leafs
- **1950** — Detroit Red Wings
- **1951** — Toronto Maple Leafs
- **1952** — Detroit Red Wings
- **1953** — Montréal Canadiens
- **1954/55** — Detroit Red Wings
- **1956-1960** — Montréal Canadiens
- **1961** — Chicago Black Hawks
- **1962-1964** — Toronto Maple Leafs
- **1965/66** — Montréal Canadiens
- **1967** — Toronto Maple Leafs
- **1968/69** — Montréal Canadiens
- **1970** — Boston Bruins
- **1971** — Montréal Canadiens
- **1972** — Boston Bruins
- **1973** — Montréal Canadiens
- **1974, 1975** — Philadelphia Flyers
- **1976-1979** — Montréal Canadiens
- **1980-1983** — New York Islanders
- **1984/85** — Edmonton Oilers
- **1986** — Montréal Canadiens
- **1987/88** — Edmonton Oilers
- **1989** — Calgary Flames
- **1990** — Edmonton Oilers
- **1991/92** — Pittsburgh Penguins
- **1993** — Montréal Canadiens
- **1994** — New York Rangers
- **1995** — New Jersey Devils
- **1996** — Colorado Avalanche
- **1997** — Detroit Red Wings

großen Zuspruchs. Hier kann es durchaus zu **Ticketengpässen** kommen.

Bei den restlichen Mannschaften hängt die Nachfrage stark vom momentanen Tabellenstand oder von der jeweiligen Gastmannschaft ab. Karten für Spiele der *New York Islanders* sowie der Teams aus Tampa, Washington, Buffalo, Hartford, Ottawa, Dallas, Phoenix, Calgary, Edmonton oder Los Angeles erhält man normalerweise **ohne große Probleme.**

Jede Stadt behauptet von sich, die besten Fans zu haben, und es fällt schwer, zu entscheiden, wo nun definitiv die **beste Stimmung** herrscht. Interessant ist auf alle Fälle der Vergleich zwischen einem Spiel in Kanada und einem in den USA oder zwischen den Fans an der US-Ostküste und denen im Süden oder Westen.

Minor League Hockey

Hinter dem Begriff "Minor League Hockey" verbergen sich **derzeit sieben Profiligen,** die der Major League NHL untergeordnet sind.

Hierzulande spricht man gern von **Farmligen**, was jedoch nur für die AHL *(American Hockey League)* und die ECHL *(East Coast Hockey League)* voll zutrifft. Bei diesen beiden handelt es sich um Ligen, die sich ganz der Ausbildung von Spielern widmen, die wiederum dann von den Partnerclubs der NHL jederzeit abgerufen werden können. Sie haben feste Verträge mit den NHL-Vereinen, und diese regeln die Spielertransfers. Einige der AHL-Clubs werden sogar ganz vom NHL-Partner verwaltet (Spitznamen, wie *Red Wings* oder *Flames,* deuten dies zumeist an) und finanziert, während andere versuchen, sich selbständig über Wasser zu halten.

So gesehen ist die **AHL** die **Topausbildungsliga der NHL,** hier werden die Stars der Zukunft auf ihre NHL-Karriere vorbereitet. Die wenigsten Spieler schaffen den Sprung unmittelbar vom Juniorhockey oder über den Teich direkt in die NHL, eine Erfahrung, die auch deutsche Spieler, wie zuletzt *Stefan Ustorf,* machen mußten. Es ist gang und gäbe, daß man sich – sofern weder hochgelobtes Talent noch international erfahrener Star aus Europa – in der Minor League hochdient.

Die **ECHL** steht von der Spielstärke her eine Stufe unter der AHL und ist quasi die **zweitklassige Farmliga der NHL.**

Die **spielstärkste Liga nach der NHL,** die **IHL** *(International Hockey League),* versteht sich ihrerseits überhaupt nicht (mehr) als Farmliga. Ihr Ziel ist vielmehr, ein "eigenes Produkt" anzubieten, als eine billigere, aber nicht wesentlich schlechtere Alternative zur NHL zu fungieren. So spielt die **Show** im Umfeld eines Spiels eine große Rolle, und billige Tickets und Freikarten dienen als "Lockmittel", um Fans in die Hallen zu holen. Innerhalb der letzten Jahre hat sich die "I" aus dem Schatten der AHL herausgespielt und ein **eigenes Profil** in einer eigenen Nische entwickelt. Einerseits begrüßen Fans in

Minor League Hockey

Städten, die zu klein für die NHL sind, die Chance, hochklassiges Eishockey zu sehen, andererseits stellt die IHL in Städten mit NHL-Mannschaften, wie Chicago oder Detroit, eine **kostengünstige Alternative zur NHL** dar. So kann man für den Preis einer NHL-Karte eine ganze Familie zu einem IHL-Spiel ausführen, und dabei wird ebenfalls viel geboten, die Stimmung ist hervorragend, die Spiele sind schnell und attraktiv.

Die IHL stellt aber auch eine ideale Ausweichmöglichkeit für Eishockeyfans aus aller Welt dar. Die Mannschaften sind vielfach **in Städten** zu Hause, die man auch als Tourist besucht (siehe unten). Besonders gut kommt die IHL nach anfänglicher Skepsis in **Kanada** an, speziell in

Minor League Hockey boomt zur Zeit in den USA (Atlanta Knights)

Minor League Hockey

Winnipeg und Québec, wo NHL-Mannschaften nach Phoenix bzw. Denver abgewandert sind. Vor allem in Québec hat die IHL-Mannschaft eine riesige Anhängerschaft, die eine unvergleichliche Stimmung in das Colisée zaubert.

Der **Erfolg der IHL** hängt auch damit zusammen, daß die Liga eng mit einigen Teambossen der NBA zusammenarbeitet. So unterstützen einige NBA-Teams, wie die *Detroit Pistons* oder *Orlando Magic,* direkt IHL-Clubs und stellen so bestes Management und ein solides finanzielles Polster zur Verfügung.

Auf die IHL, die das höchste Niveau im Minor League Hockey bietet und selbst den besten europäischen Mannschaften überlegen ist, folgt die AHL und – mit etwas Abstand – die ECHL.

Am **Ende der Rangliste** stehen die restlichen vier Ligen, die sich zumeist aus jungen Spielern oder älteren Profis rekrutieren, deren Karriere in höherklassigen Ligen längst zu Ende wäre, und sich regional über ganz Amerika verteilen. Im mittleren Westen spielt die **ColHL** *(Colonial Hockey League),* mit zwei kanadischen Teams, im Süden ist die **CHL** *(Central Hockey League)* zu Hause, im Südwesten die **WPHL** *(Western Pro Hockey League)* und an der Westküste die **WCHL** *(West Coast Hockey League).*

Wenngleich nicht mehr auf allerhöchstem Niveau, wird hier zur Freude vieler Fans **Eishockey pur** geboten, ganz nach nordamerikanischer Manier, ohne Schnörkel und Finessen, dafür mit viel Körpereinsatz und Esprit. Daß auch diese Spiele im Schnitt regelmäßig von 4.000 bis 5.000 Fans besucht werden, zeigt die **Beliebtheit der unteren Ligen.** Kein Wunder: Die Stimmung ist super, die Tickets sind billig, und es macht Spaß, zur Abwechslung einmal eine solche Partie anzusehen!

Tickets

Tickets sind **selten knapp,** denn trotz des großen Zulaufs sind die Stadien zumeist so groß, daß Engpässe kaum entstehen können. Ausnah-

---

Minor-League-Hockey-Adressen

- **IHL – International Hockey League**
  1577 N. Woodard Ave, Suite 212
  Bloomfield Hills, MI 48304
  Tel. (810) 258-0580, Fax 258-0940.
- **AHL – American Hockey League**
  425 Union Street
  West Springfield, MA 01089
  Tel. (413) 781-2030, Fax 733-4767
- **ECHL – East Coast Hockey League**
  125 Village Blvd., Suite 210
  Princeton, NJ 08540
  Tel. (609) 452-0700, Fax 452-7147
- **ColHL – Colonial Hockey League**
  34400 Utica Road
  Fraser, MI 48026
  Tel. (810) 296-5510, Fax 296-5515
- **CHL – Central Hockey League**
  5840 S. Memorial Drive, Suite 302
  Tulsa, OK 74145
  Tel. (918) 664-8881, Fax 664-2215
- **WCHL – West Coast Hockey League**
  63 Keystone Ave., Suite 201
  Reno, NV 89503
  Tel. (702) 329-7666, Fax 329-3048
- **WPHL – Western Pro Hockey League**
  14040 North Cave Creek Road, Suite 100
  Phoenix, AZ 85022
  Tel. (602) 485-9399, Fax 485-9449
  Internet Adresse:
  http://www.wphlhockey.com

Minor League Hockey

Minor Leagues im Überblick

Da die Fluktuation in den Minor Leagues groß ist – Teams gehen bankrott, ziehen um, neue kommen dazu – kann besonders für die folgende Aufstellung keine Gewähr gegeben werden. In Klammern wieder ggf. die Orte, an denen die Clubs beheimatet sind.

Die IHL-Teams

Eastern Conference

- **Northeast Division:** Cincinnati Cyclones, Detroit Vipers, Grand Rapids Griffins, Orlando Solar Bears, Québec Rafales (Québec City, Kanada)
- **Central Division:** Cleveland Lumberjacks, Fort Wayne Komets, Indianapolis Ice, Michigan K-Wings (Kalamazoo)

Western Conference

- **Midwest Division:** Chicago Wolves, Kansas City Blades, Milwaukee Admirals, Manitoba Moose (Winnipeg, Kanada), San Antonio Dragons
- **Southwest Division:** Houston Aeros, Long Beach Ice Dogs, Las Vegas Thunder, Phoenix Roadrunners, Utah Grizzlies (Salt Lake City)

Die AHL-Teams

Northern Conference

- **Canadian Division:** Hamilton Bulldogs, Fredericton Canadiens, Saint John Flames, St. John's Maple Leafs
- **Empire State Division:** Adirondack Red Wings, Albany River Rats, Binghampton Rangers, Rochester Americans, Syracuse Crunch

Southern Conference

- **New England Division:** Portland Pirates, Providence Bruins, Springfield Falcons, Worcester IceCats
- **Mid-Atlantic Division:** Baltimore Bandits, Carolina Monarchs, Hersey Bears, Kentucky Thoroughblades, Philadelphia Phantoms

Die ECHL-Teams

East Division

- Charlotte Checkers, Hampton Roads Admirals, Knoxville Cherokees, Raleigh IceCaps, Richmond Renegades, Roanoke Express, South Carolina Stingrays

North Division

- Columbus Chill, Dayton Bombers, Huntington Blizzard, Johnstown Chiefs, Louisville River Frogs, Peoria Rivermen, Toledo Storm, Wheeling Nailers

South Division

- Baton Rouge Kingfish, Birmingham Bulls, Jacksonville Lizard Kings, Louisiana Ice Gators, Mississippi Sea Wolves, Mobile Mysticks, Pensacola Ice Pilots, Tallahassee Tiger Sharks, neu seit 1997: New Orleans Bass

Die ColHL-Teams

- **East Division:** Brantford Smoke (Kanada), Flint Generals, Port Huron Border Cats, Saginaw Wheels, Utica Blizzard
- **West Division:** Madison Monsters, Muskegon Fury, Quad City Mallards, Thunder Bay Senators (Kanada), Dayton Ice Bandits

Die CHL-Teams

- **Eastern Division:** Columbus, Huntsville Channel Cats, Macon Whoopees, Memphis River Kings, Nashville Nighthawks
- **Western Division:** Fort Worth Fire, Oklahoma City Blazers, San Antonio Iguanas, Tulsa Oilers, Wichita Thunder

Die WPHL-Teams

- Amarillo Rattlers, Austin Ice Bats, Central Texas Stampede, El Paso Buzzards, New Mexico Scorpions, Waco Wizards

Die WCHL-Teams

- Alaska Gold Kings, Anchorage Aces, Bakersfield Fog, Fresno Falcons, Reno Renegades, San Diego Gulls

men sind z.B. Spiele im tiefen Süden, besonders in Louisiana, wo selbst riesige Hallen sehr gut besucht und Lokalderbys ausverkauft sind.

Das Problem im Minor League Hockey ist hingegen der **ständige Wechsel von Franchises,** man kann sich nie sicher sein, ob ein bestimmtes Team überhaupt noch existiert oder ob vielleicht bereits ein neues dazugekommen ist.

Wegen dieser Unsicherheiten und weil es den Rahmen dieses Bandes sprengen würde, sollen im folgenden nicht alle Minor-League-Adressen in den verschiedenen Regionen angegeben werden. Vielmehr möchten wir uns im Regionalteil auf die IHL als attraktive Alternative zur NHL und Musterbeispiel einer lukrativen und erfolgreichen Minor League beschränken. Wer an Spielen anderer Ligen interessiert ist, kann sich über die Ligabüros (siehe unten) vorab informieren. Kartenvorbestellung ist normalerweise nicht nötig, meist können Tickets vor Ort, im Büro des Clubs oder am Stadion kurzfristig erworben werden.

Nachwuchseishockey in Kanada und den USA

Nachwuchssport hierzulande vollzieht sich meist unter Ausschluß der Öffentlichkeit; Familie, Freunde und Talentspäher sind die einzigen, die größeres Interesse an den Junioren haben. Daß dies in den USA ganz anders ist, haben wir im Kapitel College Sports dargelegt. Eishockey ist zwar kein Top-College-Ereignis, doch regional wird dennoch hervorragender Sport geboten und in den prall gefüllten Hallen herrscht Superstimmung. **Hochburgen des College Hockeys** befinden sich in New England, v.a. Boston, um die großen Seen, zwischen Detroit und Chigaco (z.B. *Uni Michigan* oder *Notre Dame*), und in den Bundesstaaten Minnesota, Colorado, North Dakota und Alaska.

Was **unter dem Dach der CHL** *(Canadian Hockey League)* – nicht zu verwechseln mit der Central Hockey League – versammelt ist, bietet jedoch eine durchaus sehenswerte Alternative zum Profisport. Die CHL faßt die **drei höchsten kanadischen Juniorenligen** zusammen, die Nachwuchseishockey auf allerhöchstem Niveau bieten. Nirgendwo sonst auf der Welt wird Junioren- bzw. Nachwuchssport derart professionell dargeboten und betrieben. Wenn die Teams der **OHL** *(Ontario Hockey League),* der **QMJHL** *(Québec Major Junior Hockey League)* und der **WHL** *(Western Hockey League)* auf Puckjagd gehen, kann man überraschend hochkarätiges Spiel mit viel Einsatz erleben, dargeboten in meist kleinen, modernen Hallen, in denen 2.000 bis 6.000 begeisterte und fachkundige Fans ihre Teams anfeuern. In Kanada unterwegs, sollte man sich ein Spiel eines CHL-Teams nicht entgehen lassen, man stößt beinahe in jeder etwas größeren Stadt auf eine solche Mannschaft. Aber auch Besucher der Nordwestecke der USA kommen unter Umständen in den Ge-

Nachwuchseishockey in Kanada und den USA

CHL-Kontaktadressen

- **CHL – Canadian Hockey League**
  2235 Sheppard Ave. W., Suite 1710
  Willowdale, Ontario M2J 5B5 - Canada
  Tel. (416) 497-1907; Fax 490-9998.
  Internet Adresse: http://www.rinknet.com
- **OHL – Ontario Hockey League**
  305 Milner Ave., Suite 208
  Scarborough, Ontario M1B 3V4 - Canada
  Tel. (416) 299-8700; Fax 299-8787.
- **QMLHL –
  Québec Major Junior Hockey League**
  255 Roland Therrien Blvd., Suite 101
  Longueuil, Québec J4H 4A6 - Canada
  Tel. (514) 442-3590; Fax 442-3593.
- **WHL – Western Hockey League**
  10333 Southport Road SW, Suite 521
  Calgary, Alberta T2W 3X6 - Canada
  Tel. (403) 253-8113; Fax 258-1455.

nuß von WHL-Spielen, sind doch **vier Franchises in den USA** beheimatet – drei im US-Staat Washington (Seattle, Spokane, Kennewick) und eine in Portland, Oregon. Gerade in Portland ist die Stimmung unbeschreiblich, da dort in der Regel über 10.000 Fans ihre *Winterhawks* anfeuern. Die **CHL** nennt sich stolz die **größte Eishockeyliga der Welt** und hat damit nicht ganz unrecht: 49 Teams gehören dazu, verteilt auf acht kanadische Provinzen und vier US-Bundesstaaten, und im Herbst 1997 kommen zwei weitere Franchises neu dazu – wenn das nichts ist!

Die OHL-Teams

East Division
- *Belleville Bulls, Kingston Frontenacs, North Bay Centennials, Oshawa Generals, Ottawa 67s, Petersborough Petes*

Central Division
- *Barrie Colts, Erie Otters* (USA), *Guelph Storm, Kitchener Rangers, Owen Sound Platers, Sudbury Wolves*

West Division
- *Detroit Whalers* (USA), *London Knights, Sarnia Sting, Sault Ste. Marie Greyhounds, Windsor Spitfires*

Die QMJHL-Teams

Robert Lebel Division
- *Drummondville Voltigeurs, Granby Prédateurs, Hull Olympiques, Laval Titan, Rouyn-Noranda Huskies, Sherbrooke Faucons, Val d'Or Foreurs*

Frank Dillo Division
- *Beauport Harfangs, Chicoutimi Saguenéens, Halifax Mooseheads, Moncton Wildcats, Rimouski Océanic, Shawinigan Cataractes, Victoriaville Tigres*

Die WHL-Teams

East Division
- *Brandon Wheat Kings, Moose Jaw Warriors, Prince Albert Raiders, Regina Pats, Saskatoon Blades, Swift Currant Broncos*

Central Division
- *Calgary Hitmen, Edmonton Ice, Lethbridge Hurricanes, Medicine Hat Tigers, Red Deer Rebels*

West Division
- *Kamloops Blazers, Kelowna Rockets, Portland Winterhawks* (USA), *Prince George Cougars, Seattle Thunderbirds* (USA), *Spokane Chiefs* (USA), *Tri-City Americans* (USA)

Inline-Hockey

"2 hot 4 ice" – so lautete der Slogan, der 1992 von *Dennis Murphy, Ralph Backstorm, Alex Bellehumeur* und *Larry King* gegründeten Inline-Hockey-Profiliga **RHI** *(Roller Hockey International),* die 1993 den Spielbetrieb aufnahm. Nach nun vier Spielzeiten gilt die Liga als etabliert, steht wirtschaftlich auf einer stabilen Basis. Der Sportsender *ESPN* überträgt exklusiv Spiele der RHI, und die sportverrückten **Amerikaner gewinnen zunehmend Gefallen am "Sommerhockey":** Im Schnitt waren es 1996 über 4.700 Zuschauer, die jede RHI-Partie besuchten.

In Eisstadien, deren **Eisfläche** mit einem speziellen **Kunststoffbelag** überzogen wird, jagen talentierte Eishockeyspieler, die sich für die NHL empfehlen wollen, während der Sommermonate auf **Inline-Skates** einem speziell für Rollerhockey entwickelten Puck nach. Ansonsten ist alles wie beim Eishockey – nur die Fans tragen anstelle warmer Winterkleidung Shorts und Shirts.

Da für die RHI-Teams lustige Logos und farbenprächtige Trikots typisch sind und für faszinierende **Show** in den Spielpausen reichlich gesorgt ist, liebt vor allem die Jugend diese neue Liga. Gerade angesichts dieser **jungen Fans,** für die Inline-Skating

Inline-Hockey – Boomsport in Nordamerika (KOHO)

Inline-Hockey

derzeit der Trendsport ist, sieht die RHI einer rosigen Zukunft entgegen. Auch die Zusammenarbeit mit potenten Sponsoren, wie *Reebok* und *Warner Bros.*, deutet an, daß die Liga eine **feste Größe im Sportgeschäft** geworden ist. Hinzu kommt, daß immer häufiger wohlhabende und einflußreiche Clubbesitzer in die RHI einsteigen, so z.B. *Norton Herrick,* Immobilienkrösus von der Südostküste, der Franchises in Orlando und Denver erwarb.

Beliebte Teams sind neben den *Anaheim Bullfrogs,* die fast 10.000 Fans zu ihren Heimspielen in den *Pond* locken, in dem sonst die *Mighty-Ducks* (NHL-Team) zu Hause sind, die *Vancouver Voodoo* und die *Denver DareDevils.*

Besonders in **Kalifornien** ist Inline-Skating und damit auch Inline-Hockey die Sportart, die derzeit am meisten Auftrieb erfährt. In diesem Bundesstaat ist die Begeisterung für die RHI-Teams auch am größten.

Da die **Saison von Mai bis August** dauert, also in der beliebtesten Reisezeit liegt, sollte man als Sportfan ruhig einen Versuch wagen. Da auch hier die Teams häufig wechseln, ist es am besten, sich vorab bei der Liga nach Spielen und Orten zu erkundigen.

Kartenkauf stellt **kein Problem** dar, da die Teams wegen des Zuspruchs meist in den riesigen NHL-Hallen antreten, die dann für die RHI doch wieder eine Nummer zu groß sind.

Die RHI-Teams 1997

Eastern Conference
- *Buffalo Wings*
- *New Jersey Rockin' Rollers*
- *Orlando Jackals*
- *Montréal Roadrunners*
- *Ottawa Loggers*

Western Conference
- *Anaheim Bullfrogs*
- *Los Angeles Blades*
- *Sacramento River Rats*
- *San Jose Rhinos*
- *St. Louis Vipers*

Inline-Hockey-Kontaktadresse

- **RHI – Roller Hockey International**
  P.O. Box 10, Inglewood, CA 90306, Tel. (310) 419-3262, Fax 419-4523
- **RHI-Internet-Adresse:**
  http://www.rollerhockey.com

Soccer

Das Spiel

Sepp Herberger meinte einmal sinnig, der Ball sei rund. Das trifft für Nordamerika nicht zu, denn dort ist der beliebteste Ball eiförmig, und spricht man in den USA von "Fußball", meint man nichts anderes als American Football. Erst in letzter Zeit, besonders seit der Fußball-WM 1994, rollt der Soccerball *zunehmend ins Bewußtsein der Amerikaner.* Man könnte – zur Überraschung vieler Kritiker – sogar von einem Soccerfieber sprechen, das die USA erfaßt hat. Dies ist zum einen Verdienst der neuen Profiliga **MLS** *(Major League Soccer),* zum anderen trug die boomende Hallenfußballszene – das *Indoor Soccer* – maßgeblich dazu bei. Vor allem aber ist es die Begeisterung, die gerade **Jugendliche und Frauen als Aktive** dem Sport entgegenbringen, die Soccer zum neuen Renner werden ließ.

Trotz aller Euphorie der Funktionäre sollte man nicht allzu überschwenglich werden, steckt Soccer *als Zuschauersport noch in den Kinderschuhen.* Es gibt zwar Enklaven, in denen Zehntausende begeistert Fußball spielen oder verfolgen und wo TV-Übertragungen Spiele aus aller Welt ins heimische Wohnzimmer bringen, doch für die Mehrheit der Amerikaner ist Fußball weiterhin ein "Buch mit sieben Siegeln" und ein exotischer Außenseitersport.

Hochburgen finden sich überall dort, wo Zuwanderer ihre kulturelle Eigenständigkeit bewahrt haben und noch Kontakte zur Heimat pflegen, z.B. in New York, wo Italoamerikaner und Zuwanderer aus Zentralamerika ihre Liebe zum Soccer ebenso offen kundtun, wie in Los Angeles oder in der San Francisco Bay Area.

Man gibt sich **optimistisch** in den Führungsetagen der neuen Profiliga und vertraut dort auf eine Beobachtung: Sind es normalerweise die Väter, die ihre Kinder mit dem American Football vertraut machen und sie zu Spielen mitnehmen, verhält es sich beim Soccer genau umgekehrt. Die Kids sind es, die ihre Väter an den "neuen Sport" heranführen. So wächst eine **neue Generation** heran, für die Soccer ebenso selbstverständlich ist wie American Football oder Baseball. Aus dieser Perspektive gesehen, könnte Soccer in einigen Jahren sein Mauerblümchendasein in den USA überwunden haben und sich neben den vier Major Sports (American Football, Baseball, Basketball und Eishockey) behaupten. Die Entwicklung wird viel vom Erfolg der MLS abhängen – kann sie ihrem Namen als "Major League" gerecht werden, hat Soccer in den USA eine Zukunft.

Die MLS – Major League Soccer

Als sich der US-Fußballverband im Umfeld der WM *1994* entschloß, in den USA eine **neue überregionale Profiliga** ins Leben zu rufen, nannten die Macher, allen voran *Alan Rothenberg* – zuvor verantwortlich für die Olympischen Spiele 1984 in Los Angeles und 1994 für die Fußball-

Die MLS – Major League Soccer

(MLS)

WM in den USA – die neue Liga selbstbewußt *Major League Soccer (MLS)*, in deutlicher Anlehnung an Major League Baseball.

Die MLS begab sich damit jedoch nicht auf völliges Neuland, sondern kann auf einen **Vorgänger** verweisen: die beliebte, aber wegen finanzieller Nöte 1984 eingestellte **NASL** *(North American Soccer League)*, bei der Stars wie *Franz Beckenbauer, Gerd Müller* oder *Pelé* mitspielten. Dabei will die MLS die Fehler der NASL, vor allem im wirtschaftlichen Bereich, vermeiden. So sollen nicht die Teambosse die Liga kontrollieren, sondern der Verband alles steuern. Dieser selbst nimmt die Stars unter Vertrag und verteilt sie auf die einzelnen Franchises. Der **geglückte Start der Liga** zeigt sich darin, daß sich die MLS nach nur einer Saison, 1996, gemausert und auch in den Medien einen festen Platz erobert hat . Die überregionale Tageszeitung *USA Today* widmet Soccer eine regelmäßige und umfassende **Berichterstattung** und ist so zu einem Wegbereiter für den sich langsam abzeichnenden Soccerboom geworden.

Auch war MLS-Commissioner *Doug Logan* mit dem **Zuschauerzuspruch** im Olympiajahr 1996 zufrieden: Etwa 20.000 Fans besuchten im Schnitt

Die MLS – Major League Soccer

die Heimspiele der zehn Mannschaften – weit mehr als die prognostizierten 13.000 bis 15.000 –, und vor allem in New York und Los Angeles sind die Teams zu festen Größen der Sportszene geworden, die bei Topbegegnungen nicht selten vor 40.000 bis 50.000 Fans agieren.

Besonders in den Hochburgen lateinamerikanischer und mexikanischer Einwanderer, wie Los Angeles, New York oder Dallas konnte MLS innerhalb weniger Monate eine treue **Fangemeinde** aufbauen.

Kein Wunder, daß die MLS-Clubs auf **Stars aus Mittel- und Südamerika** bauen: *Carlos Valderrama* (Kolumbien), *Hugo Sanchez* (Mexiko) oder *Adrian Paz* (Uruguay). Daneben sollen **US-Stars** wie der schillernde *Alexi Lalas* oder *Eric Wynalda* die jüngeren Fans anlocken. **Europäische Stars** spielen dagegen in den Planungen bisher nur eine untergeordnete Rolle – Ausnahme: New York. Den lokalen *MetroStars* gelang es durch die Verpflichtung des italienischen Nationalspielers *Roberto Donadoni,* viele italienischstämmige New Yorker ins Stadion zu locken.

Trotz des guten Starts der Liga gibt es noch einen Wermutstropfen: Es fehlen langfristige **Fernsehverträge,** die das Überleben der MLS dauerhaft sichern könnten. Zudem gilt es, Soccer stärker ins Zentrum des Allgemeininteresses zu stellen, denn bisher wird **Fußball nur punktuell akzeptiert.** Wegen der wachsenden Zahl spielender Jugendlicher wird auf das **Verkaufsargument** "Familienunterhaltung zu günstigem Preis" gebaut.

Die Bosse der Liga blicken jedoch bereits jetzt in die **Zukunft:** 1998 will man den bislang zehn Mannschaften neue Franchises in Chicago und Miami hinzufügen. Endziel ist, bis zum Jahr 2006 die Liga nicht nur auf 16 Vereine ausgeweitet und sich endgültig unter den Major Leagues etabliert zu haben, sondern auch alle Regionen der USA möglichst lückenlos mit Clubs abzudecken.

Deutsche Fußballfreunde, die sich in einer Stadt mit MLS-Franchise aufhalten, werden über das **Spielniveau** überrascht sein. Vielleicht auch über die herrschende **gute Stim-**

MLS-Kontaktadresse

● **MLS – Major League Soccer**
2029 Century Park East, Suite 400
Los Angeles, CA 90067
Tel. (310) 772-7505, Fax 843-4836

Die MLS-Teams

Eastern Conference
● *Columbus Crew*
● *New England Revolution*
(Foxboro, bei Boston)
● *New York / New Jersey MetroStars*
● *Tampa Bay Mutiny*
● *Washington D.C. United*

Western Conference
● *Colorado Rapids* (Denver)
● *Dallas Burn*
● *Kansas City Wiz*
● *Los Angeles Galaxy*
● *San Jose Clash*

1. MLS-Meister: *Washington D.C. United* (1996)

mung: Besonders in den Metropolen New York, L.A., San Jose oder Dallas geht es richtig südländisch zu, und besonders bei Derbys wie Washington – New York, New York – New England oder San Jose – L.A. ist die Hölle los. **Karten** ($ 10-15 für gute Sitzplätze) zu ergattern ist in der Regel kein Problem, die **Saison** läuft von April bis September.

Indoor Soccer

Was hierzulande nur als "Pausenfüller" im Winter fungiert, ist in den USA ein populärer Sport: **Hallenfußball.** In Deutschland von den Vereinen vielfach verschmäht oder nur ungern – ungeachtet der riesigen Begeisterung der Zuschauer – betrieben, ist "Indoor Soccer" drüben ein **erfolgreicher Profisport.** Seit über zehn Jahren pilgern US-Fans in Scharen in die Hallen und sehen zu, wie auf trockengelegten begrenzten Eisflächen der Ball trickreich unter Einbeziehung der Banden – *"off the wall"* – in die Tore befördert wird.

Die **Amerikaner lieben diese aktionsreiche Fußball-Version,** es ist schließlich ununterbrochen etwas los, Langeweile kommt nie auf. Allmählich entdecken jedoch auch in Deutschland mehr und mehr Fußballfreunde ihre Ader für den Hallenfußball.

Zwar hatte 1992 in den USA die populäre **MISL** *(Major Indoor Soccer League)* Konkurs anmelden müssen, doch eine Nachfolgerin stand bereits in den Startlöchern: die **CISL** *(Conti-*

Indoor-Soccer-Adressen

● **CISL –**
Continental Indoor Soccer League
16027 Ventura Blvd., Suite 605
Encino, CA 91436
Tel. (818) 906-7627; Fax 906-7693.
● **NPSL – National Pro Soccer League**
229 Third Street NW
Canton, OH 44702
Tel. (216) 455-4625; Fax 455-3885.

Die CISL-Teams

Eastern Division
● *Dallas Sidekicks*
● *Detroit Neon*
● *Houston Hotshots*
● *Monterrey La Raza* (Mexiko)
● *Washington Warthogs*

Western Division
● *Anaheim Splash*
● *Arizona Sandsharks*
● *Portland Pride*
● *Sacramento Knights*
● *San Diego Sockers*
● *Seattle SeaDogs*

Die NPSL-Teams

American Conference
● **East Division:** *Baltimore, Harrisburg, Philadelphia, Tampa Bay*
● **Central Division:** *Cincinnati, Cleveland, Columbus*

National Conference
● **North Division:** *Buffalo, Detroit, Edmonton, Toronto*
● **Midwest Division:** *Milwaukee, Kansas City, Wichita, St. Louis*

nental Indoor Soccer League). Diese verfügt über wesentlich größere finanzielle Ressourcen, sind doch die meisten der mittlerweile zwölf CISL-Clubs Tochterunternehmen von schwerreichen NBA- oder NHL-Vereinen. Wer jedoch glaubt, die betreffenden NBA- und NHL-Bosse seien große Fußballfans, der täuscht sich. Zumeist stehen ganz einfach finanzielle Überlegungen im Vordergrund: Während sich NBA- und NHL-Spieler beim Golf oder am Strand erholen, steht die Sporthalle leer; warum sollten also nicht die Fußballer das "Sommerloch" überbrücken und für zusätzlichen Geldregen sorgen? Daß Indoor Soccer dennoch kein bloßer Lückenfüller ist, beweist die **NPSL** *(National Pro Soccer League),* die eine äußerst beliebte Indoor-Soccer-Liga im Osten und Zentrum der USA betreibt, die nur im Winter auf Torjagd geht. Inzwischen hat sich die NPSL sogar bis nach Kanada ausgeweitet.

Die jeweils fünf Feldspieler plus Torhüter, die einem kleineren Fußball nachjagen und dabei **Regeln** gehorchen, die dem Eishockey und Basketball entlehnt wurden, haben die Sympathie der Amerikaner gewonnen. Gerade die **Mischung aus Fußball, Eishockey und Basketball,** mit viel Aktion, tollen Tricks am Ball oder taktisch geschicktem Einsatz der Bande, mit Überzahlspiel und vor allem mit **Torszenen am laufenden Band** – zehn bis 15 Tore pro Spiel sind die Regel –, reißt das US-Publikum von den Sitzen.

Über 5.000 **Fans** wollen im Schnitt die Spiele der Teams beider Ligen sehen, wobei in Hochburgen wie Dallas und Anaheim doppelt so viele Zuschauer finden sind. Die **Dallas Sidekicks** gelten als das Aushängeschild des US-Hallenfußballs. Seit 1984 spielt die Mannschaft Hallenfußball und konnte sich in der texanischen Metropole sogar souverän gegen die scheinbar übermächtige Konkurrenz aus NFL, NBA und NHL behaupten. Bei Topspielen versammeln sich hier bis zu 16.000 Fans, um ihr Team anzufeuern.

Die oben angesprochene Verschmelzung verschiedener Sportarten zum Indoor Soccer bildet den **Hauptunterschied zum hiesigen Hallenfußball,** der doch – wie der Name sagt – nichts anderes ist als normaler Fußball in der Halle. Wer erst einmal ein Spiel einer der beiden Indoor-Soccer-Ligen in den USA gesehen hat, wird vielleicht auch diese lebhaftere Fußballversion vorziehen.

Der Ball ist rund (MLS)

Unterbau der MLS

Daß sich Soccer in den USA langsam, aber sicher als Volkssport etabliert, beweist der sich kontinuierlich verbreiternde Unterbau der Profiliga MLS. Lange Zeit war die sogenannte **A-League** lediglich eine zweitklassige Profiliga mit Schwerpunkt in Kanada. Dort kommen etwa 5.000 Fans zu den Spielen der *Vancouver 86ers* oder *Montréal Impact;* weitere Teams waren 1996 die *Atlanta Ruckus, Seattle Sounders, Colorado Foxes, New York Fever* und die *Rochester Raging Rhinos.*

In Zukunft soll die A-League eng mit der **USISL** *(United States International Soccer League),* einer Vereinigung aller halbprofessionellen regionalen Ligen in den USA (etwa 130 Teams in 38 Bundesstaaten), zusammenarbeiten und eine solide Nachwuchsbasis für die MLS aufbauen. Nach dem Muster des Baseballs und Eishockeys sollen Farmteams entstehen, die als eine Art "zweite Liga" Talente für die MLS ausbilden.

Ab 1997 bestreiten von **April bis August** 24 Mannschaften in sechs regionalen Gruppen ihre Punktspiele in der A-League und kämpfen um den Einzug in die Finalrunde, in der die beste Mannschaft des Unterbaus ermittelt wird.

Daneben existiert seit längerem eine lebhafte **College-Soccer-Szene**, die ebenfalls ein wichtiges Nachwuchspotential darstellt.

Weitere Soccer-Adressen

- **A-League** ("2. Liga")
2 Village Road
Horsham, PA 19044
Tel. (215) 657-7440; Fax 657-0697.
- **USISL – United States International Soccer League**
Ste. 211 North Bldg.
Grand Plaza
14499 North Dale Mabry Hwy.
Tampa, FL 33618
Tel. (813) 963-3909; Fax 963-3807.
- **U.S. Soccer** (US-Fußballverband)
1801-1811 S. Prairie Ave.
Chicago, IL 60616
Tel. (312) 808-1300; Fax 808-1301.

Die A-League-Teams

Pacific Division
- *California Jaguars*
- *Colorado Foxes*
- *El Paso Patriots*
- *Orange County Zodiac*
- *Seattle Sounders*
- *Vancouver 86ers*

Central Division
- *Atlanta Ruckus*
- *Milwaukee Rampage*
- *Minnesota Thunder*
- *Nashville Metros*
- *New Orleans Riverboat Gamblers*
- *Orlando Sundogs*

Atlantic Division
- *Carolina Dynamo*
- *Charleston Battery*
- *Hersey Wildcats*
- *Jacksonville Cyclones*
- *Raleigh Flyers*
- *Richmond Kickers*

Northeast Division
- *Connecticut Wolves*
- *Long Island Rough Riders*
- *Montréal Impact*
- *Rochester Rhinos, Toronto Lynx*
- *Worcester Wildfire*

College-Sport

Was ist College-Sport?

Zu den Besonderheiten der amerikanischen Sportszene gehört die Bedeutung des Universitätssports, in den USA *College Sports* genannt. Die Studenten bilden die **höchste Amateurklasse** und stellen zugleich das **Nachwuchsreservoir der Profiligen** dar. In Sportarten wie Basketball und Football waren es zunächst die Universitäten, die mit einem regelmäßigen Spielbetrieb anfingen.

In der Tradition britischer Hochschulen – *"mens sana in corpore sano"*, "ein gesunder Geist steckt in einem gesunden Körper" – begann schon in der zweiten Hälfte des 19. Jahrhunderts ein regelmäßiges sportliches Kräftemessen zwischen den US-Universitäten. Erst als sich in den 20er und 30er Jahren zunehmend die Stadien und Hallen in den ganzen USA füllten, begann sich eine Profiszene herauszubilden, die sich dem neuen Markt zuwandte und Sport als Unterhaltung propagierte.

Plötzlich war es möglich geworden, Stars des College Sports auch nach ihrem Studium noch als Berufssportler bewundern zu können. Eines der Hauptcharakteristika des Unisports ist die Tatsache, daß Studenten *nur während der vier ersten Studienjahre* – als Freshman, Sophomore, Junior und Senior – aktiv sein dürfen. Nach dem ersten Studienabschluß, dem Bachelor, etwa mit dem hiesigen Vordiplom oder der Magistervorprüfung zu vergleichen, wechseln die meisten ins Berufsleben, nur die besten absolvieren noch den Magisterabschluß, und ein verschwindend geringer Prozentsatz promoviert.

Während dieses Aufbaustudiums dürfen die Studenten allerdings keinen Sport mehr in einer College-Mannschaft betreiben. Da **Basketball** und **Football** die mit Abstand wichtigsten College-Sportarten sind, haben es die Profiligen NFL und NBA leicht: Sie brauchen keine eigenen Nachwuchsabteilungen zu unterhalten, sondern können statt dessen auf die gutgeschulten Studenten zurückgreifen, die gerne die Chance ergreifen, ihre aktive Laufbahn lukrativ als Profi fortsetzen zu können.

Anders verhält es sich im **Baseball** und **Eishockey,** wo wenige Spieler direkt aus den Unis ins Profilager wechseln, sondern traditionell von

College Football ist ebenso populär wie die Profiversion (M. Cheever, GA Tech)

Was ist College-Sport?

Farmteams in unterklassigen Profiligen an die Topligen herangeführt werden. Die beiden Sportarten spielen im College-Sport traditionell eine untergeordnete Rolle, auch deshalb, weil sich die Profiligen sowohl im Baseball als auch im Eishockey viel früher entwickelt haben, als überhaupt Interesse seitens der Studenten für diese Sportarten aufkam.

Football und Basketball waren hingegen über lange Zeit die beiden "Leibesübungen", denen die Gunst der Studenten fast ausschließlich galt. Baseball spielt(e) hingegen quasi jedes Kid auf der Straße, Eishockey kam in Kanada auf, wo Unisport – anders als in den USA – nur eine untergeordnete Rolle spielt und bereits zu Beginn des 20. Jahrhunderts Proficlubs etabliert waren, die selbst Nachwuchsarbeit betreiben. So blieben als traditionsreiche College-Sportarten Basketball und Football, deren Popularität die Profiszene überhaupt erst ermöglichten.

Anders als in Deutschland ist Sport an amerikanischen Universitäten mehr als nur Freizeitbeschäftigung und dient auch nicht, wie hierzulande, in erster Linie der Ausbildung von Trainern oder Lehrern. Ging es in der "Frühzeit" im wesentlichen um *Ruhm und Ehre* – man vergleiche das alljährliche Ruderrennen zwischen Oxford und Cambridge in England -, schlossen sich die US-Unis schon in den 20er Jahren regional zu *Ligen* zusammen, die einen *geregelten Spielbetrieb* gewährleisteten. Zu Saisonende treffen sich bis heute die besten regionalen Teams und ermitteln in einer Endrunde den jeweiligen College-Meister.

Gut, könnte man einwenden, Hochschulmeisterschaften und ähnliches gibt es aber doch hierzulande auch. Stimmt, aber mit einem gravierenden Unterschied: Seit langem locken die Uni-Teams in den USA *Zehntausende von Zuschauern* an und entwickelte sich Sport zu einem wichtigen Faktor bei der *Selbstdarstellung der Hochschulen*. Eine gute Mannschaft wirkt sich im sportverrückten Amerika positiv auf das Gesamtimage der Universität aus, läßt Spendengelder ehemaliger Studenten fließen und bringt heutzutage *Einnahmen in Millionenhöhe* aus Preisgeldern und TV-Übertragungsrechten ein. College-Sport wird deshalb mittlerweile in den USA genauso *professionell gehandhabt,* wie es in den berühmten vier Profiligen NBA, NFL, MLB und NHL der Fall ist.

Wiederum mit einem entscheidenden Unterschied: Im College-Sport erhalten die Aktiven keinen Cent, sondern werden mit einem *Stipendium* belohnt, das ihnen die Möglichkeit gibt, einen Uniabschluß zu machen. Neben dem normalen Studium – mit dem manche guten Atlethen ihre liebe Not haben – betreiben sie unter professionellen Bedingungen Sport und werden so zum potentiellen NBA- oder NFL-Nachwuchs herangezogen.

Angesichts der Bedeutung des Sports an amerikanischen Hochschulen muß an eine Grundlage erinnert werden, die im 19. Jahrhundert zum Synonym für Zivilisation und Demokratie wurde: der *Darwinismus.* Nach dem Motto, nur die Besten und Gesündesten überleben und garan-

147

Was ist College-Sport?

"Your career is our business"

"... and we're here to help you plan for your future in many exciting ways" - so lautet der Slogan der University of Georgia, einer der größten Hochschulen im Süden der USA. Die Universität als Wirtschaftsunternehmen mit Erfolgsgarantie – das klingt fremd für unsere Ohren, scheinen sich doch die Kenntnisse hierzulande vielfach in der Meinung zu erschöpfen, daß in Amerika nur die Reichen studieren könnten und akademische Freiheit ein Fremdwort wäre.

Doch die Unterschiede beginnen nicht erst in den Hochschulen, sondern bereits viel früher: Mit dem **Kindergarten** startet in den USA ein 3-4jähriges Kleinkind in den harten Bildungsalltag, daran schließt sich einheitlich ein 12-Klassensystem an – nach dem demokratischen Motto: "Gleiche Chancen für alle". Auf die ersten sechs Jahre **Elementary School** folgen die Klassen sieben bis zwölf in der **Highschool**. Abgeschlossen wird mit dem "Diploma" und damit ist für einen normalerweise 18jährigen die Schulpflicht erfüllt. Das Abschlußzeugnis bildet die Grundvoraussetzung für die Zulassung an einem College oder einer University.

Doch erst einmal steht der Highschool-Abgänger vor der Qual der Wahl: zweijähriges Junior (oder Community) College oder vierjähriges reguläres College? Welche der amerikaweit rund 3400 **höheren Lehranstalten** (vgl. Deutschland: ca. 80) ist die richtige? Privat oder staatlich? In jedem Bundesstaat gibt es neben unzähligen privaten oder kirchlichen Hochschulen mindestens eine staatliche, wobei die ersteren im allgemeinen den höheren Ruf genießen. Sie kosten zwar mehr Gebühren, ermöglichen aber – vereinfacht gesagt – dem Absolventen sofort den Einstieg in die Chefetagen.

Je nach Art und Renommee der Universität also und abhängig vom Wohnsitz – Lokale sind bevorteilt – fallen im Schnitt zwischen $ 25.000-30.000 **Studiengebühren** an einer Eliteuni, $ 14.500 an einer Privatuni, bei $ 3000 an einer vierjährigen öffentlichen Uni und $ 1200 an einem öffentlichen 2-Jahres-College an – ohne Kost und Logis, versteht sich. Das kann sich doch kein "Kleiner" leisten, möchte man sofort ausrufen. Doch weit gefehlt: Günstige Kredite, eine Vielzahl verschiedenster Stipendien und eine breite Palette an Nebenjobs auf dem Campus (in Shops und Mensen, Bibliotheken und

tieren die Beachtung der Gesetze der Zivilisation, wurden Sport und sportliche Betätigung zu wichtigen gesellschaftlichen Gradmessern: Wer Erfolg im Sport hat, der brilliert auch im täglichen Leben. Eine gute Uni braucht dementsprechend eine Sportmannschaft, die auf dem Spielfeld eine gute Figur abgibt; sie bestimmt das geistige Klima an der Uni und deren finanzielles Schicksal. Kein Wunder, daß die Unis um sportliche Talente buhlen und dabei leider immer wieder über das Ziel hinausschießen.

Prinzipiell unterliegt die **Zulassung zu einer amerikanischen Uni** strengen Regeln, neben guten Noten sind ein Aufnahmetest, zumeist ein persönliches Gespräch und die Entrichtung einer nicht unerheblichen Studiengebühr ($ 3000 bis 25.000 pro Studienjahr je nach Ruf der Universität und Herkunft des Studenten) Voraussetzung. Ungeachtet dessen lassen sich immer wieder Möglichkeiten finden, ein Sporttalent auch dann aufzunehmen, wenn es den gestellten Anforderungen nicht in allen Punkten gerecht wird. Das betrifft vielfach die besten Sportler – häufig Afroamerikaner -, die aus einfachsten Verhältnissen stammen.

Was ist College-Sport?

Büros), die zugleich möglicherweise spätere Berufsperspektiven eröffnen, ermöglichen es auch den weniger Betuchten, ein Studium aufzunehmen.

Da eine amerikanische Universität nach dem **marktwirtschaftlichen Prinzip** "Der Kunde ist König" funktioniert, wird schneller und konzentrierter studiert. An Angeboten im akademischen und nichtakademischen Bereich herrscht kein Mangel, ein Universitätscampus ist eine eigene Stadt in der Stadt, mit entsprechender Infrastruktur und Versorgungseinrichtungen, Wohngelegenheiten und Gesundheitsfürsorge, Sport-, Kultur- und Freizeitangebot.

Die **erste Studienphase,** die *undergraduate studies,* dauern acht Semester, d.h. vier Jahre, und diese werden mit *Freshman, Sophomore, Junior* und *Senior* umschrieben. Vom Leistungsniveau her dürften die ersten beiden Jahre in etwa der deutschen Kollegstufe (Klassen 12/13) entsprechen. Der erste Abschluß, der bereits gute Perspektiven bieten kann, heißt *B.A.* oder *B.S.* – *Bachelor of Art oder Science*. 90% aller amerikanischen Studenten treten mit diesem dem deutschen Vordiplom oder der Magister-Zwischenprüfung vergleichbaren Abschluß ins Berufsleben ein.

Die **eigentliche Spezialisierung** tritt mit den *graduate studies* an einer University oder Professional School ein, das im Regelfall weitere zwei Jahre dauert und mit dem *Master* oder *M.A.* (vgl. Magister oder Diplom) endet.

Wer jetzt noch die **Promotion,** den *Ph.D.,* anschließen möchte, muß noch einmal ein paar Jahre in Kauf nehmen, während der er sich für seine spätere Forschungstätigkeit vorbereitet.

Ein Topsportler – die meisten studieren, mit einem Stipendium versehen, Wirtschaft oder Kommunikationswissenschaften und nicht Sport – entscheidet sich normalerweise erst nach Abschluß seiner vier Grundstudienjahre, **vom Universitätsteam ins Profilager überzuwechseln.** Allerdings gibt es Ausnahmen von der Regel: Beispielsweise *Shaq O'Neal (L.A. Lakers)* – der bereits als Junior von Orlando gedraftet wurde –, oder erst unlängst der Freshman *Stephon Marbury (NBA/Minnesota)*. Die absolute Besonderheit stellt *Kevin Garnett* dar, dem es gelang, direkt nach der Highschool in das Basketballteam der *Minnesota Timberwolves* (NBA) aufgenommen zu werden. Manchmal werden Träume anscheinend doch noch wahr!

An diesem Thema hat sich ein **Streit** zwischen schwarzen Bürgerrechtlern und Uniprofessoren und den zumeist weißen Hochschulen entfacht: Es würde **zuviel gemogelt,** Aufnahmetests, Prüfungen und Leistungsnachweise getürkt, damit der heißbegehrte Sportler auch tatsächlich – manchmal trotz mangelhafter Leistung – die betreffende Uni besuchen könne, um deren Ruf im Sportteam zu stärken. In den letzten Jahren gehen immer mehr Sportler frühzeitig von den Unis ab, sobald sie merken, daß ein Profiteam ein Auge auf sie geworfen hat. Der von sozialen Kreisen erhoffte Nebeneffekt, Kindern aus ärmeren Verhältnissen eine gute Ausbildung als Gegenleistung für ihre sportlichen Talente zu bieten, wird mehr und mehr ad absurdum geführt. Die jungen Sportler sehen die **Uni** nurmehr **als Sprungbrett in die Profiszene**, die allgemeine Ausbildung wird unwichtig, und die Profiligen nutzen dieses Potential eiskalt aus. Warnende Stimmen werden immer lauter, und man versucht mit Gegenbeispielen – wie dem kommenden NBA-Star *Grant Hill,* der erst nach einem ausgezeichneten Uniabschluß ins Profigeschäft wechselte -, den Trend zu stoppen.

Das allmächtige Athletic Department

Der Hochschulsport wird in den USA vom Athletic Department einer Uni betreut, was überhaupt nichts mit einem sportwissenschaftlichen Institut unserer Façon zu tun hat. Im Prinzip handelt es sich um einen **"Proficlub" innerhalb der Hochschulorganisation.** Der Boß fungiert mehr als Manager denn als Hochschullehrer. Er steht in der Unihierarchie ganz oben, sorgt er doch für das Ansehen der Uni und bringt er dank seiner Sportteams Millionen in die Unikasse.

Wer einmal über den Campus einer US-Uni schlendert, kann die riesigen **Sporthallen, -stadien und Trainingsanlagen** kaum übersehen.

Daß gerade **Football** eine tragende Rolle spielt, zeigen die zwischen 50.000 und 100.000 Zuschauer fassenden Stadien auf dem Grund größerer Universitäten. Vor allem im mittleren Westen und in den Südstaaten ist man fanatisch, zu Spielen der College-Teams pilgern ganze **Heerscharen von Fans** auf den Campus, die dort ein großes Fest feiern. Sollte es der Mannschaft gar gelingen, in eines der Bowl-Spiele zu Saisonende einzuziehen, fließen neben den Einnahmen von Sponsoren, TV-Anstalten und Souvenirverkauf zusätzlich mehrere **Millionen an Startgeldern in die Unikasse.** Sie kommen jedoch nicht alleine dem Athletic Department zu, sondern werden gleichmäßig auf alle Institute verteilt. Ob das ein Grund ist, daß auch Professoren völlig anderer Fächer bei Spielen des Uniteams mitfiebern und Siege ausgelassen feiern?

Sehenswerte College-Sportarten

College Football

Ein College-Football-Spiel stellt ein unvergeßliches Erlebnis dar, das man sich nicht entgehen lassen sollte. Etwas los ist auf jedem College-Football-Feld, überall im Land, denn die Studenten gehen mit großer Begeisterung an die Sache. Manche behaupten sogar, die Unisportler – im Football wie im Basketball – würden im Gegensatz zu den Profis den "wahren Sport" vorführen.

College Football ist ein Erlebnis, und übertrifft in Sachen **Stimmung und Show** manchmal sogar die Profivariante. Es gehört ein wenig Organisationstalent und Geduld dazu, an **Karten** zu kommen, doch es lohnt! Das ganze Umfeld, von den Tailgate Parties vor dem Spiel bis hin zu den Feiern auf den Rängen, ist, vor allem wenn eines der Top-Teams antritt, einzigartig. Das Spiel wird **als Wochenendereignis zelebriert,** man reist früh am Morgen des Spieltags mit Kind und Kegel, manchmal im Wohnwagen, an, und feiert sich bei BBQ und Bier durch bis zum Sonntag. Souvenirs werden an jeder Ecke verkauft, Flaggen sind gehißt, und

Sehenswerte College-Sportarten

die flotten Klänge der *Marching Bands* sind unüberhörbar.

Über 100 Universitäten, in **zehn regionale Ligen** eingeteilt – z.B. SEC *(Southeastern Conference)*, Big 12, Big 10, ACC *(Atlantic Coast Conference)* oder Pacific 10 –, bilden die oberste Klasse im College Football und ziehen den ganzen Herbst lang Millionen von Amerikanern in ihren Bann. Die Zugehörigkeit zu dieser sogenannten **Division I-A** hängt weniger vom sportlichen Können ab – Auf- und Abstieg kennen die zehn regionalen Ligen nicht –, sondern von der finanziellen Ausstattung des Athletic Departments (jede noch so kleine Uni hat ein solches), der Größe des Stadions und dem Zuschauerdurchschnitt, der über 30.000 liegen muß. Wer diese Kriterien erfüllt, kann um die Aufnahme in eine der Ligen der Division I-A ersuchen.

Die anderen Teams sind nach entsprechend abgestuften Anforderungen **unterklassigen Kategorien** zugeordnet: der Division I-AA, II oder III.

Die Saison im College Football wird traditionell nicht mit einer Endrunde abgeschlossen, sondern die besten Unis werden zu den sogenannten **College Bowls** eingeladen. Diese 18 Spiele finden traditionell in der Zeit **zwischen Weihnachten und**

Einmarsch der "Gladiatoren"

Sehenswerte College-Sportarten

Neujahr statt – diejenigen am Neujahrstag und kurz danach sind die wichtigeren – und gehören wie Santa Claus und Feuerwerk zum Jahreswechsel. Dabei erhalten die Unis Startgelder in Millionenhöhe und ganz Amerika verfolgt die Begegnungen, denen jedoch ein kleiner Makel anhaftet: Es gibt **kein echtes Endspiel** um den Meistertitel.

Während manche Bowls, die als unabhängige Unternehmen arbeiten, Verträge mit einzelnen Ligen haben und jeweils deren Meister oder Vize einladen, wählen andere aus der Gesamtliste der besten Unis aus. Um die Frage überhaupt zu klären, welche unter den in zehn Ligen aufgeteilten Mannschaften die wirklichen Topteams sind, erstellen *Associated Press* (Umfrage unter Fachjournalisten) und die Tageszeitung *USA Today* (Befragung der Trainer) vom ersten Spieltag an eine Liste der **Top 25,** der besten 25 Footballunis der Nation. Zu Ende der Saison, nach den Bowls, vergeben diese beiden Organe dann auch ihre Meisterpokale, wobei man sich meist einig ist, aber es in Einzelfällen auch schon vorkam, daß auf diese Weise gleich zwei Teams zu Meisterehren gelangten.

Da auch die Fans immer vehementer ein richtiges Finale der beiden besten Unis fordern, gibt es vermehrt **Pläne, die Top-College-Bowls zusammenzuschließen** und dadurch eine Endrunde ins Leben zu rufen. Mittlerweile konnten die drei einflußreichsten Bowls sowie einige der sportlich besten Ligen zur Bildung einer Allianz gewonnen werden. So wird versucht, durch die Zuweisung

---

Die College Bowls

(mit Austragungsort und Höhe des Startgelds; geordnet nach Terminen, beginnend Mitte Dezember bis zum 2.1.)

- *Las Vegas Bowl* (Las Vegas, NV – $ 150.000)
- *Aloha Bowl* (Honululu, HI – $ 750.000)
- *Liberty Bowl* (Memphis, TN – $ 800.000)
- *Carquest Bowl* (Ft. Lauderdale, FL – $ 750.000)
- *Copper Bowl* (Tucson, AZ – $ 750.000)
- *Peach Bowl* (Atlanta, GA – $ 1,3 Mio.)
- *Alamo Bowl* (San Antonio, TX – $ 1 Mio.)
- *Holiday Bowl* (San Diego, CA – $ 1,4 Mio.)
- *Sun Bowl* (El Paso, TX – $ 1 Mio.)
- *Independence Bowl* (Shreveport, LA – $ 800.000)
- *Outback Bowl* (Tampa, FL – $ 1,5 Mio.)
- *Gator Bowl* (Jacksonville, FL – $ 1,5 Mio.)
- *Florida Citrus Bowl* (Orlando, FL – $ 3 Mio)
- *Cotton Bowl* (Dallas, TX – $ 2 Mio.)
- *Rose Bowl* (Pasadena, CA – $ 8.25 Mio.)
- *Orange Bowl* (Miami, FL – $ 8,486 Mio.)
- *Fiesta Bowl* (Tempe, AZ – $ 8,486 Mio.)
- *Sugar Bowl*

---

der Topteams zu diesen Bowls ein "richtiges" Finale zusammenzustellen. Nur einen Haken hat das ganze noch: Mit dem Rose Bowl, an dem traditionell die Meister der Pacific 10 und Big 10, zwei der Topligen, teilnehmen, konnte einer der wichtigsten noch nicht von der neuen Idee überzeugt werden. Doch der Druck der Öffentlichkeit nimmt zu, und es

Sehenswerte College-Sportarten

wird Zeit, alte Traditionen über Bord zu werfen ...
Überdies gibt es – wie im Fußball hierzulande – eine Reihe von Spielen, bei denen es um mehr geht als um bloße Punkte: Gemeint sind die traditionsreichen **Lokalderbys.** Dann steht nämlich die Ehre, die Nummer Eins der Region zu sein, auf dem Spiel. In den USA sind solche Derbys nicht unbedingt lokal begrenzt, es gibt auch Begegnungen zwischen weiter voneinander entfernten Teams, die mit einer gewöhnlichen Begegnung nichts gemeinsam haben, sondern denen traditionsgemäß das Flair des Besonderen anhaftet. So zählen beispielsweise die Duelle der beiden Profifootball-Teams Washington und Dallas zu den Klassikern des Sportjahres und wirken weit über den Umkreis der Städte hinaus.

Am meisten begeistern sich die Amerikaner jedoch an **Derbys der College-Football-Mannschaften.** Hier messen nicht nur zwei Footballteams ihre Kräfte, sondern wetteifern zugleich zwei ganze Universitäten um Ruf und Ruhm – und das zum Teil schon seit über hundert Jahren. So kann durchaus manchmal die Begegnung zweier alter Kontrahenten die ganze übrige Saison vergessenlassen oder der Erfolg in einem solchen Prestigeduell einem Trainer den Posten retten. Auf alle Fälle ist für nicht enden wollenden Gesprächsstoff gesorgt – nicht nur auf dem Unicampus.

Zu den bedeutendsten College-Football-Derbys gehören die **Spiele zwischen den beiden Militärakademien Navy und Army.** Wenn sie

College-Football-Lokalderbys, die es in sich haben

●**Auburn gegen Alabama:** Das Duell der beiden Unis aus dem Bundesstaat Alabama, einer College-Football-Hochburg, ist der wichtigste Tag im Jahr in *Sweet Home Alabama*.

●**Florida gegen Florida State:** Über dieses Lokalderby in einem weiteren footballverrückten Staat diskutieren selbst die Krokodile wochenlang. Oft fällt dabei zugleich die Entscheidung um Meisterehren, wie zuletzt im Januar 1997.

●**USC gegen UCLA:** Wenn sich die beiden Unis aus Los Angeles gegenüberstehen, fehlen nicht einmal die Hollywoodstars, und über 100.000 Fans füllen den Rose Bowl in Pasadena bis zum Bersten.

●**Grambling gegen Southern:** Im Bayou Classic stehen sich zwei der bedeutendsten afroamerikanischen Unis gegenüber. Gleichzeitig liefern sich Cheerleaders und Marching Bands einen packenden und sehenswerten Wettkampf. Auch der Austragungsort, der Superdome in New Orleans, ist Legende.

●**Nebraska gegen Colorado:** Die Prärie und die Rocky Mountains beben beim Duell dieser beiden Giganten aus dem Herzen der USA.

●**Stanford gegen California/Berkeley:** Der über 100 Jahre andauernde Wettstreit zwischen den beiden Renommierunis findet nicht nur in den Bibliotheken statt, sondern wird auf dem *Gridiron* fortgesetzt.

●**Texas gegen Texas A&M:** Wer behauptet, die Texaner liebten nur die *Dallas Cowboys*, hat noch kein Spiel zwischen diesen beiden Unis erlebt!

●**Georgia Tech gegen Georgia:** Die Olympischen Spiele gleichen einem Rentnertreffen im Vergleich zu diesem Lokalderby der "Städter" aus Atlanta *(Tech)* gegen die "Provinzler" aus Athens.

●**Michigan gegen Notre Dame:** Die große liberale Staatsuni gegen die nicht weit entfernte katholische Hochburg – da hält es nicht einmal den Klerus in der Kirche!

Sehenswerte College-Sportarten

Packende Szenen reizen am College-Basketball (GA Tech)

sich alljährlich im November in Philadelphia gegenüberstehen, pilgern bis zu 80.000 Fans ins Stadion und sitzen Millionen gebannt vor den TV-Geräten, auch wenn beide Teams bei weitem nicht zur Spitzengruppe gehören.

Jede Uni hat so etwas wie "ihren" Lieblingsrivalen, wobei manchmal sogar um einen bestimmten, häufig **ungewöhnlichen Pokal** gespielt wird. So erhält beispielsweise der Gewinner des Derbys zwischen den Unis der Nachbarstaaten Kentucky und Tennessee ein altes (leeres) Whiskey-Faß, das er im nächsten Jahr dann verteidigen muß. Daß es auch andernorts zur Sache geht, beweist eine Auswahl der bedeutendsten Lokalderbys des College Footballs.

College Basketball

Nur große und finanzkräftige Unis können eine Footballmannschaft unterhalten, den kleineren Unis bleibt als **kostengünstigere, aber ebenso prestigeträchtige Alternative** der Basketball. Hier gibt es keine Aufteilung nach Finanzstärke in verschiedene Divisionen, und auf diese Weise sind es über 300 (!) Unis, die in mehr als 30 Ligen auf Korbjagd gehen, wobei die Hallenkapazitäten vieler der Unis zwischen 15.000 und 20.000 Plätzen liegen. Die besten 64 ermitteln dann im März in vier regionalen Endrunden (K.O.-System) die vier Mannschaften, die um den Meistertitel kämpfen.

Deshalb hat der Monat März für Amerikas Sportfans eine ganz be-

Sehenswerte College-Sportarten

sondere Bedeutung: Dann beginnt nämlich die **Finalrunde** der College-Basketball-Meisterschaft, und nicht nur Studenten, deren Freunde und Eltern geraten aus dem Häuschen, sondern selbst hochdotierte und renommierte Professoren, vielbeschäftigte Geschäftsleute und sogar einflußreiche Politiker kennen nurmehr ein Gesprächsthema: College Basketball. Man glaubt es kaum, aber in diesen Wochen spielen selbst die vielumjubelten Profis nur die zweite Geige!

March Madness deshalb, weil im März die Euphorie der Fans neue Wogen schlägt, Profs und Studenten zusammen freudetrunken über den Campus tanzen, wenn ihr Team eine Runde weitergekommen ist. Selbst US-Präsident *Bill Clinton* fiebert regelmäßig mit, wenn "seine" Uni Arkansas antritt – 1994 erlebte er sogar den Titelgewinn der *Arkansas Razorbacks* live mit.

Der Höhepunkt ist die sogenannte **Final Four:** Die vier besten oder auch glücklichsten Teams stehen sich an einem Wochenende, zumeist dem ersten Aprilwochende, gegenüber, um den Meister zu ermitteln.

Zumeist ist es sinnlos, zu versuchen, **Karten** für dieses Event zu erwerben, schon Monate im voraus gibt es für Halbfinale und Finale keine Tickets mehr, und die Wartelisten für die nächsten Jahre sind übervoll. Dabei weiß niemand, wer letztendlich das Finale erreicht!

Inzwischen macht es keinen Unterschied mehr, ob es um die Männer- oder die Frauenteams und -spiele geht, beide erfreuen sich **ungeheurer Begeisterung** und können, zumindest was Popularität angeht, mit der NBA leicht konkurrieren, wenn nicht sogar diese überflügeln. Ein weiterer Beweis dafür, wie wichtig College Basketball, die höchste Amateurstufe im US-Basketball und das Nachwuchsreservoir der NBA, für die Amerikaner ist, sind die Ströme von Menschen, die zu den Spielen der Studenten pilgern und Tickets zu einer Rarität machen.

So spielt die **Uni Syracuse** gar in einem überdachten Footballstadion, damit die weit über 20.000 Fans, die jedes Heimspiel sehen wollen, Platz haben. Auf Tickets zu Spielen der **Uni Kentucky** muß man Jahre warten. Doch es müssen ja nicht gerade diese beiden Zuschauermagneten sein, es gibt so viele weitere, daß man irgendwo immer in den Genuß einer guten Partie kommen kann, vielleicht bei den **Ragin' Cajuns** der Uni Northeastern Louisiana in Lafayette, deren Jungs und Mädels mit großer Begeisterung und auf hohem Niveau bei Mordsstimmung spielen. Kein Wunder, daß bei wichtigen Spielen und während der Endrunde das tägliche Leben auf dem Campus ruht und sich stolz alle in den Vereinsfarben schmücken.

Zuschauerzuspruch bei den College-Sportarten

In manchen Regionen sorgt **College Basketball** während der Wintermonate für Begeisterungsstürme, wohingegen es andernorts im Herbst nur ein Gesprächsthema gibt: **College Football.** Beispielsweise sind in Kentucky

Sehenswerte College-Sportarten

College Basketball – Hot Spots

Bei über 300 Unis, die Männer-Basketballteams unterhalten, ist es schwer, eine Auswahl zu treffen. Die folgende Liste soll dennoch eine Hilfestellung in Sachen *College Hoops* (Studentenbasketball) geben. Es wurden im Folgenden auch Frauenmannschaften berücksichtigt.

- **Uni of Kentucky/Lexington:** Karten für die 20.000 Fans fassende Rupp Arena gibt es nur für Leute, die Zeit haben, denn es kann durchaus mehrere Jahre dauern, ehe man die typische Atmosphäre eines Spiels erleben darf. Der ganze Bundesstaat liebt seine *Wildcats,* 1996 endlich wieder einmal Uni-Meister. Als Alternative böte sich an, ein Spiel vor dem Bildschirm in einer brechendvollen Sportsbar zusammen mit den eingefleischten Fans zu verfolgen.
- **North Carolina:** Die basketballbegeisterten Bewohner des US-Bundesstaates können ihre Zuneigung gleich auf vier Topteams verteilen: auf die *North Carolina Tar Heels* (Chapel Hill), das *NC State Wolfpack* (Raleigh), die *Duke Blue Devils* (Durham) oder die *Wake Forest Demon Deacons* (Winston-Salem). Egal, welche der vier Unimannschaften spielt, es ist ein Erlebnis, erst recht, wenn ein Lokalderby auf dem Programm steht.
- **Uni of Michigan/Ann Arbor:** Football bringt im Herbst 100.000 Fans auf die Beine, doch der Winter gehört eindeutig den Basketballern, den *Boys of Town*. Jahr für Jahr zählen die *Wolverines* zur Spitze und werden dementsprechend verehrt.
- **Uni of Tennessee/Knoxville (Frauen):** Erst fiebert der ganze Staat mit den *Volunteers* beim Football, dann geraten die Fans aus dem Häuschen, wenn die Girls, die *Lady Volunteers,* auf Korbjagd gehen. Die Unihalle ist jedesmal bis auf den letzten Platz gefüllt.
- **Indianapolis/Indiana:** Inmitten eines Zentrums des College Basketballs befinden sich gleich eine ganze Reihe traditionsreicher Unis: Uni of Indiana, Purdue, Indiana State oder Butler. Der RCA Dome von Indianapolis bietet den passenden Rahmen für die Begegnungen.
- **Uni of New Mexico/Albuquerque:** *The Pit,* nennt man die Halle in Albuquerque, die halb unter der Oberfläche liegt. Die Fans heizen die Stimmung derart an, daß sich die Gegner oft wie in der Hölle fühlen und daß den *Lobos* der Ruf anhaftet, zu Hause unschlagbar zu sein.
- **Cincinnati/Ohio:** Eingeklemmt zwischen zwei College-Basketball-Hochburgen, Kentucky und Indiana, kann die Stadt stolz auf zwei hochklassige "Eigengewächse" verweisen, die im Winter die

die Hallen sogar bei Trainingssessions des Unibasketballteams brechend voll, muß man auf ein Ticket für ein Heimspiel oft Jahre warten. Nicht anders ergeht es den Footballfans beispielsweise in Nebraska, wo Saisonkarten sogar innerhalb einer Familie weitervererbt werden.

Neben diesen beiden großen Sportarten stehen andere, die lokal durchaus eine große Anhängerschaft aufweisen können, wie **Soccer, Baseball, Lacrosse, Volleyball** oder **Leichtathletik.**

Vor allem **Frauensport** wird in letzter Zeit immer beliebter, in erster Linie Basketball und Soccer, da pilgern zu den besten Teams schon zehntausend begeisterte Fans.

Basketballhochburgen sind die US-Bundesstaaten Kentucky, North Carolina – mit den drei großen Teams, *Uni North Carolina, North Carolina State* und *Wake Forest* – außerdem Tennessee, Michigan, Indiana und Kalifornien. Die Stimmung ist unvergleichlich, das Spielniveau hoch, doch an Karten kommt man nur sehr schwer heran.

Sehenswerte College-Sportarten

Queen City zum Kochen bringen: die Uni Cincinnati und die Xavier Uni.

- **UCLA/Uni of California at Los Angeles:** Hier ist die Tradition zu Hause, hat doch in den 60er und 70er Jahren der legendäre Trainer *John Wooden* Basketballgeschichte geschrieben. Stars wie *Kareem Abdul-Jabbar* oder *Bill Walton* haben hier vormals den *Bruins* zu Meisterehren verholfen.
- **Philadelphia (Pennsylvania):** Fünf Unis spielen in der *City of Brotherly Love* im Basketball keine schlechte Rolle, und wenn sie gegeneinander antreten, dann bebt die Stadt. Herausragend sind die *Villanova Wildcats*, doch bei Lokalderbys gegen Pennsylvania, St. John's, Temple oder La Salle ziehen auch sie manchmal den Kürzeren.
- **Uni of Syracuse/Syracuse (New York):** *Jim Boeheim* gilt als Basketball-Guru und stellt alljährlich ein absolutes Topteam auf. Kein Wunder, daß nur die überdachte Footballhalle der Uni bei Heimspielen der *Orangemen* ausreicht.
- **Uni of Connecticut/Storrs (Frauen):** Bedenkt man, daß der 1995 vom Finale heimkehrenden Mannschaft, den *Huskies*, eine Parade bereitet wurde und mehr Fans, als das Unistädtchen Bewohner zählt, auf den Beinen waren, dann weiß man, was für eine Bedeutung Frauenbasketball in Connecticut hat.
- **Uni of Arkansas/Fayetteville:** Die *Razorbacks* sind US-Präsident *Bill Clintons* Team. Wenn er kann, mischt er sich unter die begeisterten Fans, die aufgrund ihrer Kopfbedeckung überall bekannt sind: Rote Gummischweine gehören zum Outfit eines *Razorback*-Anhängers.
- **San Francisco:** In der Traumstadt an der Bucht und deren Umfeld wird eine Menge geboten, auch was College Basketball betrifft: Stanford (Frauen und Männer), Uni of California, Uni San Francisco, San Jose State, St. Mary's und Santa Clara bieten Topsport quasi rund um die Uhr.
- **Uni of Washington/Seattle:** Seit *Detlef Schrempf*, Deutschlands bester Basketballer aller Zeiten, an dieser Uni sein Handwerk gelernt hat, zieht es immer wieder einmal deutsche Talente in die *Emerald City* zu den *Huskies*.
- **Memphis, TN:** Die Heimat des Blues und der Baumwolle beheimatet zwar keine Profimannschaft, gilt aber dennoch in Fachkreisen als die Basketball-Hochburg schlechthin. Hier lernte u.a. NBA-Superstar *Penny Hardaway*. Jeder spielt, jeder spricht über den Sport, und wenn die *Uni Memphis Tigers* in der gläsernen Pyramide, dem Wahrzeichen der Stadt, vor über 20.000 Fans antreten, brodelt selbst der träge dahinfließende Mississippi.

Noch empfehlenswerter ist der Besuch eines College Footballspiels – ein ganztägiges Fest, das man zumindest einmal miterlebt haben muß. Da die Unis samstags spielen, gibt es keine Konkurrenz zur NFL, die an Sonntagen aktiv ist. Die **Hochburgen des College Football** liegen in der Regel in kleinen Provinzstädtchen des Südens und des mittleren Westens – Zimmerreservierung ist unbedingt notwendig.

In den regionalen Übersichten kann nur eine Auswahl besonders lohnender Unis aufgeführt werden. Bei einem Aufgebot von über 100 Football- und mehr als 300 Basketballteams konnte Vollständigkeit nicht angestrebt werden. Tickets für College-Spiele können meist in allen üblichen Kartenvorverkaufsstellen erworben werden, auch in den großen Metropolen, die in der Nähe eines Unicampus liegen.

College Football – Hot Spots

●**South Bend, Indiana:** Hier ist nicht nur die neue Ruhmeshalle des College Football zu Hause, nein hier spielen auch die *Notre Dame Fighting Irish,* die wohl populärste Unimannschaft im Football. Meilenweit riecht es rund um das Stadion nach BBQ – also, wie wäre es mit einem frischen Hamburger zum Frühstück auf dem Campus des *Vatican,* wie die Amerikaner liebevoll diese katholische Uni nennen?

●**Lincoln, Nebraska:** Seit 30 Jahren sind alle Spiele der *Nebraska Cornhuskers,* Meister von 1994 und 1995, ausverkauft, was bedeutet, daß Karten lange vorher bestellt oder auf dem Schwarzmarkt besorgt werden müssen. Schon am Vorabend des Spiels steigen die ersten heißen Cornhusker-Parties – und das ganze Städtchen ist mit dabei. Wer kein Ticket bekommt, kann sich rund um das Stadion den anderen Glücklosen anschließen, mitfeiern und das Spiel im Radio oder auf Großleinwänden verfolgen.

●**Auburn, Alabama:** Hier heißt es, Ohropax mitnehmen! Die Stimmung im Jordan-Hare Stadium gleicht einem brodelnden Hexenkessel – immerhin ist der halbe Bundesstaat bei Heimspielen auf den Beinen. Wenn die Spieler in das Stadion einlaufen, ist der *Tiger Walk,* der von der Umkleidekabine auf den Rasen führt, der begehrteste Platz im Stadion. Und wenn der Erzrivale, die Uni Alabama, zu Besuch kommt, ist der ganze Bundesstaat auf Achse.

●**Gainesville, Florida:** Durch eine laute und bunte Partygesellschaft bahnt man sich den Weg ins Stadion. *The Swamp* (Sumpf), wie die Arena kurz genannt wird, ist Heimat der *Florida Gators,* eines der besten Footballteams der USA. In der Halbzeit werden die umliegenden Straßen, oder besser die nahe gelegenen Bars, gestürmt, denn innerhalb der Arena darf kein Bier ausgeschenkt werden.

●**Ann Arbor, Michigan:** Blau und Gelb, soweit das Auge reicht, sogar die Kartoffelchips tragen die Farben der *Michigan Wolverines!* Das Stadion gilt mit über 100.000 Plätzen als das größte im College Football und die Pizza im nahe gelegenen Cottage Inn als die beste im Land.

●**Knoxville, Tennessee:** Das riesige Neyland Stadion (über 100.000 Plätze) liegt reizvoll am Tennessee River, und die ganze Stadt schmückt sich im auffälligen Orange der Uni Tennessee. Wahrzeichen sind die charakteristischen Endzonen auf dem Spielfeld, die *Checkerboards,* ein Schachbrettmuster, das in den ganzen USA berühmt ist und auf manchem Fangesicht auftaucht.

●**Tuscaloosa, Alabama:** Das beste *Grits,* eine an sich bescheidene Südstaatenspezialität – Maisbrei mit Butter und Käse –, wird hier zubereitet. Zudem bietet das "Bear" Bryant Museum auf dem Campus die einmalige Gelegenheit, sich vorab über die *Alabama Crimson Tide* und ihren legendären früheren Trainer zu informieren. Auf einer Welle von Zehntausenden anderer Zuschauer läßt man sich anschließend ins Stadion schwappen, um dort in die heimliche Nationalhymne *Sweet Home Alabama* einzustimmen und *The Pride of the Southerners,* den "Stolz der Südstaatler", zu sehen.

●**Atlanta, Georgia:** Vom Spielfeld der Georgia Tech Universität, dem Grant Field, bietet sich ein atemberaubender Blick auf die Skyline der Olympiastadt 1996. Pflichtprogramm vor dem großen Spiel: Ein Snack im legendären und immer vollen Drive-in-Restaurant *Varsity.* Was könnte eine bessere Einstimmung auf ein tolles Footballspiel geben als ein Chili Naked Dog oder ein Burger mit Rings und Fries?

●**Berkeley, California:** Das Stadion der *Golden Bears* liegt genau auf einer Erdbebenspalte, doch seit über 70 Jahren bebt die Erde in erster Linie dann, wenn die Heimmannschaft einen *Touchdown* erzielt und ein Böllerschuß die ganze Umgebung davon unterrichtet. Die besten Plätze sind kostenlos, aber ohne Schatten: Sie befinden sich am Berghang über dem Stadion.

College Football – Hot Spots

- **Seattle, Washington:** Die Haute volee passiert mit ihren Luxusbooten das malerisch an der Bucht gelegene Unistadion und versucht dabei, einen Blick ins Oval zu erhaschen. Die wahren Fans genießen dagegen mittendrin die wärmende Sonne und den traumhaften Blick auf die Stadt am Puget Sound mit dem schneebedeckten Mount Olympus im Hintergrund. Da die *Huskies* gut spielen, sollte man sich allerdings nicht zu sehr von der Geographie ablenken lassen.
- **Oxford, Mississippi:** Wenn auch die Spiele von *Ole Miss,* der Uni of Mississippi, nicht zur Spitzenklasse gehören, die Tailgate Party in *The Grove,* dem zentralen Campusplatz, ist unvergleichlich.
- **Austin, Texas:** Texas ist eine Football-Hochburg, von der High School bis zu den Profis, und die Begeisterung für das Lederei scheint den Texanern in die Wiege gelegt worden zu sein. Wenn die *Longhorns* der Uni Texas ein Heimspiel absolvieren, ist *Deep in the Heart of Texas* die Hölle los.
- **Boulder/Denver, Colorado:** Das Studentenstädtchen Boulder liegt vor den Toren der sportverrückten Metropole und gleichzeitig malerisch zu Füßen der Rocky Mountains. Man ist stolz auf seine Uni-Footballer, die immer zu den besten Teams des Landes gehören. Wenn die *Buffaloes* spielen, wackeln die Rockies.
- **Athens, Georgia:** Der Dreh- und Angelpunkt des kleinen Städtchens östlich von Atlanta mit idyllischem Südstaaten-Campus ist – was sonst? – das riesige Stadion *between the Hedges,* wo die *Dawgs,* die *Georgia Bulldogs,* zu Hause sind.
- **Provo/Salt Lake City, Utah:** Vor den Toren der Olympiastadt von 2002 liegt im beschaulichen Provo die Mormonen-Universität Brigham Young. Wer hätte geahnt, daß die gottesfürchtigen Studenten und Bewohner der Region derart aus dem Häuschen geraten, wenn die *Cougars* Football spielen?
- **Tallahassee, Florida:** In der eher etwas verschlafenen Hauptstadt Floridas leben die Bewohner immer dann auf und stimmen Kriegsgesänge an, wenn die *Seminoles* einlaufen. Erzitterten einst die weißen Eindringlinge vor dem wehrhaften Indianerstamm, haben die Studenten der Florida State Uni deren Erbe auf dem Footballfeld angetreten. Seit Jahren gehören die *Seminoles* zum Besten, was der College Football zu bieten hat, dank des überragenden Trainers *Bobby Bowden,* der schon zu Lebzeiten eine Legende in den Südstaaten ist.

Im „Swamp" sind die Gaters zu Hause (University of Florida)

College-Sport-Adressen

College-Sport-Adressen

Die **NCAA** fungiert als übergeordnete College-Sports-Organisation und ist die geeignete erste Anlaufstelle. Es wäre unmöglich, die Adressen aller Universitäts-Ligen mit allen ihren Mitgliedern aufzulisten. Deshalb beschränken wir uns auf die zehn größten Ligen im Universitätssport und deren Teams. Sie bilden im College Football die Division I-A.

Die *mit Stern* versehenen Hochschulen schicken Football- und Basketballmannschaften aufs Feld, während diejenigen *ohne Stern* nur im Basketball zur ersten Garnitur zählen. In Klammern stehen die Orte, an denen sich der Campus befindet, soweit es nicht aus dem Namen hervorgeht.

- **NCAA – National Collegiate Athletic Association**
6201 College Boulevard
Overland Park, Kansas 66211
Tel. (913) 339-1906, Fax 339-1950

- **ACC – Atlantic Coast Conference**
P.O. Drawer ACC
Greensboro, NC 27419-6999
Tel. (910) 854-8787, Fax 854-8797
   Mitgliedsunis: Clemson Uni* (Clemson, SC), Duke Uni* (Durham, NC), Florida State Uni* (Tallahassee), Georgia Tech Uni* (Atlanta), Uni of Maryland* (College Park), Uni of North Carolina* (Chapel Hill, NC), North Carolina State* (Raleigh, NC), Uni of Virginia* (Charlottesville, VA), Wake Forest Uni* (Winston-Salem, NC)

- **Big East Conference**
56 Exchange Terrace
Providence, RI 02903
Tel. (401) 453-0660, Fax 751-8540
   Mitgliedsunis:
Big East 7: Georgetown Uni (Washington, D.C.), Uni of Miami*, Uni of Pittsburgh*, Providence College, Rutgers Uni* (New Brunswick, NJ), Seton Hall Uni (South Orange, NJ), Syracuse Uni*
Big East 6: Boston College*, Uni of Connecticut (Storrs, CT), Uni of Notre Dame (South Bend, IN), St. John's Uni (Jamaica, New York), Villanova Uni (Philadelphia), West Virginia Uni* (Morgantown, WV).
Nur Footballmitglieder: Virginia Tech (Blacksburg, VA), Temple (Philadelphia)

- **Big Ten Conference**
1500 West Higgins Road
Park Ridge, IL 60068-6300
Tel. (708) 696-1010, Fax 696-1110
   Mitgliedsunis: Uni of Illinois* (Urbana-Champaign, IL), Indiana Uni* (Bloomington, IN), Uni of Iowa* (Iowa City, IA), Uni of Michigan* (Ann Arbor, MI), Michigan State Uni* (East Lansing, MI), Uni of Minnesota* (Minneapolis, MN), Northwestern Uni* (Evanston, IL), Ohio State Uni* (Columbus, OH), Penn State Uni* (University Park, PA), Purdue Uni* (West Lafayette, IN), Uni of Wisconsin* (Madison, WI)

- **Big 12 Conference**
2201 Stemmons Freeway
Dallas, TX 75207
Tel. (214) 742-1212, Fax 742-2045
   Mitgliedsunis:
North Division: Uni of Colorado* (Boulder, CO), Uni of Kansas* (Lawrence, KS), Kansas State Uni* (Manhattan, KS), Uni of Missouri* (Columbia, MO), Uni of Nebraska* (Lincoln, NE), Iowa State Uni* (Ames, IA)
South Division: Baylor Uni* (Waco, TX), Oklahoma Uni* (Norman, OK), Oklahoma State Uni* (Stillwater, OK), Uni of Texas* (Austin, TX), Texas A&M Uni* (College Station, TX), Texas Tech Uni* (Lubbock, TX)

- **Big West Conference**
2 Corporate Park
Suite 206
Irvine, CA 92701
Tel. (714) 261-2525, Fax 261-2528
   Mitgliedsunis: Boise State Uni* (Boise, ID), Uni of California at Irvine, Uni of California at Santa Barbara, California State Polytechnic Uni (Pomona, CA), Cal State Fullerton, Uni of Idaho* (Moscow, ID), Long Beach State Uni, Uni of Nevada* (Reno, NV), New Mexico State Uni* (Las Cruces, NM), Uni of North Texas (nur Footballmitglied; Denton, TX), Uni of the Pacific (Stockton, CA), Utah State Uni* (Logan, UT)

College-Sport-Adressen

● **Conference USA**
35 East Wacker Drive
Suite 650
Chicago, IL 60601
Tel. (312) 553-0483, Fax 553-0495
Mitgliedsunis:
Red Division: Uni of Alabama at Birmingham, Uni of South Florida (Tampa, FL), Southern Mississippi Uni* (Harrisburg, MS), Tulane Uni* (New Orleans, LA)
White Division: Uni of Houston*, Uni of Louisville*, Memphis Uni*, Uni of North Carolina at Charlotte
Blue Division: Uni of Cincinnati*, DePaul Uni (Chicago), Marquette Uni (Milwaukee, WI), St. Louis Uni

● **Mid-American Conference**
Four SeaGate
Suite 102
Toledo, OH 43604
Tel. (419) 249-7177, Fax 249-7199
Mitgliedsunis: Uni of Akron* (Akron, OH), Ball State Uni* (Muncie, IN), Bowling Green State Uni* (Bowling Green, OH), Central Michigan Uni* (Mount Pleasant, MI), Eastern Michigan Uni* (Ypsilanti, MI), Kent State Uni* (Kent, OH), Miami (OH) Uni*, Ohio Uni* (Athens, OH), Uni of Toledo* (OH), Western Michigan Uni* (Kalamazoo, MI)

● **Pacific 10 Conference**
800 South Broadway
Suite 400
Walnut Creek, CA 94596
Tel. (510) 932-4411, Fax 932-4601
Mitgliedsunis: Uni of Arizona* (Tucson, AZ), Arizona State Uni* (Tempe, AZ), Uni of California* (Berkeley, CA), Uni of California at Los Angeles (UCLA)*, Uni of Oregon* (Eugene, OR), Oregon State Uni* (Corvallis, OR), Uni of Southern California* (USC – Los Angeles, CA), Stanford Uni* (Stanford, CA), Uni of Washington* (Seattle, WA), Washington State Uni* (Pullman, WA)

● **SEC – Southeastern Conference**
2201 Civic Center Blvd.
Birmingham, AL 35203-1103
Tel. (205) 458-3010, Fax 458-3030
Mitgliedsunis:
East Division: Uni of Florida* (Gainesville, FL), Uni of Georgia* (Athens, GA), Uni of Kentucky* (Lexington, KY), Uni of South Carolina* (Columbia, SC), Uni of Tennessee* (Knoxville, TN), Vanderbilt Uni* (Nashville, TN)
West Division: Uni of Alabama* (Tuscaloosa, AL), Uni of Arkansas* (Fayetteville, AR), Auburn Uni* (Auburn, AL), Louisiana State Uni* (Baton Rouge, LA), Uni of Mississippi* (Oxford, MS), Mississippi State Uni* (nahe Columbus, MS)

● **WAC – Western Athletic Conference**
P.O.Box 372850
Denver, CO 80237
Tel. (303) 799-9221, Fax 799-3888
Mitgliedsunis:
Mountain Division: Brigham Young Uni* (Provo, UT), Uni of New Mexico* (Albuquerque, NM), Rice Uni* (Houston, TX), Southern Methodist Uni* (Dallas, TX), Texas Christian Uni* (Fort Worth, TX), Uni of Texas at El Paso*, Uni of Tulsa* (OK), Uni of Utah* (Salt Lake City, UT)
Pacific Division: U.S. Air Force Academy* (Colorado Springs, CO), Colorado State Uni* (Fort Collins, CO), Fresno State Uni* (Fresno, CA), Uni of Hawaii* (Honolulu, HI), Uni of Nevada at Las Vegas (UNLV)*, San Diego State Uni*, San Jose State Uni*, Uni of Wyoming* (Laramie, WY)

Der Vollständigkeit halber seien die **restlichen 20 Ligen des College Basketballs** aufgelistet (Infos über die NCAA):
● American East Conference, Atlantic 10 Conference, Big Sky Conference, Big South Conference, Colonial Athletic Conference, Ivy League, Metro Atlantic Athletic Conference, Mid-Conference, Mid-Eastern Athletic Conference, Midwestern Collegiate Conference, Missouri Valley Conference, Northeast Conference, Ohio Valley Conference, The Patriot League, Southern Conference, Southland Conference, Southwestern Athletic Conference, Sun Belt Conference, Trans America Athletic Conference, West Coast Conference.

Teams und Sportstätten

Der Nordosten

Das Zentrum des Nordostens der USA bilden die sogenannten **Neuenglandstaaten**, wie Massachusetts, Maine, Connecticut oder New York. Die Gesamtregion reicht jedoch darüber hinaus im Norden und Nordwesten bis an die Großen Seen (Lake Ontario und Lake Huron) heran, im Süden bis hinunter nach Washington, D.C. und Virginia, und der Ohio River bildet schließlich die Westgrenze. Hier befinden sich zahlreiche große **Metropolen,** darunter die ältesten der USA, z.B. Boston, New York, Philadelphia, Baltimore und Washington, in denen zugleich die Wiegen des Profisports stehen. Kein Wunder also, daß in dieser für amerikanische Verhältnisse überschaubaren Region Proficlubs geballt zu finden sind und es keinen eigentlichen sportlichen Schwerpunkt gibt. Alles wird geboten und das zumeist auf hohem sportlichen Niveau: Neben Basketball, Baseball und American Football ist hier auch Eishockey sehr beliebt, die Stadien sind zumeist bis auf den letzten Platz gefüllt. Kurzum: Der Nordosten der USA ist ein **wahres Mekka** für jeden American-Sports-Fan.

Staatenporträts

Connecticut – The Nutmeg State

Überblick
  einer der 13 Gründerstaaten
- *Hauptstadt:* Hartford
- *Fläche:* 12.973 qkm
- *Bevölkerung:* ca. 3,2 Mio.
- *Zeitzone:* ET

Staatenporträts

●*Wichtige Minor-League-Mannschaften:* 1 *(Connecticut Pride,* CBA)
●*Wichtige Uni/College-Mannschaften:* 1 *(University of Connecticut)*

Infos
●*Connecticut Dept. of Economic Development,* Tourism Division
865 Brook Street
Rocky Hill, CT 06067
Tel. (203) 258-4355 oder
1-800-282-6863

Delaware – The First State

Überblick
einer der 13 Gründerstaaten
●*Hauptstadt:* Dover
●*Fläche:* 5.133 qkm
●*Bevölkerung:* ca. 670.000
●*Zeitzone:* ET

Infos
●*Delaware Tourism Office*
99 Kings Highway, P.O. Box 1401
Dover, DE 19903
Tel. (302) 739-4271 oder
1-800-441-8846

Maine – The Pine Tree State

Überblick
seit 1820 Staat der USA
●*Hauptstadt:* Augusta
●*Fläche:* 86.027 qkm
●*Bevölkerung:* ca. 1,2 Mio.
●*Zeitzone:* ET
●*Motto:* Dirigo

Infos
●*Maine Publicity Bureau*
P.O. Box 2300
Hallowell, ME 04347
Tel. (207) 623-0363 oder
1-800-533-9595

Maryland – Old Line State

Überblick
einer der 13 Gründerstaaten
●*Hauptstadt:* Annapolis
●*Fläche:* 27.091 qkm
●*Bevölkerung:* ca. 4,3 Mio.
●*Zeitzone:* ET
●*ML-Mannschaften:* 2 *(Baltimore Ravens,* NFL; *Baltimore Orioles,* MLB)

Infos
●*Maryland Office of Tourism*
217 East Redwood, 9th Floor
Baltimore, MD 21202
Tel. (410) 333-6611 oder
1-800-445-4558 ext.103

Massachusetts – Bay State/Puritan State

Überblick
einer der 13 Gründerstaaten
●*Hauptstadt:* Boston
●*Fläche:* 20.303 qkm
●*Bevölkerung:* ca. 6 Mio.
●*Zeitzone:* ET
●*ML-Mannschaften:* 5 *(New England Patriots,* NFL; *Boston Red Sox,* MLB; *Boston Celtics,* NBA; *Boston Bruins,* NHL; *New England Revolution,* MLS)

Infos
●*Massachusetts Office of Travel & Tourism*
100 Cambridge Street, 13th Floor
Boston, MA 02202
Tel. (617) 727-3201 oder
1-800-447-5277

Staatenporträts

New Hampshire – The Granite State

Überblick
  einer der 13 Gründerstaaten
- *Hauptstadt:* Concord
- *Fläche:* 24.097 qkm
- *Bevölkerung:* ca. 1,2 Mio.
- *Zeitzone:* ET

Infos
- *New Hampshire Office of Travel & Tourism*
P.O. Box 1856
Concord, NH 03302-1856
Tel. (603) 271-2343 oder
1-800-386-4664

New Jersey – The Garden State

Überblick
  einer der 13 Gründerstaaten
- *Hauptstadt:* Trenton
- *Fläche:* 21.248 qkm
- *Bevölkerung:* ca. 7,6 Mio.
- *Zeitzone:* ET
- *ML-Mannschaften:* 2 *(New Jersey Nets,* NBA; *New Jersey Devils,* NHL; s. auch New York)

Infos
- *New Jersey Division of Tourism,*
Dept. of Commerce & Economic Development
20 West State Street, CN 826
Trenton, NJ 08625-0826
Tel. (609) 292-2470 oder
1-800-437-7397

New York – The Empire State

Überblick
  einer der 13 Gründerstaaten
- *Hauptstadt:* Albany
- *Fläche:* 122.706 qkm
- *Bevölkerung:* ca. 18 Mio.
- *Zeitzone:* ET
- *ML-Mannschaften:* 10 *(New York Yankees* und *Mets,* MLB; *New York Giants* und *Jets, Buffalo Bills,* alle NFL; *New York Knicks,* NBA; *New York Rangers* und *Islanders, Buffalo Sabres,* NHL; *New York/New Jersey MetroStars,* MLS)
- *Wichtige Uni/College-Mannschaften:* 1 *(University of Syracuse)*

Infos
- *New York State Division of Tourism,* Dept. of Economic Development
One Commerce Plaza
Albany, NY 12245
Tel. (518) 474-4116 oder
1-800-225-5697

Pennsylvania – Keystone State

Überblick
  einer der 13 Gründerstaaten
- *Hauptstadt:* Harrisburg
- *Fläche:* 118.850 qkm
- *Bevölkerung:* ca. 12 Mio.
- *Zeitzone:* ET
- *ML-Mannschaften:* 7 *(Philadelphia Phillies* und *Pittsburgh Pirates,* MLB; *Philadelphia Eagles* und *Pittsburgh Steelers,* NFL; *Philadelphia 76ers,* NBA; *Philadelphia Flyers* und *Pittsburgh Penguins,* NHL)

Infos
- *Pennsylvania Bureau of Travel Marketing,* Depart. of Commerce
453 Forum Building
Harrisburg, PA 17120
Tel. (717) 787-5453 oder
1-800-847-4872

Rhode Island – Little Rhody

Überblick
einer der 13 Gründerstaaten
- **Hauptstadt:** Providence
- **Fläche:** 3.144 qkm
- **Bevölkerung:** ca. 48.000
- **Zeitzone:** ET

Infos
- **Rhode Island Tourism Division,**
Dept. of Economic Development
7 Jackson Walkway
Providence, RI 02903
Tel. (401) 277-2601

Vermont – Green Mountain State

Überblick
seit 1791 Staat der USA, einer der Gründerstaaten
- **Hauptstadt:** Montpelier
- **Fläche:** 24.880 qkm
- **Bevölkerung:** ca. 567.000
- **Zeitzone:** ET

Infos
- **Vermont Department of Tourism,**
Agency of Development & Commerce Affairs
134 State Street
Montpelier, VT 05602
Tel. (802) 828-3236 oder
1-800-837-6668

Virginia – Mother of Presidents

Überblick
einer der 13 Gründerstaaten
- **Hauptstadt:** Richmond
- **Fläche:** 105.711 qkm
- **Bevölkerung:** ca. 6,1 Mio.
- **Zeitzone:** ET
- **Wichtige Uni/College-Mannschaften:** 1 *(University of Virginia)*

Infos
- **Virginia Division of Tourism**
1021 E. Cary Street
Richmond, VA 23219
Tel. (804) 786-2051 oder
1-800-847-4882

West Virginia – Panhandle State

Überblick
seit 1863 Staat der USA
- **Hauptstadt:** Charleston
- **Fläche:** 62.890 qkm
- **Bevölkerung:** ca. 1,9 Mio.
- **Zeitzone:** ET

Infos
- **West Virginia Division of Tourism & Parks**
2101 Washington Street, East
Charleston, WV 25305-0312
Tel. (304) 558-2200 oder
1-800-225-5982

District of Columbia – D.C.

Überblick
1790 Landfestlegung für die Hauptstadt, ab etwa 1800 Regierungssitz
- **Fläche:** 172 qkm
- **Bevölkerung:** ca. 650.000
- **Zeitzone:** ET
- **ML-Mannschaften:** 4 *(Washington Redskins,* NFL; *Washington Wizards,* NBA; *Washington Capitals,* NHL; *Washington D.C. United,* MLS)

Infos
- **District of Columbia Convention & Visitors Ass.**
1212 New York Ave. NW
Washington, DC 20005
Tel. (202) 789-7000 oder
1-800-535-5338

ML-Teams

MLB – Baseball
- *Baltimore Orioles*
- *Boston Red Sox*
- *New York Mets*
- *New York Yankees*
- *Philadelphia Phillies*
- *Pittsburgh Pirates*

NBA – Basketball
- *Boston Celtics*
- *New Jersey Nets*
- *New York Knicks*
- *Philadelphia 76ers*
- *Washington Wizards* (ehemals *Bullets*)

NFL – Football
- *Baltimore Ravens*
- *Buffalo Bills*
- *New England Patriots*
- *New York Giants*
- *New York Jets*
- *Philadelphia Eagles*
- *Pittsburgh Steelers*
- *Washington Redskins*

NHL – Eishockey
- *Boston Bruins*
- *Buffalo Sabres*
- *New Jersey Devils*
- *New York Islanders*
- *New York Rangers*
- *Philadelphia Flyers*
- *Pittsburgh Penguins*
- *Washington Capitals*

MLS – Soccer
- *New England Revolution*
- *MetroStars* (New York/New Jersey)
- *Washington D.C. United*

ML-Metropolen

Boston, MA

Praktische Tips
- **Telefonvorwahl:** 617
- **Infos:** *Greater Boston CVB*, Prudential Plaza West, 800 Boylston St., Boston, MA 02199, Tel. 546-4100; *Visitor Info Center*, Boston Common, 146 Tremont St.
- **Tickets:** *TicketMaster*, Faneuil Hall Marketplace, Tel. 523-3886; *Union Tickets*, Tel. 1-800-234-8497
- **Nahverkehr:** *Massachusetts Bay Transportation Authority (MBTA)* – Tel. 722-3200 o. 1-800-392-6100; Subway und Busse
- **Unterkunft:** teures Pflaster, besser in Deutschland vorausbuchen; z.B. *Quality Inn*, 275 Tremont St., Tel. 426-1400; *Midtown Hotel*, 230 Huntington Ave., Tel. 262-1000; *Holiday Inn*, 5 Blossom St., Tel. 742-7630
- **Essen & Trinken:** Boston ist bekannt für Muscheln aller Art (z.B. New England Clam Chowder), Fisch und Bohnengerichte; *Faneuil Hall Market Place* mit *Durgin Park Restaurant* und *Oyster Bar*, 30 N. Market St., Tel. 227-2038; *No Name*, 15 1/2 Fish Pier, Tel. 423-8727, Seafood; *Legal Seafood*, 100 Huntington Ave., Tel. 266-7775; außerdem Chinatown und italienisches Viertel mit lebhafter Kneipenszene, ebenso Cambridge als Abstecher lohnend
- **Sportbars:** *Cheers Hampshire House*, 84 Beacon St.; *Champions*, 110 Huntington Ave.; *Road Trip*, 54 Canal St.
- **Don't miss:** Freedom Trail; The Common mit State House; Riverside Park/Harborwalk; Boston Tea Party

Ship & Museum; Copley Square mit John Hancock Tower (Aussicht!); Faneuil Hall; Museum of Fine Arts; Beacon Hill; Cambridge: Harvard University und mehrere sehenswerte Museen; *New England Sports Museum (1175 Soldiers Field Rd., Tel. 787-7678)

●**Medien:** *The Boston Globe* mit Veranstaltungskalender am Do, Wochenzeitung *Boston Phoenix*

●**Shopping:** *Faneuil Hall Marketplace,* u.a. mit **Cheers Stuff* (South Market Bldg.) – Souvenirs und Sportsachen

ML-Teams
●**MLB**
Boston Red Sox
Fenway Park
4 Yawkey Way
Boston, MA 02215-3496
Tel. (617) 267-9440, Fax 236-6797
●**NBA**
Boston Celtics
151 Merrimac Street
Boston, MA 02114
Tel. (617) 523-6050, Fax 523-5949

●**NFL**
New England Patriots
Foxboro Stadium
60 Washington St.
Foxboro, MA 02035
Tel. (508) 543-8200, Fax 543-9053
●**NHL**
Boston Bruins
1 Fleet Center
Suite 250
Boston, MA 02114
Tel. (617) 624-1050, Fax 523-7184

New England Patriots

Boston Celtics

Boston Bruins

ML-Metropolen

- **MLS**
New England Revolution
Foxboro Stadium
Route 1
Foxboro, MA 02035
Tel. (508) 543-0350, Fax 543-1409

Fenway Park
- **Teams:** *Boston Red Sox* (MLB)
- **Adresse:** 4 Yawkey Way
- **Eröffnung:** 1912
- **Fassungsvermögen:** 33.871
- **Tickets:** Tel. (617) 267-8661 o. 267-1700, Mo-Sa 9-17 Uhr, $ 9-23
- **Nahverkehr:** Busse 8, 60 und 65 bis Kenmore Square (3 Blocks nördl.); Green Line
- **Parken:** Prudential Center Garage an der Riverside MBTA-Station, Privatplätze am Kenmore Square und Boston University; teuer
- **Imbiß:** Spezialität sind die Fenway Franks (Rinderwürstchen) und Clam Chowder
- **Treff:** *Cask N'Flagon,* Landsdowne/Brookline Sts.
- **Something special:** *A religious experience* oder auch *The Green Monster* genannt; war einst die Heimat von *Babe Ruth,* mit dem 1918 die World Series gewonnen wurden. Seither einer der traditionsreichsten Ballparks, unvergleichliches, fast museales Ambiente vor der spektakulären Skyline.

Foxboro Stadium
- **Teams:** *New England Patriots* (NFL), *New England Revolution* (MLS)
- **Adresse:** Route 1
- **Eröffnung:** 1971
- **Fassungsvermögen:** 60.794 *(Patriots),* 22.385 *(New England Revolution)*
- **Tickets:** *Patriots* – Tel. 1-800-946-7287 o. 1-800-828-7080, Mo-Fr 9-17 Uhr, $ 23-50; *Revolution* – Tel. 543-0350, $ 9-18
- **Nahverkehr:** Zug von Boston, kurzer Fußweg zum Stadion
- **Parken:** Chaotisch trotz der 18.500 lizenzierten Parkplätze rund ums Stadion
- **Imbiß:** Philly Cheesesteak Sandwich; *D'Angelo's Papa Gino's Pizza*
- **Treffs:** *Lafayette House, Demitri's Red Snapper, Red Wing* (Route 1)
- **Something special:** Gute Plätze gibt's überall, aber erst seitdem die *Patriots* erfolgreich sind, kommt auch Stimmung auf.

FleetCenter
- **Teams:** *Boston Celtics* (NBA), *Boston Bruins* (NHL)
- **Adresse:** One Fleet Center
- **Eröffnung:** 1995
- **Fassungsvermögen:** 18.624 *(Celtics),* 17.565 *(Bruins)*
- **Tickets:** *Celtics* – Tel. (617) 523-3030, $ 10-70; *Bruins* – Tel. 624-1050 o. 1-800-828-7080, $ 10-70
- **Nahverkehr:** U-Bahn-Haltestelle North Station (Green/Orange Lines)
- **Parken:** Parkgaragen im Umkreis hinreichend vorhanden (ab $ 10), aber häufig Probleme beim Wegfahren nach Spielende
- **Treffs:** *North Station's Sports Café,* Causeway St.; *The Harp,* Causeway St./gegenüber North Station.
- **Something special:** Neue Luxushalle, der das alte legendäre Flair des Boston Gardens noch abgeht. Überaus fachkundiges und stimmgewaltiges, zumeist "hemdsärmliges" Basketball- und Hockeypublikum, das voll hinter den Heimteams steht.

ML-Metropolen

New York, NY

Praktische Tips
● ***Telefonvorwahl:*** 212 (Manhattan) – falls nicht anders angegeben, 718 (Bronx, Brooklyn, Queens, Staten Island)

● ***Infos:*** *New York CVB,* 2 Columbus Circle, N.Y., N.Y. 10019, Tel. 397-8222 o. 484-1200

● ***Nahverkehr:*** *NYC Transit Information* – Infos: Tel. (718) 330-1234; *Metropolitan Transit Authority* (MTA) betreibt Subways und Busse

● ***Unterkunft:*** besser vorausbuchen, z.B.: *New York Hotel Pennsylvania,* 401 W. 33rd St., Tel. 736-5000 o. 1-800-233-8585 (günstig gelegenes Massenhotel gegenüber Madison Square Garden); *Doral Park Ho-*

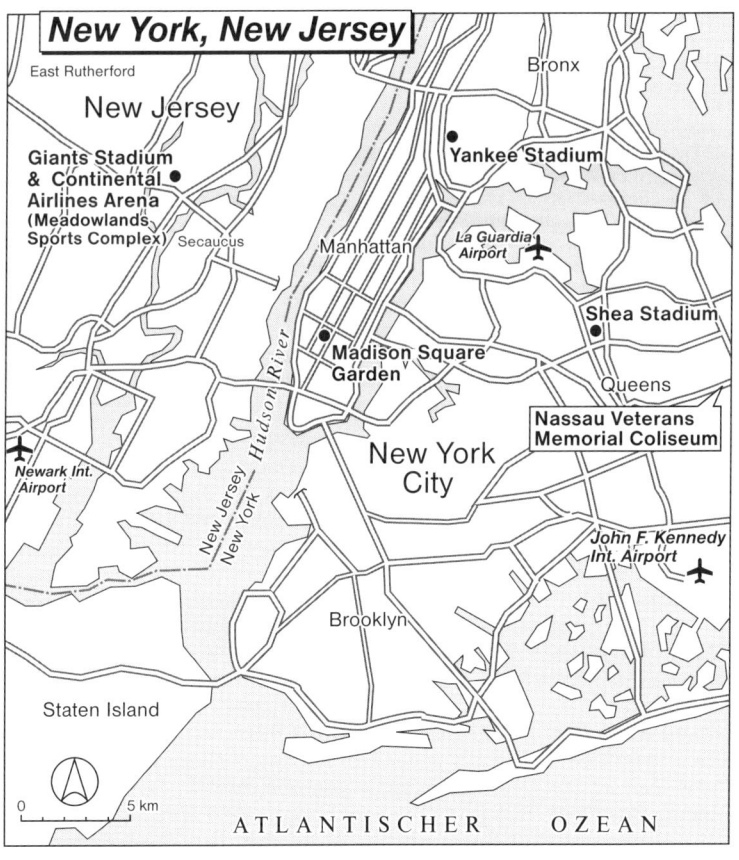

ML-Metropolen

Wer die Wahl hat, hat die Qual – Fans im Big Apple

Was läßt das Adrenalin der Fans auf den höchsten Pegel steigen? **Lokalderbys!** Sie sind in jeder Sportart das Salz in der Suppe, haben ihre eigenen Gesetze und Regeln. Gleichgültig, ob im Fußball in München die *Bayern* gegen die *Sechziger* antreten, im Eishockey sich die *Preussen Devils* und die *Eisbären Berlin* gegenüberstehen, oder im Basketball die Ulmer sich mit den Oberelchingern messen – wenn Nachbarvereine um Tore oder Punkte kämpfen, ist für Aktion gesorgt. Aber was ist dann erst los, wenn es in einer Region gleich in unterschiedlichen Sportarten mehrere Vereine gibt, wie es in New York der Fall ist!

Wer denkt bei **New York** nicht zu allererst an Straßenschluchten und Wolkenkratzer, Nachtleben und Broadway, an Museen und Shopping in der Fifth Avenue? Highlights über Highlights bietet die *city, that never sleeps,* auch gerne als *Big Apple* bezeichnet – und das auch im Sportbereich.

Drei **Clubs streiten sich in engster Nachbarschaft um die Gunst der Fans** und um Ruhm und Ehre in der NHL: die *New York Rangers, New York Islanders* und die *New Jersey Devils.* Zwei Clubs gehen in unmittelbarer Nähe auf Korbjagd: die *New York Knicks* und *New Jersey Nets.* Die beiden NFL-Footballteams, *New York Giants* und *New York Jets,* spielen sogar im selben Stadion in New Jersey, und schließlich spalten zwei Baseballteams, die traditionsreichen *New York Yankees* und die *New York Mets,* die Baseballfans der Stadt in zwei Lager.

Die Sportfans können sich also theoretisch ihren Lieblingsverein aus dem großen Angebot frei auswählen. Doch so einfach ist das nicht: In New York und im benachbarten New Jersey ist man nicht einfach Fan einer beliebigen Mannschaft, sondern wird quasi **als Anhänger eines bestimmten Teams geboren.** Denn wo man das Licht der Welt erblickt hat oder wo man wohnt, das sind die maßgeblichen Entscheidungskriterien.

Gerahmt vom Hudson und East River, wäre da zum einen **Manhattan,** die Heimat der *Rangers* (NHL) und *Knicks* (NBA). Die Anhänger dieser beiden Clubs gelten in den USA als die "Wilden", als unkultiviertes und rüpelhaftes Publikum. In der Tat werden im Madison Square Garden

tel, 70 Park Ave./E. 38th St., Tel. 687-7050; *Carlton Hotel,* E. 29th St/Madison Ave.; *RIHGA Royal Hotel,* 151 West 54th Street, Tel. 307-5000, Fax 765-6530; *The Best Western Manhattan;* 15 West 39th Street, Tel. 790-2700, Fax 790-2760; *N.Y. Hilton & Towers,* 1335 Avenue of the Americas (53rd/54th Sts.), Tel. 586-7000

•**Essen & Trinken:** Es gibt einfach alles: Von Pretzels und Bagels an der Straße über 24-Std.-Delis bis hin zu 5-Sterne-Toplokalen. Speziell Greenwich Village (Nachtleben!), SoHo und TriBeCa sind gute Tips, außerdem lohnt das Areal östlich der 6th Ave. zwischen 40th und 60th Sts.

•***Sportbars:*** *The Sporting Club,* 99 Hudson St., Tel. 219-0900; *Mickey Mantle's Restaurant and Sports Bar,* 42 Central Park South (Manhattan), Tel. 688-7777; weitere Sportbars konzentriert in Manhattan und in großen Hotels

•**Don't miss:** Metropolitan Museum of Art; Guggenheim Museum, Frick Collection; MoMA; SoHo; Chinatown; Greenwich Village; 5th Ave.; Central Park; N.Y. Stock Exchange;

ML-Metropolen

aus scheinbar gesitteten Büroangestellten fanatische Raudis und aus feinen Damen wahre Furien. Vom *Garden* aus sind es dann nur wenige Minuten zur *Meadowlands Arena,* wo die *Devils* und *Nets* zu Hause sind, und das *Nassau Coliseum* der *Islanders* kann mühelos mit dem Nahverkehrszug erreicht werden, der bezeichnenderweise im Untergeschoß des Madison Square Garden seine Endstation hat.

Die Bewohner Manhattans, die der angrenzenden New Yorker Stadtteile sowie jene auf der anderen Seite des Hudson Rivers, in **New Jersey,** haben seit jeher ein besonderes Verhältnis zueinander. Die weltmännischen New Yorker betrachten "die dort drüben" spöttisch als Proletarier und Hinterwäldler, in "Jersey" dagegen wünscht man sich nichts sehnlicher, als den "Schickimickis" aus New York eins auswischen zu können.

Vor allem im Eishockey ergreift die Rivalität die ganze Stadt: In Manhattan sind die legendären *Rangers,* einer der sechs "alten" NHL-Clubs, zu Hause, auf **Long Island,** wo die besser verdienenden New Yorker in noblen Vorortsiedlungen wohnen, die in den 80er Jahren so erfolgreichen *Islanders* – viermalige Stanley-Cup-Gewinner zwischen 1980 und 1983 – und dann wären da noch die *Devils* aus Jersey. Langweilig kann es da nie werden! Rangers-Superstar *Mark Messier* weiß, wovon er spricht, wenn er, gefragt nach der Bedeutung von Lokalderbys, meint, daß es so etwas nicht noch einmal gäbe, "woanders geht es zwar auch laut zu, aber wenn sich zwei New Yorker Teams gegenüberstehen, dann fliegen buchstäblich die Fetzen!"

Dabei stellt Eishockey nur die Spitze des Eisberges dar, denn auch im Basketball, Baseball oder Football geht es nicht anders zu: Wer in den USA schon einmal Profispiele besucht hat, dem wird die **Andersartigkeit der New Yorker Fans** aufgefallen sein. Während in anderen Sportarenen die Zuschauer ins Stadion pilgern, als würden sie eine Oper besuchen, und sich auch entsprechend benehmen, werden in New York, vor allem im Madison Square Garden, gegnerische Teams wüst beschimpft, ausgebuht und ausgepfiffen. Ausschreitungen sind jedoch trotz aller schlechter Manieren der New Yorker selten, die Unmutsäußerungen und Auseinandersetzungen spielen sich allein auf verbaler Ebene ab, von einem über den Vordermann gekippten Bier einmal abgesehen …

WTC; South Street Seaport; Statue of Liberty; Rockefeller Center; Theater District/Broadway
- **Medien:** *New York Times,* sonntags mit Veranstaltungskalender, weitere Infos im CVB
- **Shopping:** *Macy's,* 34th/Broadway; Trump Tower; South Street Seaport; Greenwich Village u.v.m.

Sportshops: Der beste Souvenirladen befindet sich im Madison Square Garden, Zugang an der Ecke 8th/33rd, mit Artikeln der einheimischen, aber auch aller anderen Sportteams der Stadt.

ML-Teams
- **MLB**

New York Yankees
Yankee Stadium
Bronx, NY 10451
Tel. (718) 293-4300, Fax 293-8414

New York Mets
Shea Stadium
126th St. & Roosevelt Ave.
Flushing, NY 11368
Tel. (718) 507-5387, Fax 565-4382

- **NBA**

New York Knicks
Madison Square Garden
Two Pennsylvania Plaza

ML-Metropolen

New York Yankees

New York Knicks

New York Giants

New York Islanders

New York Jets

New York Rangers

New York, NY 10121-0091
Tel. (212) 465-6000, Fax 465-6498
●*NFL*
New York Giants
Giants Stadium
East Rutherford, NJ 07073
Tel. (201) 935-8111, Fax 935-8493
New York Jets
1000 Fulton Avenue
Hempstead, NY 11550
Tel. (516) 538-6600, Fax 538-6074
●*NHL*
New York Islanders
Nassau Veterans' Memorial Coliseum
Uniondale, NY 11553
Tel. (516) 794-4100, Fax 542-9348
New York Rangers
Madison Square Garden, 14th Floor
2 Pennsylvania Plaza
New York, NY 10121
Tel. (212) 465-6000, Fax 465-6494
●*MLS*
New York/New Jersey MetroStars
One Harmon Plaza, 8th Floor
Secaucus, NJ 07094
Tel. (201) 531-2800, Fax 531-2860
Yankee Stadium
●*Team:* *N.Y. Yankees* (MLB)
●*Adresse:* *The Bronx*
●*Fassungsvermögen:* 57.545
●*Eröffnung:* 1923 – Umbau in näherer Zukunft geplant
●*Tickets:* Tel. (718) 293-6000 o. *TicketMaster* (212) 307-1212, Mo-So 9-17 Uhr, $ 6.50 - 23, schriftliche Bestellung: *N.Y. Yankees,* Mail Order Dept., Yankee Stadium, The Bronx, NY 10451
●*Nahverkehr:* Nr. 4, C oder D Subway-Linie zur 161 Street Station bzw. Bus BX6, BX13 oder 35
●*Parken:* Nicht empfehlenswert, da wenig Plätze vorhanden und teuer.

Möglichkeit: *Grand Concourse,* 161st St. (3 Blocks östlich)
●*Imbiß:* *Café Olé, Yankees Bakery, Food Court* auf dem Lower Level; leckere Hot dogs und hervorragende Bierauswahl, wie z.B. Old Thumper oder Rhino Chaser
●*Treffs:* *Sidewalk Cafe,* zwischen Stadion und Garage No. 8 – Essen vor dem Spiel für Dauerticketbesitzer; 161st St. nahe Stadium lohnend
●*Something special:* *The House that Ruth built* – hier feierte *Babe Ruth* seine größten Erfolge, und auch *Lou Gehrig* war hier zu Hause. Ein legendärer Platz also für ein spektakuläres Team, das zuletzt 1996 wieder Meister wurde. Hier kann man Baseball noch richtig genießen.

Shea Stadium
●*Team:* *New York Mets* (MLB)
●*Adresse:* 126th St./Roosevelt Ave. in Flushing, Queens, NY
●*Fassungsvermögen:* 55.601
●*Eröffnung:* 1964
●*Tickets:* Tel. (718) 507-8499, Mo-Fr 9.30-17.30 Uhr, $ 6.50-17
●*Nahverkehr:* Subway Nr. 7 (Willets Point)
●*Parken:* 7000 Parkplätze ($ 5) am Stadium, zusätzliche Plätze an der Roosevelt Ave. Aussichtslos während des U.S. Tennis Open!
●*Imbiß:* Deli-Sandwiches, Kosher Hot dogs, Pizzas, *Carvel Ice Cream,* gutes Bier und "atemberaubendes" Carolina BBQ
●*Treff:* *Mazzilli's Sports Cafe,* Tel. 877-6787, s.o. N.Y.
●*Something special:* Interaktiver Theme-Park namens *Nickelodeon Ex-*

ML-Metropolen

treme Baseball angeschlossen, ansonsten machen die auf La Guardia landenden Flugzeuge mehr Lärm als die Fans.

Madison Square Garden (MSG)
- **Teams:** *New York Knicks* (NBA), *New York Rangers* (NHL), *New York Liberty* (WNBA)
- **Adresse:** 4 Pennsylvania Plaza
- **Fassungsvermögen:** 19.763 *(Knicks)*, 18.200 *(Rangers)*
- **Eröffnung:** 1968
- **Tickets:** *Knicks* – Tel. (212) 465-6471 o. 465-4856, *TicketMaster* 307-7171 u.a., Mo-Sa 10-18 Uhr *(Knicks)*, $ 14-95; *Rangers* – Tel. 465-6040 *o.* *TicketMaster* 308-NYRS, s.o., Mo-Sa 10-20, So 11-19 Uhr, $ 14-85
- **Nahverkehr:** Subway A, C, E, 1, 2, 3 und 9 halten an der Pennsylvania Station/34th St., unter dem MSG
- **Parken:** wenig empfehlenswert, da in Downtown Manhattan befindlich
- **Imbiß:** das Übliche sowie *End Court Bar*, Gate 64 (Lower Level)
- **Treffs:** *Charley O's,* 9 Penn Plaza, im MSG-Komplex, Tel. 630-0343; *Play-by-Play Sportbar,* am Garden, 33rd St./7th Ave., Tel. 465-5888
- **Something special:** der vierte MSG an derselben Stelle, auch andere Massen-Veranstaltungen, wie Zirkus oder Konzerte, finden hier statt. Die wohl legendärste Sporthalle der USA, in der zwei Traditionsteams spielen. Das Publikum ist nicht nur laut und oft rüpelhaft, sondern zugleich sehr kritisch – auch gegenüber den Leistungen der eigenen Mannschaft.

Giants Stadium
- **Teams:** *New York Giants* (NFL), *New York Jets* (NFL) und *MetroStars* (MLS)
- **Adresse:** 50, Route 120, East Rutherford, NJ
- **Fassungsvermögen:** 78.148 *(Giants)*, 77.803 *(Jets)*, 25.546-77.000 *(MetroStars)*
- **Eröffnung:** 1976
- **Tickets:** *Giants* – Tel. (201) 935-9222 o. 507-8900, Mo-Fr 9-16.45, $ 35-40; *Jets* – Weeb Ewbank Hall, Hofstra University, 1000 Fulon St., Hempstead, NY 11550, Tel. (516) 538-7200 o. (201) 507-8900, Mo-Fr 9-17 Uhr, $ 25-35; *Metro Stars* – Tel. 531-2865 o. 460-4355, $ 9-30
- **Nahverkehr:** Shuttle-Service ab Port Authority Bus Terminal, Manhattan – Infos: Tel. 762-5100
- **Parken:** über 30.000 Parkplätze rund ums Stadion, $ 5, häufig Staus
- **Imbiß:** Bier erhältlich, Chili (Lower Level), Pretzels, Hot dogs
- **Treffs:** *Manny's,* Moonachie, Tel. 939-1244, Brunch und Shuttleservice; *The Park & Orchard,* 240 Hackensack Ave., East Rutherford, Tel. 939-9292; *Tri-Boro Diner,* Saddle Brook, Tel. 343-7651
- **Something special:** Blick auf die Manhattan Skyline! Ex-Giants-Teamboss *Jimmy Hoffa* soll unter dem Stadion begraben sein. Zwei Football-Teams – zwei Fanwelten, man muß einmal hier gewesen sein.

Nassau Veterans' Memorial Coliseum
- **Team:** *New York Islanders* (NHL)
- **Adresse:** Uniondale, NY
- **Fassungsvermögen:** 16.297
- **Eröffnung:** 1972

ML-Metropolen

- **Tickets:** Tel. 1-800-882-4753 o. *TicketMaster* (516) 888-9000 o. (212) 307-7171, Mo-Sa 10.45-17.30 Uhr, $ 19-50
- **Nahverkehr:** *Long Island Railroad* bis Hempstead Station, ab hier Busse N70, N71 und N72 – Infos: Tel. 222-1000 – umständlich zu erreichen
- **Parken:** 6800 Parkplätze
- **Imbiß:** Hebrew National Hot dogs, *Pizza Hut* u.a.
- **Treffs:** *Mulcahy's,* Wantagh; *T.G.I. Friday's,* Uniondale, Tel. 832-8320
- **Something special:** Ansager *Rich Kahn* ist mindestens ebenso spektakulär wie die Rangers-Islanders-Spiele selbst.

Buffalo, NY

Praktische Tips
- **Telefonvorwahl:** 716
- **Infos:** *Greater Buffalo CVB,* 107 Delaware Ave., Buffalo, N.Y. 14202, Tel. 852-0511 o. 1-800-283-3256
- **Nahverkehr:** Metro-Busse und Lightrail – Infos: Tel. 855-7211 o. 855-7300
- **Unterkunft:** *Holiday Inn Buffalo Gateway,* 601 Dingens St., Tel. 896-2900; *Buffalo Exit 53 Motor Lodge,* 475 Dingens St., Tel. 896-2800
- **Essen & Trinken:** Spezialitäten sind Buffalo Wings und Seafood; *The Anchor Bar,* Main/High Sts.; *Brennan's Bowery Bar,* Clarence Mall; *Duff's,* Sheridan Dr./Millersport Hwy.; *Stash & Stella's,* in der *Walden Galleria Mall*
- **Unterhaltung:** Das Nachtleben spielt sich vor allem entlang der Elmwood Ave. nördlich Downtown ab
- **Don't miss:** Niagara Falls; Albright-Knox Art Gallery; Theodore Roosevelt Inaugural National Historic Site; Buffalo and Erie County Historical Museum; City Hall/Niagara Square
- **Medien:** *Buffalo News*
- **Shopping:** **Dick's, Clothing & Sporting Goods,* mehrere Filialen im Umkreis (s. Telefonbuch); *Buffalo Place; Main Place Mall; Broadway Market; Walden Galleria*

ML-Teams
- **NFL**
Buffalo Bills
One Bills Drive
Orchard Park, NY 14127
Tel. (716) 648-1800, Fax 648-3202

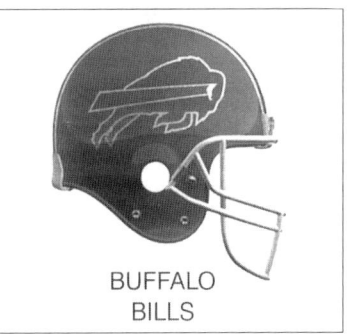

Buffalo Bills

- **NHL**
Buffalo Sabres
1 Main Street
Buffalo, NY 14202
Tel. (716) 855-4100, Fax 855-4110

Rich Stadium
- **Team:** *Buffalo Bills* (NFL)
- **Adresse:** 1 Bills Drive, Orchard Park, NY (im Süden der Stadt)
- **Fassungsvermögen:** 80.024
- **Eröffnung:** 1973

ML-Metropolen

Buffalo Sabres

- **Tickets:** Tel. (716) 649-0015, Mo-Do 8-18, Fr 8-19, Sa 8-16 Uhr, $ 26-41
- **Nahverkehr:** Metro-Busse 14B und 14C zum Stadion
- **Parken:** knapp bemessen, daher mindestens zwei Stunden vorher ankommen!
- **Imbiß:** italienische und polnische Würstchen, *Sahlen's Hot dogs;* nur Lite- und alkoholfreies Bier
- **Treffs:** *Salfranco's,* Tel. 649-7644, *Rettig's,* Tel. 649-9673 – beide in Stadionnähe; *Jim Kelly's Sport City Grill,* Main St. (2 Blocks vom Stadion entfernt), Tel. 849-1200
- **Something special:** Tailgate Parties! Eines der größten NHL-Stadien mit fantastischem Publikum, das selbst bei Eis und Schnee südländisches Temperament an den Tag legt.

Marine-Midland Arena
- **Team:** *Buffalo Sabres* (NHL)
- **Adresse:** 1 Seymour H. Knox III Plaza
- **Fassungsvermögen:** 18.500
- **Eröffnung:** 1996

- **Tickets:** Tel. (716) 855-5000, $ 15-70
- **Nahverkehr:** im Stadtzentrum, Nr. 8 Main Light Rail
- **Parken:** *The Aud Lot* ist ein großer Parkplatz, dennoch besser rechtzeitig ankommen. Im Umkreis außerdem mehrere kleinere Parkplätze, die mit wachsender Entfernung zur Arena billiger werden
- **Imbiß:** Beef on Weck (Roastbeef-Semmel) als Schmankerl
- **Treffs:** *Jim Kelly's Sport City Grill,* s.o.; *Garcia's Irish Pub,* gegenüber dem alten Stadion
- **Something special:** In der nagelneuen Halle mitten in Downtown versammelt sich die lautstarke Anhängerschaft des Teams, vorwiegend aus der Arbeiterklasse.

Der legendäre Spielemacher der Buffalo Bills: Kim Kelly (Buffalo Bills)

East Rutherford, NJ

Praktische Tips
- **Infos:** siehe New York, ca. 15 km vom Zentrum Manhattans entfernt im Bundesstaat New Jersey
- **Telefonvorwahl:** 201

ML-Teams
- **NBA**

New Jersey Nets
405 Murray Hill Parkway
East Rutherford, NJ 07073
Tel. (201) 935-8888, Fax 935-1088

New Jersey Nets

- **NFL** (s.o. New York)

New York Giants
Giants Stadium
East Rutherford, NJ 07073
Tel. (201) 935-8111, Fax 935-8493

- **NHL**

New Jersey Devils
Meadowlands Arena
P.O. Box 504
East Rutherford, NJ 07073
Tel. (201) 935-6050, Fax 935-2127

- **MLS** (s.o. New York)

New York/New Jersey MetroStars

New Jersey Devils

One Harmon Plaza, 8th Floor
Secaucus, NJ 07094
Tel. (201) 531-2800, Fax 531-2860

Continental Airlines Arena
(vormals Brendan Byrne Arena)
- **Teams:** *New Jersey Nets* (NBA) und *New Jersey Devils* (NHL)
- **Adresse:** East Rutherford, NJ, im Meadowlands Sports Complex
- **Fassungsvermögen:** 20.029 *(Nets)*, 19.040 *(Devils)*
- **Eröffnung:** 1981
- **Tickets:** *The Meadowlands,* Tel. (201) 935-8888 o. *TicketMaster* (212) 307-7171 u.a., Mo-Fr 9-18, Sa 10-18, So 12-17 Uhr, ab $ 16 *(Nets)*, $ 14-35 *(Devils)*
- **Nahverkehr:** Shuttle-Busse ab *Port Authority* Bus Terminal Manhattan – Infos: Tel. 762-5100
- **Parken:** gesamt rund 29.000 Parkplätze, freier Shuttle-Service zwischen Arena und Parkplätzen
- **Imbiß:** *Carvel Ice Cream, Hebrew National Hot* dogs, Kartoffel-Knish, Jumbo Pretzels, auch Bier

ML-Metropolen

- **Treffs:** mehrere Spots in Secaucus, wie *Moonshine Jugs,* Tel. 348-1700, oder *Jersey Sports Cafe* in East Rutherford, Tel. 933-3308
- **Something special:** Sehenswertes Stadion, dessen Basketballpublikum, außer wenn die *Knicks* kommen, eher fade ist. Beim Eishockey ist dagegen mehr geboten.

Giants Stadium (siehe New York)
N.Y. Giants, N.Y. Jets (beide NFL), *MetroStars* (MLS)

Philadelphia, PA

Praktische Tips
- **Telefonvorwahl:** 215
- **Infos:** *Tourist Office,* 1525 John F. Kennedy Blvd./16th St., Tel. 636-1666; *National Park Service Visitors Center,* 3rd zw. Chestnut/Walnut Sts., Tel. 597-8974
- **Nahverkehr:** *Southeastern Pennsylvania Transportation Authority (SEPTA)* – Infos: Tel. 580-7800, zwei U-Bahnlinien und Busse
- **Unterkunft:** *Holiday Inn-Independence Mall,* 400 Arch St., Tel. 923-8660, mitten im Zentrum; *Latham,* 135 S. 17th St., Tel. 563-7474, intim und nobel; *Motel 6,* 43 Industrial Hwy, Tel. (610) 521-6650, in Essington, preiswert, aber ab vom Schuß
- **Essen & Trinken:** Spezialität Cheese Steak, außerdem Hoagies und Soft Pretzels; South Street zw. Front und 7th, Sansom Street (17-18th St.) und Second St. (Chestnut-Market Sts.) sowie Chinatown und South Philly, University City und der Italian Market, 9th St., lohnend. z.B. *Rib-It,* 52 South 2nd St., Tel. 568-1555; *Dickens Inn,* 421 South 2nd St., Tel. 928-9307, englischer Pub auf dem noblen Society Hill; *Downey's,* Front/South St., Tel. 629-0526, irischer Pub, auch Seafood
- **Don't miss:** Fairmount Park; Elfreth's Alley; Liberty Bell und Independence Hall; Penn's Landing; Society Hill; Museum of Art; Barnes Collection
- **Medien:** *Philadelphia Inquirer,* Fr mit Veranstaltungskalender, außerdem *City Paper* und *Philadelphia Weekly* als informative Wochenzeitungen
- **Shopping:** *Penn's Landing,* Market/Lombard; *Wanamaker's,* 9th/Market; *Gallery,* 5th/Market; *MOOM – Manufacturer's Outlet Mall,* Turnpike/Exit 22, Morgantown

ML-Teams
- **MLB**

Philadelphia Phillies
P.O. Box 7575
Philadelphia, PA 19101
Tel. (215) 463-6000, Fax 389-3050

Philadelphia Phillies

Die Legion des Verderbens

Legion of Doom, Legion des Verderbens – wer denkt da schon an eine **Sturmreihe im Eishockey?** Aber man kennt ja die Vorliebe der Nordamerikaner für ausgefallene Spitznamen, und einen besonderen hat die erste Reihe der **Philadelphia Flyers** tatsächlich verdient: Alle drei Stürmer messen mindestens 1,90 Meter und wiegen runde 100 Kilogramm. Wie Dampfwalzen rollen sie übers Eis und nieten jeden Gegner unbarmherzig um.

Als vor drei Jahren Flyers-Trainer *Terry Murray* dem überragenden *Eric Lindros* den Schweden *Mikael Renberg* und seinen kanadischen Landsmann *John LeClair* zur Seite stellte, ging ein Raunen durch die NHL. Die "Legion of Doom", körperlich und spielerisch die derzeit überragende Sturmreihe im Eishockey, machte aus dem vormaligen Punktelieferanten Philadelphia einen ernstzunehmenden Meisteraspiranten und löste ein **Umdenken unter den Trainern** aus. Plötzlich waren nicht mehr die schnellen, aber meist kleinen und körperlich unterlegenen Europäer begehrt, sondern nun träumte jede Mannschaft von ihrer "eigenen Legion des Verderbens", von einer Sturmreihe mit nicht nur körperlich überragenden Akteuren. Die Realisierung blieb den meisten versagt, erfolgreich waren neben Philadelphia nur ein paar, wie beispielsweise die *Colorado Avalanche,* mit *Peter Forsberg, Claude Lemieux* und *Valeri Kamensky.*

Philadelphias Eishockeyfans zählen zu den treuesten der NHL, bis auf den letzten Platz füllen sie regelmäßig die Halle und stehen wie ein Mann hinter ihren *Flyers.* Seit *Eric Lindros* träumen sie wieder vom Gewinn des Stanley Cups und erinnern sich an die guten alten Zeiten, als das Team aus der *City of Brotherly Love* die NHL in Angst und Schrecken versetzte und 1974 und 1975 den Titel nach Philadelphia holte. Mit der *Legion of Doom* in ihren Reihen knüpfen die *Flyers* nun an jene glorreiche Epoche an.

Philadelphia 76ers

- **NBA**

Philadelphia 76ers
1 CoreStates Complex
Philadelphia, PA 19148
Tel. (215) 339-7600, Fax 339-7632

- **NFL**

Philadelphia Eagles
Veterans Stadium
3501 S. Broad Street
Philadelphia, PA 19148
Tel. (215) 463-2500, Fax 339-5464

Philadelphia Eagles

ML-Metropolen

Philadelphia Flyers

● **NHL**
Philadelphia Flyers
1 CoreStates Complex
Philadelphia, PA 19148
Tel. (215) 465-4500, Fax 389-9403

Veterans Stadium
● **Teams:** *Philadelphia Phillies* (MLB), *Philadelphia Eagles* (NFL)
● **Adresse:** 3501 S. Broad St./Pattison Ave.
● **Fassungsvermögen:** 62.382 *(Phillies),* 65.352 *(Eagles)*
● **Eröffnung:** 1971
● **Tickets:** *Phillies* – Gate B, Pattison Ave./Broad St., Tel. (215) 463-1000 o. 463-6025, schriftliche Bestellung: Philadelphia Phillies, P.O. Box 7575, Philadelphia, PA 19101, Mo-Fr 9-20, Sa-So 10-16 Uhr, $ 5-16; *Eagles* – Tel. 463-5500 o. *TicketMaster* 336-2000, Mo-Fr 9-17 Uhr, $ 40
● **Nahverkehr:** Subway Broad Street/Orange Linie Southbound bis Pattison/Broad
● **Parken:** 14.000-16.000 Plätze am Stadion sowie weitere am nahe gelegenen alten Spectrum (schnellere Abfahrt!); bei frühzeitiger Ankunft entlang der Pattison und auf Seitenstraßen
● **Imbiß:** Cheese Steaks und verschiedene Hot dogs, fast 30 verschiedene Biersorten, doch relativ teuer
● **Treffs:** Italian Market mit *Pat's King of Steaks,* 1237 E. Passyunk Ave., South Philly, Tel. 339-9872, beste Cheese Steaks der Stadt! Lohnend ist auch die South Street zwischen Front und 7th sowie Chinatown; das *Stadium Holiday Inn,* Tel. 755-9500, ist ein beliebter Treff nach dem Spiel
● **Something special:** *The Vet* ist wegen seines schlechten AstroTurfs (Kunstrasen) und seiner fehlenden Überdachung unbeliebt; die Fans sind jedoch, vor allem beim Football, voll bei der Sache.

CoreStates Center
● **Teams:** *Philadelphia 76ers* (NBA), *Philadelphia Flyers* (NHL)
● **Adresse:** 1 CoreStates Complex
● **Fassungsvermögen:** 21.000 *(76ers),* 19.500 *(Flyers)*
● **Eröffnung:** 1996 (Vorgänger: The Spectrum)
● **Tickets:** *76ers* – Tel. 339-7676, ab $ 12; *Flyers* – Tel. 336-2000, ab $ 15.
● **Nahverkehr:** *Broad Street Subway* (Endstation Broad/Pattison), südliche Stadtrandlage neben dem Veterans Stadium
● **Parken:** ca. 10.000 Parkplätze um die Halle sowie um das alte Spectrum
● **Imbiß:** Pretzels mit Senf, Cheese Steaks; *Red Bell Brewery & Pub,* einzige Microbrewery in einem Stadion; *Victor's Club Restaurant*
● **Treffs:** s.o.

ML-Metropolen

●**Something special:** Berühmt-berüchtigtes lautes Eishockeypublikum; im nagelneuen Center auch Sammlung von Erinnerungsstücken beider Mannschaften.

Pittsburgh, PA

Praktische Tips
●**Telefonvorwahl:** 412
●**Infos:** *CVB,* 4 Gateway Center, Tel. 281-7711
●**Unterkunft:** *Holiday Inn Central, Holyday Drive; Red Roof Inn,* 6404 Stubenville Pike, Tel. 787-7870
●**Essen & Trinken:** Oakland (University of Pittsburgh), besonders Forbes Ave; Strip District, Penn Ave. (16th-22nd), lohnende Spots, z.B. *The Elbow Room,* 5744 Ellsworth Ave., Tel. 441-5222; schräg gegenüber: *Harris' Grill-A Cafe,* 5747 Ellsworth Ave., Tel. 464-0833
●**Don't miss:** Point State Park; Fort Pitt; University of Pittsburgh; Andy Warhol Museum; Frick Art Museum
●**Shopping:** Golden Triangle (Downtown) mit Shops aller Art.

ML-Teams
●**MLB**
Pittsburgh Pirates
P.O. Box 7000
Pittsburgh, PA 15212
Tel. (412) 323-5000, Fax 323-5024
●**NFL**
Pittsburgh Steelers
Three Rivers Stadium
300 Stadium Circle
Pittsburgh, PA 15212
Tel. (412) 323-1200, Fax 323-1393
●**NHL**
Pittsburgh Penguins
Civic Arena

Pittsburgh Pirates

Pittsburgh Steelers

Pittsburgh Penguins

Pittsburgh, PA 15219
Tel. (412) 642-1300, Fax 642-1859

Three Rivers Stadium
- **Teams:** *Pittsburgh Pirates* (MLB), *Pittsburgh Stealers* (NFL)
- **Adresse:** 600 Stadium Circle
- **Fassungsvermögen:** 47.972 *(Pirates)*, 59.600 *(Stealers)*
- **Eröffnung:** 1970 – vage Pläne für einen Umzug nach Downtown liegen vor
- **Tickets:** *Pirates* – Gate A, Tel. (412) 323-5000, *TicketMaster* Tel. 323-1919 o. 1-800-366-1212, schriftlich: Pittsburgh Pirates, Three Rivers Stadium, P.O. Box 7000, Pittsburgh, PA 15212; Mo-Sa 9-18 Uhr, $ 5-15; *Stealers* – Tel. 323-1200, schriftl.: Pittsburgh Steelers, P.O. Box 6763, Pittsburgh, PA 15212, Mo-Fr 9-17, Sa 9-12 Uhr an Spieltagen, $ 30 – kaum Tickets zu bekommen!
- **Nahverkehr:** Shuttle-Busse ab Downtown, Wood Street, ab 90 Min. vor Spielbeginn im 10-15 Min.-Takt – Infos: Tel. 442-2000, oder *Port Authority Transit,* Tel. 231-5707
- **Parken:** 4000 Plätze ums Stadion und weitere in der Umgebung (Allegheny Ave.)
- **Imbiß:** *Primanti Bros.* (berühmte Sandwiches), *Benkovitz* (Fisch), *Beers of the World* (Stadtbrauerei: *Iron City)*
- **Sportbars:** *Clark Bar & Grill,* Martindale St., Tel. 231-3720, schräg gegenüber vom Parkplatz vor Gate B, im Clark Building; *The Grand Concourse at Station Square,* über dem Fluß, Tel. 261-1717
- **Something special:** Die *Pirates* sind ein über 100 Jahre alter Club und im Gegensatz zu den *Steelers* derzeit wenig erfolgreich. Bekannt für ausgiebige Tailgate-Parties!

Pittsburgh Civic Arena
- **Teams:** *Pittsburgh Penguins* (NHL)
- **Adresse:** 300 Auditorium Place
- **Fassungsvermögen:** 17.181
- **Eröffnung:** 1961
- **Tickets:** 300 Auditorium Place, Tel. (412) 642-1985 o. 333-7328, Mo-Fr 8.30-17.30 Uhr, $ 22.50 (eingeschränkte Sicht) bis $ 50
- **Nahverkehr:** Subway-Stop Steel Plaza, mehrere Busstops in der Umgebung
- **Parken:** fünf Parkplätze rund um die Arena (schnell gefüllt!), außerdem am Chatham Center, am St. Francis Central Hospital sowie bei der Duquesne University
- **Imbiß:** lokales Iron-City-Bier, Nachos usw.
- **Treffs:** Forbes Ave. lohnend nach dem Spiel – z.B. *Souper Bowl,* Tel. 471-0416 o. *Corleone's Pizza,* Tel. 281-8181
- **Something special:** Das Dach des Stadions *On The Hill* kann geöffnet werden. Vor Einzug der *Penguins* war hier wenig erfolgreich die Civic Light Opera zu Hause.

Baltimore, MD

Praktische Tips
- **Telefonvorwahl:** 410
- **Infos:** *Baltimore Area Visitors Center,* 400 W. Pratt/Howard Sts., Tel. 837-4636 o. 1-800-282-6632
- **Nahverkehr:** *Mass Transit Administration (MTA)* – Infos: Tel. 333-3434 o. 539-5000, Metro und Busse sowie Wassertaxis

„Simply the Best" – Eishockeylegende Mario Lemieux

Als zwei Minuten vor Spielende „Simply the Best" von *Tina Turner* aus den Lautsprechern erschallte und die Highlights einer großen Karriere über die Anzeigentafel flimmerten, erzielte er als krönenden Abschluß sein letztes Tor: **„Super-Mario" Lemieux.** Mehr als 17.000 Fans feierten minutenlang euphorisch ihren Liebling, und selbst der hartgesottene Crack zeigte sich zu Tränen gerührt. Anlaß war allerdings nicht das eben erzielte Tor, das übrigens das Ausscheiden seiner *Pittsburgh Penguins* aus den Play-offs gegen die *Philadelphia Flyers* nicht mehr abwenden konnte, sondern vielmehr, daß *„Le Magnifique"*, der Großartige, endgültig seine Schlittschuhe an den Nagel hängte – auf dem Höhepunkt seiner Karriere, mit 31 Jahren!

Zwischen Lemieux' Debut in der NHL, im Oktober 1984 in Boston, und der Verabschiedung in Philadelphia am 26. April 1997 liegen 834 NHL-Spiele, 683 Tore, 966 Vorlagen und 1.649 Skorerpunkte. Eine **beeindruckende Bilanz,** die nur noch *Wayne Gretzky* überbietet, der für den in Montrèal geborenen *Lemieux* immer ein Vorbild war. Quasi im Alleingang hatte *Mario* die maroden *Pittsburgh Penguins* auf Vordermann gebracht. *„Michael Jordan"* auf Schlittschuhen nannte man ihn überschwenglich, dank seiner unglaublichen Geschicklichkeit im Umgang mit dem Puck, seiner Schnelligkeit und seines unvergleichlichen Torinstinkts.

Doch nicht nur Glanzlichter, sondern auch **Rückschläge und gesundheitliche Probleme** gehörten zur Laufbahn des Topstars. Erst ständige Rückenprobleme, dann Lymphdrüsen-Krebs mit nachfolgender Anämie – ein ums andere Mal wurde der 1,95 m große und 102 kg schwere Hühne aus dem Rennen geworfen. Doch er gab nie auf, arbeitete nach überstandener Krankheit und Ausfall während der gesamten Spielzeit 1994/95 verbissen an seinem **Comeback,** das ihm auch, zur Überraschung vieler gelang: „Ich kehre nicht aufs Eis zurück, um nur mitzuspielen. Ich möchte besser werden als je zuvor" lautete seine Devise. Sprach's und fegte wie in alten Tagen übers Eis, kämpfte mit vollem Einsatz und erzielte Tor um Tor. Es war kein normales Comeback, es war eine Wiedergeburt.

Doch dann bremste *Lemieux* die Euphorie der Fans, beklagte sich zunehmend über die fortschreitend rauhe Spielweise in der NHL, über Halten und Haken, unterbrochenen Spielfluß und unnötige Härte – und vor allem über das Nichteingreifen der Liga: „Das ist nicht mehr mein Spiel!". Als die NHL entgegen Versprechungen keine Maßnahmen ergriff, traf *Lemieux* einen folgenschweren Entschluß: **Rücktritt** nach der Spielzeit 1996/97. Mittlerweile hat das Familienleben für *„Super-Mario"* oberste Priorität, doch in Vergessenheit geraten wird *„Le Magnifique"* dennoch nicht, hat er doch für unvergeßliche Momente im Eishockeysport gesorgt, Auszeichnungen über Auszeichnungen auf sich vereint und sich in der Bestenliste auf alle Zeiten verewigt, unter anderem als Stanley-Cup-Sieger 1991 und 1992 mit Pittsburgh.

- **Unterkunft:** entlang Pulaski Hwy. mehrere billige Motels
- **Essen & Trinken:** Spezialität sind Krabben und Crab Cakes, z.B. *Light Street Pavilion* am *Harborplace* oder entlang Pratt/Light Sts. mehrere Stände; *Lexington Market,* 400 W. Lexington/Eutaw St.; *Obryckie's,* 1727 E. Pratt St., Tel. 732-6399, hervorragende Krabben; *Baltimore Brewing Co.,* 104 Albermarle St., Tel. 837-5000
- **Don't miss:** National Aquarium (Pier 3); Walters Art Gallery; *Babe Ruth Birthplace & Baltimore Orioles Museum, 216 Emory St., Tel. 727-

1539, tgl. 10-17 bzw. 16 Uhr; Little Italy; Fells Point

ML-Teams
●MLB
Baltimore Orioles
Oriole Park at Camden Yards
333 W. Camden Street
Baltimore, MD 21201
Tel. (410) 685-9800, Fax 467-5333
●NFL
Baltimore Ravens
11001 Owings Mills Blvd.
Owings Mills, MD 21117
Tel. (410) 654-6200, Fax 654-6212

Baltimore Orioles

Baltimore Ravens

Oriole Park at Camden Yards
●**Team:** *Baltimore Orioles* (MLB)
●**Adresse:** 333 W. Camden St.
●**Fassungsvermögen:** 48.079
●**Eröffnung:** 1992
●**Tickets:** Tel. (410) 685-9800 o. *TicketMaster* 481-7328 u.a., Mo-Sa 9-18, So 12-17 Uhr, $ 5-25
●**Nahverkehr:** zahlreiche Buslinien, Metro bis Lexington Market o. Charles Center Station, ab hier Shuttlebusse
●**Parken:** nur 5000 Plätze direkt am Stadion, aber genügend weitere in Downtown
●**Imbiß:** *Maryland's Chesapeake Bay Crab Cake,* Bier
●**Treffs:** *Boog's BBQ (Boog Powell,* Ex-1st-Baseman als Besitzer) – eine Legende; *Bambino's Ribs,* neben Boog's – beide mit Riesen-Angebot an ausgezeichneten Bieren; angegliedertes B&O Warehouse mit Restaurants, Bars etc.; legendär ist der *Club 4100,* im Arbeiterviertel Brooklyn
●**Something special:** Gutes Beispiel für gelungene moderne Stadionarchitektur, nicht zu groß und daher meist Mordsstimmung. Gilt schon jetzt als eines der besten Baseballstadien aller Zeiten.

Memorial Stadium
●**Team:** *Baltimore Ravens* (NFL)
●**Adresse:** 1000 East 33rd Street
●**Fassungsvermögen:** 65.000
●**Eröffnung:** 1998 Umzug in ein neues Stadion in Downtown, nahe Oriole Park at Camden Yards, neben dem *B&O Warehouse*
●**Tickets:** Tel. (410) 654-6200 o. 1-888-9-RAVENS, $ 75
●**Something special:** Die *Ex-Cleveland Browns* sind erst seit 1997 hier

"Mister Zuverlässig"

Der Unmut der Sportfans in aller Welt über die Millionengehälter der Stars auf der einen Seite und die Mimosenhaftigkeit vieler Akteure auf der anderen ist in den letzten Jahren gewachsen. Dennoch gibt es immer wieder Ausnahmen, Sportler, denen die Nation uneingeschränkt zu Füßen liegt. Im September 1995 feierte die baseballverrrückte Stadt Baltimore und Millionen von Amerikanern einen derartigen **Ausnahmeathleten: Cal Ripken Jr.**

An jenem Abend stand eigentlich ein ganz gewöhnliches Punktspiel der *Baltimore Orioles* an, doch diesmal waren es Millionen – darunter auch US-Präsident Bill Clinton –, die dieses Ereignis am Bildschirm oder im Stadion mitverfolgten – und feierten. Dafür, daß Cal Ripken zum **2131. Punktspiel in Serie** angetreten war, erhielt er eine halbstündige Standing Ovation. Dem Spieler selbst war bei dem ganzen Trubel sichtlich unwohl, hatte er doch seiner Meinung nach gar nichts Besonderes geleistet.

Doch Baseballfans wußten, was sich hinter der ungeraden Zahl verbarg: Ripken hatte damit einen 50 Jahre alten **Rekord** gebrochen und damit ein Stück Baseballgeschichte geschrieben. *Lou Gehrig*, 1949 an einer bis heute unheilbaren Muskelkrankheit – der Amyotrophischen Lateral Sklerose, auch *Lou-Gehrig-Desease* genannt –, gestorben, hatte am 4. Juli 1939 seine Laufbahn nach 2.130 Punktspielen ohne Ausfall beendet. Niemand hatte geglaubt, daß dieser Rekord jemals gebrochen werden könnte.

1982, als *Cal Ripken* seine **Karriere** als Shortstop in Baltimore **begann**, verschwendete niemand auch nur einen Gedanken daran, daß der schmächtige blasse junge Mann einmal für solches Aufsehen sorgen könnte. Doch *Ripken* spielte sich schnell in die Herzen der Fans, insbesondere in Baltimore – wo er bis zum Rücktritt blieb. Zwar mit keinen außergewöhnlichen Fähigkeiten ausgestattet, arbeitete er hart an seinem Spiel, biß immer wieder die Zähne zusammen und stand Partie für Partie auf dem Feld. Und gerade dadurch überragte er, der an sich nur ein **durchschnittlicher Spieler** war, alle anderen Stars. "Mr. Zuverlässig" war immer topfit, stand Tag für Tag auf der Matte und eroberte sich damit einen besonderen Platz in den Herzen der Fans. Wie der kleine Mann von der Straße, **ging er zuverlässig seinem Job nach,** und ob es ihm gut ging oder nicht, *Ripken* zog abend für abend seine Berufskleidung an, schnappte sich seinen Baseballhandschuh und gab für seine *Orioles* das Letzte.

"Danke, Cal – du hast den Baseball gerettet!" – so **feierten die Fans diesen Spieler,** zu einer Zeit, als die meisten die Gehaltsforderungen der Stars und den Streit zwischen den superreichen Teambossen und Spielern nur noch mit Abscheu verfolgten. *Ripken* selbst fand seine Leistung ganz normal: "Ich gehe nur wie jeder andere auch täglich meinem Beruf nach." Angesichts der Tatsache, daß in der MLB nicht ein- oder zweimal pro Woche wie in den anderen Ligen gespielt wird, sondern die Teams von April bis September über 160 Punktspiele zu absolvieren haben und mindestens sechsmal in der Woche antreten, macht *Ripkens* Leistung umso beachtlicher.

Gerade in einer Zeit, in der mangelnder Einsatz, Egosimus und Disziplinlosigkeit beklagt werden, übernimmt ein derartiger Ausnahmeathlet zugleich **Vorbildfunktion für die Jugend.** US-Präsident *Bill Clinton* brachte die Bedeutung von "Mr. Zuverlässig" auf den Punkt: "Nicht alleine die Tatsache, daß Cal einen 50 Jahre alten Rekord gebrochen hat, macht ihn so besonders. Nein, es ist die Art und Weise, wie dies geschah. Er verbindet Talent, Einsatz, Freude am Sport und eiserne Disziplin und gibt der heutigen Jugend damit eine einzigartige Lektion!"

beheimatet und spielen nur vorübergehend im alten Memorial Stadium. Die Fans zählen zu den besten im ganzen Land.

Washington, D.C.

Praktische Tips
- **Telefonvorwahl:** 202
- **Infos:** *Washington, D.C. Convention & Visitors Association (WCVA),* 1212 New York Ave NW., Ste. 600, Washington, D.C. 20005-3992, Tel. 789-7000, www.washington.org
- **Nahverkehr:** Metrorail und Metrobus-System – Tel. 637-7000
- **Unterkunft:** teuer, besser vorausbuchen; z.B. *Phoenix Park Hotel,* 520 North Capitol St., NW, Tel. 638-6900, Fax 393-3236; *Holiday Inn Franklin Square,* 14th St. NW; *Carlyle Suites,* 1731 New Hampshire Ave. NW, Tel. 234-3200
- **Essen & Trinken:** Capitol Hill lohnend, z.B. *Head's,* 400 First St. SE/D St., Tel. 546-4545, BBQ; *Eastern Market Complex,* z.B. Market Lunch; *Union Station,* 50 Massachusetts Ave.; mehrere Lokale/Bars am Dupont Circle; *Brickskeller,* 1523 22nd St. NW, zw. P und Q St., "THE place for beer"; zahlreiche Nachtspots in Georgetown, besonders M St./Wisconsin Ave.
- **Don't miss:** Capitol Hill; Old Downtown; Georgetown; Museums on the Mall (Smithsonian Institute mit Visitor Information Center im „Castle"), v.a. National Gallery of Art, US Holocaust Memorial Museum, Hirshhorn Museum, Freer & Sackler Galleries; White House; Arlington National Cemetery; brandneu: Newseum, Arlington
- **Medien:** *Washington Post,* Weekend-Sektion mit Terminen und Tips;

ML-Teams
•NBA
Washington Wizards
MCI Center
17th/F Street
Washington, D.C., Tel. bei Drucklegung noch nicht bekannt.
•NFL
Washington Redskins
21300 Redskin Park Drive
Ashburn, VA 22011
Tel. (703) 478-8900, Fax 729-7605

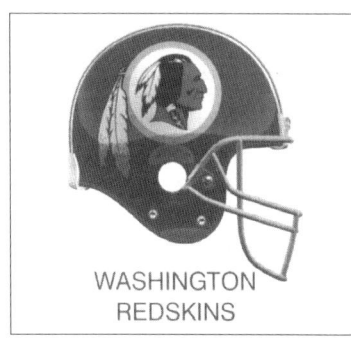

Washington Wizard

Washington Redskins

ML-Metropolen

Washington Capitals

Washington D.C. United

●NHL
Washington Capitals
MCI Center
17th/F Street
Washington, D.C., Tel. bei Drucklegung noch nicht bekannt.
●MLS
Washington D.C. United
13832 Redskin Drive
Herndon, VA 22071
Tel. (703) 478-6600, Fax 736-9451

MCI Center
- ●**Teams:** *Washington Wizards* (NBA), *Washington Capitals* (NHL)
- ●**Adresse:** 17th/F Street
- ●**Tickets:** *Wizards* – Tel. (305) NBA-DUNK o. 350-3400; *Capitals* – Tel. (301) 336-2277
- ●**Fassungsvermögen:** 20.600 *(Wizards),* 19.000 *(Capitals)*
- ●**Eröffnung:** Herbst 1997
- ●**Nahverkehr:** Metro-Station Gallery

Die neue Sportarena in Downtown Washington

Place, im Stadtzentrum zwischen Weißem Haus und Union Station gelegen
- **Parken:** eigene Parkgarage unter der Halle, doch besser ohne Auto kommen
- **Imbiß:** integrierte Mall mit Restaurants, Bars und Museen
- **Something special:** Ein postmoderner, seiner Umgebung angepaßter Bau – vielleicht ein architektonisches Meisterwerk. Angeschlossen: MCI Sports Gallery (Memorabilien und Wechselausstellungen).

RFK Memorial Stadium
- **Teams:** *Washington Redskins* (NFL), *Washington D.C. United* (MLS)
- **Adresse:** 2400 E. Capitol St. SE.
- **Fassungsvermögen:** 56.454 *(Redskins)*, 23.865 *(United)*
- **Eröffnung:** 1961 (Neubaueröffnung für 1998 geplant)
- **Tickets:** *Redskins* – Tel. (202) 546-2222 o. 530-1900, Mo-Fr 9-17 Uhr, $ 30-45 (no chance!); *United* – Tel. (703) 478-6600 o. 547-9077, $ 10-22
- **Nahverkehr:** Metro Orange/Blue Lines zur Stadium/Armory Station
- **Parken:** $ 6, 12.500 Parkplätze, für nahen Platz frühzeitig kommen
- **Imbiß:** das Übliche, auch Knackwurst und Sauerkraut, Pretzels usw.
- **Sportbars:** Topspot: Capitol Hill, z.B. *The Hawk & Dove,* Tel. 543-3300; Union Station
- **Something special:** Footballspiele seit 1966 kontinuierlich ausverkauft!

Minor-League-Mannschaften in Städten ohne ML-Teams

- **CBA**
Connecticut Pride
21 Waterville Road
Avon, CT 06001
Tel. (860) 678-8156, Fax 674-2639
Spiele im Hartford Civic Center Coliseum, (7.000 Zuschauer) oder im Sports Center, 200 Bloomfield Ave., West Hartford (4.000 Zuschauer), Tickets $ 8-35

Wichtige College-Sport-Städte

Boston, MA

Boston College Eagles
Auch wenn die Teams des Boston College im **Football** und **Basketball** gut mitmischen, ist und bleibt *der* Collegesport der Stadt **Eishockey.** Wenn die lokalen Teams oder diejenigen des Umkreises gegeneinander antreten, sind die Hallen voll und die

Boston College und Boston University

Wichtige College-Sport-Städte

Stimmung unvergleichlich. In Boston sind neben dem Boston College – die größte Hochschule mit allen drei Sportarten – noch die Boston University und Northeastern University zu Hause.

●*Infos:*
Boston College
Athletic Department
140 Commonwealth Ave.
Chestnut Hill, MA 02167
Tel. (617) 552-2000

Philadelphia, PA

Villanova Wildcats

Zusätzlich zu dem wahrhaft umfassenden Angebot an Profisport hat Philadelphia auch auf dem Gebiet des College **Basketballs** etwas zu bieten: Die herausragende Unimannschaft der Stadt ist Villanova, regelmäßig zu den besten der USA gehörend.

●*Infos:*
University of Villanova
Athletic Department
800 Lancaster Ave.
Villanova, PA 19085
Tel. 1-800-338-7927

Temple Owls

Obwohl neben Villanova nur noch Temple überregional eine Rolle spielt, sorgen auch die Teams der University of Pennsylvania, St. John's und La Salle, für viel Spaß beim Zuschauen. Wenn die Teams gegeneinander antreten, ist fast die ganze Stadt auf den Füßen.

●*Infos:*
Temple University
Athletic Department
1801 N. Broad Street
Philadelphia, PA 19122
Tel. (215) 204-7200

Washington, D.C.

Georgetown Hoyas

Ähnlich wie in anderen großen Städten an der Ostküste, spielt College Sports auch in Washington nur eine untergeordnete Rolle. Nur wenn die *Georgetown Hoyas* **Basketball** spielen, dann sind die Fans in der Hauptstadt mit dabei. Immerhin hat diese Uni nicht nur dank ihres Trainers *John Thompson* einen hervorragenden Ruf als College-Basketball-Hochburg, sondern auch wegen NBA-Stars wie *Pat Ewing, Alonzo Mourning* oder *Dikembe Motumbo,* die hier ihre ersten Körbe erzielt haben.

●*Infos:*
Georgetown University
Athletic Department
37th & O Streets NW.
Washington, D.C. 20057
Tel. (202) 687-4692

Georgetown University

Wichtige College-Sport-Städte

● **Stadion:**
Spiele finden seit 1997 in der *MCI Arena* (siehe Washington, D.C. unter ML-Metropolen) statt.

Storrs, CT

Connecticut Huskies

Die *Huskies* zählen im **Frauen- und Männer-College-Basketball** zum Besten, was in der USA auf Korbjagd geht. Vor allem die *Lady Huskies* (letzter Titel 1995) beweisen ihre Klasse immer wieder vor ausverkaufter Halle. Das Städtchen Storrs hat durch die *Huskies* überregionale Bekanntheit erlangt, wenn auch sonst wenig geboten wird – aber dafür ist ja Hartford nicht weit.

● **Infos:**
University of Connecticut
Athletic Dept.
2131 Hillside Road, U-88
Storrs, CT 06269
Tel. (203) 486-2725

University of Connecticut

● **Stadion:**
Memorial Arena (auf dem Campus), Fassungsvermögen: 16.200 (Basketball)

Syracuse, NY

Syracuse Orangemen

Berühmt ist Syracuse nicht nur im Nordwesten von New York für seine hervorragenden **Football- und Basketballteams,** die Jahr für Jahr in der Big East Conference oben mitmischen und vor allem im Basketball immer wieder bei der College-Meisterschaft ein Wort mitreden, sondern weit darüber hinaus.

● **Infos:**
Syracuse University
Athletic Dept.
201 Tolley Administration Bldg.
Syracuse. N.Y. 13244
Tel. (315) 443-2385, Fax 443-2076

● **Stadion:**
Carrier Dome, Fassungsvermögen: 33.000 (Basketball), 60.000 (Football)

Charlottesville, VA

Virginia Cavaliers

Südlich von Washington fiebern die Fans im Umkreis um das kleine Unistädtchen Charlottesville den Spielen der **Footballer** und **Basketballer** der Uni Virginia entgegen. Auch wenn größere Erfolge in den letzten Jahren fehlten, bieten die *Cavaliers* hervorragenden Sport und lohnen den Besuch eines Spiels. Hinzu kommt der malerisch gelegene Campus, mit vielen Bauten aus dem 19. Jh.

Sonstiges

University of Virginia

●**Infos:**
University of Virginia
Athletic Dept.
P.O.Box 9017
University Hall, Massie/Alderman Rd.
Charlottesville, VA 22906
Tel. (804) 982-5500, Fax 982-5525
●**Stadien:**
David A. Harrison III Field at Scott Stadion (auf dem Campus), Fassungsvermögen: 40.000 (Football);
University Hall (auf dem Campus), Fassungsvermögen: 8.864 (Basketball)

Sonstiges

Frauen-Profibasketball-Liga ABL

New England Blizzards
●**Infos:**
179 Allyn Street
Hartford, CT 06103
Tel. (860) 522-4667, Fax 527-1337

●**Stadien:**
Spiele im *Hartford Civic Center* (15.418 Zuschauer) und im *Springfield Civic Center* (8.712 Zuschauer)
●**Tickets:**
Tel. 1-888-512-5626

Richmond Rage
●**Infos:**
7650 E. Parham Road
Suite 260
Richmond, VA 23294
Tel. (804) 527-4373, Fax 527-4375
●**Stadien:**
Spiele im *Richmond Coliseum* (11.992 Zuschauer) und im *Robins Center*, Uni of Richmond (9.171 Zuschauer)
●**Tickets:**
Tel. (804) 527-4373

Frauen Profibasketball-Liga WNBA

New York Liberty
●**Infos:**
Two Penn Plaza
New York, NY 10121
Tel. (212) 465-6005, Fax 465-6250
●**Stadien:**
Madison Square Garden (s. New York)

New York Liberty

Staatenporträts

Die Großen Seen

Die zweite Region der USA, die neben dem Nordosten ein **umfassendes Sportangebot** bieten kann, ist das Gebiet um die Großen Seen, zwischen Lake Erie und Lake Michigan. Doch anders als an der Ostküste spielt hier neben dem Profisport (alle vier großen amerikanischen Sportarten verfügen über eine große und treue Anhängerschaft) der Minor-League-Sport eine bedeutende Rolle, und auch der Collegesport ist wichtiger als andernorts. Ist in Indiana vor allem College Basketball der Lieblingssport der Bewohner, steht in Michigan und Ohio daneben noch College Football hoch im Kurs. Da **Metropolen** wie Chicago, Indianapolis, Cincinnati, Detroit oder Cleveland relativ eng beieinanderliegen, ist die Region leicht zu erkunden und zudem ein **absoluter Topspot** für jeden American-Sports-Fan.

Staatenporträts

Illinois – Land of Lincoln

Überblick
  seit 1818 Staat der USA
- ***Hauptstadt:*** Springfield
- ***Fläche:*** 146.076 qkm
- ***Bevölkerung:*** ca. 11,6 Mio.
- ***Zeitzone:*** CT
- ***ML-Mannschaften:*** 6 *(Chicago White Sox* und *Cubs,* MLB; *Chicago Bears,* NFL; *Chicago Bulls,* NBA; *Chicago Blackhawks,* NHL; ab 1998 *Chicago* MLS)
- ***Wichtige Minor-League-Mannschaften:*** 3 *(Quad City Thunder* und

Staatenporträts

Rockford Ligthning, CBA; *Chicago Wolves,* IHL)

Infos
- **Illinois Bureau of Tourism State of Illinois Center**
100 W. Randolf St., Suite 3-400
Chicago, IL 60601
Tel. (312) 814-4732
oder 1-800-223-0121

Indiana – The Hoosier State

Überblick
seit 1816 Staat der USA
- **Hauptstadt:** Indianapolis
- **Fläche:** 93.720 qkm
- **Bevölkerung:** ca. 6 Mio.
- **Zeitzone:** ET und CT, keine Sommerzeit
- **ML-Mannschaften:** 2 *(Indianapolis Colts,* NFL; *Indiana Pacers,* NBA)
- **Wichtige Minor-League-Mannschaften:** 3 *(Fort Wayne Fury,* CBA; *Fort Wayne Komets* und *Indianapolis Ice,* IHL)
- **Wichtige Uni/College-Mannschaften:** 2 *(Notre Dame, University of Indiana)*

Infos
- **Indiana Dept. of Commerce & Tourism**
One North Capitol, Suite 700
Indianapolis, IN 46204-2288
Tel. (317) 232-8860
oder 1-800-289-6646

Michigan – Wolverine State

Überblick
seit 1837 Staat der USA
- **Hauptstadt:** Lansing
- **Fläche:** 147.159 qkm
- **Bevölkerung:** ca. 9.2 Mio.
- **Zeitzone:** CT und ET
- **ML-Mannschaften:** 4 *(Detroit Tigers,* MLB; *Detroit Lions,* NFL; *Detroit Pistons,* NBA; *Detroit Red Wings,* NHL)
- **Wichtige Minor-League-Mannschaften:** 4 *(Grand Rapids Hoops,* CBA; *Detroit Viper, Grand Rapids Griffins* und *Michigan K-Wings,* IHL)
- **Wichtige Uni/College-Mannschaften:** 1 *(University of Michigan)*

Infos
- **Michigan Travel Bureau, Dept. of Commerce**
P.O. Box 30226
Lansing, MI 48909
Tel. (517) 373-0670

Ohio – Buckeye State

Überblick
seit 1803 Staat der USA
- **Hauptstadt:** Columbus
- **Fläche:** 107.044 qkm
- **Bevölkerung:** ca. 11 Mio.
- **Zeitzone:** ET
- **ML-Mannschaften:** 7 *(Cleveland Indians* und *Cincinnati Reds,* MLB; *Cleveland Browns* – ab 1999 – und *Cincinnati Bengals,* NFL; *Cleveland Cavaliers,* NBA; *Columbus Crew,* MLS; *Columbus* NHL, ab 2000)
- **Wichtige Minor-League-Mannschaften:** 2 *(Cleveland Lumberjacks* und *Cincinnati Cyclones,* IHL)
- **Wichtige Uni/College-Mannschaften:** 1 *(Ohio State University)*

Infos
- **Ohio Division of Travel & Tourism**
P.O. Box 1001

Columbus, OH 43266-0101
Tel. (614) 466-8844
oder 1-800-282-5393

Wisconsin – Badger State/ America's Dairyland

Überblick
seit 1848 Staat der USA
- **Hauptstadt:** Madison
- **Fläche:** 145.436 qkm
- **Bevölkerung:** ca. 5 Mio.
- **Zeitzone:** CT
- **ML-Mannschaften:** 3 *(Milwaukee Brewers*, MLB; *Green Bay Packers*, NFL; *Milwaukee Bucks*, NBA)
- **Wichtige Minor-League-Mannschaften:** 2 *(La Crosse Catbirds*, CBA; *Milwaukee Admirals*, IHL)

Infos
- **Wisconsin Division of Tourism**
123 West Washington Ave.
P.O. Box 7606
Madison, WI 53707-7606
Tel. (608) 266-2161
oder 1-800-372-2737

ML-Teams

MLB – Baseball
- *Chicago Cubs*
- *Chicago White Sox*
- *Cincinnati Reds*
- *Cleveland Indians*
- *Detroit Tigers*
- *Milwaukee Brewers*

NBA – Basketball
- *Chicago Bulls*
- *Cleveland Cavaliers*
- *Detroit Pistons*
- *Indiana Pacers*
- *Milwaukee Bucks*

NFL – Football
- *Chicago Bears*
- *Cincinnati Bengals*
- *Detroit Lions*
- *Green Bay Packers*
- *Indianapolis Colts*
- ab 1999 *Cleveland Browns*

NHL – Eishockey
- *Chicago Black Hawks*
- *Detroit Red Wings*
- *Columbus* (ab 2000)

MLS – Soccer
- *Columbus Crew*
- ab 1998 *Chicago*

ML-Metropolen

Cleveland, OH

Praktische Tips
- **Telefonvorwahl:** 216
- **Infos:** Cleveland CVB, 3100 Tower City Center/Public Square, Tel. 621-4110 o. 1-800-321-1004
- **Nahverkehr:** RTA-Busse, S-Bahn-Infos: Tel. 621-9500 o. 566-5074
- **Unterkunft:** relativ teuer, günstiger mit wachsender Entfernung zum Stadtzentrum; z.B.: *Cross Country Inn,* 7233 Eagle Rd., Tel. 243-2277
- **Essen & Trinken:** Little Italy, vor allem entlang der Mayfield Rd., z.B. *Mama Santa's,* 12305 Mayfield Rd., Tel. 421-2159; *West Side Market,* 1995 W. 25th St.; *Tommy's,* 192 Coventry Rd., Tel. 321-7757; Tower City und Warehouse District ebenfalls lohnend zum Ausgehen

●**Unterhaltung:** The Flats, am Cuyahoga River, mit *Fagan's,* 996 Old River Rd., Tel. 241-6116; *Sammy's* oder *Slam Jams Sports Bar; Great Lakes Brewing Company;* Warehouse District; *The Grid,* 1291 W. 9th St., Tel. 623-0113

●**Don't miss:** Cleveland Museum of Art; The Rock and Roll Hall of Fame & Museum; *Pro Football Hall of Fame, 2121 George Halas Dr. NW, Tel. 456-8207, in Canton (rund 100 km südlich von Cleveland, tgl. 9-20 Uhr bzw. in der Nebensaison bis 17 Uhr, $ 7)

ML-Teams
●**MLB**
Cleveland Indians
2401 Ontario St.
Cleveland, OH 44115
Tel. (216) 420-4200, Fax 566-1287
●**NBA**
Cleveland Cavaliers
1 Center Court
Cleveland, OH 44115-4001
Tel. (216) 420-2000, Fax 420-2298

●**NFL**
Ab 1999 sollen die *Browns* unter neuer Ägide wieder mitmischen, nachdem das alte Team 1996 nach Baltimore (s.o.) umgezogen ist und seither als *Ravens* dort spielt. Bis dahin wird auch das 72.000 Zuschauer fassende neue Stadion in Downtown, am Ufer des Lake Erie, fertig sein.

Minor-League-Team
●**IHL**
Cleveland Lumberjacks
One Center Ice
200 Huron Road
Cleveland, OH 44115
Tel. (216) 420-0000, Fax 420-2500

Jacobs Field
●**Team:** *Cleveland Indians* (MLB)
●**Adresse:** 2401 Ontario St.
●**Fassungsvermögen:** 42.865
●**Eröffnung:** 1994
●**Tickets:** Tel. (216) 241-8888, *TicketMaster* Tel. 241-5555 o. 861-

Cleveland Indians

Cleveland Cavaliers

1200, schriftlich: Cleveland Stadium, Gate A, 1805 W. Third St.; Mo-Fr 9-17, Sa 10-16, an Spieltagen ab 9 Uhr, $ 10-23 (oft ausverkauft!)
- **Nahverkehr:** RTA-Busse zum Tower City Center/Prospect Ave., ab hier überdachter Fußweg zum Stadion
- **Parken:** 34.000 Plätze plus weitere im näheren Umkreis, $ 10
- **Imbiß:** eigene Bäckerei, Picknick-Areale und insgesamt 80 Imbißstände; *Terrace Restaurant & Club* integriert, ausgezeichnetes Biersortiment
- **Treffs:** *Mel's Grill*, 2217 E. 9th St., Tel. 781-1771; *Alvie's,* Tel. 273-7351, in nächster Nähe zum Stadion; *Diamond Back Brewery,* 703 Huron Rd., Tel. 771-1988; Little Italy mit *The Baricelli Inn* (Pasta) u.a.
- **Something special:** Mitten in Downtown gelegen und Teil des *Gateway Sports Complex,* in dem auch die *Cleveland Cavs* spielen. Gelungener moderner Bau mit traditioneller Familienatmosphäre, einzigartig.

Gund Arena

- **Teams:** *Cleveland Cavaliers* (NBA), *Cleveland Lumberjacks* (IHL), *Cleveland Rockers* (WNBA)
- **Adresse:** 1 Center Court, Teil des Gateway Sports Complex
- **Fassungsvermögen:** 20.562 *(Cavs),* 19.941 *(Lumberjacks)*
- **Eröffnung:** 1994
- **Tickets:** *Cavs* – Tel. (216) 420-2000 o. *TicketMaster* Tel. 241-5555, Mo-Sa 10-18 Uhr, $ 10-51; *Lumberjacks* – Tel. 420-0000, $ 5-20
- **Nahverkehr:** s.o. Jacobs Field
- **Parken:** 3.300 Parkplätze an der Arena, weitere im Umkreis, ab $ 5
- **Imbiß:** *Sammy's at the Arena,* Restaurant und Bar, sowie *Gordon's Sportsbar* mit riesigem Ausblick, integriert in der Halle
- **Treffs:** *John Q's Steakhouse,* 55 Public Square, Tel. 861-0900; *Sweetwater's Cafe,* Tel. 696-2233 u.a. in Downtown
- **Something special:** Basketballspiele vielfach ausverkauft, von allen Plätzen hervorragende Sicht. Die *Lumberjacks* sind ein Tochterunternehmen der *Cavs,* d.h. wie diese im Besitz der Brüder *Gund.*

Cincinnati, OH

Praktische Tips

- **Telefonvorwahl:** 513
- **Infos:** *Cincinnati CVB,* 300 W 6th St., Tel. 621-2142 o. 1-800-246-2987, Infostand am Fountain Square, Info/Veranstaltungs-Hotline: Tel. 528-9400
- **Nahverkehr:** *Queen City Metro,* Busse – Infos Tel. 621-4455
- **Unterkunft:** *Super 8 Motel,* 11335 Chester Rd., Sharonville, Tel. 772-3140
- **Essen & Trinken:** Spezialität Cincinnati Chili (Spaghetti, Käse, Fleischsoße), z.B. *Skyline Chili,* mehrere Filialen; *Izzy's,* 819 Elm St.
- **Unterhaltung:** *Arnold's,* 210 E. 8th St., Tel. 421-6234, altehrwürdige Downtown-Taverne; *Main Street Brewery,* 1203 Main St.
- **Don't miss:** Fountain Square mit Tyler Davidson Fountain (Downtown); Contemporary Arts Center; Riverwalk; Cincinnati Art Museum
- **Medien:** *City Beat, Everybody's News* als wöchentlich erscheinende Veranstaltungshefte

ML-Teams
●MLB
Cincinnati Reds
100 Cinergy Field
Cincinnati, OH 45202
Tel. (513) 421-4510, Fax 421-7342
●NFL
Cincinnati Bengals
200 Riverfront Stadium
Cincinnati, OH 45202
Tel. (513) 621-3550, Fax 621-3570

Cincinnati Reds

Cincinnati Bengals

Minor-League-Team
●IHL
Cincinnati Cyclones
2250 Seymour Ave.
Cincinnati, OH 45212
Tel. (513) 531-8725, Fax 531-0209

Spiele in den Cincinnati Gardens, Seymour Ave. (10.126 Zuschauer)

Riverfront Stadium
●**Teams:** *Cincinnati Reds* (MLB) und *Bengals* (NFL)
●**Adresse:** Riverfront Stadium
●**Fassungsvermögen:** 52.952 *(Reds),* 60.389 *(Bengals)*
●**Eröffnung:** 1970
●**Tickets:** *Reds* – 100 Riverfront Stadium, Tel. (513) 421-4510 o. 749-4949 o. 1-800-829-5353, Mo-Fr 9-17.30 Uhr, $ 6-14; *Bengals* – 200 Riverfront Stadium, Tel. 621-3550, Mo-Fr 9-17 Uhr, $ 30 aufwärts, schwer erhältlich!
●**Nahverkehr:** Metro Center-Busse Nr. 28 und 49 bis 4th Street/Broadway, außerdem Shuttlebusse zu Spielen der *Bengals*
●**Parken:** Parkgarage direkt am Stadion mit ausreichend Parkplätzen, leicht zu finden, Parken auch auf der Straße oder über der Roebling-Brücke in Covington möglich
●**Imbiß:** $-1-Hot-dogs, „Metts and brats" (deutsche Würstchen); „Cincy Chili" als Spezialität, z.B. in *Gold Star Chili;* lokales Bier *Hudepohl-Schoenling*
●**Treffs:** Pete Rose Way mit mehreren Kneipen interessant, z.B. *Cadd's,* Tel. 721-3636, oder Waterfront mit *Covington Landing,* Tel. (606) 291-9992, u.a.
●**Something special:** Die *Reds* gehören der berühmt-berüchtigten *Marge Schott.* Im schön am Ohio River gelegenen Stadion gilt seit dem Super Bowl 1981 der Schlachtruf: *„Who dey think gonna beat dem Bengals? Nooooo-body!"*

Columbus, OH

Praktische Tips
- **Telefonvorwahl:** 614
- **Infos:** *Greater Columbus Visitor Center,* Tel. 221-2263 o. 1-800-345-4386 (in der City Center Mall) oder *Greater Columbus CVB,* 1 Columbus Bldg., 10 W. Broad St., Suite 1300, Columbus, OH 43215, Tel. 221-2489
- **Nahverkehr:** *COTA* – Infos: Tel. 228-1776
- **Essen & Trinken, Unterhaltung:** konzentriert entlang der Hight Street, z.B. *Bernie's Distillery,* 1896 N. High St., Tel. 291-3448; *Firdous,* 1538 N. High St., Tel. 299-1844; Brewery District South High Street mit z.B. *Hosters Brewing Co.,* 550 S. High St., Tel. 228-6066; auch German Village mit Gelegenheiten zu Shopping und Dining
- **Don't miss:** Ohio State University (OSU); Wexner Center for the Arts; Columbus Museum of Art; German Village; Center of Science & Industry (COSI)

ML-Teams
- **MLS**

Columbus Crew
77 E. Nationwide Blvd.
Columbus, OH 43215
Tel. (614) 221-2739, Fax 221-5050
- **NHL** *Columbus* (ab 2000), noch keine weiteren Infos erhältlich.

Ohio Stadium
- **Teams:** *Columbus Crew* (MLS), *Ohio State Uni Buckeyes*
- **Adresse:** 411 Woody Hayes Drive
- **Fassungsvermögen:** 89.841 (Football) bzw. für Soccer: 25.134

Columbus Crew

- **Eröffnung:** 1922
- **Tickets:** Tel. 292-6330, $ 8-14

Indianapolis, IN

Praktische Tips
- **Telefonvorwahl:** 317
- **Infos:** *Visitor Information,* Indianapolis City Center, 201 S. Capital St./Pan Am Plaza, gegenüber RCA Dome, Tel. 237-5200
- **Nahverkehr:** Metro Busse – Info Tel. 635-3344
- **Unterkunft:** Mehrere preiswerte Motels entlang der I-465, teurer in Richtung Speedway; z.B. *Motel 6,* I-465, Exit 16A, Tel. 293-3220; *Medical Tower Inn,* 1633 N. Capitol Ave., Tel. 925-9831, nahe Downtown
- **Essen & Trinken:** *City Market,* 22 E. Market St.; Union Station, 39 Jackson Place, nahe RCA Dome mit

ML-Metropolen

zahlreichen Lokalen, Bars, Food Court etc.; *Mezza Luna,* 927 Broad Ripple Ave., Tel. 255-9300

●*Unterhaltung:* entlang Broad Ripple Ave. Clubs, Bars u.a. , z.B. *Páco's Cantina,* 737 Broad Ripple Ave.

●*Don't miss:* State House; Eiteljorg Museum; Indianapolis Motor Speedway (4790 W 16th St., Tel. 481-8500) mit Touren sowie Speedway Museum und Indy's Hall of Fame (tgl. 9-17 Uhr, $ 3). Während des Topereignisses im Mai, dem *Indianapolis 500,* ist frühzeitige Zimmerreservierung nötig!

Indianapolis Colts

ML-Teams
●*NBA*
Indiana Pacers
300 E. Market Street
Indianapolis, IN 46204
Tel. (317) 263-2100, Fax 263-2127

Indiana Pacers

●*NFL*
Indianapolis Colts
7001 West 56th Street
Indianapolis, IN 46254
Tel. (317) 297-2658, Fax 388-0982

Minor-League-Team
●*IHL*
Indianapolis Ice
22 East Ohio Street
Suite 810
Indianapolis, IN 46204
Tel. (317) 266-1234, Fax 266-1233
Spiele in der Market Square Arena (16.000 Zuschauer)

Market Square Arena
●*Teams:* *Indiana Pacers* (NBA), *Indianapolis Ice* (IHL)
●*Adresse:* 300 E. Market St.
●*Fassungsvermögen:* 16.530
●*Eröffnung:* 1974
●*Tickets:* Tel. (317) 263-2100 o. *TicketMaster* Tel. 239-5151, Mo-Fr 10-17 Uhr, $ 10-35
●*Nahverkehr:* Arena mitten in Downtown gelegen
●*Parken:* zwei Parkgaragen für rund 2.500 Autos und weitere Plätze im Umkreis
●*Imbiß:* Jumbo Hot dogs, Bratwurst und BBQ-Sandwiches

ML-Metropolen

- **Treffs:** *Market Square Gardens Restaurant; Legal Beagle,* 20 N. Delaware St., Tel. 266-0088
- **Something special:** Hier regiert ein wahres Basketball-Publikum, geschult an den *Indiana University Hoosiers.*

RCA Dome
- **Team:** *Indianapolis Colts* (NFL), Special Events im College Basketball
- **Adresse:** 100 S. Capital Ave.
- **Fassungsvermögen:** 60.129
- **Eröffnung:** 1984
- **Tickets:** 7001 W. 56th St., Tel. (317) 297-7000, schriftlich: Indianapolis Colts, P.O. Box 53200, Indianapolis, IN 46253; Mo-Fr 9-17 Uhr, $ 15-29
- **Nahverkehr:** Downtown-Lage
- **Parken:** massenhaft Parkgelegenheit rundherum für $ 5-15
- **Imbiß:** das Übliche, besonders lohnend – *Ma & Pa's Barbecue*
- **Treffs:** Union Station mit *Rick's Cafe Americain,* 39 Jackson Place, Tel. 634-6666; daneben: *Baby Back's,* Tel. 321-1035
- **Something special:** Gute Arena mit Fiberglas-Dach. Die *Colts,* die vormals in Baltimore zu Hause waren, werden inzwischen auch hier verehrt, doch wahre Sportleidenschaft macht sich bei den Fans bei College-Basketball-Spielen bemerkbar.

Detroit, MI

Praktische Tips
- **Telefonvorwahl:** 313
- **Infos:** *Detroit CVB,* 100 Renaissance Center, Tel. 567-1170 o. 1-800-338-7648
- **Nahverkehr:** *Detroit Dept. of Transportation (DOT),* Tel. 925-4910 o. 933-1300, Busse, Hochbahn
- **Unterkunft:** s. Liste im *Detroit Metro Visitor's Guide;* z.B. *Shorecrest Motor Inn,* 1316 E. Jefferson Ave., Tel. 1-800-992-9616
- **Essen & Trinken:** Greektown mit *Trapper's Alley* (Mall); Mexican Town südlich Tiger Stadium; Eastern Market, Gratiot Ave./Russell St.; Rivertown, z.B. *Soup Kitchen Saloon,* 1585 Franklin St., Tel. 259-1374
- **Don't miss:** Henry Ford Museum & Greenfield Village; Fisher Mansion & Bhaktiredanta Cultural Center; Detroit Institute of Arts; Motown Museum; Ausblick vom Westin Hotel
- **Medien:** *Detroit News; Detroit Free Press; Orbit* (Veranstaltungen)

ML-Teams
MLB
Detroit Tigers
Tiger Stadium
2121 Trumbull Ave.
Detroit, MI 48216
Tel. (313) 924-1000, Fax 962-1128

Detroit Tigers

ML-Metropolen

Die „Rote Armee" auf dem Eis

Man glaubt sich in die Glanzzeiten der „Sbornaja", der sowjetischen Eishockeynationalmannschaft, zurückversetzt: Wie Sputniks wirbeln die ganz in Rot gekleideten **russischen Eishockeycracks** über das Eis und spielen jeden Gegner schwindlig. Doch wer genauer hinsieht, stellt einen Unterschied fest: Auf der Brust prangt als Emblem ein geflügeltes Rad. Eine der aktuell besten Eishockeymannschaften der Welt kommt nämlich nicht aus dem Osten, sondern ist in der amerikanischen Autometropole Detroit zu Hause. Die **Red Wings** haben 1997 endlich den begehrten Stanley-Cup nach 1955 erstmals wieder ins eishockeyverrrückte *Motown* geholt.

In Anlehnung an die sowjetischen Nationalteams feiern Fachleute und Fans die neue Supermannschaft der NHL als die „Rote Armee", die mit einem **kompletten russischen Block** auftrumpft: Wenn *Sergei Fedorov, Igor Larionov, Viacheslav Kozlov, Viacheslav Fetisov* und *Vladimir Konstantinov* auf dem Eis stehen, ergreift die nordamerikanischen Eishockeyfans ein wohliges Schaudern: Hier wird noch Hockey gespielt wie in den guten alten Zeiten der Sbornaja! Doch dies allein macht die Unbezwingbarkeit der *Red Wings* noch nicht aus, denn häufig verstehen sich die Gegner sehr gut darauf, mit körperbetontem hartem Spiel den Spielfluß der Russen zu unterbinden. Doch dann wird der nächste Trumpf ausgespielt: der **restliche Kader**. Er ist nämlich ebenso ungewöhnlich wie der Russen-Block, gespickt mit Superstars wie den Kanadiern *Steve Yzerman* und *Brendan Shanahan,* dem Schweden *Nicklas Lindstrom* oder dem US-Boy *Doug Brown.*

Doch nicht nur auf dem Eis finden sich Stars, sondern auch hinter der Bande steht ein Mann, der in der Fachwelt einen großen Namen hat: *Scotty Bowman.* Der **Red-Wings-Trainer** liebt es, mit unterschiedlichen, immer neuen Spielsystemen den Gegner zu verwirren und taktische Marschrouten blitzschnell umzustellen.

Top-Mannschaft, hervorragender Trainer – was wünscht man sich mehr? Ein gutes Publikum! Und auch damit ist Detroit gesegnet. Die **Fans** der *Red Wings* gelten als die fachkundigsten und treuesten der NHL. Spiel für Spiel füllen sie bis auf den letzten Platz die Joe Louis Arena, feuern bedingungslos ihr Team an und lassen aus *Motown Hockeytown* werden.

Große Seen

●**NBA**
Detroit Pistons
The Palace of Auburn Hills
Two Championship Drive
Auburn Hills, MI 48326
Tel. (810) 377-0100, Fax 377-3260

●**NFL**
Detroit Lions
Pontiac Silverdome
1200 Featherstone Road
Pontiac, MI 48342
Tel. (313) 335-4131, Fax 335-0764

●**NHL**
Detroit Red Wings
600 Civic Center Drive

Detroit Pistons

ML-Metropolen

Detroit Lions

Detroit Red Wings

Detroit, MI 48226
Tel. (313) 396-7544, Fax 567-0296

Minor-League-Team
●*IHL*

Detroit Vipers (Subunternehmen der *Detroit Pistons,* NBA)
The Palace of Auburn Hills
Two Championship Drive
Auburn Hills, MI 48326
Tel. (810) 377-8613, Fax 377-2695
Spiele im Palace of Auburn Hills, s.o.
(20.182 Zuschauer)

Tiger Stadium
●*Team: Detroit Tigers* (MLB)
●*Adresse:* 2121 Trumbull Ave.
●*Fassungsvermögen:* 52.416
●*Eröffnung:* 1912 (1993 renoviert)
●*Tickets:* Tel. (313) 962-4000, Mo-So 9-18 Uhr, an Spieltagen bis 20 Uhr, $ 4-15
●*Nahverkehr:* Bus Linwood zum Tiger Stadium
●*Parken:* keine eigenen Stadion-Parkplätze, aber genügend Möglichkeiten im Umkreis
●*Imbiß: Tiger Plaza Food Court* mit reichhaltiger Auswahl, exzellente BBQ-Rips
●*Treffs: Lindell A.C.,* Tel. 964-1122; *Reedy's Saloon,* Tel. 961-1722, oder *Nemo's,* Tel. 965-3180, s. auch oben, Detroit
●*Something special:* Seit 1896 gibt es Baseball im Tiger Stadium, das legendär in jeder Hinsicht ist. Fanfreundliche Sitzanordnung.

The Palace of Auburn Hills
●*Team: Detroit Pistons* (NBA)
●*Adresse:* 2 Championship Dr., Auburn Hills
●*Fassungsvermögen:* 21.454
●*Eröffnung:* 1988
●*Tickets:* Tel. (810) 377-0100, *TicketMaster* (810) 645-6666, Mo-Fr 10-18, Sa 10-16 Uhr, an Spiel-Sonntagen ab 10 Uhr, $ 12-49
●*Nahverkehr:* keine öffentlichen Verkehrsmittel
●*Parken:* 8200 Plätze am Stadion
●*Imbiß:* an den vier Stadionecken: *Mexican Fiesta, Little Italy,* Delicatessen, Grill, Bier (auch lokale Microbrews); *Palace Club* – Restaurant und Bar – integriert

ML-Metropolen

●*Treffs: Mountain Jacks,* 1451 Opdyke St., Auburn Hills, Tel. (313) 340-0585; *Lelli's,* 885 N Opdyke St., Tel. 373-4440

●**Something special:** *The Brow,* alias *Joe Diroff,* sorgt als fanatischer Zuschauer für Stimmung und wirbelt durch die Arena. *Dancing Ernie* als Maskottchen feuert das Topteam noch zusätzlich an.

Pontiac Silverdome
●*Team: Detroit Lions* (NFL)
●*Adresse:* 1200 Featherstone Road, Pontiac
●*Fassungsvermögen:* 80.368
●*Eröffnung:* 1975
●*Tickets:* Tel. (313) 335-4151 o. *TicketMaster* Tel. (810) 645-6666, Mo-Sa 10-18 Uhr, an Spiel-Samstagen bis 14 Uhr, $ 12,50-37
●*Nahverkehr:* kostenloser Shuttle-Service ab Phoenix Center in Pontiac
●*Parken:* $ 7 für 10.000 Parkplätze am Stadion und mehreren im nächsten Umkreis, Parken in Downtown Pontiac $ 3 (Shuttle)
●*Imbiß:* Hot und Chili dogs, Kielbasa und italienische Würstchen; *Main Event Sports Bar & Grille* im Silverdome, bietet ein Pregame Buffet an
●*Treffs:* rundherum mehrere Bars und Lokale, wie *Ted's Bar & Grill,* Tel. (810) 373-4440, außerdem Spots in Downtown
●*Something special:* Nach der Kuppel benannte Halle mit Astroturf-Belag.

Joe Louis Arena
●*Team: Detroit Red Wings* (NHL)
●*Adresse:* 600 Civic Center Dr.
●*Fassungsvermögen:* 19.983
●*Eröffnung:* 1979
●*Tickets: TicketMaster,* Tel. (810) 645-6666, Mo-Fr 10-18 Uhr, $ 15-39
●*Nahverkehr:* Bus-Haltestelle Cobo Hall, Detroit People Mover Station
●*Parken:* Parkplatz an der Jefferson Ave (ausgeschildert „Joe Louis Parking")
●*Imbiß: Little Caesar's Pizza, Coney Island* (Bratwurst, Kielbasa, Würste), *Sub Shop* (Sandwiches) u.a., Bierausschank
●*Treffs: Nemo's Saloon,* Westin Renaissance Center; *Galligan's,* Jefferson St. gegenüber dem Renaissance Center; *Andrews on the Corner,* Tel. (313) 259-8325, und *Dunleavy's,* Tel. 259-0909, beide Joseph Campau Ave.
●*Something special:* Loyalste und beste Fans der Welt, die 1997 im *Joe Louis Warehouse,* der Heimat von *Gordie Howe,* endlich wieder eine Meisterschaft feiern durften.

Chicago, IL

Praktische Tips
●*Telefonvorwahl:* 312
●*Infos: Chicago Office of Tourism,* 78 E. Washington St., Chicago, IL 60602, Tel. 744-2400, 1-800-487-2446; *Watertower Visitor Information Center,* 163 E. Pearson St., Tel. 467-7114; *Sports Information:* Tel. 976-1313
●*Nahverkehr: Chicago Transit Authority (CTA),* Hochbahn, U-Bahn, Busse, außerdem *METRA,* Nahverkehrszüge – Infos: Tel. 836-7000
●*Unterkunft:* besser von Deutschland aus buchen, breite Angebotspa-

ML-Metropolen

lette, z.B. *Days Inn Lake Shore Drive*, 644 N. Lake Shore Dr., Tel. 943-9200 o. 1-800-325-2525

●*Essen & Trinken:* zahlreiche ethnische Küchen; Spezialität: Deep Dish Pizza, z.B. bei *Pizzeria Uno*, 29 E. Ohio, Tel. 321-1000, oder *Pizzeria Due*, 619 N. Wabash, Tel. 943-2400; *Morry's Old Fashioned Deli*, 456 S. Dearborne, Tel. 922-2932 (Loop-Areal)

●*Unterhaltung: She-Nannigans*, Irish Pub und Sports Bar, 16 W. Division St., Tel. 642-2344; außerdem lohnend: North Clark Street und Umgebung sowie Halsted St. (Armitage/Diversey)

●*Don't miss:* The Loop mit sehenswerter Architektur und Skulptur am Bau; Sears Tower; John Hancock Center (Ausblick!); Magnificent Mile (North Michigan Ave.); Water Tower Place; State of Illinois Building mit Atrium Mall; Chicago Art Institute; Board of Trade; Oak Park mit Wright-Bauten

ML-Metropolen

●**Medien:** *Chicago Tribune* (Fr mit Veranstaltungskalender); *Chicago* (Monatsmagazin), Wochenzeitschrift *Chicago Reader* (Veranstaltungen)

●**Shopping:** Water Tower Plaza; Magnificent Mile; *Sportmart,* 620 N. La Salle St. und 440 N. Orleans St./Hubbard; *Chicago Sports,* 952 W. Addison St.; *Hawk Quarters,* 333 N. Michigan Ave. (Eishockey-Souvenirs)

ML-Teams
●**MLB**

Chicago Cubs
Wrigley Field
1060 W. Addison St.
Chicago, IL 60613
Tel. (312) 404-2827, Fax 404-2827

Chicago White Sox

Chicago Cubs

Chicago White Sox
Comiskey Park
333 W. 35th Street
Chicago, IL 60616
Tel. (312) 674-1000, Fax 451-5116

●**NBA**

Chicago Bulls
1901 W. Madison Street
Chicago, IL 60612
Tel. (312) 455-4000, Fax 455-4198

Chicago Bulls

●**NFL**

Chicago Bears
Halas Hall, 250 North Washington Road
Lake Forest, IL 60045
Tel. (708) 295-6600, Fax 295-5238

●**NHL**

Chicago Blackhawks
1901 W. Madison Street
Chicago, IL 60612
Tel. (312) 455-7000, Fax 455-7041

ML-Metropolen

Chicago Bears

Chicago Blackhawks

Minor-League-Team
●**IHL**
Chicago Wolves
10550 Lunt Ave.
Rosemont, IL 60018
Tel. (847) 390-0404, Fax 390-9792
Spiele in der Rosemont-Horizon-Halle, Lund Ave. (16.882 Zuschauer)

Wrigley Field
●*Team: Chicago Cubs* (MLB)
●*Adresse:* 1060 W. Addison St.
●*Fassungsvermögen:* 38.765
●*Eröffnung:* 1914
●*Tickets: TicketMaster,* Tel. (312) 831-CUBS o. 1-800-347-CUBS, $ 9-21
●*Nahverkehr:* El Line (Red Line) bis Stadium, Bus Nr. 152 Addison St. und Nr. 22 Clark St.
●*Parken:* schlecht, evtl. entlang Clark St., hohe Preise
●*Imbiß:* Drei Restaurants im Stadion: *Stadium Club, Friendly Confines Cafe* und *Sheffield Grill,* außerdem existiert die übliche Vielfalt an Imbißständen
●*Treffs: The Cubby Bear,* gegenüber dem Stadion, außerdem in nächster Umgebung, vor allem entlang der Clark Street, zahlreiche Kneipen
●*Something special:* Nostalgisch-gemütlich – „*Take Me Out to the Ballgame!"* paßt hier perfekt.

New Comiskey Park
●*Team: Chicago White Sox* (MLB)
●*Adresse:* 333 W. 35th St.
●*Fassungsvermögen:* 44.321
●*Eröffnung:* 1991
●*Tickets:* Tel. (312) 924-1000 o. *TicketMaster* Tel. 831-1769, Mo-Fr 10-18, Sa-So 10-16 Uhr, länger an Spieltagen, $ 4-20
●*Nahverkehr:* Dan Ryan El bis 35th St. oder Busse Nr. 24 (Wentworth), Nr. 44 Wallace/Racine oder Nr. 35 35th Street
●*Parken:* 7000 Plätze am Stadion ($ 8)
●*Imbiß:* Imbißstände aller Art auf Main und Upper Concourse, z.B. Maxwell Street, Kids Corner
●*Treffs: Jimbo's; Connie's Pizzeria,* 26th /Archer
●*Something special:* Neuauflage

Back again:
Air Jordan startet wieder durch

„*I'm back*", mit diesem Ausspruch riß **Michael Jordan** eine ganze Nation aus ihrem Winterschlaf. Am 18. März 1995 gab er seine Rückkehr zum Profibasketball und zu den *Chicago Bulls* bekannt, und damit kam nach 17 Monaten „Schaffenspause" ein Spieler in die NBA zurück, der zwischen 1984 und 1993 die Herzen der Sportfans in aller Welt mit seiner scheinbar schwerelosen Art, Basketball zu spielen, erobert hatte. Er war es gewesen, der den Sport zu einer Kunstform erhoben hatte und zum großen Vorbild und Topstar in der Werbebranche aufgestiegen war.

Als *Air Jordan* nach der Ermordung seines Vaters, 1994, überraschend seinen **Rücktritt** erklärte, zeigte sich ganz Amerika – und die Welt – schockiert. Die NBA stand plötzlich ohne ihren „Botschafter in kurzen Hosen" da, und die *Chicago Bulls* dümpelten fortan in der Mittelmäßigkeit herum.

Nach dem Abtritt *Jordans* schien es, als würde die **Profiliga** sogar in eine **Identitätskrise** geraten. Überragende Superstars mit Austrahlung und Persönlichkeit, wie *Jordan* oder *Magic Johnson* fehlten, und selbst Topspieler wie *Shaq O'Neal* oder Jungstars wie *Chris Webber* oder *Glenn Robinson* fielen weniger durch ihr Auftreten auf dem Spielfeld auf, als daß sie vielmehr mit überhöhten Gehaltsforderungen und Eskapaden für negativen Gesprächsstoff sorgten.

Allgemeines Aufatmen war also deutlich zu vernehmen, als der *Sonny Boy* schließlich doch den Basketball wieder als seine eigentliche Sportart erkannte und **auf's Parkett zurückkehrte.** Zum Erstaunen aller hatte er während seines kurzen Abstechers in die Welt des Baseballs nichts verlernt – der erneute Titelgewinn seiner *Bulls* 1996 und 1997 bewies dies eindrucksvoll.

Die Rückkehr von Superstar *Michael Jordan* hatte bei den **Chicago Bulls** einen **zweiten Frühling** ausgelöst. „Bei denen sieht Basketball so einfach aus", meinte anerkennend der Trainer der *Utah Jazz, Jerry Sloan,* „eine wirklich großartige Mannschaft!" In der Tat schafften es die *Bulls* 1996 als erster Club in der fünfzigjährigen Geschichte der NBA, über 70 der 82 Punktspiele einer Saison zu gewinnen.

Die beiden Stars der *Bulls* wollen jedoch bis heute nicht recht in die allgemeinen Lobeshymnen einstimmen. *Pip'n Mike,* wie man das **Duo Scottie Pippen und Michael Jordan** in der Windy City Chicago liebevoll nennt, winken ab: „Wir machen immer noch Fehler", erklärt *Jordan,* und selbst Trainer *Phil Jackson* ist der Meinung, daß man am Spiel der *Bulls* immer noch „feilen" müsse. Und doch bleibt unbestritten, daß *Pip'n Mike* das derzeit beste Basketballgespann der Welt sind. Sowohl im Angriff als auch in der Abwehr dominieren sie die Liga nach Belieben. *Pippen* macht das Spiel, *Jordan* die Punkte, und auch in der Defensive lassen die „Dobermänner", wie sie ein Trainer nannte, den Gegner nicht zur Entfaltung kommen.

Die Klasse der *Bulls* machen jedoch die zwei Topstars nicht alleine aus, sondern **weitere hervorragende Spieler:** Für Aggressivität und sichere Rebounds sorgt das „Enfant terrible" mit dem bunten Schopf, *Dennis Rodman,* und der Kroate *Toni Kukoc* ist dank seiner Vielseitigkeit für weitere Pluspunkte gut. Neben diesen vier bekannten Spielern baut Coach *Jackson* auf eine Reihe ausgezeichneter „Wasserträger", wie *Luc Longley, Bill Wennington, Ron Harper* oder den treffsicheren *Steve Kerr.* Trümpfe hat der Meistercoach wahrlich genug in der Hand, die er 1997 wieder richtig ausspielte und den Titelgewinn Nummer 5 ermöglichte.

des alten Ballparks an eben dieser Stelle, familienorientiert und von sehr kundigen Fans besucht.

United Center
- **Teams:** *Chicago Bulls* (NBA), *Chicago Blackhawks* (NHL)
- **Adresse:** 1901 W. Madison St.
- **Fassungsvermögen:** 21.711 *(Bulls)*, 20.500 *(Blackhawks)*
- **Eröffnung:** 1994
- **Tickets:** *Bulls* – Tel. (312) 455-4000 o. *TicketMaster* Tel. 559-1212, Mo-Fr 12-18 Uhr, $ 15-325 (am Court) – meist ausverkauft; *Blackhawks* – Tel. 943-7000 o. 455-7000, Mo-Sa 10-18 Uhr, $ 15-75
- **Nahverkehr:** Bus Nr. 20 (Madison) Westbound oder Nr. 19 (Stadium Express), ab 90 Min. vor Spielbeginn
- **Parken:** genügend gut organisierte Parkmöglichkeiten am Stadion bei rechtzeitiger Ankunft für $ 10 aufwärts; Parkplätze auch begrenzt im Umfeld vorhanden, Parken auf den Straßen allerdings verboten. Viertel nicht gerade vertrauenerweckend
- **Imbiß:** 46 Imbißstände, z.B. *Windy City Grill* oder *Mexican Fiesta,* lokales Old-Style-Bier
- **Treffs:** *Michael Jordan's Restaurant,* 500 N. Lasalle St., Tel. 644-3865 – *Air* ist hier tatsächlich des öfteren anzutreffen! *Cheli's Chili Bar,* Tel. 455-1237, im Besitz von Hawks-Verteidiger *Chris Chelios; Bigsby's,* 1750 N. Clark, Tel. 642-5200
- **Something special:** Gegenüber dem alten, legendären, inzwischen abgerissenen Chicago Stadium gelegen. Es fehlt dem Center noch die Atmosphäre des alten *Madhouse.* 22 Souvenirstände, *Benny the Bull, the Blues Brothers* und *Luva Bulls* zur Unterhaltung – und natürlich *Michael Jordan, Scottie Pippen, Dennis Rodman* und Co. – was will man mehr?

Soldier Field
- **Team:** *Chicago Bears* (NFL)
- **Adresse:** 425 McFetridge Place
- **Fassungsvermögen:** 66.950
- **Eröffnung:** 1924
- **Tickets:** 950 N. Western Ave., Lake Forest, Tel. (708) 615-2327, Mo-Fr 9-16 Uhr, $ 28-40
- **Nahverkehr:** Busse Nr. 146 (Marine Dr./Michigan Ave.) und Nr. 128 (Soldier Field Express) zum Stadion, außerdem freier Shuttle-Service ab Downtown
- **Parken:** drei Parkplätze am Stadion für nur 6000 Autos ($ 10), daher besser 2-3 Std. vor Anpfiff eintreffen; Parken in der Umgebung wenig ratsam
- **Imbiß:** Ballpark Franks und Würstchen aller Art, Kosher Hot dogs (auch Chicago-Style), Connie's thick-crust Pizza, mehrere Biersorten
- **Treffs:** im näheren Umkreis mehrere Bars und Kneipen, v.a. an Rush und Division Streets, z.B. *Houston's,* 1616 N. Rush St., Tel. (312) 649-1121
- **Something special:** Tailgate Parties spektakulär. Perfekter Blick auf die Skyline der *Windy City,* die hier ihrem Namen voll gerecht wird.

Milwaukee, WI

Praktische Tips
- **Telefonvorwahl:** 414
- **Infos:** *Greater Milwaukee CVB,* 510 W. Kilbourn Ave., Tel. 273-3950 o.

ML-Metropolen

Das Enfant terrible der NBA

Neben *Pip'n Mike* sorgt **Dennis Rodman – Bad Boy und Paradiesvogel der NBA** – für Schlagzeilen. Wie andere die Hemden wechselt er die Haarfarbe, trägt auf jedem freien Hautfleckchen eine Tätowierung, im Bauchnabel ein Silberkettchen und am liebsten eine Lederjacke auf blanker Haut. Seine Spielleidenschaft, eine Liäson mit *Madonna*, seine Transvestitenshow bei der Vorstellung seines Buches und etliche Eskapaden auf dem Parkett sorgten und sorgen dafür, daß der Topbasketballer die Schlagzeilen eine gepachtet zu haben scheint. Er ist beileibe kein 08/15-Typ, pflegeleicht und unterwürfig, aber vielleicht ist es ja gerade seine **Andersartigkeit,** die sich nicht nur äußerlich zeigt, daß *The Worm* von den Fans ebenso verehrt, wie von der Liga gefürchtet wird.

„Ich bin alt genug, ich weiß, was ich zu tun habe", ist sein Lieblingssatz, wenn er wieder einmal vom Vereinsmanagement wegen Übertretung der Regeln oder anderen **Dummheiten** zur Rede gestellt wird. Und derer gab es schon genug: Z.B. der „Eisbeutelzwischenfall" (er hatte einmal einem Trainer einen Eisbeutel nachgeworfen) oder sein Motorradunfall (er fand die Bremse nicht und kugelte sich eine Schulter aus) oder aber seine Schimpftirade über die Schiedsrichter nach einem Spiel, die man lieber nicht abdruckt.

Und dennoch respektieren ihn die Kollegen als wichtigen Akteur auf dem Spielfeld, immerhin ist *Rodman* der **beste Rebounder der Liga** und hat die „Drecksarbeit"(Rebounding oder Blockstellen) zur Meisterschaft getrieben. Überdies wurde das Enfant terrible der NBA sowieso schon viel zahmer, seit er 1995 von San Antonio nach Chicago wechselte. Ob das vielleicht seine Art ist, den Superstars *Jordan* und *Pippen* seinen Respekt zu zollen? Oder ist vielleicht nur Coach *Jackson* der bessere Taktiker und Psychologe? Allerdings hält *Rodman* auch bei den *Bulls* an seinen Plänen fest, wie er seinen Abschied von der NBA zelebrieren möchte: „Ich werde nach dem letzten Spiel das Trikot in die Menge werfen und splitternackt das Spielfeld zu verlassen!"

1-800-231-0903; Infostand in der Grand Ave. Mall, 3rd St.
- **Nahverkehr:** *Milwaukee County Transit System* (Busse) – Infos: Tel. 344-6711
- **Unterkunft:** *Hotel Wisconsin,* 720 N. 3rd St., Tel. 271-4900, gegenüber *Grand Ave. Mall*
- **Essen & Trinken:** aufgrund der großen deutschen Gemeinde am Ort bekannt für das Bier; lohnende Viertel: Brady Street (italienisch); South Side und East Side; z.B. *John Hawk's Pub,* 100 E. Washington Ave., Tel. 272-3199
- **Unterhaltung:** Water Street (Juneau-Highland Sts.) sowie North Ave, East Side nahe UW Campus (v.a. an North Farwell St.) lohnend; z.B. *Safehouse,* 779 Front St. (Downtown), Tel. 271-2007
- **Don't miss:** Brauereitour (z.B. Miller); Milwaukee Art Museum; St. Josaphat's Basilica

ML-Teams
- **MLB**

Milwaukee Brewers
Milwaukee County Stadium
P.O. Box 3099
Milwaukee, WI 53201-3099
Tel. (414) 933-4114,
Fax 933-7323 o. -3251
- **NBA**

Milwaukee Bucks
Bradley Center

Milwaukee Brewers

Milwaukee Bucks

1001 N. Fourth St.
Milwaukee, WI 53203-1312
Tel. (414) 227-0500, Fax 227-0548

Minor-League-Team
•IHL
Milwaukee Admirals
1001 N. 4th Street
Milwaukee, WI 53203
Tel. (414) 227-0550, Fax 227-0568

Spiele im Bradley Center, s.u. (18.394 Zuschauer)

Milwaukee County Stadium
- *Team:* Milwaukee Brewers (MLB)
- *Adresse:* 201 S. 46th St.
- *Fassungsvermögen:* 53.192
- *Eröffnung:* 1953
- *Tickets:* Tel. (414) 933-1818, Mo-Fr 9-19, Sa 9-17, So 11-15 Uhr, $ 4-20
- *Nahverkehr:* Bus Nr. 99 an Spieltagen zum Stadium
- *Parken:* 11.000 Plätze am Stadion, weitere im Umkreis
- *Imbiß:* hervorragende Bratwurst u.a., reichlich Miller Bier, z.B. bei Bernie Brewer
- *Treffs:* Saz's State House, 5539 W. State St., Tel. 453-2410, nördlich des Stadions (BBQ-Ribs); Luke's Sports Bar, Tel. 223-3210, 50 TVs und 3 Bars
- *Something special:* Es soll Fans geben, die nur wegen der Tailgate Parties kommen – Roll out the Barrel. Im Inneren des Stadions regiert ein unerbittliches Arbeiterpublikum.

Bradley Center
- *Teams:* Milwaukee Bucks (NBA), Milwaukee Admirals (IHL)
- *Adresse:* 1001 N. Fourth St.
- *Fassungsvermögen:* 18.633
- *Eröffnung:* 1988
- *Tickets:* Tel. (414) 276-4545, 227-0500 o. (608) 225-4646, Mo-Fr 9-17.30 Uhr, $ 12-48
- *Nahverkehr:* Bus Nr. 30, in Downtown
- *Parken:* keine eigenen Stadiumparkplätze, doch etliche im Umkreis
- *Imbiß:* Hot dogs und Bier als Spezialitäten

Der Provinzler ganzer Stolz

Wer führt die Liste der **beliebtesten NFL-Teams** an? Natürlich die *Dallas Cowboys* und die *San Francisco 49ers!* Auf diese beiden berühmtesten und erfolgreichsten Footballclubs, mehrmalige Titelgewinner mit Staraufgebot, richtete sich bis vor kurzem das alleinige Augenmerk.

Erst die grandiose Spielzeit 1996 und speziell die Endrunde haben die Footballwelt auf ein Team aus der Provinz aufmerksam gemacht, das wie Phoenix der Asche entstieg: die **Green Bay Packers.** Nur rund 100.000 Leute sind es, die in dem Städtchen am Lake Michigan, nördlich von Chicago und unweit der kanadischen Grenze, wohnen, aber die haben Pfeffer, zählen zu den wohl footballverrücktesten Fans der USA.

Das Staunen ist groß: Wie kann man sich in einem derartigen „Nest" eine so erfolgreiche Mannschaft leisten? Vor Beantwortung dieser Frage ist etwas Hintergrundwissen erforderlich: Die *Packers* sind **einer der Traditionsvereine der NHL,** gehören ihr seit der Gründung 1921 an und wurden als Profiteam bereits drei Jahre vorher aus der Wiege gehoben. Seither behauptet man sich erfolgreich gegen die Konkurrenz aus den schicken US-Metropolen.

Wenn es auch seit den beiden Super-Bowl-Siegen 1966 und 1967 nicht mehr zu einem Titel gereicht hat, verging den „Großen" doch schon so manches Mal das Lachen über die „Provinzler". Seit einigen Jahren scheint nun die **Aufbauarbeit des Managements** Früchte zu tragen. Die *Packers* befinden sich auf dem besten Wege, sich als beständiges NFL-Topteam zu etablieren – jüngster Beweis: die Super-Bowl-Teilnahme 1997 und der klare Sieg gegen die *New England Patriots.*

Wie wichtig die *Packers* für die Stadt Green Bay sind, zeigt alleine die Länge der Warteliste auf eine Saisonkarte: 18.000 **Fans** harren geduldig aus, obwohl nur knapp zwanzig jährlich zu den Glücklichen zählen, die endlich einen Dauerplatz im 60.790 Zuschauer fassenden Stadion bekommen. Dort wird der Auftritt der *Packers* entsprechend gefeiert: Stundenlang vor einem Spiel ist der Parkplatz bereits gefüllt, werden Wimpel gehißt und Schlachtrufe geprobt, duftet es nach BBQ und Bier, diskutieren und fachsimpeln die Fans. Und trotzen dabei dem Wetter, weder eisige Kälte (wie im NFC-Finale 1997 minus 20 Grad) noch Schnee oder Regen können dem Enthusiasmus Abbruch tun – allein der Gedanke an Football scheint die Gemüter der Bewohner von Green Bay genügend zu erhitzen.

Die **enge Verbundenheit zum Club** hängt aber auch mit einer anderen Besonderheit zusammen: Die *Packers* sind der einzige Profiverein, der tatsächlich den Fans gehört. Fast 2.000 davon haben vor Jahren eine Aktiengesellschaft gegründet und mit dem Erwerb des Vereins die Abwanderung in eine Großstadt verhindern können.

Die *Green Bay Packers* gelten als die derzeit **spielstärkste Mannschaft der Profiszene,** nicht allein wegen *Brett Favre,* der 1995 und 1996 zum besten Spieler der NFL gewählt wurde und der neue NFL-Superstar ist. Die ganze Mannschaft ist gespickt mit Einzelkönnern – wie Defensive End *Reggie White,* Running Back *Edgar Bennett* oder Wide Receiver *Keith Jackson.*

Zünglein an der Waage ist jedoch **Cheftrainer** *Mike Holmgren,* dem es gelang, aus dem Spielermaterial eine schlagkräftige Einheit zu formen und sie mit brillanten Spielzügen auszustatten. Daß *Holmgren* sein Handwerk versteht, verwundert nicht, hat er doch als Assistent in San Francisco gelernt und keinen Geringeren als *Joe Montana* ausgebildet. In Green Bay, in der Provinz, hat *Holmgren* nun eine neue Footballmacht geformt, die den „Großen" – auch den *49ers* – ein Schnippchen nach dem anderen schlägt.

ML-Metropolen

- **Treffs:** Major Goolsby's, North 4th/Kilbourn Ave., Tel. 271-3414; *Water Street Brewery,* 1101 N. Water St., Tel. 272-1195; *Historic Turner Restaurant,* 1034 N. 4th St., gegenüber dem Bradley Center, Tel. 276-4844
- **Something special:** Hausband *Street Life,* Maskottchen *Bango,* aber dennoch wenig Stimmung in der komfortablen Halle.

Green Bay, WI

Praktische Tips
- **Telefonvorwahl:** 414
- **Infos:** *Door County Chamber of Commerce,* 6443 Green Bay Rd., Sturgeon Bay, Tel. 743-4456 oder 1-800-527-3529
- **Unterkunft:** *The Radisson in Green Bay,* 2040 Airport Dr., Tel. 494-7300 o. 1-800-333-3333
- **Essen & Trinken:** skandinavische Spezialitäten wie Fischeintopf und Kirschkuchen; z.B. *Edgewater Restaurant,* Ephraim, Tel. 854-4034; *Sandpiper,* Bailey's Harbor
- **Sportshop:** *Green Bay Packers Pro Shop,* 1265 Lombardi Ave. (Lambeau Field)
- **Don't miss:** National Railroad Museum, 250-Meilen-Küstenstreifen im Door County mit Naturparks, Seen und vielfältigen Freizeitmöglichkeiten

ML-Teams
- **NFL**

Green Bay Packers
1265 Lombardi Avenue
Green Bay, WI 54304
Tel. (414) 496-5700, Fax 496-5712

Green Bay Packers

Lambeau Field
- **Team:** *Green Bay Packers* (NFL)
- **Adresse:** 1265 Lombardi Ave.
- **Fassungsvermögen:** 60.790
- **Eröffnung:** 1957 (neu renoviert)
- **Tickets:** Tel. (414) 496-5719, Mo-Fr 9-17 Uhr, $ 28-85

Reggie White, Superstar der Green Bay Packers (Green Bay Packers)

- **Nahverkehr:** nicht existent
- **Parken:** lange vorher besetzt (gut 6000 in nächster Stadiumsnähe), Zu- und Abfahrt zeitraubend
- **Imbiß:** das Übliche, Tailgate Parties beliebt
- **Treffs:** *Kroll's*, Tel. 468-4422; *Stadium View* und *50-yard-line.*
- **Something special:** Ältestes noch in Betrieb befindliches Footballstadion mit den verrücktesten Fans. Tickets nur über den Schwarzmarkt erhältlich, seit 1970 ständig ausverkauft. Die Mannschaft gehört als AG 1915 Bürgern der Stadt und zählt zugleich zu den besten der NFL.

Minor-League-Mannschaften in Städten ohne ML-Teams

Fort Wayne, IN

●**IHL**
Fort Wayne Komets
1010 Memorial Way
Suite 100
Fort Wayne, IN 46805
Tel. (219) 483-0011, Fax 483-3899
Spiele im Allen County War Memorial Coliseum, 4000 Parnell Ave. (8.003 Zuschauer)

●**CBA**
Fort Wayne Fury
1010 Memorial Way
Suite 210
Fort Wayne, IN 46805
Tel. (219) 471-3879, Fax 471-9716
Spiele im Allen County War Memorial Coliseum, 4000 Parnell Ave. (6.200 Zuschauer, $ 5-8)

Grand Rapids, MI

●**IHL**
Grand Rapids Griffins
Van Andel Arena
130 W. Fulton Ave.
Grand Rapids, MI 49503
Tel. (616) 774-4585, Fax 336-5464
Spiele in der Van Andel Arena, 130 W. Fulton Ave. (10.834 Zuschauer), Tochterunternehmen der *Orlando Magic* (NBA)

●**CBA**
Grand Rapids Hoops
Van Andel Arena
130 W. Fulton Ave.
Grand Rapids, MI 49503
Tel. (616) 458-7788, Fax 458-2123
Spiele in der Van Andel Arena, s.o. (9.600 Zuschauer, $ 3-60)

Kalamazoo, MI

●**IHL**
Michigan K-Wings
3620 Van Rick Drive
Kalamazoo, MI 49002
Tel. (616) 349-9772, Fax 345-6584
Spiele im Wings Stadium (5.113 Zuschauer)

Rock Island, IL

●**CBA**
Quad City Thunder
329 18th Street
Rock Island, IL 61201
Tel. (309) 788-2255, Fax 788-2335
Spiele in The Mark of the Quad Cities, 1201 River Drive, Moline, IL (9.500 Zuschauer, $ 5-14)

Wichtige College-Sport-Städte

Rockford, IL

●**CBA**
Rockford Lightning
3660 Publisher's Drive
Rockford, IL 6105
Tel. (815) 874-8918, Fax 874-6434
Spiele im Rockford MetroCentre, 300 Elm Street (8.900 Zuschauer, $ 5-12)

La Crosse, WI

●**CBA**
La Crosse Bobcats
200 Main Street
Suite 200
La Crosse, WI 54602-1717
Tel. (608) 796-2600, Fax 796-2614
Spiele im La Crosse Center, 300 Harborview Plaza (6.091 Zuschauer, $ 5-30)

Wichtige College-Sport-Städte

Cincinnati, OH

Cincinnati Bearcats
Profibasketball gibt es in Cincinnati zwar nicht, aber das stört niemanden, stehen doch der Stadt mit der University of Cincinnati und der Xavier Uni zwei der besten Teams des **College Basketballs** zur Verfügung. Vor allem die *Cincinnati Bearcats* begeistern die Fans und spielen regelmäßig um den Meistertitel mit.
●**Infos:**
University of Cincinnati
Athletic Department
P.O.Box 0091
Cincinnati, OH 45221
Tel. (513) 556-5191, Fax 556-0619
●**Stadion:** *Myrl Shoemaker Center* (auf dem Campus), Fassungsvermögen 13.176, (Basketball)

Columbus, OH

Ohio State Buckeyes
Berühmt ist Columbus, die Hauptstadt von Ohio, beileibe nicht wegen ihrer Soccer-Mannschaft, sondern vielmehr als Heimat der Ohio State University. Während die **Basketballer** nicht mit Erfolg gesegnet sind, gehören die **Footballer** zur absoluten Spitzenklasse. Vor allem, wenn es gegen den alten Rivalen Michigan geht, ist im ganzen Staat die Hölle los.
●**Infos:**
Ohio State University
Athletic Departement
1800 Lincoln Drive
Columbus, OH 43210
Tel. (614) 292-6861, Fax 292-8547
●**Stadion:** siehe *Ohio Stadium* unter ML-Metropolen, Columbus

Bloomington, IN

Indiana Hoosiers
In diesem kleinen Nest spielt sich das ganze Leben rund um die Uni ab, eine der angesehenen im Lande. Sportlich gesehen steht **College Basketball** im Mittelpunkt des Interesses: Die *Indiana Hoosiers* zählen zu den Traditionsmannschaften, die immer oben mitmischen, auch dank des umstrittenen, aber legendären Trainers *Bobby Knight*.

Wichtige College-Sport-Städte

●*Infos:*
University of Indiana
Athletic Dept.
300 N. Jordan Ave.
Bloomington, IN 47405
Tel. (812) 855-4861
●*Stadien:*
Memorial Stadium (auf dem Campus), Fassungsvermögen: 52.354 (Football)
Assembly Hall (auf dem Campus), (Basketball)

South Bend, IN

Notre Dame Fighting Irish

Wer von **College Football** spricht, der kommt um die *Notre Dame Fighting Irish* nicht herum. Seit den 20ern spaltet die Mannschaft ganz Amerika in Verehrer und Hasser, unumstritten ist allerdings, daß die Studenten hervorragenden Football spielen. Da es sich um eine katholische Privatuni handelt, wird nebenbei großer Wert auf eine gute Ausbildung gelegt. Wenn jedoch die *Fighting Irish* spielen, geraten selbst die kirchlichen

Notre Dame Fighting Irish, Macht im College Football (Univ. of Notre Dame)

Notre Dame Fighting Irish
(Univ. of Notre Dame)

Uniangehörigen aus dem Häuschen. Die Mannschaft tritt im legendären Notre Dame Stadium von 1931 an, das 1994 total renoviert wurde und 80.000 Fans Platz bietet – Karten sind leider Mangelware.
●*Infos:*
Notre Dame University
Joyce Athletic and Convocation Centre
Notre Dame, IN 46556
Tel. (219) 631-7516, Fax 631-7941
●*Stadion:*
Notre Dame Stadium (auf dem Campus), Fassungsvermögen: 80.000 (Football)

Sonstiges

Michigan Wolverins (US College Collection)

Ann Arbor, MI

Michigan Wolverines

Superlative gehören zum sportlichen Alltag der Uni Michigan, die in einem der schönsten Provinzstädtchen der USA, in Ann Arbor, vor den Toren Detroits, zu Hause ist. Die Uni produziert nicht nur Sportstars am Fließband – wie die **NBA-Superstars** *Jowan Howard* oder *Chris Webber* –, sondern lockt zu jedem Heimspiel der *Wolverines* über 100.000 (!) Fans ins **Footballstadion,** eines der größten überhaupt auf einem Unicampus. Auch wenn Karten für diese Spiele knapp sind, sollte man versuchen, dort eine Partie mitzubekommen. Das ganze Umfeld, die Tailgate-Parties, die Fans, das Stadion, bilden ein unvergeßliches Erlebnis – College Football vom Feinsten!

- **Infos:**
University of Michigan
Athletic Campus
Ann Arbor, MI 48109
Tel. (313) 763-1381, Fax 747-1188,
Infos 1-800-225-5313
- **Stadion:**
Michigan Stadium (auf dem Campus, erbaut 1927), Fassungsvermögen: 102.501 (Football)

Sonstiges

Frauen-Profibasketball-Liga ABL

Columbus Quest
- **Infos:**
7451 State Route 161
Dublin, OH 43016
Tel. (614) 873-6555, Fax 873-6558
- **Stadion:**
Spiele in der *Batelle Hall,* Columbus Convention Center (6.976)
- **Tickets:**
Tel. (614) 873-6556

Frauen-Profibasketball-Liga WNBA

Cleveland Rockers
- **Infos:**
Gund Arena
1 Center Court
Cleveland, OH 44115
Tel. (216) 420-2573, Fax 420-2298
- **Stadion:**
Gund Arena (s. Cleveland)

Cleveland Rockers

Der Süden

Die Olympischen Spiele 1996 in Atlanta (Georgia) haben die Südstaaten der USA einer breiteren Öffentlichkeit bekannt gemacht, wenngleich die meisten Olympia-Berichterstatter wenig von den Besonderheiten dieser Region zu erzählen wußten. Deshalb kann nur jedem USA-Besucher angeraten werden, diese historisch so bedeutsame Gegend – hier fand 1861-65 der Bürgerkrieg statt – selbst zu entdecken. Neben den *Southerners,* den ungewöhnlich redseligen und gastfreundlichen Bewohnern, lockt die leckere, wenn auch kalorienhaltige Küche. Berühmt ist die Region darüber hinaus als **Football-Hochburg;** man sagt sogar, im gottesfürchtigen und bibelfesten Süden sei Football wichtiger als die Kirche. Dennoch ist Football nicht alles – in Kentucky, Tennessee und North Carolina hat **Basketball** eine ähnliche Bedeutung. Kurioserweise erlebt derzeit **Eishockey** im Süden ei-

Olympiastadt Atlanta

nen Boom – momentan zwar noch im zweitklassigen Minor-League-Bereich, doch wird die NHL ab 1999 in Atlanta und bereits 1998 in Nashville Franchises einrichten.

Neben **Atlanta**, einem Zentrum des Profisports, wird profimäßig auch in **New Orleans,** *The Big Easy,* etwas geboten – sofern Jazz, gutes Essen und dolce vita dafür Zeit lassen.

Staatenporträts

Alabama –
The Heart of Dixie / Cotton State

Überblick
  seit 1819 Staat der USA
- *Hauptstadt:* Montgomery
- *Fläche:* 133.667 qkm
- *Bevölkerung:* ca. 4 Mio.
- *Zeitzone:* CT
- *Wichtige Uni/College-Mannschaften:* 2 *(University of Alabama, Auburn)*

Infos
- *Alabama Bureau of Tourism and Travel*
401 Adam Ave., PO Box 4927
Montgomery, AL 36103-4927
Tel. 1-800-252-2252

Georgia – The Peach State/
Gooper (Peanut) State

Überblick
  seit 1788 Staat der USA, einer der 13 Gründerstaaten
- *Hauptstadt:* Atlanta
- *Fläche:* 152.489 qkm
- *Bevölkerung:* ca. 6,75 Mio.

- *Zeitzone:* ET
- *ML-Mannschaften:* 4 *(Atlanta Braves,* MLB; *Atlanta Falcons,* NFL; *Atlanta Hawks,* NBA; *Atlanta,* NHL ab 1999)
- *Wichtige Uni/College-Mannschaften:* 2 *(University of Georgia, Georgia Tech)*

Infos
- *Georgia Dept. of Industry, Trade and Tourism*
PO Box 1776
Atlanta, GA 30301
Tel. (404) 656-3590
oder 1-800-847-4842

Kentucky – The Bluegrass State

Überblick
  seit 1792 Staat der USA
- *Hauptstadt:* Frankfort
- *Fläche:* 104.623 qkm
- *Bevölkerung:* ca. 3,8 Mio.
- *Zeitzone:* ET und CT
- *Wichtige Uni/College-Mannschaften:* 2 *(University of Kentucky, University of Louisville)*

Infos
- *Kentucky Department of Travel Development*
P.O.Box 2011, 500 Mero Street, Suite 22
Frankfort, KY 40602
Tel. 1-800-225-8747

Louisiana –
The Bayou State / Creole State

Überblick
  seit 1812 Staat der USA
- *Hauptstadt:* Baton Rouge

- *Fläche:* 125.674 qkm
- *Bevölkerung:* ca. 4,4 Mio.
- *Zeitzone:* CT
- *ML-Mannschaften:* 1 *(New Orleans Saints, NFL)*
- *Wichtige Uni/College-Mannschaften:* 1 *(Louisiana State)*

Infos
- *Louisiana Office of Tourism*
PO Box 94291 / Dept. 5136
Baton Rouge, LA 70804-9291
Tel. (504) 342-8119
oder 1-800-334-8526

Mississippi – The Magnolia State

Überblick
  seit 1817 Staat der USA
- *Hauptstadt:* Jackson
- *Fläche:* 123.584 qkm
- *Bevölkerung:* ca. 2,5 Mio.
- *Zeitzone:* CT
- *Wichtige Uni/College-Mannschaften:* 1 *(University of Mississippi)*

Infos
- *Mississippi Dept. of Economic Development*
Division of Tourism
PO Box 22825
Jackson, MS 39205
Tel. (601) 359-3297
oder 1-800-927-5378

North Carolina – Tar Heel State

Überblick
  seit 1789 Staat der USA, einer der 13 Gründerstaaten
- *Hauptstadt:* Raleigh
- *Fläche:* 136.500 qkm.
- *Bevölkerung:* ca. 6,7 Mio.
- *Zeitzone:* ET
- *ML-Mannschaften:* 3 *(Carolina Panthers,* NFL; *Charlotte Hornets,* NBA; *Carolina Hurricans,* NHL)
- *Wichtige Uni/College-Mannschaften:* 4 *(University of North Carolina, North Carolina State, Wake Forest, Duke)*

Infos
- *NC Travel and Tourism Division*
430 N. Salisbury St.
Raleigh, NC 27611
Tel. (919) 733-4171
oder 1-800-847-4862

South Carolina – The Palmetto State

Überblick
  seit 1788 Staat der USA, einer der 13 Gründerstaaten
- *Hauptstadt:* Columbia
- *Fläche:* 80.400 qkm
- *Bevölkerung:* ca. 3,5 Mio.
- *Zeitzone:* ET
- *Wichtige Uni/College-Mannschaften:* 2 *(Clemson, University of South Carolina)*

Infos
- *SC Dept. of Parks*
1205 Pendleton St.
Columbia, SC 29201
Tel. (803) 734-0122
oder 734-0129 (international)
oder 1-800-346-3634
- *in Deutschland* c/o. *Hans Regh Associates*
Ginnheimer Landstraße 1
60487 Frankfurt/Main
Tel. (069) 704013, Fax 704043

Tennessee – Volunteer State

Überblick
seit 1796 Staat der USA
- **Hauptstadt:** Nashville
- **Fläche:** 109.412 qkm
- **Bevölkerung:** ca. 4,9 Mio.
- **Zeitzone:** ET und CT
- **Motto:** Agriculture and Commerce
- **ML-Mannschaften:** 2 (ab 1997 in Nashville; Umzug der *Houston Oilers*, NFL; ab 1998 Nashville, NHL)
- **Wichtige Uni/College-Mannschaften:** 2 *(University of Tennessee, Memphis State University)*

Infos
- **Tennessee Dept. of Tourist Development**
PO Box 23170
Nashville, TN 37202
Tel. (615) 741-2158

ML-Teams

MLB – Baseball
- *Atlanta Braves*

NBA – Basketball
- *Atlanta Hawks*
- *Charlotte Hornets*

NFL – Football
- *Atlanta Falcons*
- *Carolina Panthers*
- *New Orleans Saints*
- *Tennessee Oilers* (ehemals *Houston*)

NHL – Eishockey
- ab 1998 *Nashville*
- ab 1999 *Atlanta*

ML-Metropolen

Charlotte, NC

Praktische Tips
- **Telefonvorwahl:** 704
- **Infos:** *Charlotte CVB,* 122 East Stonewall Street, Tel. 334-2282 o. 1-800-231-4636; Info-Büro: 440 S. Tryon St, Tel. 441-2700;
- **Hotline:** Tel. 336-8888
- **Nahverkehr:** *Charlotte Transit* (Busse) – Infos: Tel. 336-3366
- **Unterkunft:** *The Morehead Inn,* 1122 E. Morehead Street, Tel. 476-3357, B&B im Stadtteil Dilworth; nahe Coliseum: *Comfort Inn Woodlawn Coliseum,* 4416 S. Tryon St., Tel. 525-0456; *Days Inn Woodlawn,* 122 W. Woodlawn Rd., Tel. 527-1620; mehrere (teure) Luxushotels in Uptown, z.B. *Mark Adam's*
- **Essen und Trinken:** *Dilworth Brewery,* 1301 East Blvd., Tel. 377-2739, *Sonny's Bar-B-Q* – mehrere Filialen; *Bubba's Barbecue,* 4400 Sunset Rd., Tel. 523-1637; *McDonald's Cafeteria,* 2812 Beatties Ford Rd., Tel. 393-8823; allgemein lohnende Viertel sind Uptown, Southpark, Independence Blvd., Providence Rd. und Dilworth
- **Sportbars/Unterhaltung:** *Picasso's Sports Cafe,* 1004 S. Kings Dr./Morehead St., Tel. 333-2255; *Sonoma Bistro & Bar,* Charlotte Plaza Building, 201 S. College St., Tel. 375-2004; *Dilworth Brewing Company,* 1301 E. Blvd./Kenilworth Ave., Tel. 377-2739; *Champps Americana,* 1601 E. Woodlawn Rd., Tel. 523-1443; *All Sports Cafe,* Tel. 366-3663
- **Don't miss:** Historic Fourth Ward;

Discovery Place; Mint Museum of Art; Museum of History; Charlotte Motor Speedway (NASCAR); Paramount's Carowinds Theme Park; Ausflug zur Reed Gold Mine
- **Medien:** *Charlotte Observer*
- **Shopping:** *Southpark Mall, Eastland Mall, Carolina Place, Founders Hall* (Uptown), *Outlet Marketplace* (Fort Mill, SC, I-77, Exit 90)

ML-Teams
•NBA
Charlotte Hornets
100 Hive Drive
Charlotte, NC 28217
Tel. (704) 357-0252, Fax 357-0289

Carolina Panthers

Charlotte Hornets

•NFL
Carolina Panthers
Ericsson Stadium
800 S. Mint Street
Charlotte, NC 28202
Tel. (704) 358-7000, Fax 358-7618

Charlotte Coliseum
- **Team:** *Charlotte Hornets* (NBA)
- **Adresse:** 100 Hive Drive.
- **Fassungsvermögen:** 24.042
- **Eröffnung:** 1988
- **Tickets:** 100 Paul Buck Blvd., Tel. (704) 357-4701, 357-0489 o. *TicketMaster* Tel. 522-6500, Mo-Fr 10-17 Uhr, $ 8-70
- **Nahverkehr:** nicht existent
- **Parken:** 8000 Plätze – no problem!
- **Imbiß:** preiswerte Stände mit BBQ, Huhn u.a.; *Crown Club Restaurant* mit 12 TVs angeschlossen
- **Treffs:** naher Executive Park mit Lokalen und Bars; außerdem: *The Silver Cricket,* 4705 S. Blvd., Tel. 525-0061; *Lone Star Steakhouse & Saloon,* 5033 South Blvd., Tel. 523-2388; *Fanz Restaurant & Bar,* 4630 Old Pineville Rd., Tel. 522-0072; *Sonny's Real Pit Bar-B-Q,* 444 Tyvola Rd., Tel. 523-1053; *Harper's,* 301 E. Woodlawn Rd., Tel. 522-8376
- **Something special:** Hier bebt die Halle! Top-Stimmung dank hohem

Komfort und der Animation durch *SuperHugo*.

Ericsson Stadium
- **Team:** *Carolina Panthers* (NFL)
- **Adresse:** 800 South Mint St.
- **Fassungsvermögen:** 72.685
- **Eröffnung:** 1996
- **Tickets:** Tel. (704) 358-7800, Mo-Fr 8.30-17.30 Uhr, schriftl.: P.O. Box 3411, Charlotte, NC 28234
- **Nahverkehr:** Am Rand von Downtown gelegen, Busse
- **Parken:** 28.500 Parkplätze im näheren Umkreis sowie im Parkhaus gegenüber dem Stadium
- **Imbiß:** 200 Stände mit vielseitigem Fastfood
- **Treffs:** zahlreiche Lokale in nächster Nähe, z.B. Sportbars wie *Open Kitchen*, Tel. 375-7449, oder *Foundry Pub*, Tel. 347-1841
- **Something special:** Dieses erst 1995 gegründete Team mit Zukunft ist beheimatet in einem der modernsten und komfortabelsten Footballstadien Amerikas, in dem die Fans rauschende Feste zu feiern verstehen.

Atlanta, GA

Praktische Tips
- **Telefonvorwahl:** 404
- **Infos:** *Atlanta CVB*, 233 Peachtree St., Suite 200, Atlanta, GA 30303, Tel. 521-6600; *Welcome South Visitors Center*, International Blvd./Spring St., Tel. 224-2000 (Service aller Art); *GA Dept. of Industry Trade & Tourism*, P.O. Box 1776, Atlanta, GA 30301, Tel. 656-3590; Infostände im Underground, in der Peachtree Center Mall, im GWCC, im Lenox Square, am Airport
- **Nahverkehr:** *MARTA* (U/S-Bahn, N-S u. O-W-Linie), Busse – Infos: Tel. 848-4711 bzw. Auskünfte im *Ride Store* an der Five Points Station
- **Unterkunft:** *Atlanta Hilton & Towers*, 255 Courtland St. NE, Tel. 659-2000, preiswerter, wenn Buchung in Deutschland erfolgt; *Comfort Inn Hotel Downtown*, 101 International Blvd., Tel. 524-5555; *Omni Hotel at CNN Center*, 100 CNN Center, Tel. 659-0000; *Marriott Atlanta Marquis*, 265 Peachtree Center Ave., Tel. 521-0000; *Days Inn Downtown*, 300 Spring St., Tel. 523-1144, weitere Hotels konzentriert in Midtown und Buckhead
- **Essen & Trinken:** Hervorragende Südstaatenküche und Soul Food, ebenfalls konzentriert in Buckhead; z.B. *Buckhead Diner*, 3073 Piedmont Rd., Tel. 262-3336; *Kudzu Cafe*, 3215 Peachtree Rd. NE; *Three Dollar Cafe*, 3002 Peachtree Rd. NW; *Buffalo's Cafe*, 4279 Roswell Rd. NE, Tel. 847-9464; nahe Georgia Tech: **The Varsity*, 617 North Ave. (Midtown), größtes Drive-in-Restaurant der Welt; Eatery im Underground
- **Unterhaltung/Sportbars:** Underground mit *Dante's* oder *Benchwarmers Sportbar*; Zentrum des Nachtlebens ist Buckhead, v.a. entlang der Paces Ferry Rd., Piedmont und Peachtree Rds., z.B. *Chicago Pizza & Sports Arena*, 2715 Buford Hwy. NE, Tel. 634-8734; *Frankie's*, 5600 Roswell Rd., Prado Shopping Center, Tel. 843-9444; Midtown: *The Beer Mug*, 1705 Peachtree St., Tel. 874-7836 (College-Sports-Bar); auch Little Five

ML-Metropolen

Die Panther zeigen Krallen

Die eh schon beachtliche Skyline von Charlotte, der größten Stadt North Carolinas, wurde 1996 um eine weitere Attraktion bereichert: einen „Raubtierkäfig" namens **Ericsson Stadium,** mit viel Glas, hohem Komfort und jahreszeitlich wechselnder Bepflanzung.

Hinter Gittern würden die Gegner die **Carolina Panthers** derzeit nur allzu gerne sehen, denn es ist schon ungewöhnlich, daß ein erst 1995 neu in die NFL aufgenommenes Team derart schnell die Krallen wetzt. In nur zwei Spieljahren ist es dieser Mannschaft gelungen, sich **unter den Topteams der NFL zu etablieren** und erfolgsverwöhnte Clubs wie San Francisco und Dallas mit empfindlichen Niederlagen auf sich aufmerksam zu machen.

Seit die *Panthers* nun auch noch im Januar 1997 in der Endrunde für Furore sorgten, ging eine **Welle der Begeisterung** durch Charlotte und Umland, und die *Panther* erlangten plötzlich den Status von Helden. Wer spricht da noch von den Ex-Lieblingen, den *Hornets* aus der NBA? Die *Panthers* sind in aller Munde, und wenn Teams wie die *San Francisco 49ers* zu Gast sind, ist die Hölle los. Stunden vor dem Spiel pilgern die Fans aus allen Himmelsrichtungen zum Stadion, treffen sich auf den Parkplätzen und starten ihre Tailgate Party. Bei Barbecue und Bier wird über die Kondition und die Leistungen der Stars gefachsimpelt, werden Spielzüge diskutiert oder die sattelfeste Abwehr gelobt.

Niemand spricht heute mehr von *Greenhorns.* Dauerte es früher gewöhnlich mindestens fünf Jahre, bis eine neue Franchise mitmischen konnte, haben die *Panthers* und ihre zeitgleich zum Leben erwachten Kollegen, die *Jacksonville Jaguars,* eine neue Ära eingeläutet und sich *innerhalb kürzester Zeit zu ernstzunehmenden Gegnern gemausert.*

Besonders ausgezahlt hat sich dabei der Mut von Coach *Dom Capers.* Er wagte es zur Überraschung aller, **Kerry Collins,** einen Studienabgänger der Penn State Uni, sofort ins kalte Wasser zu werfen, statt ihn vorsichtig und langsam, von der Bank aus, an das harte Profigeschäft zu gewöhnen. *Collins* selbst warf sich beherzt mitten ins Getümmel und war gleich maßgeblich an den Erfolgen der *Panthers* beteiligt. Wie ein alter erfahrener Quarterback lenkt nun der 23jährige Youngster das Spiel Carolinas und ist dennoch ruhig und bescheiden geblieben, obwohl ihm die Damenwelt zu Füßen liegt.

Der zweite „Held" der *Carolina Panthers* ist der blonde Hühne **Kevin Greene.** Mit den *Pittsburgh Steelers* holte er 1996 die Vizemeisterschaft, erhielt jedoch – obwohl Publikumsliebling in der Stahlstadt – keinen Vertrag mehr. Begründung der *Steelers: Greene* sei mit 34 Jahren zu alt. Anscheinend tat ihm die Luftveränderung gut oder die Wut darüber, zum alten Eisen gerechnet zu werden, auf alle Fälle erlebt er derzeit bei den Panthers einen zweiten Frühling und läuft allen Prognosen zum Trotz noch einmal zu Hochform auf.

Points und Virginia-Highland lohnen
- **Don't miss:** APEX, Atlanta History Center Buckhead und Downtown; Carter Presiential Center; CNN Studios; Cyclorama; Fernbank Museum of Natural History; Fox Theatre; Georgia State Capitol; Heritage Row und Underground; Herndon Home; High Museum of Art; Martin Luther King Jr. Center; Michael C. Carlos Museum (Emory University); Road to Tara Museum; SciTrek; Stone Mountain Park mit Confederate Memorial Carving, The World of Coca Cola, Wren's Nest
- **Medien:** *Atlanta Constitution,* Stadtmagazine wie *Atlanta Now, Where, Key to Atlanta*
- **Shopping:** Buckhead mit *Lenox Square,* Phipps Plaza mit *Niketown, Gal-*

ML-Metropolen

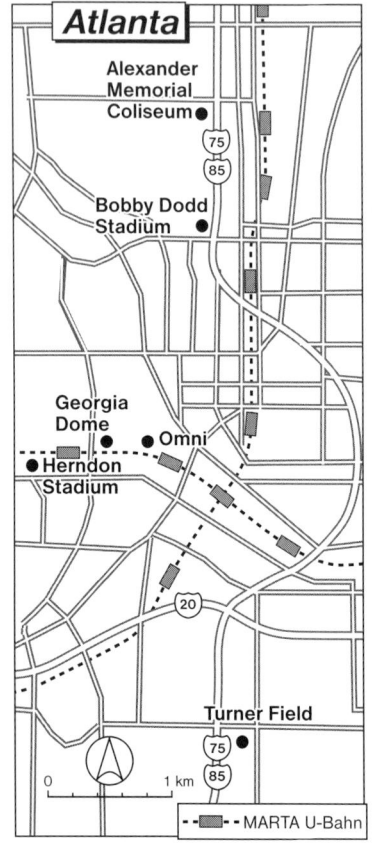

ML-Teams
•MLB
Atlanta Braves
P.O. Box 4064
Atlanta, GA 30302
Tel. (404) 522-7630, Fax 614-1391

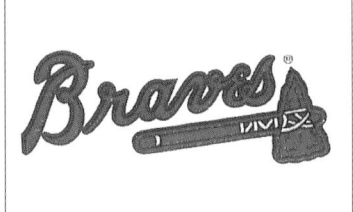

Atlanta Braves

•NBA
Atlanta Hawks
One CNN Center, Suite 405
South Tower
Atlanta, GA 30303
Tel. (404) 827-3800, Fax 827-4229

Atlanta Hawks

leria, Cumberland Mall u.a.; in Downtown: *Peachtree Center Mall,* Underground – mit gut sortiertem Sportshop **Stadium Stuff* (Sonderangebote!) -, CNN Center, mit **Souvenirladen der Atlanta Braves* und weiterem **Sportsouvenirladen (Tip für Minor-League-Fans); mehrere Filialen von *Sports Authority* (s. Telefonbuch)

•NFL
Atlanta Falcons
2745 Burnette Road
Suwanee, GA 30174
Tel. (404) 945-1111, Fax 945-6566
•NHL
ab 1999
(Näheres noch nicht bekannt)

ML-Metropolen

Atlanta Falcons

Turner Field
- **Team:** *Atlanta Braves* (MLB)
- **Adresse:** 521 Capital Ave. S.W.
- **Fassungsvermögen:** 45.000-48.000
- **Eröffnung:** 1997
- **Tickets:** Tel. (404) 522-7630, $ 5-30
- **Nahverkehr:** nahe DT, *MARTA*-Pendelbusse ab Five Points
- **Parken:** genügend Parkmöglichkeiten, vor allem auf dem Areal des ehemaligen Fulton County Stadiums
- **Imbiß:** Konzessionen zur Zeit der Drucklegung noch nicht vergeben
- **Treff:** *B'Champs Sports Bar & Grill,* 735 Washington St. (s. auch unten, Omni)
- **Something special:** Das für die Spiele 1996 erbaute Olympiastadion wurde für die *Braves, Ted Turners* Lieblingskind, komplett umgebaut. Die Fans stehen voll hinter ihrer Mannschaft und können sehr laut werden.

The Omni
- **Team:** *Atlanta Hawks* (NBA)
- **Adresse:** 100 Techwood Dr. NW
- **Fassungsvermögen:** 16.478
- **Eröffnung:** 1972, Neubau an gleicher Stelle ab 1997 (Eröffnung 1999), die *Hawks* spielen dann vorübergehend im Georgia Dome (s.u.) und im Thrillerdome (s. Kasten)
- **Tickets:** Tel. (404) 681-2100 o. 827-3865 o. *TicketMaster* Tel. 249-6400, Mo-Fr 10-17 Uhr, $ 10-50
- **Nahverkehr:** *MARTA*-Station The Omni, Halle bequem in Downtown gelegen
- **Parken:** Wenig Plätze direkt am Stadion ($ 7), aber zahlreiche umliegende Parkplätze und -garagen (CNN Center) – besser PkW-Anfahrt meiden!
- **Imbiß:** Chicken Wings, Pizza, Tacos und das Übliche
- **Treffs:** *Jocks 'n' Jills,* 1 CNN Center, Tel. 688-4224, auch Food Court im Center; *Champions Sports Bar,* Peachtree Center Ave., Marriott Atlanta Marquis, Tel. 521-0000
- **Something special:** Gutes Team, hervorragender Coach, aber fades Publikum, das nur spärlich die Halle bevölkert.

The Georgia Dome
- **Team:** *Atlanta Falcons* (NFL)
- **Adresse:** 1 Georgia Dome Drive NW
- **Fassungsvermögen:** 71.228
- **Eröffnung:** 1997
- **Tickets:** Tel. (404) 223-8000 o. *TicketMaster,* Tel. 249-6400 o. 1-800-326-4000, Mo-Fr 9-17 Uhr, $ 27
- **Nahverkehr:** *MARTA* Station Omni/Dome/GWCC oder Vine City in nächster Nähe

ML-Metropolen

- **Parken:** 17.000 teure Parkplätze im Umkreis, besser preiswert im Underground parken und laufen oder *MARTA* benutzen
- **Imbiß:** üblich breite Palette; *Kickers Bar* (Lower Level)
- **Treffs:** mehrere Möglichkeiten im CNN Center und etwas weiter entfernt im Underground (z.B. *Hooters*), s.o.
- **Something special:** Gut konstruierte attraktive Halle, die nur voll ist, wenn die *49ers* kommen.

New Orleans, LA

Praktische Tips

- **Telefonvorwahl:** 504
- **Infos:** *New Orleans Metropolitan CVB (NOMCVB)*, 1520 Sugar Bowl Lane, New Orleans, LA 70112, Tel. 566-5011; *Visitor Information* zentral am Jackson Square, 529 St. Ann St., Tel. 566-5661; *French Market Visitor Center*, 916 N. St. Peter St., Tel. 689-2208
- **Nahverkehr:** *RTA*, St. Charles und Riverfront Streetcars sowie Busse – Infos: Tel. 569-2700 o. 242-2700
- **Unterkunft:** besser von Deutschland aus buchen, im Stadtzentrum eher teuer, allerdings gibt es vielfach Coupons und Special Rates. Tips: *A Hotel-The Frenchmen*, 417 Frenchmen Street, Tel. 948-2166; *Hotel Ste. Helene*, 508 Chartres St., Tel 522-5014, Fax 523-7140; *Lamothe House Hotel*, 621 Esplanade Ave., Tel. 947-1161; *The Chateau Motor Hotel*, 1001 Chartres St., Tel. 525-9636 (alle French Quarter); *Fairmont Hotel*, 123 Baronne St. (Central Business District), Tel. 529-7111 o. 1-800-635-4440; *Prytania Park Hotel*, 1525 Prytania Street (Garden District), Tel. 524-0427; lohnend ist eine Übernachtung in einem der Plantagenhäuser westlich der Stadt, z.B. *Destrehan*, *Madewood* oder *Nottoway*.
- **Essen & Trinken:** lokale Spezialitäten bieten die Cajun- und Creolen-Küche mit Gumbo, Jambalaya, Po Boys und Seafood aller Art; z.B. *Gumbo Shop*, 630 St. Peter St., Tel. 525-1486; *Mother's world's best baked ham*, 401 Poydras St., Tel. 523-9656 (Südstaatenküche); Imbiß: *Central* oder *Progress Grocery*, 915/923 Decatur St. (Muffulettas!); *Café du Monde*, 800 Decatur und Riverwalk (Beignets und Milchkaffee); West End Park und Metairie sind vor allem für Seafood- und Fischlokale bekannt
- **Unterhaltung:** massenhaft Kneipen, viele mit Livemusik (Jazz); *Crescent City Brewhouse*, 527 Decatur St., Tel. 522-0571; *Tipitina's*, 501 Napoleon Ave., Tel. 895-8467 usw. usw.; mehrere Casinoboote am Mississippi und am Lake Pontchartrain
- **Don't miss:** Aquarium of the Americas; Audubon Zoo; Beauregard-Keyes House; Blaine Kern's Mardi Gras World; U.S. Mint mit Carnival und Jazz Museum; Friedhöfe, v.a. St. Louis 1; Gallier House Museum; Hermann-Grima House; Historic N.O. Collection; Longue Vue House & Gardens; LA State Museum; Musée Conti Wax Museum; NOMA; Voodoo Museum; Steamboat-Fahrt; Preservation Hall (Livejazz)
- **Medien:** *N.O. Times Picayune* (Fr mit Veranstaltungskalender); Wochenmagazin *Gambit* u.a.
- **Shopping:** *Jax Brewery*, *Riverwalk* (mit Sportsshop), *French Market*, Warehouse District, *Esplanade* (Kenner),

Oh when the Saints go marchin' in

New Orleans gilt in aller Welt als Top-Reiseziel, dank Mardi Gras und Jazz, wegen des Essens und der sehenswerten französisch geprägten Altstadt, vor allem aber aufgrund des *easy way of life*. Die *Saints*, das örtliche NFL-Team, trugen hingegen bisher kaum zum Ruhm der Stadt bei. Obwohl in den Rest-USA milde belächelt, werden die *Heiligen* in New Orleans heißgeliebt. Schießlich ist die Stadt, an einer Schleife des Mississippi gelegen und deshalb auch *Crescent City* genannt, nicht nur ein touristisches Zentrum, sondern die gesamte Region ist zugleich eine **Hochburg des Footballs.** Neben College Football gilt das Interesse dem Highschool-Football, und da es im tiefen Süden der USA lediglich Profiteams in Atlanta, Charlotte, Jacksonville und eben New Orleans gibt, ist deren Einzugsbereich entsprechend groß. Die *Saints* ziehen z.B. Fans aus Alabama, Mississippi, Teilen von Tennessee genauso in ihren Bann, wie aus Louisiana.

In letzter Zeit drehten sich die Diskussionen jedoch sogar in der Mississippimetropole um die **Erfolglosigkeit der geliebten Saints.** Man ist doch so stolz auf das Stadion, den Superdome, der im Gegensatz zu den *Saints* einen weltweit guten Ruf hat. Immerhin fand das NFL-Finale, der Super Bowl, schon achtmal in New Orleans statt, zuletzt 1997. Glänzen die *Saints*, pilgern gut und gerne 60.000 Fans zu jedem der Heimspiele in den Dome, der 69.056 Zuschauern Platz bietet. Doch derzeit erinnert das Team eher wieder an jene Mannschaft, die nach der Gründung 1967 als die Lachnummer der Liga galt.

Zwar nimmt man in New Orleans Football, wie überall im Süden, weiter sehr ernst, doch man wäre nicht in *Big Easy*, wenn man nicht gleichzeitig **Witze über die Misere des Teams** reißen würde. So wird der weltbekannte Gospelsong *Oh when the Saints go marchin' in...*, eigentlich der Schlachtruf der *Saints*, derzeit nicht als euphorisches Bekenntnis gesehen, sondern eher mit dem Unterton „oh nein, nicht schon wieder dieses Team ..." verwendet. Aber in *N'Awlins* nimmt man die derzeitige desolate Situation auf die leichte Schulter: Schließlich besteht ja eine gute Connection der *Heiligen* nach oben, und da kann es doch nur noch aufwärts gehen ...

Lakeside Shopping Center (Metairie)
- **Tip:** jeweils am Neujahrstag findet im Superdome der Sugar Bowl statt, eines der Topendspiele im College Football
- **Hinweis:** neben dem Superdome wird derzeit eine neue Sporthalle für College Basketball und Minor League Hockey (IHL) gebaut.

ML-Team
- **NFL**

New Orleans Saints
6928 Saints Drive
Metairie, LA 70003
Tel. (504) 733-0255, Fax 733-5734

New Orleans Saints

Louisiana Superdome
- **Team:** New Orleans Saints (NFL)
- **Adresse:** 5800 Airline Highway Metairie, LA 70003
- **Fassungsvermögen:** 64.992
- **Eröffnung:** 1975 (neurenoviert)
- **Tickets:** Tel. (504) 522-2600 o. *TicketMaster* Tel. 522-5555, Mo-Fr 9-17 Uhr, Spiel-Samstage 9-17 Uhr, $ 23-34
- **Nahverkehr:** nahe Downtown (Fußweg)
- **Parken:** 5000-Plätze-Garage ($ 8) am Stadion, weitere in nächster Nähe, besser frühzeitig kommen!
- **Imbiß:** *Popeye's Fried Chicken, Dome Cafe* (Plaza Level, Gate H) mit Pregame-Buffet. Es wird am Sitzplatz serviert!
- **Treffs:** viele Bars/Kneipen im nahen Central Business District (speziell in den großen Hotels) oder im zu Fuß erreichbaren French Quarter; z.B. *Allegro Bistro & Cocktails,* 1100 Poydras, Tel. 582-2350; *Mother's world's best baked ham,* 401 Poydras, Tel. 523-9656
- **Something special:** Verkörperung von *The Big Easy* – in diesem gigantischen Stadion findet auch eine Karnevalsparade statt!

Raleigh, NC

Näheres siehe College-Sport-Städte

ML-Teams
●NHL
Carolina Hurricans
Es handelt sich um die ehemalige Franchise aus Hartford, die im Sommer 1997 nach Raleigh umgezogen ist. Nähere Angaben lagen bei Drucklegung nocht nicht vor (Informationen über das NHL-Büro).

Nashville, TN

ML-Teams
●NFL
Tennessee Oilers
Im Sommer 1997 zogen die *Oilers* von Houston nach Tennessee um. Da aber das Stadion in Nashville erst 1998 fertiggestellt sein wird, spielt die Mannschaft vorübergehend in Memphis. Details dazu lagen bei Drucklegung noch nicht vor, Infos sind über das NHL-Büro erhältlich.
●NHL
Nashville ...
Im Juni 1997 vergab die NHL eine neue Franchise, die ab 1998 den Spielbetrieb aufnehmen wird. Einzelheiten fehlten bei Drucklegung (Infos über NHL-Büro)

Tennessee Oilers

Wichtige College-Sport-Städte

Atlanta, GA

Georgia Tech Yellow Jackets

Seit den Olympische Spielen kennt man den Campus der Georgia Tech Universität, denn damals wurden deren Sportstätten und Wohnheime genutzt. Sowohl im **Football** als auch im **Basketball** zählen die *Yellow Jackets* zu den besseren Teams. Im Footballstadion bietet sich als spektakuläre Hintergrundkulisse die Skyline der Stadt, und vor oder nach dem Spiel muß man einfach im nahegelegenen *Varsity,* dem besten Fastfood-Restaurant im ganzen Süden, einen Snack einnehmen (Hot dogs, Burgers!). In der umgebauten Basketballhalle, dem *Thrillerdome,* gibt es die Stimmung, die bei den NBA-*Hawks* fehlt.

●**Infos:**
Georgia Tech University
Athletic Department
150 Bobby Dodd Way NW.
Atlanta, GA 30332
Tel. (404) 894-5507, Fax 853-2674

●**Stadien:**
Alexander Memorial Coliseum – The Thrillerdome, Fassungsvermögen: 10.026 (Basketball)
Bobby Dodd Stadium/Grant Field, Fassungsvermögen: 46.000 (Football).

Chapel Hill, NC

North Carolina Tar Heels

Zusammen mit Durham und Raleigh bildet Chapel Hill den *Research Triangle Park,* ein wichtiges Wissenschafts- und Forschungszentrum des Staates vor allem dank der hier ansässigen drei Renommier-Unis. Chapel Hill selbst ist eine **beschauliche Unistadt,** deren Lebensader die Franklin Street darstellt, mit alten

GA Tech Yellow Jackets
(US College Collection)

University of North Carolina Tar Heels
(US College Collection)

Wichtige College-Sport-Städte

Häusern und Studentenkneipen – der Campus schließt direkt daran an.

Bedenkt man, daß das Sportzentrum und die **riesige Basketballhalle** nach dem immer noch aktiven Trainer der *Tar Heels, Dean Smith,* benannt ist, weiß man, welche Rolle dieser Sport hier einnimmt. Regelmäßig spielen die *Tar Heels* oben mit, so daß Feten auf dem Campus beinahe auf der Tagesordnung stehen.

Übrigens, Superstar **Michael Jordan** hat an dieser Uni studiert und als Basketballer erstmals Aufsehen erregt. Ob das ein Grund ist, warum es deutsche Basketballer – wie zuletzt *Ademola Okulaja* – hierherzieht?

Duke University Blue Devils
(US College Collection)

●*Infos:*
University of North Carolina
Athletic Department
Smith Center – 2nd Floor
Skipper Bowles Drive
Chapel Hill, NC 27599
Tel. (919) 962-2123, Fax 962-0612
●*Stadien:*
Kenan Memorial Stadium (auf dem Campus), Fassungsvermögen: 52.000 (Football)
Smith Center (auf dem Campus), Fassungsvermögen: 21.572 (Basketball)

Durham, NC

Duke Blue Devils

Durham ist – wie man riecht – ein **Tabakzentrum.** Downtown wurde jüngst renoviert und lohnt ebenso einen Besuch wie der Durham Athletic Park, wo die berühmten *Durham Bulls* in einem der schönsten kleinen Stadien der USA Baseball spielen (Minor League).

Das sportliche Geschehen in Durham dominiert jedoch *Duke,* eine Privathochschule mit sehenswerter Kathedrale und einem landesweit angesehenen Krebszentrum. Deren Aushängeschild sind die *Blue Devils,* die wie North Carolina **zu den besten College-Basketball-Mannschaften der USA** gehören.

●*Infos:*
Duke University
Atlethic Department
115 Cameron Indoor Stadium
Durham, NC 27708
Tel. (919) 684-2633, Fax 684-2489
●*Stadien:*
Wallace Wade Stadium (auf dem Campus), Fassungsvermögen: 33.941 (Football)
Cameron Indoor Stadium (auf dem Campus), Fassungsvermögen: 9.314 (Basketball)

Raleigh, NC

North Carolina State Wolfpack

Die North Carolina State University steht zwar im Schatten der beiden zuvor genannten Hochschulen, doch wenn **Basketballspiele** gegen die Rivalen anstehen, ist in der **attraktiven Hauptstadt von North Carolina** die Hölle los. Die Stadt lohnt also

Wichtige College-Sport-Städte

Die Durham Bulls – das Aushängeschild des Minor-League-Baseballs

Baseball ist Nationalsport – das merkt jeder Besucher rasch, wenn er durch die Provinz reist. Es gibt kaum eine größere Gemeinde, die nicht über eine der fast **unzähligen zweitklassigen Profimannschaften** verfügt. Und es existieren viele Fachleute, die den Fans nahelegen, sich öfters Spiele dieser Minor-League-Teams anzusehen. Dort gäbe es noch keine arroganten hochdotierten Stars, die Spieler würden den Kontakt zum Publikum suchen und zudem ausgezeichneten Sport bieten. Erst durch eine gute Leistung nämlich kann sich ein Spieler für die Major-League-Clubs empfehlen.

Mitten im *Triangle Park* North Carolinas existiert eine Mannschaft, die weit über ihre Heimatstadt Durham bekannt ist: die **Durham Bulls.** Für die Fachwelt gilt dieser Club als das Aushängeschild des Minor League Baseballs. Seit 1939 werden hier zukünftige Stars ausgebildet, seit 1980 arbeiten die *Bulls* mit den *Atlanta Braves* zusammen, und Superstars wie *Dave Justice* haben im Universitätsstädtchen Durham ihre Karriere begonnen. Der Baseballfilm mit *Kevin Costner* über die *Bulls* hat das Team schließlich in aller Munde gebracht und letztlich dafür gesorgt, daß der Club sein traditionelles und berühmtes, doch stark in die Jahre gekommenes Stadion durch einen vielbeachteten Neubau ersetzen konnte.

Das bekannte Architekturbüro *HOK*, das z.B. auch die Major-League-Stadien in Baltimore und Cleveland baute, wurde beauftragt, den **neuen Durham Ballpark** zu planen und zu errichten. Seit 1995 spielen die *Bulls* nun in diesem Stadion – einem der schönsten im Minor League Baseball -, zumeist vor gut gefüllten Rängen (7.500 Plätze). Der Ballpark ist einen Abstecher nach Durham wert, bedenkt man zudem, daß (obwohl das Team in der untersten A-Kategorie spielt) dort die Stars von morgen zu sehen sind!

NC State University Wolfpack
(US College Collection)

auf jeden Fall einen Besuch, State Capitol oder Executive Mansion, das Wohnhaus der Gouverneurs stellen Highlights dar.

●**Infos:**
North Carolina State University
Athletic Department
P.O.Box 8501
113 Reynolds Coliseum
Cates Avenue
Raleigh, NC 27695
Tel. (919) 515-2101, Fax 515-2898

●**Stadien:**
Carter-Finley Stadium (auf dem Campus), Fassungsvermögen: 52.000 (Football)

Reynolds Coliseum (auf dem Campus), Fassungsvermögen: 12.400 (Basketball)

Wichtige College-Sport-Städte

Winston-Salem, NC

Wake Forest Demon Deacons

Wie Durham ist auch Winston-Salem ein Tabakzentrum, doch die eigentliche Sehenswürdigkeit der Doppelstadt ist **Old Salem**. Hier gründeten deutsche Moravier zu Beginn des 18. Jh. eine blühende religiöse Gemeinde.

Die Privatuniversität Wake Forest bildet den modernen Kontrast. Sportlich und akademisch eifert die Uni den drei benachbarten Hochschulen im Research Triangle Park nach. Vor allem im **Basketball** können die *Demon Deacons* inzwischen locker mithalten.

Clemson University Tigers
(US College Collection)

●**Infos:**
Wake Forest University
Athletic Department
203 Athletic Center
Wingate Rd.
Winston-Salem, NC 27109
Tel. (910) 759-5640, Fax 759-5140
●**Stadien:**
Groves Stadium (auf dem Campus), Fassungsvermögen: 31.500 (Football)
Lawrence Joel Coliseum (auf dem Campus), Fassungsvermögen: 14.407 (Basketball)

Clemson, SC

Clemson Tigers

Clemson könnte man als nichtssagendes **kleines Provinznest** in den Bergen South Carolinas bezeichnen, wäre nicht ausgerechnet hier 1889 eine auf Agrarwissenschaft spezialisierte Hochschule aus der Wiege gehoben worden, deren **Basketball- und Footballmannschaften** für Schlagzeilen sorgen. Vor allem die Footballer locken zu jedem Heimspiel über 80.000 Fans aus dem ganzen Umkreis an.
●**Infos:**
Clemson University
Athletic Department
P.O.Box 632
100 Perimeter Drive
Clemson, SC 29633
Tel. (864) 656-2114, Fax 656-0299
●**Stadien:**
Clemson Memorial Stadium (auf dem Campus), Fassungsvermögen: 81.473 (Football)
Littlejohn Coliseum (auf dem Campus), Fassungsvermögen: 11.020 (Basketball)

Columbia, SC

South Carolina Gamecocks

Columbia ist die hübsche, beschauliche Hauptstadt South Carolinas, die neben der Regierung auch seit Beginn des 19. Jh. die Staats-

Wichtige College-Sport-Städte

University of South Carolina Gamecocks
(US College Collection)

Der besondere Tip –
„The Cockaboose Railroad"

Unübersehbar neben dem William-Brice Stadium ist eine Reihe von 22 Cabooses, alten Güterzugbegleitwagen. Es handelt sich nicht um abgestellte alte Wagons, für die andernorts kein Platz war, sondern um *eines der ungewöhnlichsten Restaurants im Süden der USA.* Jeder der 22 Wagen ist anders ausgestattet und ein luxuriöses Juwel, das bei Heimspielen der *Gamecocks* einen idealen Platz für die Tailgate Party darstellt. Aber auch sonst lohnt ein Besuch in der „Cockaboose Railroad".

hochschule beheimatet. Sehenswert ist vor allem der alte Kern der Uni, der sogenannte *Horseshoe,* wo sich auch das McKissick Museum befindet.

Wie in Clemson pilgern zu den **Footballspielen** der *Gamecocks* Fans aus dem gesamten Umkreis der Hauptstadt ins riesige Stadion. Bekannt wurde die Uni aber auch durch die **Musikgruppe „Hootie & the Blowfish",** deren Bandmitglieder hier als Studentenband erstmals auf sich aufmerksam gemacht haben. **Sehenswürdigkeiten** gibt es genug, z.B. State House und Capitol, SC State Museum oder Hampton-Preston Mansion.
●**Infos:**
University of South Carolina
Rex Enright Athletic Center
Rosewood Drive
Columbia, SC 29208
Tel. (803) 777-5204, Fax 777-2967
●**Stadien:**
William-Brice Stadium, Fassungsvermögen: 72.400 (Football)

Carolina Coliseum/Frank McGuire Arena (auf dem Campus), Fassungsvermögen: 12.401 (Basketball)

Athens, GA

Georgia Bulldogs

Kaum eine Autostunde von Atlanta entfernt, findet der Besucher in Athens all das, was ihm in der Metropole abgegangen ist: Ruhe, Beschaulichkeit, ländliches Idyll. Das **hübsche Südstaatenstädtchen** hat sich rings um den Unicampus entwickelt und gilt speziell wegen seiner Architektur als eine „Perle der Südstaaten".

Auf Universitätsareal befindet sich unübersehbar das **gigantische Footballstadion,** das dem Besucher die Bedeutung der *Bulldogs,* von den Fans liebevoll *Dawgs* genannt, deutlich vor Augen führt. Spielen die *Dawgs* zu Hause, pilgern die Fans bis von Savannah hierher und veranstalten rauschende Parties.

In der **Butts-Mehre Heritage Hall** (Pinecrest Dr./Lumpkin St.) wird außer

Wichtige College-Sport-Städte

University of Georgia Bulldogs
(US College Collection)

University of Memphis Tigers
(US College Collection)

den zwei namensgebenden früheren Footballcoaches auch anderen Sportstars aus Georgia gehuldigt. (Mo-Fr 8-17, Sa-So 14-17 Uhr, Tel. (706) 542-9094 – auch Ticketverkauf).
● *Infos:*
University of Georgia at Athens
c/o. Athletic Dept.
P.O. Box1472
Butts-Mehre Building
1 Selig Drive
Athens, GA 30613
Tel. (706) 542-1621, Fax 542-7993
● *Stadien:*
Sanford Stadium (auf dem Campus), Fassungsvermögen: 85.434 (Football)
Georgia Coliseum (auf dem Campus), Fassungsvermögen: 10.512 (Basketball)

Memphis, TN

Memphis Tigers

Diese Stadt darf bei keinem Südstaatenbesuch fehlen, steht hier doch die **Wiege des Blues** und befindet sich am Stadtrand **Graceland,** die „Kultstätte" für alle Elvis-Fans.

Aber die frühere Baumwollmetropole Memphis mutierte in den letzten Jahren auch zu einer **Basketballhochburg.** Die Spitze dieses Eisberges bilden die *Memphis Tigers,* die abgöttisch verehrt werden und in einer **spektakulären Halle** auf Korbjagd gehen: Es handelt sich um eine Glas-Pyramide direkt am Mississippi, die selbst die Originale in Ägypten in den Schatten stellt.
● *Infos:*
Memphis State University
Athletic Office Building
Room 205
Memphis, TN 38152
Tel. (901) 678-2337, Fax 678-4134
● *Stadion:*
The Pyramide (Downtown Memphis), Fassungsvermögen: 20.142 (Basketball)

Knoxville, TN

Tennessee Volunteers

Knoxville ist ein **nettes Städtchen,** malerisch am Tennessee River gele-

Wichtige College-Sport-Städte

gen. Das sogar die **Skyline beherrschende Footballstadion** macht Besucher bereits stutzig, doch wenn erst die *Volunteers* zu Hause spielen, dann ist die ganze Stadt in Orange, die Vereinsfarbe des Teams, getaucht. Mehr als 100.000 Fans feiern ein großes Fest im und rund um das Stadion. Neben den Footballern, die der halbe Bundesstaat anfeuert, ist **Basketball ebenfalls ein Renner.** Besonders die *Lady Vols* sorgen für Begeisterungsstürme und eine volle Halle, gehören sie doch zur absoluten Spitze.
- **Infos:**
University of Tennessee
Athletic Department
P.O. Box 15016
Stokely Athletic Center
1720 Volunteer Blvd.
Knoxville, TN 37901
Tel. (615) 974-1212, Fax 974-1269
- **Stadien:**
Neyland Stadium (auf dem Campus, Downtown), Fassungsvermögen: 105.000 (Football)
Thompson-Boling Arena (auf dem Campus, neben Neyland Stadium), Fassungsvermögen: 24.535 (Basketball)

Lexington, KY

Kentucky Wildcats

Ist Football in Staaten wie Alabama, Mississippi und Louisiana fast so allmächtig wie die Kirche, ist im *Bluegrass Country,* in Kentucky, das Objekt der Verehrung ein runder oranger Ball. **College Basketball bringt den ganzen Staat auf Trab,** und die erfolgreiche University of Kentucky (zuletzt 1996 Meister) wird ganz besonders verehrt. Selbst Trainingsspiele finden vor vollen Tribünen statt, und auf Einlaß in die **berühmte Rupp Arena** muß man unter Umständen Jahre warten. Zum Trost: Selbst wenn man nicht in die Halle kommt, entschädigt eines der **vielen Basketballfeste** ringsum.
- **Infos:**
University of Kentucky
Memorial Coliseum
Room 23C
Lexington, KY 40506
Tel. (606) 257-3838, Fax 258-4310
- **Stadion:**
Rupp Arena (auf dem Campus), Fassungsvermögen: 24.000 (Basketball)

Louisville, KY

Louisville Cardinals

Zwar stehen die *Cardinals* im Schatten der Uni of Kentucky, doch sportlich können sie mithalten und verfügen zudem über ein **gutes Footballteam.** Wenn die beiden Hochschu-

Louisville Cardinals
(US College Collection)

Wichtige College-Sport-Städte

len ihre Kräfte messen, ist die Hölle los. Wer nicht in die Rupp Arena kommt, kann sich in Louisville schadlos halten – hier wird ebenfalls hochklassiger Sport geboten. Wenn Anfang Mai das **legendäre Kentucky Derby** stattfindet, sind allerdings kaum mehr Zimmer zu bekommen.
●**Infos:**
University of Louisville
SAC Room E203
Floyd & Brandeis Sts.
Louisville, KY 40292
Tel. (502) 852-5151, Fax 852-7401
●**Stadien:**
Cardinal Stadium (auf dem Campus, 1997/98 wird ein neues Stadion eröffnet), Fassungsvermögen: 35.500 (Football, neues Stadion 50.000)
Freedom Hall (auf dem Campus), Fassungsvermögen: 18.865 (Basketball)

Tuscaloosa, AL

Alabama Crimson Tide

In dem malerischen Südstaatenort befindet sich die berühmte University of Alabama, für jeden Footballfan ein Begriff. Seit Jahrzehnten gehört die *Crimson Tide* zur **absoluten Football-Spitzenklasse** und hat ihrer Footballtradition und ihrem größten Trainer, *Bear Bryant,* sogar ein eigenes sehenswertes **Museum** (Paul W. Bryant Museum, 300 Bryant Dr., Mo-Sa. 9-16, Tel. 205 348-4668) gewidmet. Ein Heimspiel im Bryant-Denny Stadium sollte man sich allein wegen der **Superstimmung** nicht entgehen lassen!
●**Infos:**
University of Alabama
Athletic Department
P.O.Box 870391
Coleman Coliseum
Paul Bryant Drive
Tuscaloosa, AL 35487-0391
Tel. (205) 348-6084, Fax 348-8841
●**Stadion:**
Bryant-Denny Stadium (auf dem Campus), Fassungsvermögen: 70.123 (Football)

Auburn, AL

Auburn Tigers

An Attraktivität können die beiden Städtchen um den Campus, Auburn und Opelika, mit Tuscaloosa kaum mithalten, dafür kann es jedoch die **Footballmannschaft** dieser Privatuni. Wenn sich die beiden Hochschulteams gegenüberstehen, ist Alabama in zwei Lager gespalten, und bei Heimspielen der *Tigers* wackeln in Auburn buchstäblich die Mauern.
●**Infos:**
University of Auburn
P.O.Box 351
Athletic Complex
Donahue & Sanford Sts.
Auburn, AL 36831-0351
Tel. (334) 844-9800, Fax 844-9807
●**Stadion:**
Jordan-Hare Stadium (auf dem Campus), Fassungsvermögen: 85.214 (Football)

Oxford, MS

Mississippi Ole Miss Rebels

Das Beste bei einem Besuch eines Heimspiels der University of Mississippi ist nicht unbedingt das Auftreten der *Rebels,* denn dieses Team gehört nicht zur Spitzenklasse, sondern viel-

Wichtige College-Sport-Städte

Gott und Football

Die **Südstaatler** sind gesellige Leute, gastfreundlich, wenn auch etwas langsam, gutmütig und frohen Mutes – doch mit zwei Dingen lassen sie nicht spaßen: mit **Gott** und Football. Ersterem wird der Sonntagvormittag gewidmet – was jeder Besucher rasch feststellt, denn vor Mittag ist im Süden „tote Hose" in jeder Hinsicht, ob Museum oder Kneipe.

Football dagegen beherrscht das ganze Wochenende mit Ausnahme dieser paar Stunden: Am Freitagabend spielen die Highschoolteams – in den Hochburgen des Südens vor Tausenden von Fans -, der Samstag gehört den Unimannschaften und am Sonntagnachmittag sorgen die Profis der NFL für Unterhaltung und Gesprächsstoff.

Nirgendwo wird Football in einer derartigen Fülle angeboten wie im Süden, wird der Sport so ernst genommen. Nicht nur bei Spitzenspielen pilgern zwischen 50.000 und 70.000 Fans in die **riesigen Stadien,** die zu den Südstaatenstädten ebenso gehören wie die gediegenen Plantagenhäuser im Greek-Revival-Stil und die immergrünen Eichen mit silbrigem Flechtenbehang. Besonders in Staaten wie Mississippi, Tennessee oder Alabama sind deshalb nicht Politiker oder Rockstars die **Idole,** sondern Trainer oder Spieler der Uniteams.

Die wohl berühmteste Figur ist „**Bear**" **Bryant,** der zwischen 1958 und 1982 die Unimannschaft von Alabama zur absoluten Spitze und vier Meistertiteln geführt hat. Kein Wunder, daß man ihm nach seinem Tod 1983 ein **eigenes Museum** auf dem Campus der Uni in Tuscaloosa eingerichtet hat. Hierher pilgern die Fans noch heute vor jedem Heimspiel der Mannschaft, einem Ritual gleich: Erst die Pflicht, dann das Vergnügen.

Die Bewohner sind stolz auf ihren Coach und ihr Team, war und ist es doch solchen Persönlichkeiten zu verdanken, daß die Südstaaten nach dem für sie vernichtenden **Ausgang des Bürgerkrieges** (1861-65) allmählich wieder aus der Versenkung heraustraten und die Schlappe zumindest nachträglich den *Yankees* immer wieder heimzahlen können.

Ole Miss Rebels
(US College Collection)

mehr das Umfeld. Die **Tailgate-Party** auf dem Campus gilt als eines der Highlights im College Football und entschädigt für die eher gedämpfte Stimmung im Stadion selbst.

Übrigens: Schon einmal hier, sollte man nicht versäumen, **Rowan Oak,** das Wohnhaus *William Faulkners,* des berühmtesten Südstaatenautors und Nobelpreisträgers, zu besuchen.

●*Infos:*
University of Mississippi
Athletic Department
P.O. Box 217
UMAA Bldg.
Fraternity Row
University (Oxford), MS 38677
Tel. (601) 232-7522, Fax 232-7006

Sonstiges

•Stadion:
Vaught-Hemingway Stadium (auf dem Campus), Fassungsvermögen: 42.577

Baton Rouge, LA

Louisiana State Tigers

Baton Rouge ist die **sehenswerte Hauptstadt Louisianas,** direkt am Mississippi gelegen. Vom 34 Stockwerke hohen State Capitol hat man einen hervorragenden Blick auf die Stadt, den Fluß und die Industrieanlagen.

Bevor man sich unter die **Footballfans** im Tiger Stadium mischt, muß man noch dem Maskottchen des Teams vor der Arena einen Besuch abstatten: In einem großen Freigehege genießt dort ein Tiger die Südstaatensonne. LSU, wie die Uni abgekürzt wird, verfügt darüber hinaus über eine **gute Basketball-Mannschaft.** Sie spielen in einer Halle, die an einen ihrer Topspieler erinnert, *Pete Maravich.* Jüngstes Aushängeschild der Basketballer ist NBA-Superstar *Shaq O'Neal,* der hier erste Lorbeeren verdiente.

•Infos:
Louisiana State University
Athletic Department – Tiger Stadium
P.O. Box 25095
Stadium Drive
Baton Rouge, LA 70894-5095
Tel. (504) 388-8226, Fax 388-1861
•Stadien:
Tiger Stadium (auf dem Campus), Fassungsvermögen: 80.140 (Football)
Pete Maravich Assembly Center (auf dem Campus), Fassungsvermögen: 14.164 (Basketball)

Sonstiges

Frauen-Profibasketball-Liga ABL

Atlanta Glory
•Infos:
151 Ponce de Leon Ave. NE
Suite 200
Atlanta, GA 30308
Tel. (404) 872-7860, Fax 872-7862
•Stadion:
Norcross Arena,
Fassungsvermögen 3.000
•Tickets:
Tel. (404) 872-7860

Frauen-Profibasketball-Liga WNBA

Charlotte Sting
•Infos:
2709 Water Ridge Parkway
Suite 400
Carlotte, NC 28217
Tel. (704) 329-4961, Fax 329-4970
•Stadion:
Charlotte Coliseum (s. Charlotte)

LSU Tigers
(US College Collection)

Florida

Weder Hurrikans noch kriminelle Zwischenfälle können der Beliebtheit des Sonnenstaates Florida etwas anhaben: Der Bundesstaat hält – mit Kalifornien – seit Jahren seinen Spitzenrang und ist nach wie vor bei den Deutschen das beliebteste Ferienziel in den USA. Doch außer Sonne, Strand, Meer und den entsprechenden Freizeitmöglichkeiten ist Florida auch ein **Sportparadies.** Profiteams (die meisten sogar sehr erfolgreich) gibt es fast wie Sand am Meer, und so besteht das ganze Jahr über Gelegenheit, hervorragenden Sport zu sehen.

Während in Miami alle Sportarten gleichermaßen beliebt sind, merkt man im Norden des Sonnenstaates, daß Florida ein Teil der Südstaaten ist. Dort dreht sich fast alles (Ausnahme Orlando und Tampa Bay) um **Football.** Wenn die College Teams der Unis Florida und Florida State spielen, sind in Nordflorida die riesigen Fanscharen in zwei Lager gespalten und mit Feuereifer dabei, ihre Mannschaften anzufeuern. Bis weit nach Südgeorgia hinein reicht hingegen die Fanbasis der *Jacksonville Jaguars,* die erst seit 1995 in der NFL mitmischen, doch wegen ihrer Erfolge schon jetzt die Lieblinge der ganzen Region sind.

Neben Football ist **Eishockey** im Begriff, sich als zweiter großer Sport zu etablieren: Die zwei NHL-Teams Floridas verfügen über eine große Anhängerschaft, und die Minor-League-Mannschaft in Orlando braucht sich ebenfalls nicht zu verstecken.

Staatsporträt

Florida – The Sunshine State

Überblick
seit 1845 Staat der USA
- **Hauptstadt:** Tallahassee
- **Fläche:** 151.670 qkm
- **Bevölkerung:** ca. 12,9 Mio.
- **Zeitzone:** ET
- **ML-Mannschaften:** 11 *(Florida Marlins* und ab 1998 *Tampa Bay Devil Rays,* MLB; *Jacksonville Jaguars, Miami Dolphins* und *Tampa Bay Buccaneers,* NFL; *Miami Heat* und *Orlando Magic,* NBA; *Florida Panthers* und *Tampa Bay Lightning,* NHL; *Tampa Bay Mutiny* und ab 1998 *Miami,* MLS)
- **Wichtige Minor-League-Mannschaften:** 2 *(Florida Beachdogs,* CBA; *Orlando Solar Bears,* IHL)
- **Wichtige Uni/College-Mannschaften:** 3 *(University of Florida, Florida State University, University of Miami)*

Infos
- **Florida Department of Commerce**
Division of Tourism
107 W. Gaines St., Suite 543
Tallahassee, FL 32399
Tel. (904) 488-7598

ML-Teams

MLB – Baseball
- *Florida Marlins* (Miami)
- ab 1998 *Tampa Bay Devil Rays*

NBA – Basketball
- *Miami Heat*
- *Orlando Magic*

NFL – Football
- *Jacksonville Jaguars*
- *Miami Dolphins*
- *Tampa Bay Buccaneers*

NHL – Eishockey
- *Florida Panthers* (Miami)
- *Tampa Bay Lightning*

MLS – Soccer
- *Tampa Bay Mutiny*
- ab 1998 *Miami*

ML-Metropolen

Jacksonville

Praktische Tips
- **Telefonvorwahl:** 904
- **Infos:** *Jacksonville and the Beaches CVB,* 3 Independent Dr., Jacksonville, FL 32202, Tel. 798-9148 o. 1-800-733-2668, Fax 798-9103
- **Nahverkehr:** *The Jacksonville Transportation Authority (JTA),* Busse und Automated Skyway Express – Infos: Tel. 630-3100
- **Unterkunft:** *Omni Hotel,* 245 Water St., Tel. 355-4630; mehrere B&B Häuser wie *The House on Cherry Street,* Tel. 384-1999; hängt man ein paar Ferientage an, lohnt sich ein Aufenthalt auf der rund 35 km entfernten Amelia Island, z.B. im noblen *Ritz Carlton,* Tel. 277-1100, mit hervorragendem Restaurant *The Grill,* oder in der *Amelia Island Plantation,* Tel. 261-6161
- **Essen & Trinken:** Southbank River Walk (mit Wassertaxi erreichbar) und *Jacksonville Landing* an der Northbank mit mehreren Lokalen, Bars,

ML-Metropolen

Jacksonville, nicht nur wegen des Sports besuchenswert

Cafés und einem Food Court, aber auch zum Shopping ideal; Downtown, z.B. *Blue Diner,* 416 Julia St., Tel. 632-1270; *Flamers Charbroiled Hamburgers,* 126 West Adams, Tel. 632-1997
- ***Don't miss:*** Jacksonville Historical Center; Cummer Gallery of Art, Jacksonville Art Museum; Anheuser-Busch Brewery-Tour; Amelia Island und Historic Fernandina Beach (Infos: Tel. 261-3248 o. 277-0717)
- ***Shopping:*** Jacksonville Landing u.a. mit *Footlocker* und *Athletes Foot,* San Marco Square, Historic Avondale (St. Johns Ave.), *The Avenues Mall, Orange Park Mall, Regency Square Mall*
- ***Tip:*** Gator Bowl, College Football-Endspiel, Ende Dezember

ML-Team
- **NFL**

Jacksonville Jaguars
One Stadium Place
Jacksonville, FL 32202
Tel. (904) 633-6000, Fax 633-6050

Jacksonville Municipal Stadium
- ***Team:*** *Jacksonville Jaguars* (NFL)
- ***Adresse:*** 1 Stadium Place (vormals Gator Bowl)
- ***Fassungsvermögen:*** 73.000
- ***Eröffnung:*** 1995
- ***Tickets:*** Tel. (904) 633-2000
- ***Nahverkehr:*** Busse, Stadion am Rande Downtowns gelegen
- ***Parken:*** 3.500 Plätze am Stadion (nur für Saisonkartenbesitzer), zahlreiche weitere im Umfeld sowie im

Jacksonville Jaguars

Football im Sonnenstaat

Sonne, Strand und Meer – wie paßt das mit schweißtreibendem Football zusammen? Seit 1995 wird die Urlaubsidylle im Nordosten des Sonnenstaats Florida an Sonntagen empfindlich gestört: Immer wenn die **Jacksonville Jaguars,** neben Carolina die jüngste Franchise der NFL, ein Heimspiel in Jacksonville austragen, sind **Horden von Footballfans** auf den Beinen, bevölkern schon früh am Morgen die Straßen und Parkplätze rund um das nagelneue Jacksonville Municipal Stadium, bauen ihre Grills auf und geben sich endlosen Diskussionen über Stärken und Schwächen des Teams hin.

Kaum sitzt man satt und zufrieden auf seinem Platz im luftigen Traumstadion, packt die Sonnenlotion aus und will es sich gemütlich machen, geht der **Trubel im Stadion** auch schon los. Keinen der 70.000 Zuschauer hält es auf dem Sitz, wenn die jungen *Jaguars,* erst 1995 in die NFL aufgenommen, einlaufen. Schon in ihrem zweiten Profijahr konnten sie den etablierten Mannschaften Paroli bieten, und so wundert es nicht, daß während der rund zweieinhalb Stunden Spieldauer kaum Ruhe im weiten Rund eintritt, frenetisch feuern die Fans ihre Jaguars ununterbrochen an. Selbst nach dem Schlußpfiff ist die Footballparty in Jacksonville noch längst nicht vorbei – es wird bis in die Nacht hinein weitergefeiert.

Der **Name Jaguar** verpflichtet, meint die Vereinsführung und denkt dabei weniger an die gleichnamige Raubkatze als vielmehr an die Luxus-Automarke. Noch heute schmunzelt man in Jacksonville über den ersten Logo-Entwurf des Clubs, der allzu eindeutig an das vierrädrige Nobelfahrzeug erinnerte. Der Nachfolger gefällt inzwischen allen besser und läßt – zumindest in der Metropole in Nordflorida – die Automarke „alt" aussehen.

Cheftrainer Tom Coughlin verkörpert seinen Verein und dessen Ziele leibhaftig: Eiserne Disziplin, Kampfgeist und Spielwitz sind Eigenschaften, die sich wie ein roter Faden durch seine bislang 25jährige Trainerkarriere ziehen und die er nun auch seiner Mannschaft einbläuen will. Als College- und Profitrainer formierte er stets Teams, die als diszipliniert, taktisch hervorragend eingestellt und kämpferisch stark gefürchtet waren.

Eine ganze **Reihe junger Talente** sorgten unter *Coughlin* bereits für Aufsehen, so der Spielmacher der *Jaguars, Mark Brunell* oder der Offensive Tackle *Tony Boselli.* Aber ganz ohne **erfahrene Routiniers** geht es auch in Jacksonville nicht: *Natrone Means* oder *John Jurkovic* verstärken nicht nur den Kader der *Jaguars* ungemein, sondern zählen auch zu den Stars der NFL. Aus dieser Mischung von Newcomern und Routiniers hat *Coughlin* eine schlagkräftige Truppe geformt, die so manchem Gegner Kopfzerbrechen und den Fans viel Freude bereitet. Wer in Zukunft nach Nordflorida kommt, muß darauf gefaßt sein, unerwartet vom Footballfieber infiziert zu werden ...

angrenzenden Wohnviertel, $ 10 aufwärts
- **Imbiß:** Hamburger, Hot dogs, Chicken, Budweiser Bier u.a.
- **Treffs:** s. o., Tailgate Parties populär!
- **Something special:** Neues Expansion-Team, das im Begriff ist, den Großen das Fürchten zu lehren. Football ist *das* Ereignis in Jacksonville, und nach Siegen wird noch lange gefeiert!

Orlando

Praktische Tips
- **Telefonvorwahl:** 407
- **Infos:** *Orlando/Orange County CVB, Inc., 7208 Sand Lake Rd., Suite 300, Orlando, FL 32819, Tel. 363-*

5800, Fax 363-5817; *Visitor Information Center,* 8445 International Drive, im *Mercado Mediterranean Shopping Village,* Tel. 363-5871
- **Nahverkehr:** *Tri-County Regional Transporation Authority* – Infos: Tel. 841-8240
- **Unterkunft:** *Summerfield Suites Hotel,* 8480 International Dr., Tel. 352-2400; *Holiday Inn at the Orlando Arena,* 404 W Colonial Dr., Tel. 843-8700; *Omni Orlando Hotel at Centroplex,* 400 W. Livingston St., Tel. 843-6664 o. 1-800-574-3160; *Howard Johnson Arena,* 929 W. Colonial Dr., Tel. 843-1360
- **Essen & Trinken:** *Church Street Station,* 129 W. Church St., Dining, Entertainment & Shopping, z.B. *Cheyenne Restaurant* oder *Rosie O'Grady's; The Mercado* am International Drive mit mehreren Lokalen und Bars; *Le Provence, Bistro Français,* 50 E. Pine St., Tel. 843-1320, nahe der Arena
- **Sportbars:** *Bloopers Sports Bar,* 5715 Major Blvd., Delta Orlando Resort, Tel. 351-3340; *Friday's Front Row Sports Grill,* 8126 International Dr., Tel. 351-7625
- **Don't miss:** Orlando Museum of Art, Orlando Science Center, mehrere Vergnügungsparks wie Cypress Gardens, Epcot Center/Walt Disney World (The Magic Kingdome), Sea World of Florida, außerdem Universal Studios
- **Medien:** *Orlando Sentinel*
- **Sportshops:** *Orlando Magic FanAttic,* I-4/Hwy. 50, Tel. 649-2222; *Sports Authority,* 881 Sandlake Rd.; *Sports Dominator,* mehrere Filialen u.a. 8550 International Drive; *Florida Mall* mit *Sports Cage* und *Ultimate Sports Fan;* sonstiges Shopping: *Belz Factory Outlet Mall.*

ML-Team
- **NBA**

Orlando Magic
One Magic Place
Orlando Arena
Orlando, FL 32801
Tel. (407) 649-3200, Fax 839-3479

Orlando Magic

Minor-League-Team
- **IHL**

Orlando Solar Bears (Tochterunternehmen der *Orlando Magic,* NBA)
P.O. Box 95
Orlando, FL 32802-0095
Tel. (407) 428-6600, Fax 841-6363

(Orlando Solar Bears)

Tickets: Tel. 1-800-338-0005
Spiele in der Orlando Arena (15.820 Zuschauer), s.u.

Orlando Arena
- **Teams:** *Orlando Magic* (NBA), *Orlando Solar Bears* (IHL)
- **Adresse**: 1 Magic Place
- **Fassungsvermögen:** 17.248
- **Eröffnung:** 1989
- **Tickets:** 600 W. Amelia St., Tel. (407) 649-2255 o. *TicketMaster,* Tel. 839-3900 o. 1-800-338-0005, Mo-Fr 10-17 Uhr, $ 14-115
- **Nahverkehr:** kostenloser Shuttlebus, z.B. ab Church Street Station, zur Arena
- **Parken:** 4200 Plätze ($ 4), weitere im Umkreis
- **Imbiß:** Mexikanisches, *Pizza Hut,* Subway u.a.
- **Treffs:** Church Street Station, 55 W. Church St., z.B. *Jungle Jim's, Lili Marlene's, Cheyenne Saloon* und *Crackers; Dennis Scott's 3D from Downtown,* 120 N. Orange Ave., Tel. 237-3333; eigener Shuttle zwischen Stadion und mehreren Lokalen und Bars
- **Something special:** Die *Orena* bietet Vergnügen à la Disney World, nicht nur wegen des Maskottchens *Stuff, the Magic Dragon.* Derzeit trauert man allerdings noch Superstar *Shaq O'Neal* nach, der gen Hollywood gezogen ist.

Tampa Bay

Praktische Tips
- **Telefonvorwahl:** 813
- **Infos:** *Tampa/Hillsborough Convention and Visitors Association,* Inc. (THCVA), 111 Madison St., Tampa, FL 33602-4706, Tel. 223-1111, Fax 229-6616; Hotline: 1-800-448-2672 o. (813) 223-2752; *St. Petersburg/Clearwater Area* CVB, 1 Stadium Dr. (im Thunder-Dome), St. Petersburg, FL 33705-1706, Tel. 582-7892, Fax 582-7949
- **Nahverkehr:** *HART-Line* – Infos: Tel. 254-4278 o. 623-5835, mehrere Buslinien
- **Unterkunft:** *Hyatt Regency Westshore,* 6200 Courtney Campbell Causeway, Tel. 874-1234; *Days Inn Rocky Point Island,* 7627 Courtney Campbell Causeway, Tel. 281-0000 o. 1-800-237-2555; nahe am Stadion: *Days Inn Airport/Stadium* 2522 N. Dale Mabry Hwy. Tel. 877-6181; *Holiday Inn Express Tampa Stadium,* 4732 N. Dale Mabry Hwy. Tel. 877-6061 o. 1-800-868-4484
- **Essen & Trinken:** ein kulinarisches Zentrum der Stadt ist Ybor City, z.B. *Columbia Restaurant,* 2117 E. 7th Ave., Tel. 248-4961, spanische Küche und Unterhaltung
- **Sportbars:** *Elmer's Sports Cafe,* 2003 E. 7th Ave. (Ybor City), Tel. 248-5855; *Harpo's,* 1805 E. 7th Ave., Tel. 248-4814; *Champions Sports Bar,* 1001 N. West Shore Blvd., Tel. 286-2201; *Grand Slam Sports Bar,* 4860 W. Kennedy Blvd., im Sheraton Hotel, Tel. 286-4400
- **Don't miss:** Busch Gardens; Florida Aquarium; MOSI Science Center; Tampa Museum of Art; Ybor City mit Ybor City Brewing Company (Touren); Tampa Bay History Center; Henry B. Plant Museum (ehem. Tampa Bay Hotel); in St. Petersburg: The Pier; Sunken Gardens; Salvador Dali Museum
- **Medien:** *The Tampa Tribune, The Times*

- **Shopping:** *Tampa Bay Center,* gegenüber Stadium; *Brandon Town Center; University Mall;* West Shore Plaza; The Shops on Harbour Island, Ybor Square

ML-Teams
•MLB
Tampa Bay Devil Rays
One Tropicana Drive
St. Petersburg, FL 33705
Tel. (813) 825-3137
(Team wird 1998 den Spielbetrieb aufnehmen)
•NFL
Tampa Bay Buccaneers
One Buccaneer Place
Tampa, FL 33607
Tel. (813) 870-2700, Fax 878-0813

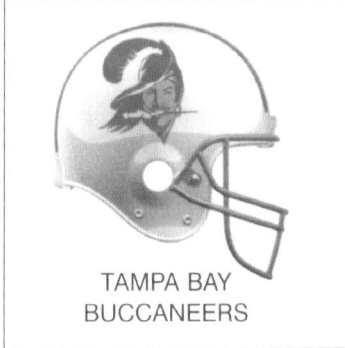

Tampa Bay Buccaneers

•NHL
Tampa Bay Lightning
Ice Palace
401 Channelside Drive
Tampa, FL 33602
Tel. (813) 229-2658, Fax 229-3350

Tampa Bay Lightning

•MLS
Tampa Bay Mutiny
1408 N. Westshore Blvd., Suite 1004
Tampa, FL 33607
Tel. (813) 288-0096, Fax 288-2085

Tropicana Field
(ehemals ThunderDome)
- **Team:** *Tampa Bay Devil Rays* (MLB)
- **Adresse:** 1 Stadium Drive (4th Ave. S/16th St.), St. Petersburg

Tampa Bay Mutiny

- **Fassungsvermögen:** 45.200
- **Eröffnung:** 1990, derzeit Umbau vom Hockey- zum Baseballstadion mit geplanter Neueröffnung 1998
- **Tickets:** Eintrittspreise sollen zwischen $ 3 und 195 liegen
- **Nahverkehr:** mehrere Busse, z.B. Nr. 18
- **Parken:** Stadiumparkplätze ($ 8) bei rechtzeitiger Ankunft, Umgebung nicht sonderlich toll
- **Treffs:** *Ferg's Sports Bar,* gegenüber Dome, Tel. (813) 360-9558; *The Firehouse,* 260 1st Ave. S., Tel. 895-4716
- **Something special:** Nagelneue Franchise in ungewohnter Halle – wozu ist im sonnigen Florida ein Dach nötig?

Tampa Stadium
- **Teams:** *Tampa Bay Buccaneers* (NFL) und *Tampa Bay Mutiny* (MLS)
- **Adresse:** 4201 N. Dale Mabry Hwy. (Airport-Nähe)
- **Fassungsvermögen:** 74.301 *(Buccaneers),* 16.000 *(Mutiny)*
- **Eröffnung:** 1967
- **Tickets:** *Buccaneers* – Tel. (904) 353-3309 o. *TicketMaster* Tel. (813) 287-8844 u.a., Mo-Fr 9-17, Sa 9-13 Uhr, $ 20-40; *Mutiny* – Tel. 288-0096, $ 7-16
- **Nahverkehr:** Busse Nr. 7, 11, 31, 36 und 41 bis Tampa Bay Center
- **Parken:** wenig Plätze direkt am Stadion, dafür mehrere entlang Tampa Bay Blvd., außerdem am Tampa Bay Center, Abfahrt langwierig
- **Imbiß:** das Übliche
- **Treffs:** Dale Mabry Hwy. und Howard Ave. mit mehreren Lokalen, angrenzendes Tampa Bay Center

- **Something special:** Tailgating populär vor Spielen im *Big Sombrero;* seit Jahren kursieren endlose Diskussionen um den Bau eines neuen Stadions und Gerüchte über einen Umzug des Teams

Ice Palace
- **Team:** *Tampa Bay Lightning* (NHL)
- **Adresse:** 401 Channelside Drive
- **Fassungsvermögen:** 26.000
- **Eröffnung:** 1996
- **Tickets:** Tel. (813) 229-2658 o. 898-2100
- **Nahverkehr:** zentral, in Downtown Tampa gelegen
- **Parken:** rings um die Halle ausreichend Parkplätze vorhanden
- **Treffs:** s.o. Tampa, Essen & Trinken
- **Something special:** neue Halle, an die sich das Team und die Fans erst noch gewöhnen müssen

Miami

Praktische Tips
- **Telefonvorwahl:** 305
- **Infos:** *Greater Miami CVB,* 701 Brickell Ave., Ste. 2700 (Downtown), Miami, FL 33131, Tel. 539-3083, Fax 539-3113 mit Infobüros am Bayside Marketplace, 401 Biscayne Blvd., Tel. 283-2707; *Miami Beach Chamber of Commerce,* 1920 Meridian Ave., Tel. 672-1270
- **Nahverkehr:** *Metro-Dade Transit Agency* mit Metrorail, Metromover und Metrobus – Infos: Tel. 638-6700
- **Unterkunft:** *Holiday Inn Calder/Joe Robbie Stadium,* 21485 NW 27th Ave., Tel. 621-5801; *Howard Johnson – North Miami,* 16500 NW 2nd Ave., Tel. 945-2621 – riesiges Angebot

ML-Metropolen

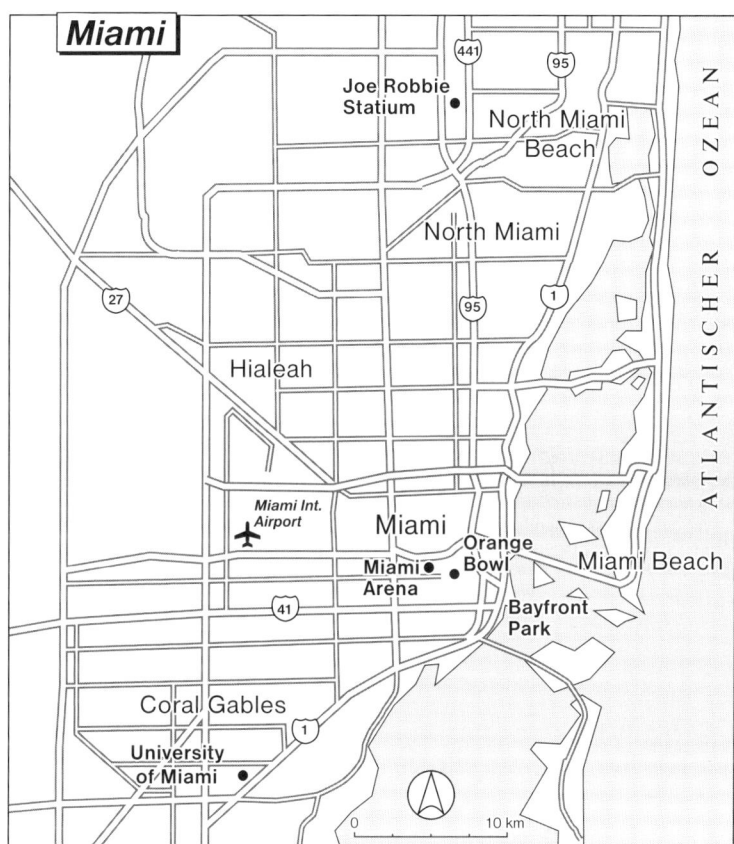

und selbst bei Buchung in Deutschland relativ preiswert (auch Coupons!)

●**Essen & Trinken:** Spezialität: kubanische Küche; *Bayside Marketplace* mit Food Court, *Bal Harbour Village* (mit Shops); Miami Beach mit zahlreichen Restaurants, Cafés etc.

●**Sportbars/Unterhaltung:** *Coconuts Sports Lounge,* im Holiday Inn-Airport Lakes, 1101 NW. 57th Ave., Tel. 266-0000; *Dan Marino's American Sports Bar & Grill,* Coco Walk, 3015 Grand Ave., Coconut Grove, Tel. 567-0013; *Don Shula's All-Star Cafe,* Main Street, Miami Lakes, im gleichnamigen Hotel, Tel. 362-7487 mit *Shula's Steak House,* Tel. 822-2324; *Flamingo Cove,* 5301 NW. 36th St., im *Comfort Inn,* Tel. 871-6000; *Joe's Stone Crab,* 227 Biscayne Street, Miami Beach, Tel. 673-0365

ML-Metropolen

„Mister Universum" – der schönste Mann im Profisport

Schillernde Stars wie das Chamäleon *Dennis Rodman,* der Ballkünstler *Michael Jordan* oder der Entertainer *Shaq O'Neal* sorgen für Schlagzeilen, überstrahlen alles und vereinen Ruf und Ruhm auf sich.

Wer kennt hingegen schon die eigentlichen Regisseure auf dem Spielfeld, die **Trainer?** Im Falle einer Niederlage müssen sie den Kopf hinhalten, aber ansonsten nimmt man die Herren am Spielfeldrand kaum wahr, selbst wenn sie wie Derwische à la *Mike Fratello* (der *„kleine Napoleon"* von Cleveland) an der Seitenlinie auf und ab springen. Leute wie *George Karl* (Seattle) fallen höchstens wegen ihres schlechten Geschmacks in Sachen Kleidung auf oder *Lenny Wilkens* deswegen, weil er es schafft, ein ganzes Spiel lang keine Mine zu verziehen.

Nur gut, daß es in den Reihen der Coaches wenigstens einen „Paradiesvogel" gibt: **Pat Riley.** Er ist den Fans genauso ein Begriff wie *Rodman, Jordan* oder *O'Neal* und wird im selben Atemzug mit diesen genannt. Das liegt nicht einmal in erster Linie an seinen sportlichen Erfolgen, z.B. daß er bei den *Lakers,* zusammen mit deren einstigem Starspieler *Magic Johnson,* den Basketballsport revolutionierte.

Vielmehr genießt *Riley* den Ruf, der **bestgekleidete Trainer im US-Sport,** der „Dressman" unter den Coaches, zu sein. Gäbe es einen Preis für den schönsten Mann an der Seitenlinie, würde ihn sicher *Riley* kassieren. Geliertes Haar, geschnitzte Gesichtszüge, männlich kantiges Kinn, arrogant-abschätzender Blick – welch weibliches Herz schmölze da nicht dahin? Geschmackvoll und stilsicher wird er den strengen Kleidervorschriften der NBA gerecht, nach denen ein Auftreten in Jeans und Shirt – wie hierzulande – beispielsweise undenkbar wäre. Modellanzug, Ferragamo-Schuhe, maßgeschneiderte Hemden und gediegene Kravatten – die bedeutendsten Modeschöpfer aus aller Welt verdienen sich an *Riley* eine goldene Nase.

Ob *Pat Riley* seine **Arbeitsstellen** vielleicht nach völlig unkonventionellen Kriterien auswählt? Spielen da vielleicht modische Gesichtspunkte eine Rolle, oder weshalb war er sonst vormals gerade in zwei Top-Modemetropolen, in Los Angeles und New York, tätig? Ging er jetzt sozusagen als Missionar nach Miami, um der exilkubanischen Hautevolée von Miami zu zeigen, wie sich der modebewußte Mann von heute kleidet? Er sorgt auf alle Fälle in der Palmenmetropole im Süden Floridas für modische Akzente – und ganz nebenbei stellt er noch eine weitere Qualität unter Beweis: jene als NBA-Toptrainer mit Sachverstand und Erfahrung.

- **Don't miss:** Miami Seaquarium; Little Havannah; Art Deco District Miami Beach; Parrot Jungle & Gardens; Miccosuke Indian Village; Vizcaya Museum & Gardens; The Art Museum at Florida International University; Historical Museum of Southern Florida; Ausflüge: Everglades; Key West
- **Shopping:** *Bayside Marketplace* (Downtown), Downtown Miami Shopping District, *Bal Harbour Shops, The Mall of the Americas* (8805 W. Flagler St.) mit *Oshman's Sporting Goods* u.a.; *Miami Fantasias,* 168 SE 1st St. (Sportladen).

ML-Teams
- **MLB**

Florida Marlins
Joe Robbie Stadium
2267 NW. 199th Street
Miami, FL 33056
Tel. (305) 626-7400

Florida Marlins

Miami Dolphins

●NBA
Miami Heat
SunTrust International Center
One SE. 3rd Ave., Suite 2300
Miami, FL 33131
Tel. (305) 577-4328, Fax 371-6319

●NFL
Miami Dolphins
7500 SW. 30th Street
Davie, FL 33314
Tel. (954) 452-7000

●NHL
Florida Panthers
100 NE. 3rd Ave. – 10th Floor
Fort Lauderdale, FL 33301
Tel. (954) 768-1900, Fax 768-9870

Joe Robbie Stadium
●*Teams:* *Florida Marlins* (MLB), *Miami Dolphins* (NFL)
●*Adresse:* 2269 NW 199th Street

Miami Heat

Florida Panthers

- *Fassungsvermögen:* 47.662 *(Marlins),* 74.916 *(Dolphins)*
- *Eröffnung:* 1987
- *Tickets: Marlins* – Tel. (305) 626-7426 o. *TicketMaster* Tel. 523-3309 o. 626-7426, schriftlich: Florida Marlins Ticket Office, 100 N.E. 3rd Ave., 3rd Floor, Fort Lauderdale, FL 33301; Mo-Fr 8-18 Uhr, $ 4-45; *Dolphins* – Tel. 620-2578, Mo-Sa 10-18 Uhr, $ 20-33
- *Nahverkehr:* Busse, zu Footballspielen spezieller Shuttleservice – Infos: Tel. 1-800-874-7245
- *Parken:* massenhaft Plätze, allerdings bei Footballspielen Parken direkt am Stadion nur für Dauerticketinhaber erlaubt; im Umkreis $ 10. Besser frühzeitig da sein und sich beim Abfahren in Geduld üben
- *Imbiß:* vielseitig, z.B. kubanische Küche, wie Arepa oder Medinoche Sandwiches oder Empanada, Italienisches *(Domino's); Stadium Cafe,* Bier *(O'Doul's),* berühmt sind auch Bru's chicken wings („finger-breakin' good")
- *Treffs:* nichts in nächster Nähe; z.B. Pines Blvd. oder University Drive lohnend; s.o. Tampa
- *Something special:* Als Football-Stadion konzipiert, aber von Teamboss *Huizenga* 1973 für ein zusätzliches Baseballteam umgestaltet. Vor allem bei Baseballspielen regiert die lateinamerikanisch-kubanische Bevölkerung.

Miami Arena
- *Teams: Miami Heat* (NBA), *Florida Panthers* (NHL)
- *Adresse:* 701 Arena Blvd.
- *Fassungsvermögen:* 15.200 *(Heat),* 14.700 *(Panthers)*
- *Eröffnung:* 1988
- *Tickets: Heat* – Tel. (305) 577-4328 o. 1-800-940-4400, Mo-Fr 10-17 Uhr, $ 15-44; *Panthers* – Tel. 530-4400 o. *TicketMaster* Tel. 1-800-467-2684 o. 358-5885, Mo-Fr 10-16 Uhr, $ 17-55
- *Nahverkehr:* Metro Rail bis Overton Station
- *Parken:* teuer am Stadion, aber wegen des verrufenen Stadtviertels Overtown, in dem sich die Halle befindet, ist es trotzdem ratsam, in nächster Nähe zu parken!
- *Imbiß:* Gegrillte Cheeseburger, tropische Drinks, koscheres Essen, „Miami Heroes"
- *Treffs: Bayside Market Place* nahe mit mehreren Lokalen und Bars am Biscayne Blvd., u.a. *Hardrock Cafe; 1800 Club,* 1800 N. Bayshore Dr., Tel. 373-1093
- *Something special:* Ein Basketballspiel ist hier ein Gesellschaftsereignis, zu dem sich die (kubanische) Elite von Miami trifft. Coach *Pat Riley* ist nicht nur *Mr. NBA,* sondern zugleich sportlich überaus erfolgreich. Die 1993 gegründeten *Panthers* erwägen wie die *Heat* trotz großen Zuspruchs ihren baldigen Umzug in nördlich gelegene, angenehmere Vororte.

Minor-League-Mannschaften in Städten ohne ML-Teams

West Palm Beach, FL

● **CBA**
Florida Beachdogs
1700 Palm Beach Lakes Blvd.
Suite 150
West Palm Beach, FL 33401
Tel. (561) 686-5266, Fax 686-7225
Spiele im West Palm Beach Auditorium, 1610 Palm Beach Lakes Blvd.
(5.800 Zuschauer, $ 5-35)

Wichtige College-Sport-Städte

Miami

Miami Hurricanes

Auch wenn in Miami genug Profisport geboten ist, zieht daneben auch noch die **Footballmannschaft** der University of Miami Aufmerksamkeit auf sich. Zuletzt zwar eher negativ, denn nach vielen Vergehen bei der Vergabe von Stipendien, getürkten Zeugnissen der Sportler und einigen Drogenskandalen wurde die Uni mit Strafen überhäuft, doch niemand zweifelt daran, daß die *Hurricanes* bald wieder für frischen Wind im Football sorgen werden. In den Fußstapfen der *San Francisco 49ers* der 80er Jahre marschierten im College Football die „*Canes*" gleich viermal auf's Podest, wurden

Miami Hurricanes (University of Miami)

1983, 1987, 1989 und 1991 Unimeister und bestimmten eindeutig das Sportgeschehen der Stadt. Inzwischen ist es stiller geworden, aber möglicherweise wird die Ruhe der Sportabteilung guttun und die Zusammenstellung eines neuen Teams fördern. Der malerische Cam-

Miami Hurricanes,
(Hector Sierra, Uni Miami)

Wichtige College-Sport-Städte

pus im Nobelviertel Coral Gables ist sowieso immer einen Abstecher wert.
● *Infos:*
University of Miami
Athletic Department
5821 San Amaro Drive
Coral Gables, FL 33146,
Tel. (305) 284-3244, Fax 284-2807.
● *Stadion:*
Orange Bowl, 1501 NW 3rd St., Tel. (305) 643-7100, Fassungsvermögen: 74.712 (Football), hier findet auch an Neujahr der Orange Bowl, eines der College-Football-Endspiele statt.

Gainesville

Florida Gators

Gainesville wäre ohne die University of Florida ein verschlafenes Südstaatenstädtchen. So herrscht hier jedoch buntes Leben, und besonders wenn die **Footballmannschaft**

Gators haben immer einen Grund zum Feiern (Uni Florida)

Heimspiele austrägt, ist die Hölle los. Jahrelang ganz oben mitmischend, gelang den *Gators* im Januar 1997 endlich der große Durchbruch: der Gewinn des Meistertitels, noch dazu gegen den erfolgreicheren Lokalrivalen Florida State! Berühmt und zugleich berüchtigt ist das Stadion der *Gators,* das im Volksmund bezeichnenderweise *The Swamp,* der Sumpf, genannt wird, wegen seiner lautstarken Fans und aufgrund der Tatsache, daß die Alligatoren zu Hause kaum ein Spiel verlieren. Kurzum: Hier gibt's College Football vom Feinsten!
● *Infos:*
University of Florida
Athletic Department

University of Florida Gators
(US College Collection)

Wichtige College-Sport-Städte

Im Swamp sind die Gators kaum zu bezwingen (Uni Florida)

im College Football und spielen Jahr für Jahr um die Meisterschaft mit. Zwar scheiterte man zuletzt am Rivalen Florida, aber es gibt immer ein nächstes Mal. Betreut wird die Mannschaft von der **Trainerlegende des College Sports** schlechthin, *Bobby Bowden* – typischer Südstaatler: verschmitzt, redselig und umgänglich. Wenn die *Seminoles* ihre Heimspiele austragen, sollte man dabei sein, denn dann lassen die Schlachtgesänge der Fans die Erde erbeben.

●*Infos:*
Florida State University
Moore Athletic Center
Pensacola Street
Tallahassee, FL 32306
Tel. (904) 644-1403, Fax 644-3820
●*Stadion:*
Doak Campbell Stadium (auf dem Campus), Fassungsvermögen: 75.000 (Football)

P.O.Box 14485
Ben Hill Griffin Stadium
Gainesville, FL 32604
Tel. (904) 375-4683, Fax 375-4809
●*Stadion:*
Ben Hill Griffin Stadium at Florida Field, „The Swamp" (auf dem Campus), Fassungsvermögen: 83.000

Tallahassee

Florida State Seminoles

Wer kennt schon die Hauptstadt Floridas? Tallahassee lohnt als gut gehütetes Geheimnis einen Besuch, zumal hier auch die Uni Florida State zu Hause ist. Die *Seminoles* gehören seit Jahrzehnten **zu den Topteams**

Florida State Seminoles
(Florida State University

Texas, Oklahoma und Arkansas

Die **Texaner** sind nicht gerade als Leisetreter bekannt, eher als selbstbewußte Großmäuler, die von der Grandiosität ihres Staates und seiner Bewohner überzeugt sind. Doch unter der Schale verbirgt sich ein herzlicher und gastfreundlicher Kern. Für viele USA-Besucher liegen Texas und die beiden Nachbarstaaten Oklahoma und Arkansas zwar noch abseits der gewohnten Routen, doch mehr und mehr entdecken sie die Schönheiten und die Vielfalt der Landschaft und Städte.

Natürlich betrachten sich die Texaner auch im Sport als die Größten, wobei sie nicht einmal ganz unrecht haben: Die *Dallas Cowboys* gehören zur absoluten Spitze der NFL **(Football)**, die *Houston Rockets* nehmen – als eine von drei NBA-Franchises im Staat – eine ähnliche Topstellung im **Basketball** ein. Die *Texas Rangers* **(Baseball)** und die *Dallas Stars* **(Eishockey)** schicken sich ebenfalls an, ganz oben mitzumischen. Und noch in einem anderen Bereich ist der Staat der Cowboys, Steaks und Sonnenuntergänge Spitzenklasse: im **College- und Highschool-Football.** Da sage noch einer, Öl und Rinder seien das einzig Grandiose an dieser Region der USA!

Staatenporträts

Texas – The Lone Star State

Überblick
 seit 1845 Staat der USA
 ● **Hauptstadt:** Austin
 ● **Fläche:** 713.327 qkm

- **Bevölkerung:** ca. 16,85 Mio.
- **Zeitzone:** Mountain und Central Time (MT/CT)
- **Major-League-Mannschaften:** 8 *(Houston Astros* und *Texas Rangers,* MLB; *Dallas Cowboys,* NFL; *Dallas Mavericks, Houston Rockets* und *San Antonio Spurs,* NBA; *Dallas Stars,* NHL; *Dallas Burn,* MLS)
- **Wichtige Minor-League-Mannschaften:** 2 *(Houston Aeros* und *San Antonio Dragons,* IHL)
- **Wichtige Uni/College-Mannschaften:** 2 *(University of Texas, Texas A&M)*

Infos
- **Texas Department of Transportation**
Travel and Information Division
1101 East Anderson Lane,
P.O. Box 5064
Austin, TX 78763-5064
Tel. (512) 483-3676
oder 1-800-452-9292

Oklahoma – Sooner State

Überblick
seit 1907 Staat der USA
- **Hauptstadt:** Oklahoma City
- **Fläche:** 29.448 qkm
- **Bevölkerung:** ca. 3,3 Mio.
- **Zeitzone:** CT
- **Wichtige Minor-League-Mannschaften:** 1 *(Oklahoma City Cavalry,* CBA)
- **Wichtige Uni/College-Mannschaften:** 2 *(University of Oklahoma, Oklahoma State University)*

Infos
- **Oklahoma Tourism & Rec. Dept.**
Travel & Tourism Division
2401 N. Lincoln Blvd.
Oklahoma City, OK 73105-4492
Tel. (405) 521-3981
oder 1-800-652-6552

Arkansas – Land of Opportunity

Überblick
seit 1836 Staat der USA
- **Hauptstadt:** Little Rock
- **Fläche:** 137.754 qkm
- **Bevölkerung:** ca. 2,5 Mio.
- **Zeitzone:** CT
- **Wichtige Uni/College-Mannschaften:** 1 *(University of Arkansas)*

Infos
- **Arkansas Department of Tourism**
One Capitol Mall
Little Rock, AR 72201
Tel. (501) 682-7777
oder 1-800-628-8725

ML-Teams

MLB – Baseball
- *Houston Astros*
- *Texas Rangers* (Dallas/Fort Worth)

NBA – Basketball
- *Dallas Mavericks*
- *Houston Rockets*
- *San Antonio Spurs*

NFL – Football
- *Dallas Cowboys*

NHL – Eishockey
- *Dallas Stars*

MLS – Soccer
- *Dallas Burn*

ML-Metropolen

Dallas, TX

Praktische Tips
- **Telefonvorwahl:** 214
- **Infos:** *The Dallas CVB,* 1201 Elm St./Renaissance Tower, Ste. 2000, Tel. 746-6700; *Visitor Info Center,* Union Station, 40 S. Houston St.; Veranstaltungs-Hotline: 746-6677
- **Nahverkehr:** *Dallas Area Rapid Transit System (DART),* Busse und McKinney Ave. Trolley (zwischen West End und Downtown) – Infos: Tel. 979-1111
- **Unterkunft:** *Holiday Inn Downtown,* 1015 Elm/Griffin Sts., Tel. 748-9951; *Ramada Hotel Downtown Convention Center,* 1011 S. Akard St., Tel. 421-1083; *Days Inn Texas Stadium,* 2200 E. Airport Freeway (Irving), Tel. 438-6666; *Comfort Inn,* 1601 E. Division St., Tel. (817) 261-2300; *Days Inn-Ranger Stadium,* 2001 E. Copeland Rd., Tel. (817) 461-1122 – beide in Arlington
- **Essen & Trinken:** Tex-Mex-Küche, schwerpunktmäßig zu finden im West End Marketplace (Greenville Ave.), z.B. *Bubba's,* 6617 Hillcrest Ave., Tel. 373-6527 o. *Sonny Bryan's Smokehouse,* 302 N. Market St., Tel. 744-1610; *Chuy's,* 211 N. Record St.; *Martinez Cafe,* 3011 Routh St.
- **Unterhaltung:** West End Historic District, z.B. *Dick's Last Resort,* 1701 N. Market St., Tel. 747-0001; Greenville Ave., z.B. *Poor David's Pub,* 1924 Greenville Ave., Tel. 821-9891 o. *Greenville Bar & Grill,* 2821 Greenville Ave., Tel. 823-6691; weitere Spots entlang der McKinney Ave. im NW der Stadt
- **Don't miss:** Dallas Museum of Art; Meadows School of the Arts; Museum of African-American Life and Culture; Biblical Arts Center; State Fair Park (mit Cotton Bowl); Old City Park; Pioneer Plaza; Reunion Tower; in Fort Worth: Kimbell Art Museum, Fort Worth's Stockyards
- **Medien:** *Dallas Morning News* – freitags mit Sonderbeilage „Essen & Trinken"

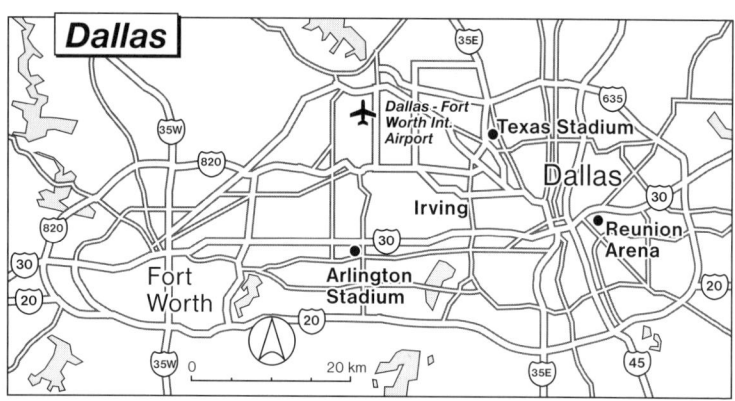

ML-Metropolen

- **Shopping:** *Dallas Galleria, Valley View Center, West End Marketplace, Old Town, Farmers Market, Traders Village* (Flohmarkt)
- **Tip:** Cotton-Bowl-Parade am Neujahrstag

ML-Teams
•MLB
Texas Rangers
P.O. Box 90111
Arlington, TX 76004
Tel. (817) 273-5222, Fax 273-5118

•NBA
Dallas Mavericks
Reunion Arena
777 Sports Street
Dallas, TX 75207
Tel. (214) 748-1808, Fax 748-0510

•NFL
Dallas Cowboys
Cowboys Center
One Cowboys Parkway
Irving, TX 75063
Tel. (214) 556-9900, Fax 556-9970

Dallas Mavericks

Dallas Cowboys

Dallas Stars

•NHL
Dallas Stars
Dr. Pepper StarCenter
211 Cowboys Parkway
Irving, TX 75063
Tel. (214) 868-2890, Fax 868-2860

Texas Rangers

America's Team oder: Deep in the Heart of Texas

Deep in the Heart of Texas sind sie zu Hause und weit über die Grenzen hinaus geachtet und verehrt: die **Dallas Cowboys,** *„America's Team".* Und das nicht erst seit heute. Schon in den 70er Jahren legten die *Cowboys* den Grundstock für ihr hohes Ansehen: fünfmal im Super Bowl und zweimal Titelträger. Stolz trug die **erfolgreiche Truppe** ihren Helm mit dem *Lone Star of Texas* und der Mythos von den siegreichen *Cowboys* war geboren. Ganz Texas liegt seither seinen *Boys* zu Füßen, und wenn sie im Texas Stadium einlaufen, bleibt kein Platz leer. Auf eine komplette Überdachung des Stadions – nur die Fans sitzen im Trockenen – hat man bewußt verzichtet, schließlich soll „der dort oben" die Möglichkeit haben, seinen Lieblingsclub zu sehen. Bescheidenheit war noch nie eine texanische Tugend!

Nach den **glanzvollen 70er Jahren,** verbunden mit großen Namen wie denen von Trainer *Tom Landry* und Quarterback *Roger Staubach*, folgte eine längere „Schaffenspause". Erst seit 1992 sind die *Boys* wieder da und haben dank ihres Markenzeichens, des variantenreichen Angriffsspiels, gepaart mit einer kompromißlosen Abwehr, wieder die NFL-Spitzengruppe erobert. Mit den **Super-Bowl-Siegen** **1993, 1994 und 1996** gelang es sogar, sich neben den *San Francisco 49ers* als erfolgreichstes Team der NFL-Geschichte zu etablieren.

Auch wenn der Aufstieg der *Cowboys* eng mit ihrem legendären Teamgeist zusammenhängt, waren es in erster Linie **außergewöhnliche Persönlichkeiten,** die das Fundament für den Erfolg dieser Mannschaft legten. Da wäre der schon erwähnte ehemalige Trainer *Landry*, dessen Markenzeichen sein Hut war und der zwar eine gewisse Distanz hielt, zugleich aber mit Ruhe, Kompromißlosigkeit und Intelligenz seine *Boys* regierte, die ihm den Spitznamen *Papst Landry I.* verliehen.

Ganz anders **Jerry Jones,** der für 140 Mio. Dollar 1989 den Verein erwarb. Wie der bekannte *J. R. Ewing* aus der TV-Serie „Dallas", trat er laut, selbstbewußt und arrogant auf – ganz Texaner eben. Dennoch gelang es ihm, eine Mannschaft zusammenzustellen, die von zwei schillernden Trainerpersönlichkeiten – *Jimmy Johnson* (1989 bis 1993) und *Barry Switzer* (ab 1994) – zum Spitzenteam geformt wurde. Quarterback *Troy Aikman,* Running Back *Emmitt Smith* und der vielseitige *Deion Sanders* bilden das Rückgrat der *Boys* der 90er Jahre und werden dafür von ihrem Boß mit Millionengehältern entlohnt. In Texas wird eben nicht gekleckert, sondern geklotzt!

●**MLS**
Dallas Burn
2602 McKinney, Suite 200
Dallas, TX 75204
Tel. (214) 979-0303, Fax 979-1118

The Ballpark in Arlington
●**Team:** *Texas Rangers* (MLB)
●**Adresse:** 1000 Ballpark Way, Arlington (Vorort zwischen Dallas und Fort Worth)
●**Fassungsvermögen:** 49.292
●**Eröffnung:** 1994

Dallas Burn (MLS)

- **Tickets:** Tel. (817) 273-5100, schriftlich: Texas Rangers Ticket Office, P.O. Box 90111, Arlington, TX 76004, Mo-Fr 9-18, Sa. 10-16 Uhr, an Spieltagen länger und auch So, $ 4-20
- **Nahverkehr:** Shuttle-Busse ab Six Flags Mall – Infos: Tel. 640-3251
- **Parken:** 9 Parkplätze ($ 5)
- **Imbiß:** BBQ als Spezialität (probieren!), *T.G.I. Friday's Sports Grill*, eigene Stadion-Bäckerei, ausgezeichnete Bierauswahl
- **Treffs:** *Bobby Valentine's Sports Gallery Cafe*, Tel. 261-1000, mit Nolan Ryan Room, 15 TVs und eigenem Shuttle-Service zum Ballpark
- **Something special:** Freundliche Leute in einem *gorgeous* (großartigen) Ballpark. *Walk of Fame* rund um das gigantisch-protzige Stadion – *that's Texas!*

Reunion Arena
- **Teams:** *Dallas Mavericks* (NBA), *Dallas Stars* (NHL)
- **Adresse:** 777 Sports Street
- **Fassungsvermögen:** 18.042 *(Mavs)*, 16.924 *(Stars)*
- **Eröffnung:** 1980
- **Tickets:** *Mavs* – Tel. (214) 939-2800 o. bei *Dillard's*, Tel. 1-800-654-9545, Mo-Fr 10-17 Uhr, $ 12-75; *Stars* – Tel. 467-8277 o. *Dillard's*, s.o., $ 12-100
- **Nahverkehr:** Downtown-Lage; Bus Nr. 30 (Marsalis) zur Arena
- **Parken:** 6000 Parkplätze um's Stadion, weitere in der Umgebung
- **Imbiß:** Gegrilltes aller Art, Chili, Pizza Hut, Bier; Stars Club Restaurant integriert
- **Treffs:** *Hyatt Regency*, gegenüber der Arena, Tel. 651-1234 mit zwei Restaurants, weitere in nächster Nähe (Downtown), z.B. West End Marketplace mit *On the Border*, 1801 N. Lamare St., Tel. 855-0296, oder *Gators*, 1714 N. Market St., Tel. 748-0243; *Snuffer's*, 3526 Greenville St., Tel. 826-6850
- **Something special:** Den enthusiastischen Basketballfans steht leider nur ein mittelmäßiges Team gegenüber. Doch auch die *Stars* werden, obwohl erst seit 1993 hier, schon heißgeliebt.

Texas Stadium
- **Team:** *Dallas Cowboys* (NFL)
- **Adresse:** 2401 E. Airport Freeway, Irving (Vorort zwischen Dallas und Fort Worth)
- **Fassungsvermögen:** 65.921
- **Eröffnung:** 1971
- **Tickets:** Tel. (214) 579-5000 o. *TicketMaster* Tel. 373-8000, Mo-Fr 9-16 Uhr, $ 30-38 – Tickets schwer bis gar nicht zu ergattern!
- **Nahverkehr:** DART-Busse *The Cowboy Flyer*, u.a. ab Downtown
- **Parken:** 16.500 farblich gekennzeichnete Plätze rund um's Stadion, alle bis auf Green Lot reserviert, sonst wenig Möglichkeiten
- **Imbiß:** 52 Stände, Tex-Mex u.a., auch Bier
- **Treffs:** *Cowboys Sports Cafe*, Tel. 401-3939, Besitzer: *Tony Dorsett* und *Everson Walls*, Exspieler; *Sports 88*, North Dallas, Tel. 369-8880, im Besitz von *Drew Pearson* mit Memorabilia und Großbildschirmen; *Luby's Cafeteria*, 2250 Walnut Hill Lane, Tel. 594-1510
- **Something special:** Dachöffnung, *so God can watch his favorite football*

ML-Metropolen

Troy Aikman, Superstar der Cowboys (NFL)

team play, und berühmte Cheerleaders. *Ring of Honor* rund um die Fassade und Lone-Star-State-Atmosphäre – ganz Texas liebt die *Boys!*

Cotton Bowl
- **Team:** *Dallas Burn* (MLS)
- **Adresse:** 3809 Tower Building
- **Fassungsvermögen:** 24.425 (gesamt: 67.600)
- **Eröffnung:** 1935
- **Tickets:** Tel. (214) 939-2222, $ 8-19
- **Nahverkehr:** DART-Busse
- **Parken:** no problem
- **Treffs:** s.o.
- **Something special:** Ein alter Kasten, in dem 1994 die Fußball-WM stattfand und sonst nur College Football gespielt wird.

San Antonio, TX

Praktische Tips
- **Telefonvorwahl:** 210
- **Infos:** *Visitor Information Center (CVB),* 317 Alamo Plaza, P.O. Box 2277, San Antonio, TX 78298, Tel. 270-8748 o. 1-800-447-3372
- **Nahverkehr:** *VIA Metropolitan Transit,* Busse, spezieller Mall-Bus entlang I-410, außerdem Trambahnen – Infos: Tel. 227-2020
- **Unterkunft:** *Mariott Riverwalk,* 711 E. Riverwalk, Tel. 224-4555 o. 1-800-227-9290; mehrere Niederlassungen von *La Quinta Inns,* Tel. 1-800-531-5900
- **Essen & Trinken:** Riverwalk, aber eher teuer, z.B. *Casa Rio Mexican Restaurant,* 430 E. Commerce St., Tel. 225-6718; *Taco Cabana,* 101 *Alamo Plaza,* Tel. 224-6158, preiswerter Top-Mexikaner; *Aldaco's Mexican Cuisine,* 1141 E. Commerce St., Tel. 222-0561; *Tomatillo's,* 3210 Broadway, Tel. 824-3005; *Earl Abel's Diner,* 4220 Broadway, Tel. 822-3358; *Hung Fong Chinese & American Restaurant,* 3624 Broadway, Tel. 822-9211
- **Unterhaltung:** River Walk; *Acapulco Sam's,* 212 College St., Tel. 212-7267; *Cadillac Bar,* 212 S. Flores, Tel. 223-5533
- **Don't miss:** The Alamo; Market Square mit El Mercado; Paseo del Rio/Riverwalk; San Fernando Cathedral; Spanish Governor's Palace; Fort Sam Houston; Hall of Texas History & Wax Museum; Institute of Texan Cultures; La Villita; Marion Koogler McNay Art Museum; San Antonio Museum of Art; Fiesta Texas, San Antonio Missions im Umkreis

- **Shopping:** Lohnend ist Westernzubehör aller Art; *RiverCenter Mall,* Riverwalk, *Loehmann's Village at The Summit,* Market Square
- **Medien:** *San Antonio Express-News* (Fr mit Veranstaltungen), *San Antonio Light; Key Magazin, Showboat* und *Current* (wöchentl.) mit Veranstaltungskalendern

ML-Team
NBA
San Antonio Spurs
Alamodome
100 Montana Street
San Antonio, TX 78203-1031
Tel. (210) 554-7700, Fax 554-0992

San Antonio Spurs

Minor-League-Team
IHL
San Antonio Dragons
600 E. Market St.
Suite 103/B
San Antonio, TX 78205
Tel. (210) 737-7825, Fax 229-9101
Spiele im Freeman Coliseum, Old Hwy. 90 (9.965 Zuschauer)

Alamodome
- **Team:** *San Antonio Spurs* (NBA)
- **Adresse:** 100 Montana Street

- **Fassungsvermögen:** 20.500 bis 34.000
- **Eröffnung:** 1993
- **Tickets:** Tel. (210) 554-7773 o. *TicketMaster* Tel. 224-9600, Mo-Fr 8-18 Uhr, $ 5-47
- **Nahverkehr:** *VIA Metro Transit* mit Shuttle, Park & Ride, gute Downtownlage der Halle
- **Parken:** keine eigenen Stadionparkplätze, aber etliche in nächster Nähe, u.a. Parkplätze an der Rivercenter Mall
- **Imbiß:** *Whataburger, Rosario's* (mexikanisch), Corn dogs und Würste
- **Treffs:** San Antonio Riverwalk mit mehreren Lokalen und Bars, z.B. *Champions Sports Bar,* Tel. 226-7171; *Rio Rio Cantina,* Tel. 226-846; *Boudro's on the Riverwalk,* Tel. 224-8484 u.a.
- **Something special:** Heimat von „The Admiral", David Robinson. Coyote als Maskottchen und Fans mit südländischem Temperament; ungewöhnlicher moderner Bau, auch für Football benutzbar.

Houston, TX

Praktische Tips
- **Telefonvorwahl:** 713
- **Infos:** *Greater Houston CVB,* 801 Congress St., Tel. 227-3100 o. 1-800-231-7799
- **Nahverkehr:** *METRO* Bus System – Infos: Tel. 635-4000
- **Unterkunft:** *Houston Marriott Astrodome,* 2100 S. Braeswood Blvd./Greenbri, Tel. 797-9000; *La Quinta-Astrodome,* 9911 Buffalo Speedway, Tel. 668-8082; *Sheraton Astrodome Hotel,* 8686 Kirby Dr., Tel. 748-3221; außerdem *Days Inn* und *Ramada Inn* in Astrodo-

ML-Metropolen

me-Nähe; *Holiday Inn near Greenway Plaza,* 2712 Southwest Frwy., Tel. 523-8448; *Rodeway Inn-Southwest Freeway,* 3135 Southwest Frwy., Tel. 526-1071

●**Essen & Trinken:** Westheimer und Richmond Ave., v.a. an Kreuzung Fountainview, z.B. *Ragin' Cajun,* 4302 Richmond Ave., Tel. 623-6321; *Rock Bottom Brewery,* 6111 Richmond Ave., Tel. 974-2739; außerdem mehrere Filialen von *Luther's Bar-B-Q,* z.B. 8777 S. Main St.; *Cadillac Bar,* 1802 N. Shepherd Dr./I-10, Tel. 862-2020; *Prego Restaurant,* 2520 Amherst St., Tel. 529-2420; außerdem zwei Chinatowns mit entsprechender Gastronomie

●**Unterhaltung:** mehrere Bars und Clubs in der *Galleria Mall;* Viertel zwischen Westheimer Rd. bis Alabama, zwischen Post Oak und Sage lohnend; z.B. *Sam's Place,* 5710 Richmond Ave., Tel. 781-1605

●**Don't miss:** Museum of Fine Arts; Sam Houston Park mit Museum of Texas History; San Jacinto Monument & Museum; Space Center Houston; Port of Houston; Tour Anheuser-Busch Brewery; Astroworld-Vergnügungspark nahe Astrodome (auch Touren); The Menil Collection

●**Shopping:** *Traders Village,* University Village (Rice University), *Galleria Mall* mit *Houston Sports Exchange, Baybrook Mall,* Bay Area Blvd., *Memorial City Shopping Center, Town & Country Shopping Village*

●**Medien:** *Houston Post*

ML-Teams
●**MLB**
Houston Astros
P.O. Box 288
Houston, TX 77054-0288
Tel. (713) 799-9500, Fax 799-9562
●**NBA**
Houston Rockets
The Summit
Ten Greenway Plaza East
Houston, TX 77046-3865
Tel. (713) 627-3865, Fax 963-7339

Minor-League-Team
●**IHL**
Houston Aeros
24 Greenway Plaza
Suite 800
Houston, TX 77036
Tel. (713) 621-2842, Fax 627-0397
Spiele im Summit, s.u. (15.242 Zuschauer)

Astrodome
●**Teams:** *Houston Astros* (MLB)
●**Adresse:** 8400 Kirby Drive (Loop 610, Kirby Dr./Fannin St.) – Teil des Astrodome Convention Centers
●**Fassungsvermögen:** 54.350 *(Astros),* 59.969 *(Oilers)*
●**Eröffnung:** 1965
●**Tickets:** *Astros* – Tel. (713) 799-9555 o. *TicketMaster* Tel. 629-3700, schriftlich: Houston Astros, Ticket Dept., P.O. Box 1691, Houston, TX 77001; tgl. 9-17 Uhr, $ 4-21;
●**Nahverkehr:** Metro-Bus Nr. 18 (Kirby) ab Downtown oder Nr. 15 (Hiram-Clark)
●**Parken:** massenhaft Parkplätze, darunter an Stadion-NW-Ecke preiswerter „early-bird Parkplatz"
●**Imbiß:** breite Palette, z.B. Texanisches bei *Luther's BBQ,* Spezialität „Dome dogs", mexikanisches Bier

- **Treffs:** *Pappasito's,* Tel. 784-5253, mexikanische Küche; *Willie G's,* Tel. 840-7190 (Cajun-Küche)
- **Something special:** Als erster geschlossenen Ballpark zu den modernen Weltwundern gezählt, andererseits aber gerade deswegen und wegen des Kunstbelages unbeliebt bei Baseballspielern und Fans.

The Summit
- **Team:** *Houston Rockets* (NBA), *Houston Comets* (WNBA)
- **Adresse:** 10 Greenway Plaza
- **Fassungsvermögen:** 16.285
- **Eröffnung:** 1975
- **Tickets:** *TicketMaster* Tel. (713) 629-3700, Mo-Sa 10-18 Uhr, $ 11-46 – schwer zu ergattern, da seit 1995 regelmäßig ausverkauft
- **Nahverkehr:** Metro-City-Busse Nr. 25 (Richmond) ab Main St. oder Nr. 53 (Westheimer) ab Walker St.
- **Parken:** Parkgebühr bereits im Ticket enthalten, hinreichend Parkplätze auf Greenway-Plaza-Gelände (Büro/Hotelkomplex, zu dem die Halle gehört)
- **Imbiß:** vielseitiger Food Court (Sektion 108)
- **Treffs:** *Los Andes,* Tel. 622-2686, hier verkehren auch *Olajuwon* oder *Thorpe; House of Pies,* Tel. 528-3816; *Luby's Cafeteria,* 5215 Buffalo Speedway
- **Something special:** Houston, einst *Choke City* genannt, hat heute mit den *Rockets* eines der NBA-Topteams, und Stars wie *Hakeem Olajuwon, Clyde Drexler* und *Charles Barkley* sorgen für Gesprächsstoff. Man denkt an eine neue Halle in Downtown.

Minor-League-Mannschaften in Städten ohne ML-Teams

Oklahoma City

- **CBA**
Oklahoma City Cavalry
100 W. Sheridan
Oklahoma City, OK 73102
Tel. (405) 232-3865, Fax 232-3866
Spiele u.a. im Myriad Convention Center, 100 W. Sheridan (14.005 Zuschauer, $ 5-25)

Wichtige College-Sport-Städte

Austin, TX

Texas Longhorns
Austin ist Hauptstadt von Texas und zugleich eines der Zentren der Countrymusik – also gleich zwei Gründe, dem inmitten einer weitläufigen Hügellandschaft gelegenen Städtchen zwischen San Antonio und Dallas einen Besuch abzustatten. Für viel Furore und eine wahre Völkerwanderung zu jedem Heimspiel sorgen jedoch die *Texas Longhorns.* Nein, nicht die berühmten texanischen Rinder, sondern die **traditionsreiche Footballmannschaft** der University of Texas, die in Austin zu Hause ist. Auch wenn das Team schon lange keine Meisterschaft mehr gewonnen hat, ist es doch in jeder Saison für Überraschungen gut: Zuletzt ent-

thronten die *Longhorns* den Meister von 1994 und 1995, Nebraska.
●*Infos:*
University of Texas
Athletic Department
P.O.Box 7399
Memorial Stadium
Austin, TX 78713-7399
Tel. (512) 471-6062, Fax 471-6040
●*Stadion:*
Memorial Stadium (auf dem Campus), Fassungsvermögen: 77.809 (Football)

College Station, TX

Texas A&M Aggies

Wer Houston in Richtung Dallas auf der Nebenstrecke, dem Hwy. 6, verläßt, kommt nach gut zwei Fahrstunden in ein Städtchen, dessen Name schon alles sagt. College Station entstand 1876 um den Campus der Texas A&M University herum. Die Hochschule gilt als eine der führenden Bildungsstätten des Landes, vor allem im technischen und agrarwissenschaftlichen Bereich. Stolz ist man darauf, die Presidential Library des ehemaligen Präsidenten *George Bush* in seinen Hallen beherbergen zu dürfen. Das eigentliche Aushängeschild ist jedoch die Footballmannschaft. Seit Jahren gehören die *Aggies* zur **Spitzenklasse im College-Football,** und die Duelle mit dem Lokalrivalen, den *Texas Longhorns,* gehören zu den Klassikern im College Football.
●*Infos:*
Texas A&M University
Athletic Department
University Parking Garage Bldg., Room 222
Joe Routt Blvd.
College Station, TX 77843
Tel. (409) 845-5725, Fax 845-0564
●*Stadion:*
Kyle Field (auf dem Campus), Fassungsvermögen: 70.210 (Football)

Norman & Stillwater, OK

Oklahoma ist eine landwirtschaftlich geprägte Region und zugleich das Zentrum vieler Indianerstämme, die im 19. Jh. hierher zwangsumgesiedelt wurden. Sehenswert sind die beiden größten Städte des Bundesstaates, Oklahoma City und Tulsa, doch die sportlichen Highlights liegen abseits, „in der Prärie". **College Football** gehört hier, wie überall im Süden und Mittleren Westen der USA, zu den wichtigsten Dingen im Leben. In Oklahoma hat man gleich zwei Teams zur Auswahl: die *Oklahoma Sooners* und die *Oklahoma State Cowboys.* Auch wenn beide derzeit nicht zu den besten gehören, sind die Fans ihren „Jungs" treu und zelebrieren jedes Heimspiel als großes Fest.

Oklahoma Sooners
●*Infos:*
University of Oklahoma Sooners
Owen Field
Norman, OK 73019
Tel. (405) 325-8231, Fax 325-7623
●*Stadion:*
Owen Field (auf dem Campus), Fassungsvermögen: 75.004 (Football)

Oklahoma State Cowboys
●*Infos:*
Oklahoma State University Cowboys
Lewis Field

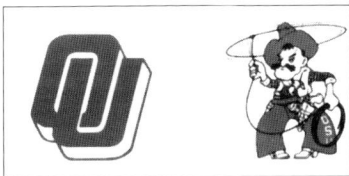

Oklahoma Sooners und State Cowboys
(US College Collection)

Stillwater, OK 74078
Tel. (405) 744-5749, Fax 744-7754
●*Stadion:*
Lewis Field (auf dem Campus), Fassungsvermögen: 50.440 (Football)

Fayetteville, AR

Arkansas Razorbacks

Arkansas wäre im Gedächtnis der Amerikaner und erst recht dem Rest der Welt weiter nichts als irgendeine stinknormale Region in der tiefsten Provinz Amerikas, hätten nicht zwei Ereignisse bzw. Persönlichkeiten den Staat mit einem Schlag quasi weltberühmt gemacht. Einmal war dies US-Präsident **Bill Clinton,** der von hier stammt und seit 1992 das höchste US-Amt innehält, und zweitens sorgte **Nolan Richardson,** der schwarze **Basketballtrainer** der Mannschaft der Uni Arkansas, für Aufmerksamkeit. Er führte 1994 die *Razorbacks* eindrucksvoll zur US-Meisterschaft, und über Nacht war plötzlich der Staat in aller Munde. Während der Siegesfeier verbanden sich sogar die beiden Popularitätsfaktoren: Da herzten sich Präsident, Coach, Mannschaft und Fans – zum Schrecken des Sicherheitspersonals. Wer also einmal in der neuen Halle in Fayetteville den *Razorbacks* zusieht, sollte sich vorsichtig umblicken: Vielleicht befindet sich irgendwo unter den Fans *Bill Clinton* mit Familie.
●*Infos:*
University of Arkansas
Broyles Athletic Complex
Fayetteville, AR 72701
Tel. (501) 575-2751, Fax 575-7481
●*Stadien:*
Razorback Stadium (auf dem Campus), Fassungsvermögen: 50.019 (Football)
Bud Walton Arena (auf dem Campus), Fassungsvermögen: 18.600 (Basketball)

Sonstiges

Frauen Profibasketball-Liga WNBA

Houston Comets
●*Infos:*
Two Greenway Plaza
Suite 400
Houston, TX 77046
Tel. (713) 513-8349, Fax 963-7339
●*Stadion:*
The Summit (s. Houston)

Houston Comets (WNBA)

Der Mittlere Westen

Die weite Prärie, nur unterbrochen von Flußtälern wie dem dominierenden Missouri-Tal, unendliche Getreidefelder, der grenzenlose Horizont mit seinen Farbspielen, Wolken und Stürme, dichte Wälder und Seen im Nordosten der Region – das alles prägt den Mittleren Westen der USA. Nur wenige große Städte haben sich in der „Kornkammer" der USA entwickelt, und selbst bei den Rest-Amerikanern wird die Region gern als „tiefste Provinz" angesehen. Sportfans haben Glück, konzentrieren sich doch die **Proficlubs** auf die **drei Metropolen** Minneapolis/St. Paul, Kansas City und St. Louis. Dennoch ist auf dem flachen Land nicht „tote Hose": College Sports, vor allem **College Football,** gehört hier zum Alltag und sorgt für eine ganze Menge Gesprächstoff. Wer einmal ein Spiel der Uni Nebraska oder im US-Bundesstaat Kansas erlebt hat, wird rasch das Vorurteil der Provinzialität ad acta legen.

Staatenporträts

Iowa – The Hawkeye State

Überblick
  seit 1846 Staat der USA
- **Hauptstadt:** Des Moines
- **Fläche:** 145.752 qkm
- **Bevölkerung:** ca. 2,8 Mio.
- **Zeitzone:** CT
- **Wichtige Uni/College-Mannschaften:** 1 *(University of Iowa)*

Staatenporträts

Infos
- *Iowa Division of Tourism*
Dept. of Economic Developement
200 East Grand Ave.
Des Moines, IA 50309
Tel. (515) 242-4705
oder 1-800-345-4692

Kansas – The Sunflower State/ Jayhawker State

Überblick
seit 1861 Staat der USA
- *Hauptstadt:* Topeka
- *Fläche:* 213.064 qkm
- *Bevölkerung:* ca. 2,5 Mio.
- *Zeitzone:* CT
- *Wichtige Uni/College-Mannschaften:* 2 *(University of Kansas, Kansas State University)*

Infos:
- *Kansas Travel & Tourism Division*
700 SW. Harrison, Suite 1300
Topeka, KS 66603-3712
Tel. (913) 296-2009
oder 1-800-252-6727

Minnesota – Gopher State / North Star State

Überblick
seit 1858 Staat der USA
- *Hauptstadt:* St. Paul
- *Fläche:* 217.560 qkm
- *Bevölkerung:* ca. 4,4 Mio.
- *Zeitzone:* CT
- *ML-Mannschaften:* 4 *(Minnesota Twins,* MBL; *Minnesota Vikings,* NFL; *Minnesota Timberwolves,* NBA; *Twin Cities,* NHL, ab 2000)
- *Wichtige Uni/College-Mannschaften:* 1 (Uni of Minnesota)

Infos
- *Minnesota Office of Tourism*
100 Metro Square
121 East 7th Place
St. Paul, MN 55101
Tel. (612) 296-5029
oder 1-800-657-3700

Missouri – Gateway to the West

Überblick
seit 1821 Staat der USA
- *Hauptstadt:* Jefferson City
- *Fläche:* 180.456 qkm
- *Bevölkerung:* ca. 5,2 Mio.
- *Zeitzone:* CT
- *ML-Mannschaften:* 6 *(Kansas City Royals* und *St. Louis Cardinals,* MLB; *Kansas City Chiefs* und *St. Louis Rams,* NFL; *St. Louis Blues,* NHL; *Kansas City Wiz,* MLS)
- *Wichtige Minor-League-Mannschaften:* 1 *(Kansas City Blades,* IHL)
- *Wichtige Uni/College-Mannschaften:* 1 *(University of Missouri)*

Infos
- *Missouri Division of Tourism*
P.O. Box 1055
Jefferson City, MO 65102
Tel. (314) 751-3051
oder 1-800-877-1234

Nebraska – Cornhusker State

Überblick
seit 1867 Staat der USA
- *Hauptstadt:* Lincoln
- *Fläche:* 200.350 qkm
- *Bevölkerung:* ca. 1,6 Mio.
- *Zeitzone:* CT und MT
- *Wichtige Minor-League-Mannschaften:* 1 *(Omaha Racers,* CBA)

●**Wichtige Uni/College-Mannschaften:** 1 *(University of Nebraska)*

Infos
●**Nebraska Division of Travel**
Dept. of Economic Developement
P.O. Box 94666
Lincoln, NE 68509
Tel. 1-800-228-4307

North Dakota – The Sioux State/ The Flickertail State

Überblick
seit 1889 Staat der USA
●*Hauptstadt:* Bismarck
●*Fläche:* 183.118 qkm
●*Bevölkerung:* ca. 652.000
●*Zeitzone:* MT und CT

Infos:
●**ND Departement of Tourism**
Liberty Memorial Bldg.
604 East Boulevard
Bismarck, ND 58505
Tel. (701) 224-2525
oder 1-800-435-5663

South Dakota – The Coyote State/ The Sunshine State

Überblick
seit 1889 Staat der USA
●*Hauptstadt:* Pierre
●*Fläche:* 201.023 qkm
●*Bevölkerung:* ca. 715.000
●*Zeitzone:* MT und CT
●*Wichtige Minor-League-Mannschaften:* 1 *(Sioux Falls Skyforce, CBA)*

Infos
●**SD Department of Tourism**
711 E.Wells Ave.
Pierre, SD 57501-3369
Tel. (605) 773-3301
oder 1-800-732-5682

ML-Teams

MLB – Baseball
●*Kansas City Royals*
●*Minnesota Twins* (Minneapolis)
●*St. Louis Cardinals*

NBA – Basketball
●*Minnesota Timberwolves* (Minneapolis)

NFL – Football
●*Kansas City Chiefs*
●*Minnesota Vikings* (Minneapolis),
●*St. Louis Rams*

NHL – Eishockey
●*St. Louis Blues*
●ab 2000 *Twin Cities*

MLS – Soccer
●*Kansas City Wiz*

ML-Metropolen

Minneapolis/St. Paul, MN („The Twin Cities")

Praktische Tips
●*Telefonvorwahl:* 612
●*Infos: Greater Minneapolis Convention & Visitors Association,* 4000 Multifoods Tower, 33 S. 6th St., Minneapolis, MN 55402, Tel. 860-0092;

Infobüros: 40 S. 7th St., Tel. 348-2453, und in der City Center Shopping Area; *St. Paul CVB,* 102 Norwest Center, 55 E. 5th St., St. Paul, MN 55101, Tel. 297-6985 o. 1-800-627-6101

●**Nahverkehr:** *Metro Council Transit,* Busse – Infos: Tel. 359-7000

●**Unterkunft:** *Regency Plaza Hotel,* 41 N. 10th St., Tel. 339-9311 (nicht weit vom Target Center entfernt); *Best Western Normandy Inn,* 405 S. 8th St.; *Holiday Inn Metrodome,* 1500 Washington Ave., Tel. 333-4646

●**Essen & Trinken:** konzentriert in Warehouse District/Butler Square (auch Shopping) sowie Hennepin Ave. und Victoria Crossing (Vitoria/Grand Sts.); *Mudpie Vegetarian,* 2549 Lyndale Ave. S., Tel. 872-9435; *Cafe Brenda,* 300 1st Ave. N., Tel. 342-9230; *Annie's Parlor,* 2916 Hennepin Ave. (Burger)

●**Unterhaltung:** v.a. entlang der First Ave. und im Warehouse District sowie im Univiertel an der Hennepin Ave. und an der West Bank (Cedar Ave.); z.B. *Ground Zero,* 15 4th St. NE., Tel. 378-5115

●**Don't miss:** Minneapolis Society of Fine Arts Park; Minneapolis Institute of Arts; University of Minnesota mit mehreren Museen; Walker Art Center; Minneapolis Sculpture Garden; in St. Paul: Alexander Ramsey House; City Hall; Courthouse; Fort Snelling; Landmark Center; State Capitol; Mall of America

●**Medien:** *The Star Tribune, St. Paul Pioneer Press*

●**Shopping:** *Mall of America, Manufacturers Marketplace*

ML-Teams
●**MLB**
Minnesota Twins
501 Chicago Ave. South
Minneapolis, MN 55415
Tel. (612) 375-1366, Fax 375-7473

●**NBA**
Minnesota Timberwolves
Target Center
600 First Ave. North
Minneapolis, MN 55403
Tel. (612) 673-1600, Fax 673-1699

Minnesota Twins

Minnesota Timberwolves

Minnesota Vikings

- **NFL**
Minnesota Vikings
9520 Viking Drive
Eden Prairie, MN 55344
Tel. (612) 828-6500, Fax 828-6540
- **NHL**
Twin Cities
ab 2000, Näheres noch nicht bekannt

HHH Metrodome
- **Teams:** Minnesota Twins (MLB), Minnesota Vikings (NFL)
- **Adresse:** 501 Chicago Ave. S./500 11th Ave S.
- **Fassungsvermögen:** 55.783 (Twins), 64.035 (Vikings)
- **Eröffnung:** 1982
- **Tickets:** 500 11th Ave. S.; Twins - Tel. (612) 375-1116, 338-9467 o. 1-800-89467, Mo-Fr 9-17, Sa 9-16, an Spieltagen 9-21 Uhr, $ 4-18; Vikings - Tel. 333-8828 o. TicketMaster Tel. 989-5151, Mo-Fr 8.30-17 Uhr, an Spieltagen auch Sa 8-12 Uhr, $ 20-40
- **Nahverkehr:** Shuttle-Busse, ab eine Stunde vor Spielbeginn ab Downtown - Infos: Tel. 349-7000 (Baseball) bzw. 373-3333 (Football)
- **Parken:** Billiger und zeitsparender nach dem Spiel ist es, weiter weg vom Stadion zu parken. Möglichkeiten auch auf den (sicheren) Straßen ringsum
- **Imbiß:** Burgers hinter dem Homeplate bei Wally the Beerman, hier gibt es außerdem die größten Hot dogs
- **Treffs:** Mississippi Live, Entertainment Complex mit mehreren Lokalen und Bars; Mall of America, mit Amusementpark, 430 Läden und Lokalen etc.; The Pickled Parrot, 26 N. 5th St., Tel. 332-0673, Bar und Grill für Footballfans
- **Something special:** Der überdachte Metrodome, benannt nach dem ehemaligen Vizepräsidenten Hubert H. Humphrey, wird als kombinierte Baseball-Football-Halle von Baseballpuristen und -spielern ebenso gehaßt wie von Footballern geliebt. Von Ex-Chicago-Bears-Coach Mike Ditka als Auktionshalle für Vieh und als Rollerdome bezeichnet.

Target Center
- **Team:** Minnesota Timberwolves (NBA)
- **Adresse:** 600 First Ave. N.
- **Fassungsvermögen:** 19.006
- **Eröffnung:** 1990
- **Tickets:** Tel. (612) 337-DUNK o. TicketMaster Tel. 989-5151, Mo-Sa 9-17 Uhr, $ 10-174
- **Nahverkehr:** mehrere Busse zum Stadion, doch Halle günstig in Downtown gelegen
- **Parken:** genügend Plätze in/um Target Center, zwei angeschlossene

ML-Metropolen

Parkgaragen
- **Imbiß:** Italienisches, Fisch-Sandwiches, Käse-Obst-Platten; *Frontrunners,* Restaurant und Lounge, hinter Sections 101 und 140
- **Sportbars:** *Loon Cafe,* 500 1st Ave. N., Tel. 332-8342; *Rosen's Bar & Grill,* 430 1st Ave. N., Tel. 338-1926; *Old Chicago,* 508 1st Ave. N., Tel. 338-8686; weitere Restaurants, Bars und Shops im attraktiven Warehouse District
- **Something special:** Das Wolfsgeheul der Fans ist legendär, und seine Lautstärke wird am *Howl-O'Meter* gemessen. Seit das Team besser spielt, geht der Zeiger kaum mehr zurück.

Kansas City, MO

Praktische Tips
- **Telefonvorwahl:** 816
- **Infos:** *CVB of Greater Kansas City,* 1100 Main St., City Center Square Building, Tel. 221-5242 o. 1-800-767-7700,
- **Nahverkehr:** Metro, Busse und Trolley um Downtown – Infos: Tel. 221-0660
- **Unterkunft:** u.a. *American Inn,* mehrere Häuser, Tel. 1-800-905-6343
- **Essen & Trinken:** Westport Area (Westport Rd./Broadway); z.B. *Californos,* 4124 Pennsylvania, Tel. 531-7878; *Arthur Bryant's,* 1727 Brooklyn St., Tel. 231-1123
- **Unterhaltung:** *Grand Emporium,* 3832 Main St., Tel. 531-7557; *Plaza III Steakhouse,* 4749 Pennsylvania, Tel. 753-0000; weitere lohnende Spots in der Westport Area
- **Don't miss:** Nelson-Atkins Museum of Art; Black Archives of Mid-America; Country Club Plaza
- **Shopping:** *Crown Center* (auch Dining), Country Club Plaza

ML-Teams
MLB
Kansas City Royals
P.O. Box 419969
Kansas City, MO 64141
Tel. (816) 921-2200, Fax 921-5775

NFL
Kansas City Chiefs
One Arrowhead Drive
Kansas City, MO 64129
Tel. (816) 924-9300, Fax 923-7325

Kansas City Royals

Kansas City Chiefs

ML-Metropolen

Kansas City Wiz (MLS)

●MLS
Kansas City Wiz
706 Broadway St., Suite 100
Kansas City, MO 64105-2300
Tel. (816) 472-4625, Fax 472-0299

Minor-League-Team
●IHL
Kansas City Blades
1800 Genessee
Kansas City, MO 64102
Tel. (816) 842-5233, Fax 842-5610
Spiele in der Kemper Arena, 1800 Genessee (15.771 Zuschauer)

Kauffman Stadium
●**Team:** *Kansas City Royals* (MLB)
●**Adresse:** 1 Royal Way
●**Fassungsvermögen:** 40.625
●**Eröffnung:** 1973
●**Tickets:** Tel. 1-800-422-1969 o. (816) 921-8000, schriftlich: P.O. Box 419969, Kansas City, MO 64141, tgl. 9-18 Uhr, $ 5-14
●**Nahverkehr:** Stadium Express Bus ab Downtown, Crown Center und Country Club Plaza (ab 110 Min. vor dem Spiel)

●**Parken:** no problem, $ 5
●**Imbiß:** BBQ außerhalb des Stadions, lokales Boulevard Bier
●**Treff:** *Saunders Sportbar* nahe gelegen
●**Something special:** Teil des Harry S. Truman Sports Complex, zu dem auch das Arrowhead Stadium gehört. Mit riesigem Brunnen und Royal Courtyard für Picknicks und Musik gehört dieser Ballpark zu den schönsten der USA.

Arrowhead Stadium
●**Teams:** *Kansas City Chiefs* (NFL), *Kansas City Wiz* (MLS)
●**Adresse:** 1 Arrowhead Drive
●**Fassungsvermögen:** 79.101 *(Chiefs)*, 30.554 *(Wiz)*
●**Eröffnung:** 1972

Die Kansas City Chiefs füllen das ArrowheadStadion bis auf den letzten Platz (DSF)

- **Tickets:** *Chiefs* – Tel. (816) 924-9400, Mo-Fr 8.30-17, Sa 9-12 Uhr, $ 30-55; *Wiz* – Tel. 924-9300, $ 6-13
- **Nahverkehr:** Shuttlebusse
- **Parken:** trotz der 26.000 Parkplätze am Stadion ist es ratsam, früh zu kommen (ca. $ 10)
- **Imbiß:** BBQ im Freien, im Stadion das Übliche, bei *Lot E* werden nach Footballspielen BBQ-Burgers von All-Pros *Derrick Thomas* und *Neil Smith* bereitet
- **Treffs:** *Saunders* und *Quincy's* im *Adam's Mark Hotel*, beide in nächster Stadionnähe
- **Something special:** Tailgate Parties! Omnipräsentes Red & Gold und ein enormer Geräuschpegel machen Football hier zum Erlebnis!

St. Louis, MO

Praktische Tips
- **Telefonvorwahl:** 314
- **Infos:** *St. Louis Visitors Center,* 308 Washington Ave., Tel. 241-1764, weitere Filiale im America's Center, 7th/Washington Sts., Tel. 342-5041
- **Nahverkehr:** Bi-State, MetroLink-Bahnen, Busse, Shuttle Bug (Forest Park-Central West End) – Infos: Tel. 231-2345
- **Unterkunft:** preiswerte Motels entlang Lindbergh Blvd. (Rte. 67), zahlreiche weitere in Downtown, wo alle drei Stadien liegen; *Comfort Inn,* 2750 Plaza Way (St. Charles), Tel. 949-8700
- **Essen & Trinken:** Laclede's Landing, mehrere Lokale, Bars etc. an der Riverfront; Central West End (Euclid Ave); The Hill – z.B. *Cunnetto's,* 5453 Magnolia St., Tel. 781-1135; South Grand Area, z.B. *Pho Grand,* 3191 S. Grand Blvd., Tel. 664-7435
- **Unterhaltung:** schwerpunktmäßig an Laclede's Landing, z.B. *Kennedy's Second Street Co.,* 612 N. 2nd St., Burgers und Livemusik
- **Don't miss:** Museum of Westward Expansion; Old Courthouse; Old Cathedral; Laclede's Landing; *National Bowling Hall of Fame and Museum (111 Stadium Plaza, gegenüber dem Busch Stadium); Scott Joplin House; Union Station; Anheuser Busch Brewery (Touren)
- **Medien:** *Riverfront Times, Get out* (Veranstaltungen)
- **Shopping:** Union Station mit Shops und Food Court

ML-Teams
- **MLB**

St. Louis Cardinals
Busch Stadium
250 Stadium Plaza
St. Louis, MO 63102
Tel. (314) 421-3060, Fax 421-2799

St. Louis Cardinals

ML-Metropolen

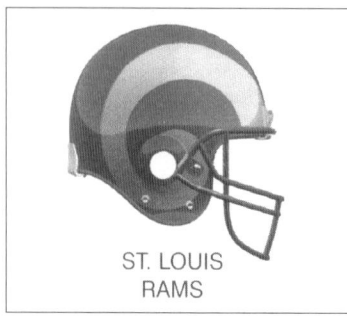

St. Louis Rams

St. Louis Blues

●NFL
St. Louis Rams
One Rams Way
St. Louis, MO 63045
Tel. (314) 982-7267, Fax 516-8888
●NHL
St. Louis Blues
1401 Clark Ave.
St. Louis, MO 63103-2709
Tel. (314) 622-2500, Fax 622-2582

Busch Stadium
- **Team:** *St. Louis Cardinals* (MLB)
- **Adresse:** 250 Stadium Plaza
- **Fassungsvermögen:** 57.078
- **Eröffnung:** 1966
- **Tickets:** Tel. (314) 421-2400, Mo-Sa 9-17.30 Uhr, 9 Uhr bis Anpfiff an Spieltagen, $ 6-19
- **Nahverkehr:** in Downtown gelegen
- **Parken:** zwei Parkgaragen angeschlossen, weitere Plätze im Umkreis
- **Imbiß:** *A hot-dog-and-beer-town,* gute Bratwürste, *Anheuser-Busch* Biersorte; Food Court auf Lower Concourse
- **Treffs:** aufgrund der Downtown-Lage große Auswahl, z.B. *Charlie Gitto's Pasta House,* N. 6th St.; *Mike Shannon's,* N. 7th St., Tel. 231-2234, *Alligator Alley Bar & Broiler,* S.7th St., Tel. 231-4287
- **Something special:** Die Fans in diesem ovalen Mehrzweckstadion am Mississippi, wo gleichzeitig der spektakuläre *Gateway Arch* errichtet wurde, sind absolute Kenner.

Trans World Dome at America's Center
- **Team:** *St. Louis Rams* (NFL)
- **Adresse:** 701 Convention Plaza
- **Fassungsvermögen:** 66.000
- **Eröffnung:** 1996
- **Tickets:** Tel. (314) 342-5000
- **Nahverkehr:** zentrale Lage nahe dem Convention Center
- **Parken:** riesige Parkplätze rings um's Stadion
- **Imbiß:** das Übliche
- **Sportbars:** nahe Laclede's Landing mit zahlreichen Restaurants, Bars etc.
- **Something special:** Die Fans stehen hinter ihrem neuen Team, selbst in dem noch gewöhnungsbedürftigen nagelneuen Stadion.

Kiel Center
- **Team:** *St. Louis Blues* (NHL)
- **Adresse:** 14th St./Clark Ave.
- **Fassungsvermögen:** 19.260
- **Eröffnung:** 1994
- **Tickets:** 100 N. Broadway, Suite 820, Tel. (314) 781-5300 o. 968-1800, Mo-So 10-18 Uhr, $ 30-55
- **Nahverkehr:** MetroLink-Station Kiel Center (14th St./Clark Ave.), Metro und Busse – Infos: Tel. 231-2345
- **Parken:** genügend Parkplätze in nächster Nähe, eine Garage ist direkt angeschlossen; entferntere Umgebung besser meiden
- **Imbiß:** *Kiel Grill* (Chicken Wings, Steak Sandwiches u.a.); *Taste of the Hill; Italian Deli; St. Louis-style Food; Sweets & Such; Club Restaurant* (Buffet)
- **Treffs:** Union Station mit mehreren Spots; *Maggie O'Brien's,* 2000 Market St.
- **Something special:** Ein ultramodernes $-135-Mio-Stadion nahe dem historischen Kiel Opera House. Nach Toren werden Nebelhörner geblasen. Die Fans sind treu, aber kritisch.

Minor-League-Mannschaften in Städten ohne ML-Teams

Omaha, NE

- **CBA**
Omaha Racers
6800 Mercy Rd.
Suite 201
Omaha, NE 68106-2137
Tel. (402) 551-5151, Fax 551-1008
Spiele im Ak-Sar-Ben Coliseum, 6800 Mercy Rd. (5.495 Zuschauer, $ 6-40)

Sioux Falls, SD
- **CBA**
Sioux Falls Skyforce
330 N. Main Ave.
Suite 101
Sioux Falls, SD 57104
Tel. (605) 332-0605, Fax 332-2305
Spiele in der Sioux Falls Arena, 1201 W. Ave. N. (6.390 Zuschauer, $ 5.50-15);
Hier sind die besten CBA-Fans zu Hause. Obwohl meist ausverkauft, stellt dieses Team einen Geheimtip für Basketballfans dar!

Wichtige College-Sport-Städte

Minneapolis/St. Paul, MN

Minnesota Golden Gophers

Neben den Profiteams in den Twin Cities, wie man die beiden Nachbarstädte Minneapolis und St. Paul auch nennt, spielt College Sport eine große Rolle. Hier dominiert jedoch **Eishockey** deutlich über **Football** und **Basketball.** Mit den *Golden Gophers* ist hier eine der besten Unimannschaften der USA zu Hause, kein Wunder, daß sie über eine riesige Anhängerschaft verfügen. Ein Spiel dieses Hockeyteams ist ein Genuß und jedem dringend zu empfehlen.
- **Infos:**
University of Minnesota
208 Bierman Athletic Building

Wichtige College-Sport-Städte

The League of Dreams

Einmal in der besten Basketball-Liga der Welt, der NBA, spielen zu dürfen, das ist ein Traum vieler, der sich jedoch nur für eine verschwindend geringe Zahl jemals realisiert. Die meisten schaffen den Sprung in einen der 29 Teamkader nicht, doch den Unverzagten steht immerhin eine Alternative offen, die in den letzten Jahren an Bedeutung gewann: Die **CBA** *(Continental Basketball Association)* ist eine traditionsreiche „Minor League", d.h. eine zweitklassige Profiliga, die stolz darauf ist, als offizielle Aufbau- und Testliga der NBA zu fungieren.

Seit 15 Jahren dient die CBA bereits als Experimentierfeld und **Nachwuchsreservoir für die NBA** in vielen Bereichen: Schiedsrichter, Manager, Trainer und Spieler werden hier ausgebildet. Vor allem für letztere bestehen gute Chancen, daß damit der Traum von einer NBA-Karriere über das Sprungbrett CBA doch noch in Erfüllung geht. Die bekanntesten Beispiele für Spieler, auf die die Talentspäher der NBA, die sogenannten Scouts verspätet aufmerksam wurden, sind *John Starks (New York Knicks)* und *Anthony Mason (Charlotte Hornets)*. Und wer hätte vermutet, daß Erfolgstrainer *George Karl (Seattle Sonics)* und Meistermacher *Phil Jackson (Chicago Bulls)* ihr Handwerk in der CBA gelernt haben?

Ihr **Zentrum** hat die CBA im Mittleren Westen. In St. Louis ist die Schaltzentrale der Liga, und mit *Sioux Falls Skyforce* befindet sich in dieser Region zugleich das Aushängeschild der CBA. Wirtschaftlich und sportlich ist *Sioux Falls* zum Topteam aufgestiegen, das weit über 5.000 Fans bei jedem Heimspiel begrüßen darf. Mit *La Crosse, Quad City, Rockford, Omaha* und *Oklahoma City* sind vier weitere Franchises im Herzen der USA angesiedelt.

Innerhalb der Liga trugen wegweisende Maßnahmen zur **finanziellen Stabilisierung der Franchises,** z.B. die Suche nach seriösen Teambesitzern, erste Früchte. Mittlerweile verbuchen mehr als die Hälfte der CBA-Clubs schwarze Zahlen, und viele Vereine, wie *Fort Wayne, Yakima* oder *Sioux Falls*, sind zu festen Größen in ihren Gemeinden geworden. In Zukunft wollen die CBA-Verantwortlichen verstärkt darauf achten, daß die schon beinahe alltäglich gewordenen Konkurse und Umzüge von Franchises auf ein Minimum beschränkt und eines Tages ein Stück Vergangenheit sein werden.

Der Boom der CBA basiert in erster Linie auf dem, was sportlich auf dem Spielfeld geboten wird, und das hat in den letzten Jahren stetig an Niveau zugenommen. Die Basketballfans in kleineren Städten oder auf dem Land können nun **Spitzensport** live erleben, wenn auch nicht auf NBA-Level, so doch erstaunlich hochklassig und mindestens mit Spielen der Europaliga zu vergleichen.

Auch was die **Vermarktung und Show** angeht, hat die CBA ihr Image „Buschliga" inzwischen abgelegt. Neue Logos und bunte Trikots ziehen vor allem junge Fans an, kleine, dafür schmucke, neue Hallen bieten den Zuschauern allen Komfort, Showeinlagen à la NBA sorgen für Unterhaltung. Und das Ganze gibt es im Sparpack, zu moderaten Eintrittspreisen, dem Motto der CBA gemäß: „Spaß und Spitzensport für die ganze Familie".

(CBA)

Wichtige College-Sport-Städte

516 15th Ave. SE.
Minneapolis, MN 55455-0101
Tel. (612) 625-4090
●*Stadien:*
HHH Metrodome (Football) s.o.,
Williams Arena (auf dem Campus),
Fassungsvermögen: 16.000, (Basketball und Eishockey)

Lawrence & Manhattan, KS

Zugegeben, der **Agrarstaat Kansas** wird bisher nicht unbedingt als touristisches Highlight für USA-Reisende gehandelt, doch der Mittlere Westen bildet das Herz der USA, und auch Kansas ist durchaus einen Abstecher wert. Dieser läßt sich außerdem leicht mit einem Besuch von Kansas City, in Missouri gelegen, verbinden. Selbst das beliebte Reiseziel Denver, die aufstrebende Metropole zu Füßen der Rocky Mountains, liegt nicht weit entfernt. Der ganze Staat Kansas verfolgt begeistert die **Footballteams** der beiden Unis mit Sitz in Lawrence und Manhattan. Die *Kansas Jayhawks* können noch in einem weiteren Bereich glänzen: im **Basketball.**

Kansas Jayhawks
●*Infos:*
University of Kansas
Athletic Department
202 Allen Fieldhouse
Lawrence, KS 66045
Tel. (913) 864-3417, Fax 864-7944
●*Stadien:*
Memorial Stadium (auf dem Campus), Fassungsvermögen: 50.250 (Football);
Allen Fieldhouse (auf dem Campus), Fassungsvermögen: 15.800 (Basketball)

Kansas State Wildcats
●*Infos:*
Kansas State University
Athletic Department
Manhattan, KS 66502
Tel. (913) 532-6735, Fax 532-6093
●*Stadion:*
Kansas State Stadium (auf dem Campus), Fassungsvermögen: 42.000 (Football)

Kansas State Wildcats
(US College Collection)

Lincoln, NE

Nebraska Cornhuskers
Ein **Mekka für College-Football-Fans** ist das kleine Städtchen Lincoln in Nebraska. Dort sind die *Nebraska Cornhuskers* zu Hause, eine der traditionsreichsten und besten Uni-Footballmannschaften der USA. Wenn die *Huskers* ihre Heimspiele austragen, ist der ganze Staat mit von der Partie. Dann stehen rund um das Stadion die Grills und Cooler,

Wichtige College-Sport-Städte

Nebraska Cornhuskers
(US College Collection)

und es wird ebenso gefeiert wie am Vorabend in den Studentenkneipen. Auch wenn es schier unmöglich ist, Tickets für ein Spiel zu bekommen, gehört ein Football-Wochenende in Lincoln zu den Höhepunkten im Leben eines Footballfans.
- *Infos:*
University of Nebraska
Athletic Department
116 SO. Stadium
Lincoln, NE 68588-0123
Tel. (402) 472-2263, Fax 472-2005
- *Stadion:*
Memorial Stadium (auf dem Campus), Fassungsvermögen: 72.700 (Football)

Columbia, MO

Missouri Tigers

Columbia liegt auf halben Weg zwischen den Metropolen Kansas City und St. Louis an der I-70. Vielleicht ist dies der Grund, warum die Uniteams etwas im Schatten stehen, wobei sich die **Footballer** und **Basketballer** durchaus sehen lassen können. Wer also die beiden großen Städte besucht, sollte einen Abstecher in die Unistadt einplanen.
- *Infos:*
University of Missouri
Athletic Department
P.O.Box 677
Columbia, MO 65205
Tel. (314) 882-3241, Fax 882-4720
- *Stadien:*
Memorial Stadium/Faurot Field (auf dem Campus), Fassungsvermögen: 62.000 (Football);
Hearnes Center (auf dem Campus), Fassungsvermögen: 13.300 (Basketball)

Iowa City, IA

Iowa Hawkeyes

Iowa ist wie Kansas und Nebraska von Landwirtschaft geprägt, und Fahrten auf den Highways kommen einem endlos vor. Kein Wunder, daß die Menschen alles gemächlich angehen lassen und sich über jeden Gast freuen. Doch eines bringt selbst bei diesem Menschenschlag das Blut in Wallung: die **Footballmannschaft** der Universität Iowa. Denn die *Hawkeyes* sind der Stolz des ganzen Staates und sorgen dafür, daß andere Iowa Respekt zollen.
- *Infos:*
University of Iowa
Athletic Department
107 Calvin Hall
Iowa City, IA 52242
Tel. (319) 335-9411, Fax 335-9417

- *Stadion:*
Kinnick Stadium (auf dem Campus), Fassungsvermögen: 70.397 (Football)

Sonstiges

IBA – International Basketball Association
(Minor-League-Basketball)

Seit zwei Jahren schon versucht eine Reihe von Geschäftsleuten aus den Präriestaaten North und South Dakota, Minnesota und der kanadischen Provinz Manitoba, den Basketballboom auch in den endlosen Weiten der wogenden Weizenfelder auszunutzen. Zwischen Januar und Februar spielen derzeit sechs Mannschaften um Meisterehren in der **jüngsten Minor League,** die sich nicht als Konkurrenz zur CBA sieht, sondern als Sprungbrett für junge Spieler in diese Aufbauliga der NBA. Schon nach einer Saison entpuppte sich die IBA als **voller Erfolg:** 2.000 Fans besuchten im Schnitt jedes der Spiele. Nun bemühen sich plötzlich weitere Städte in der Region um Franchises, denn damit wäre im verschneiten langen Präriewinter für mehr Abwechslung gesorgt.

IBA-Teams 1996/97

- *Black Hills Posse* (Rapid City, SD)
- *Dakota Wizards* (Bismarck, ND)
- *Fargo Beez* (Fargo, ND)
- *Magic City Snowbears* (Minot, ND)
- *St. Paul Slam* (St. Paul, MN)
- *Winnipeg Cyclone* (Winnipeg, Manitoba – Canada)

IBA-Kontaktadresse

- **International Basketball Association**
Eaton Place, 2nd Level, Box 91
33 St. Mary Ave.
Winnipeg, Manitoba R3C 4A5 – Canada
Tel. (204) 994-8926, Fax 942-0642

Der Südwesten

Nach Florida und Kalifornien nimmt der Südwesten der USA den **dritten Rang in der Beliebtheitsskala als Urlaubsregion** ein. Wer möchte nicht einmal oben am Rand des Grand Canyons stehen, die faszinierenden Berg- und Canyonlandschaften im Monument Valley oder Südutah sehen oder in der Wüste den „Wilden Westen" erleben? Zum Südwesten gehören aber auch die mächtigen Rocky Mountains, deren Überquerung noch heute ein ungewöhnliches Erlebnis darstellt.

Sportfans kommen hier ebenfalls auf ihre Kosten, hat sich neben den **traditionellen College-Sportarten** in den letzten Jahren zunehmend der Profisport etabliert und den Südwesten heute zur **Boomregion des Profisports** werden lassen. Vor al-

Wüsten und Berge prägen den Südwesten der USA (Nevada Tourism Commission)

lem in Denver und Phoenix ist die Palette breit und das Gebotene vom Feinsten: Im Eishockey spielt in Denver der Meister von 1996, im Basketball gehören die *Phoenix Suns* und *Utah Jazz* (Vize '97) zur Spitze, das Footballteam in Denver ist erfolgreich, und Baseball ist in Denver *das* Ereignis, während man in Phoenix noch bis 1998 auf eine neue Mannschaft warten muß. Außer Natur pur wird dem Besucher also auch in Sachen Sport ein abwechslungsreiches und hochklassiges Programm geboten.

Staatenporträts

Arizona – The Grand Canyon State/The Apache State

Überblick
seit 1912 Staat der USA
- **Hauptstadt:** Phoenix
- **Fläche:** 295.024 qkm
- **Bevölkerung:** ca.3,6 Mio.
- **Zeitzone:** MT, keine Sommerzeit
- **ML-Mannschaften:** 4 *(Arizona Diamondbacks,* MLB – ab 1998; *Arizona Cardinals,* NFL; *Phoenix Suns,* NBA; *Phoenix Coyotes,* NHL)
- **Wichtige Uni/College-Mannschaften:** 2 *(University of Arizona, Arizona State University)*

Infos
- **Arizona Office of Tourism**
1100 West Washington
Phoenix, AZ 85007
Tel. (602) 542-8687
oder 1-800-842-8257

Colorado – The Centennial State

Überblick
seit 1876 Staat der USA
- **Hauptstadt:** Denver
- **Fläche:** 269.741 qkm
- **Bevölkerung:** ca. 3,5 Mio.
- **Zeitzone:** MT
- **ML-Mannschaften:** 5 *(Colorado Rockies,* MLB; *Denver Broncos,* NFL; *Denver Nuggets,* NBA; *Colorado Avalanche,* NHL; *Colorado Rapids,* MLS)
- **Wichtige Uni/College-Mannschaften:** 1 *(University of Colorado)*

Infos
- **Colorado Tourism Board**
1625 Broadway, Suite 1700
Denver, CO 80202
Tel. (303) 592-5510
oder 1-800-265-6723

New Mexico – The Land of Enchantment/ The Sunshine State

Überblick
seit 1912 Staat der USA
- **Hauptstadt:** Santa Fe
- **Fläche:** 328.930 qkm
- **Bevölkerung:** ca. 1,5 Mio.
- **Zeitzone:** MT
- **Wichtige Uni/College-Mannschaften:** 1 *(University of New Mexico)*

Infos
- **State of New Mexico/ Department of Tourism**
491 Old Santa Fe Trail
Santa Fe, NM 87501
Tel. (505) 827-7400
oder 1-800-545-2070

Utah – The Beehive State/ The Deseret State

Überblick
seit 1896 Staat der USA
- **Hauptstadt:** Salt Lake City
- **Fläche:** 220.124 qkm
- **Bevölkerung:** ca. 1,7 Mio.
- **Zeitzone:** MT
- **ML-Mannschaften:** 1 *(Utah Jazz,* NBA)
- **Wichtige Minor-League-Mannschaften:** 1 *(Utah Grizzlies,* IHL)
- **Wichtige Uni/College-Mannschaften:** 2 *(Brigham Young, University of Utah)*

Infos
- **Utah Travel Council**
Council Hall/Capitol Hill
Salt Lake City, UT 84114
Tel. (801) 538-1030
oder 1-800-200-1160

ML-Teams

MLB – Baseball
- *Colorado Rockies* (Denver)
- *Arizona Diamondbacks* (Phoenix, ab 1998)

NBA – Basketball
- *Denver Nuggets*
- *Phoenix Suns*
- *Utah Jazz* (Salt Lake City)

NFL – Football
- *Arizona Cardinals* (Phoenix)
- *Denver Broncos*

NHL – Eishockey
- *Colorado Avalanche* (Denver)
- *Phoenix Coyotes*

MLS – Soccer
- *Colorado Rapids* (Denver)

ML-Metropolen

Denver, CO

Praktische Tips
- **Telefonvorwahl:** 303
- **Infos:** *Denver Metro CVB,* 225 W. Colfax, Denver, CO 80202, Tel. 892-1112; Hotline: Tel. 892-1505;
in Deutschland: *Denver Metro CVB,* c/o. *Wiechmann Tourism Services,* Scheidswaldstr. 73, 60385 Frankfurt, Tel. (069) 446002, Fax 429631.
- **Nahverkehr:** RTD – Busse, Trolleys und Light Rail. Kostenloser Shuttle entlang der 16th St. Mall – Infos: Tel. 299-6000
- **Tickets:** 16th St. Ticket Bus, 16th St./Curtis; *Colorado Ticket Center,* 1210 S. Parket Rd., Tel. 695-3040; *The TicketMan Tickets,* 6800 N. Broadway, Tel. 430-1111 oder 1-800-200-8497
- **Unterkunft:** *Denver Downtown Super 8 Hotel,* 2601 Zuni St./I-25/Speer St., Exit 212B, Tel. 433-6677, 2 km von Downtown; *Franklin House B&B,* 1620 Franklin St., Tel. 331-9106; *Holiday Inn Denver Downtown,* 1450 Glenarm St., Tel. 573-1450, zentral und von Deutschland aus zu buchen; *Ramada Inn-Mile High Stadium,* 1975 Bryant St., Tel. 433-8331
- **Essen & Trinken:** Historic Lower Downtown District („LoDo"), Larimer

Square (beide auch Shopping), 16th St. Mall; z.B. *Casa Bonita,* 6715 W. Colfax, Tel. 232-5115; *Denver Buffalo Company,* 109 Lincoln St., Tel. 832-0880, Buffalo-Dogs und -Burgers; *Franklin's Restaurant,* 1641 California St., Tel. 825-7803; *Goodfriends Restaurant,* 3100 E. Colfax, Tel. 399-1751

●*Unterhaltung:* Denver ist für seine Microbreweries bekannt, LoDo und Larimer Square lohnen am Abend, z.B. *Champion Brewing Company,* 1442 Larimer Square, Tel. 534-5444, 20 TV-Bildschirme; *El Chapultepec,* 1962 Market St., Tel. 295-9126, nahe Coors Field; *Zang's,* 3201 7th St., Tel. 455-2500, Sports Bar; *Duffy's Shamrock,* 1635 Court Pl., Tel. 523-4935, Bar mit Satelliten-TV; *Wynkoop Brewing Company,* 1634 18th St. (LoDo), Tel. 297-2700; *Govnr's Park,* 672 Logan St., Tel. 831-8605, Microbrews, Pizza, Burgers

●*Don't miss:* Colorado State Capitol; Colorado History Museum; Denver Art Museum Museum of Western Art; Museo de las Americas; Black America West Museum; Denver Museum of Natural History; Buffalo Bill Museum (in Golden)

●*Medien:* *Denver Post,* So mit Veranstaltungskalender; *Rocky Mountain News;* mehrere Gratis-Hefte wie *Official Visitors Guide Denver & Colorado, Enjoy Denver* und *Travelhost/Dining Dollars* oder *KEY Magazine;* Radio-

---

„King Kong" in Denver

Lob hört jeder gerne, doch noch besser ist es, wenn eine greifbare Bestätigung folgt. Zehn Jahre hat **Uwe Krupp** darauf warten müssen, den begehrtesten Pokal des Eishockeysports, den 1892 von *Lord Stanley* gestifteten und nach ihm benannten Cup, in Händen halten zu dürfen, doch 1996 hieß es: Ende gut, alles gut.

Zunächst galt der 1965 in Köln geborene *Krupp* als **talentierter Verteidiger,** den die *Buffalo Sabres* unter anderem wegen seiner beachtlichen Größe von fast zwei Metern unter Vertrag nahmen. Niemand konnte damals ahnen, daß ausgerechnet *Krupp* sich als erster deutscher Spieler in der NHL bewähren würde. 1986 begann er sein **Profiabenteuer in den USA,** und innerhalb kürzester Zeit gelang es ihm, sich als harter und zuverlässiger Verteidiger Respekt zu verschaffen – nicht ohne Grund nennt man ihn „King Kong".

Zu Beginn der Spielzeit 1991/92 wurde *Uwe Krupp* nach **New York** zu den *Islanders* geschickt, doch ehe er sich richtig an die Metropole gewöhnen konnte, stand der zweite Transfer bevor: 1994 ins frankokanadische Québec. Zusammen mit seinen neuen Teamkollegen mußte *Krupp* im Sommer 1995 erneut die Koffer packen – ab nach **Denver** im US-Bundesstaat Colorado.

Die erste Saison zu Füßen der Rocky Mountains begann mit einer Hiobsbotschaft, denn nach nur sechs Spielen schien die Spielzeit für *Krupp* bereits beendet – Kreuzbandriß hieß die Diagnose. Doch *Uwe Krupp* biß sich durch und war rechtzeitig zum Endrundenbeginn 1996 wieder voll da, entpuppte sich gar als eine der entscheidenden Verstärkungen der *Avalanche*-Abwehr. Aber auch in der Offensive agierte *Krupp* gefährlich – Höhepunkt war sein Schlagschuß in der 105. Minute des vierten Spiels, der seinem Team den Pokal sicherte. „Dieser Titel ist mehr wert als alles andere," strahlte der überglückliche Hühne mit dem Stanley Cup in Händen, auf dem erstmals ein deutscher Name eingraviert ist.

sender: *The Fan,* AM 950, Sport rund um die Uhr

●**Shopping:** 16th Street Mall, Larimer Square (1400er Block Larimer St.), LoDo, Colfax on the Hill District; Heritage Square, Republic Plaza's Food Court, *Shops At Tabor Center,* 16th St., mit Food Court in Downtown; Castle Rock Factory Shops, *Cherry Creek Shopping Center;* *Sportsfan,* 1720 Federal Blvd. und 16th/California, alles, was ein Fanherz begehrt.

ML-Teams
●*MLB*
Colorado Rockies
2001 Blake Street
Denver, CO 80205
Tel. (303) 292-0200, Fax 830-9877

●*NBA*
Denver Nuggets
McNichols Sports Arena
1635 Clay Street
Denver, CO 80204
Tel. (303) 893-6700, Fax 893-3203

●*NFL*
Denver Broncos
13655 Broncos Parkway
Englewood, CO 80112
Tel. (303) 649-9000, Fax 649-9355

●*NHL*
Colorado Avalanche
McNichols Sports Arena
1635 Clay Street
Denver, CO 80204
Tel. (303) 893-6700, Fax 893-0614

Colorado Rockies

Denver Broncos

Denver Nuggets

Colorado Avalanche

ML-Metropolen

Colorado Rapids

•MLS
Colorado Rapids
555 17th Street, Suite 3350
Denver, CO 80202
Tel. (303) 299-1570, Fax 299-1580

Coors Field
• *Team: Colorado Rockies* (MLB)
• *Adresse:* 20th/Blake Sts.
• *Fassungsvermögen:* 50.000
• *Eröffnung:* 1995
• *Tickets:* 1700 Broadway, Suite 2100, Tel. (303) 762-5437 o. 1-800-388-7625; Mo-Sa 9-18 Uhr, $ 4-28 – rechtzeitige Vorbestellung nötig, da die 82 Heimspiele häufig ausverkauft sind!
• *Nahverkehr:* Stadion in guter Innenstadtlage; RTD-Busse – Infos: Tel. 299-6000
• *Parken:* 6000 Parkplätze am Coors Field, weitere im Umkreis
• *Imbiß:* Unbedingt probieren sollte man das „brisket-of-buffalo sandwich" und die Austern, tolle Bierauswahl, vor allem von der angeschlossenen *Sandlot Brewery*
• *Treffs: Sandlot Brewery & Wynkoop Brewing Co.,* s.o. Unterhaltung Denver; *The Wahzee Supper Club,* Tel. 623-9518, mit Jazz und Pizza

• *Something special:* Modernes Stadion, das auf Tradition baut, allein schon weil es im LoDo Historic District, auf altem Bahnhofsgrund, steht. Rocky-Kulisse und Skyline beeindruckend – ein Muß!

McNichols Arena
• *Teams: Denver Nuggets* (NBA), *Colorado Avalanche* (NHL)
• *Adresse:* 1635 Clay Street, Teil des Denver Sports Complex
• *Fassungsvermögen:*
17.171 *(Nuggets),* 16.061 *(Avalanche)*
• *Eröffnung:* 1975 – neue Halle, das PepsiCenter am Speer Blvd./Auraria Parkway, nahe dem Coors Field, soll 1998 eröffnet werden
• *Tickets: Nuggets* – Tel. (303) 893-3865 o. *TicketMaster* Tel. 830-8497, Mo-Fr 8.30-17.30 Uhr, $ 10-115; *Avalanche* – Tel. 830-8497 o. 893-6700
• *Nahverkehr:* Nr. 31 Bus (Champa) ab 16 St. bis 17th St./Federal
• *Parken:* 4700 Plätze am Stadion, 4000 am nahen Mile High Stadium
• *Imbiß:* Es gibt gleich drei Restaurants und eine Bar im Stadion. *The Butcher Block, Wong Gong's, Arena Club, Fastbreak Lounge;* ansonsten Buffalofleisch-Gerichte, Griechisches, Chicago dogs und gute Bierauswahl
• *Treffs: Brooklyn's,* 2644 W. Colfax Ave., Tel. 572-3999; *Marlowe's,* 511 16th St., Tel. 595-3700; *Avenue Bar and Grill,* 630 E. 17th Ave., Tel. 861-2820; *The Wynkoop Brewing Co.,* s.o.
• *Something special:* Die Arena liegt am South Platte River, angeschlossen an das Mile High Stadium, wo die *Broncos* und *Rockies* spielen. Die *Avalanche,* erst 1995 von Qué-

bec umgesiedelt, sind bereits erfolgreich und beliebt, ebenso die jungdynamischen *Nuggets*.

Mile High Stadium
- **Teams:** *Denver Broncos* (NFL), *Colorado Rapids* (MLS)
- **Adresse:** 1900 Eliot Street, Teil des Denver Sports Complex
- **Fassungsvermögen:** 76.273 *(Broncos)*, 17.500 *(Rapids)*
- **Eröffnung:** 1948
- **Tickets:** *Broncos* – Tel. (303) 433-7466, Mo-Fr 8-17 Uhr und an Spieltagen, $ 19-38 – seit 1970 konstant ausverkauft; *Rapids* – Tel. 458-4850, $ 7-25
- **Nahverkehr:** Busse bis Federal Blvd.
- **Parken:** Über 9000 Plätze, Shuttleservice von weiter entfernten Parkplätzen, z.B. auch auf Auraria Campus. Besser rechtzeitig kommen!
- **Imbiß:** gute Gerichte, z.B. Buffalo-Burger oder Zimtschnecken
- **Treffs:** *Zang Brewing Co.*, Tel. 455-2500, alter Bau, 16 TVs, mehrere Sportler hier verkehrend; *Brooklyn's*, Tel. 572-3999, in nächster Nähe zum Stadion
- **Something special:** *Bucky the Bronco* – eine knapp 10 m hohe Fiberglasfigur – fungiert als Markenzeichen. Topstimmung bei jedem Wetter und Tailgate Parties vor dem Footballspiel tragen zu dem legendären Ruf dieses Stadions bei.

Salt Lake City, UT

Praktische Tips
- **Telefonvorwahl:** 801
- **Infos:** *Salt Lake CVB*, 180 S. West Temple, Salt Lake City, UT 84101-1493, Tel. 521-2822 od. 2868, Fax

Superstar der Denver Broncos, John Elway (Denver Broncos)

ML-Metropolen

355-9323; *Visitor Info Center* im Salt Palace Convention Center, 100 SW. Temple: *Salt Lake Organizing Committee for the 2002 Olympic Winter Games*, 215 S. State, Tel. 322-2002, Fax 364-7644

●**Nahverkehr:** *Utah Transit Authority (UTA)*, Busse (kostenlos innerhalb Downtowns), Light Rail System in Planung – Infos: Tel. 287-4636

●**Unterkunft:** *Utah Reservations*, Tel. 1-800-554-2741, auch spezielle „ski packages"; *Colonial Village Motel*, 1530 S. Main, Tel. 486-8171; *Deseret Inn*, 50 W. 500 S., Tel. 532-2900; *Royal Executive Inn*, 121 N. 300 W. St., Tel. 521-3450 o. 1-800-541-7639, nahe Delta Center

●**Essen & Trinken:** *Frontier Pies Restaurant & Bakery*, 735 W. North Temple, Tel. 521-4700; *Market Street Broiler*, 260 S. 1400 E., Tel. 583-8808, Fisch u.a. vom Grill, serviert in historischer Feuerwehrstation; *Market Street Grill*, 48 Market St., Tel. 322-4668; *Norton's Eatery*, 255 E. 400 S., Tel. 944-5375, Hausmacherküche

●**Unterhaltung:** Harte Sachen gibt es ausschließlich in Clubs, in denen man jedoch leicht Mitglied werden kann, in Lokalen wird nur Bier und

---

Verläßlich wie ein Schweizer Uhrwerk

Nicht Masse, sondern Klasse, nicht Kunst, sondern solides Handwerk, nicht Show, sondern Sieg – so lautet seit Jahren die Devise der **Utah Jazz** (NBA). Taktisch einfaches Spiel, basierend auf Pick-and-Roll, auf die Spielmacherfähigkeiten eines *John Stockton*, die Treffsicherheit eines *Karl „Mailman" Malone* und die Zuverlässigkeit eines *Jeff Hornacek*. Das reicht Jahr für Jahr für mindestens 50 Siege und einen respektablen Auftritt in den Play-offs. Kurzum, auf die *Utah Jazz* ist Verlaß.

Und doch sind es nicht die „alten Jazz", wie sie die Fans kennen. Das beginnt schon bei den **Trikots:** Seit der Gründung, 1974 (als der Name *Jazz* noch gerechtfertigt war, da sie bis 1979 in New Orleans zu Hause waren) bis zu Beginn dieser Saison war das Outfit dasselbe geblieben. Ab dieser Spielzeit nun wird der vormals schlichte Namenszug auf den Hemden der Spieler modisch bunt von einer schneebedeckten Bergkulisse gerahmt, die der realen Landschaft der Olympiastadt und Heimat der *Jazz*, Salt Lake City, nachempfunden wurde.

Doch nicht allein das geänderte Outfit deutet die neue Jazz-Ära an, erstmals steht Trainer *Jerry Sloan* auch ein **ausgeglichener Spielerkader** zur Verfügung. „*Stockalone*", wie man scherzhaft das Starduo der Mannschaft, *John Stockton* und *Karl Malone*, nennt, und *Hornacek* sollen fortan nicht mehr als „Alleinunterhalter" fungieren. Der 23jährige 2,18 m große *Greg Ostertag* aus Texas mauserte sich nicht nur zum neuen Publikumsliebling in der Mormonenhauptstadt, sondern zugleich zu einem der Topcenter der NBA. Und auch die Ersatzbank spielt keine Komparsenrolle mehr: „Außer unseren drei 'Musketieren' haben wir erstmals einen harmonischen Restkader", gesteht Coach *Sloan*, „der uns unberechenbar macht!" Wenn Spieler wie *Shandon Anderson, Antoine Carr, Chris Morris* oder *Howard Eisley* auf dem Parkett stehen, glaubt man plötzlich, eine ganz andere Mannschaft spielen zu sehen. Diese bislang ungekannte Ausgeglichenheit auf hohem Niveau gab den *Jazz* **neuen Auftrieb** und katapultierte das Team ganz nach oben: 1997 sogar zur Vizemeisterschaft.

Wein ausgeschenkt. *Fuggles,* 367 W. 200 S., Tel. 363-7000, Microbrewery in Downtown; *Squatter's Pub Brewery,* 147 W. 300 S., Tel. 363-2739; *Dead Goat Saloon,* 165 SW. Temple, Arrow Press Square, Tel. 328-4628, Satelliten-TV; *Red Rock Brewing Company,* 254 S. 200 W., Tel. 521-7446

•*Don't miss:* Salt Palace Convention Center mit Visitor Information und Art Center; Historic Temple Square mit Temple, Tabernacle, Assembly Hall, Besucherzentrum, Church Office (Aussichtsplateau), Joseph Smith Memorial Bldg.; Brigham Young Monument; Lion und Beehive House; Utah State Capitol, Capitol Hill; Pioneer Memorial Museum; University of Utah mit Museum of Natural History und Museum of the Fine Arts; Great Salt Lake mit Antelope und Fremont Islands

Utah Jazz

•*Shopping:* Crossroads Plaza, Cottonwood Mall, Factory Stores Park City, Trolley Square, ZCMI Center Mall mit *Department Store* (Outlet) und *Food Court*

•*Tip:* Dort wo 2002 die Olympischen Winterspiele stattfinden werden, stehen dem Aktivsportler insgesamt neun Skiresorts zur Verfügung. Im Sommer sind Wandern, Bergsteigen, Mountain Biking populär (z.B. Alta, Snowbird, Wolf Mountain, Deer Valley u.a.).

ML-Team
•*NBA*
Utah Jazz
Delta Center
301 West South Temple
Salt Lake City, UT 84101
Tel. (801) 325-2500, Fax 325-2578

Minor-League-Team
•*IHL*
Utah Grizzlies
175 West 200 South
Salt Lake City, UT 84101
Tel. (801) 530-7166, Fax 530-7179; Tickets: Tel. 325-7825 o. 1-800-843-9683
Spiele im Delta Center, s.u. (10.600 Zuschauer)

Delta Center
•*Teams:* *Utah Jazz* (NBA), *Utah Grizzlies* (IHL), *Utah Starzz* (WNBA)
•*Adresse:* 301 W. South Temple Street
•*Fassungsvermögen:* 19.911
•*Eröffnung:* 1991
•*Tickets:* Tel. (801) 325-7328 o. 355-3865, Mo-Fr 9-18 Uhr, $ 9.50-60 – Karten schwer zu ergattern!
•*Nahverkehr:* Stadion zentral, nahe Temple Square; UTA-Busse zum Delta Center – Infos: Tel. 287-4636
•*Parken:* keine eigenen, aber genügend umgebende Parkplätze, auch auf den Straßen. Gratis-Shuttlebusse von verschiedenen Plätzen (90 Min.

ML-Metropolen

vor dem Spiel) – Infos: Market Street Grill, Tel. 322-4668
- *Imbiß:* *Pizza Hut, Russell* Eiscreme, *Golden Swirl frozen yoghurt,* außerdem Foot Court auf dem Plaza Level (Westecke der Halle)
- *Treffs:* u.a. *Squatter's Pub Brewery,* s.o. Unterhaltung
- **Something special:** Häufig ausverkauft, denn in der Olympiastadt von 2002 ist nur die Mormonenkirche mächtiger als NBA-Star *Karl „Mailman" Malone* & Co., doch selbst die Strenggläubigen lassen bei Spielen „die Sau raus".

Phoenix, AZ

Praktische Tips
- **Telefonvorwahl:** 602
- *Infos:* Phoenix & Valley of the Sun CVB, One Arizona Center, 400 E. Van Buren St., Suite 600, Phoenix, AZ 85004-2290, Tel. 254-6500, Fax 253-4415; Visitor Center: Adams/2nd St.; „Visitor Packet" erhältlich über Visitor Hotline, Tel. 252-5588; Scottsdale: CVB, Tel. 1-800-283-6734

  in Deutschland: *Phoenix/Scottsdale CVBs,* Kardinal-Schulte-Str. 32, 51429 Bergisch Gladbach, Tel. (02204) 85051, Fax 85063;
- *Nahverkehr: Phoenix Transit System* (Busse) – Infos: Tel. 253-5000, außerdem gibt es *DASH,* einen Downtown-Shuttle-Service
- *Ticketservices: Ticket Exchange,* Tel. 254-4444; *Jack's Ticket Agency,* Tel. 968-3939
- *Unterkunft:* Im Visitor Center erhältlich: „*Affordable Accommodations Brochure",* ansonsten helfen: *Arizona Central Reservations,* Tel. 1-800-888-7629, und *Arizona Reservation Bureau,* Tel. 1-800-666-1316. Preiswertere Motels befinden sich an der Van Buren St., entlang der Main St. und in den Vororten Mesa und Tempe (I-10 bzw. I-17), wo es besonders von April bis Sept. billig ist. Z.B.: *Budget Inn Motel,* 424 W. Van Buren, Tel. 257-8331, im Stadtzentrum; *Budget Lodge Motel,* 402 W. Van Buren, Tel. 254-7247; *Motel 6,* 2323 E. Van Buren/24th St., Tel. 267-7511; *Economy Inn,* 804 E. Van Buren, Tel. 254-0181, nahe DT; *EconoLodge Tempe ASU,* 2101 E. Apache Blvd., Tel. 966-5832 (nahe Sun Devils Stadion)
- *Essen & Trinken:* Mexikanisch geprägte Südwest-Küche. Metro Center Mall mit mehreren Imbißbuden/Lokalen, z.B. *Luby's Cafeteria;* ebenso Arizona Center, z.B. *Comida Corporation, Mi Amigo's,* Tel. 892-7955, oder *Lombardi's; Garcia's Del Centro,* 5509 N. 7th St./Missouri Ave., Tel. 274-1176; *Hungry Hunter,* 2511 W. Indian School Rd., Tel. 371-0240; *Macayo Mexican Restaurants,* mehrere Filialen; *Tacos de Juárez,* 1017 N. 7th St., Tel. 258-1744
- *Unterhaltung:* Phoenix Live! at Arizona Center, 455 N. 3rd St., mit *America's Original Sports Bar,* Tel. 252-2502; *Majerle's Sports Grill,* 24 N. 2nd St. – im Besitz des ehemaligen Phoenix-Suns-Basketballstars *Dan Majerle* (derzeit Miami); *Toolie's Country Saloon & Dance Hall,* 4231 W. Thomas Rd., Tel. 272-3100, voll im Westerntrend
- *Don't miss:* Arizona Biltmore Hotel; Arizona Hall of Fame Museum; Arizo-

na State Capitol Museum; Hall of Flame Museum of Firefighting; Heard Museum (SW-Indianer); Phoenix Art Museum; Phoenix Zoo; Heritage Square; Downtown Phoenix mit America West Arena, Herberger Theater, Arizona Center

●**Medien:** *The Arizona Republic, The Phoenix Gazette; Travelhost Magazin* und *Arizona Highways Magazine* mit lohnenden Infos

●**Shopping:** *Arizona Center* mit Food Court; *Civic Plaza* mit benachbartem *Mercado; Gila Indian Center* (I-10/Exit 175); *Metro Center* – größtes Shopping Center des Südwestens mit einer Filiale des neuen **Team Shops* (Souvenirs aller Phoenix- und anderer ML-Teams); *Wigwam Outlet Stores*

ML-Teams
●**MLB**
Arizona Diamondbacks
P.O.Box 2095
Phoenix, AZ 85001
Tel. (602) 514-8500
(Spielbetrieb ab 1998 im Bank One Ballpark, s.u.)

Tip: Alljährlich im März findet das Spring Training von Profibaseballteams bevorzugt im Großraum Phoenix statt – Infos: Tel. 969-1307

●**NBA**
Phoenix Suns
P.O. Box 1369
Phoenix, AZ 85001
Tel. (602) 379-7900, Fax 530-2255

●**NFL**
Arizona Cardinals
8701 South Hardy
Tempe, AZ 85284
Tel. (602) 379-0101, Fax 379-1821

Phoenix Suns

Arizona Cardinals

Phoenix Coyotes

ML-Metropolen

●*NHL*
Phoenix Coyotes
One Renaissance Square
2 North Central, Suite 1930
Phoenix, AZ 85004
Tel. (602) 379-2800, Fax 379-2828

Bank One Ballpark
●*Team: Arizona Diamond Backs* (MLB)
●*Adresse:* neben Civic Center und America West Arena gelegen
●*Fassungsvermögen:* 48.500 (schon Anfang 1997 waren fast 35.000 Saisontickets verkauft!)
●*Eröffnung* und Spielbetrieb ab 1998, mitten in Downtown gelegen, nahe der America West Arena
●*Ticketpreise:* $ 1-50

America West Arena
●*Teams: Phoenix Suns* (NBA), *Phoenix Coyotes* (NHL), *Phoenix Mercury* (WNBA)
●*Adresse:* 201 E. Jefferson Street, nahe Civic Center
●*Fassungsvermögen:* 19.023 *(Suns),* 18.000 *(Coyotes)*
●*Eröffnung:* 1992
●*Tickets: Suns* – Tel. (602) 379-7867 o. *Dillard's,* Tel. 678-2222, Mo-Fr 9-17 und an Spieltagen, $ 11-80; *Coyotes* – Tel. 379-7800, $ 9-70
●*Nahverkehr:* in Downtown gelegen, mehrere Busse
●*Parken:* zwei Garagen, im Umkreis mehrere Parkplätze, wegen des Verkehrs besser weiter entfernt parken
●*Imbiß:* Food Court auf dem First Concourse: *Whataburger, Subway, Pizza Hut* u.a., außerdem *Copper Club, Bar & Restaurant* (2nd Concourse Level) mit Buffet
●*Treffs: Majerle's Sports Grill,* 24 North 2nd St., Tel. 253-0118, 11-23 Uhr, hier gehen Spieler ein und aus; außerdem mehrere Kneipen und Bars im Arizona Center, 455 North 3rd Street, z.B. *Sam's Cafe,* Tel. 252-3545; *Lombardi's,* Tel. 257-8323; *Players,* Tel. 252-6222
●*Something special:* Perfekte Innenstadt-Lage nahe Heritage Square und Civic Plaza. Die Mordsstimmung in der attraktiven Halle deutet an, daß es auch ein Leben ohne Superstar *Charles Barkley,* der 1996 nach Houston wechselte, gibt. Die *Coyotes* sind erst 1996 von Winnipeg (Kanada) hierher umgezogen und bieten nun *The coolest game in the desert* – für die Fans noch etwas gewöhnungsbedürftig!

Sun Devil Stadium
●*Team: Arizona Cardinals* (NFL)
●*Adresse:* 5th Street, Tempe
●*Fassungsvermögen:* 73.273
●*Eröffnung:* 1958
●*Tickets:* 8701 S. Hardy St., Tel. (602) 965-2381 o. 1-800-999-1402, Mo-Fr 8.30-17 Uhr, $ 15-200
●*Nahverkehr:* an Sonntagen nicht existent
●*Parken:* massenhaft vorhanden, doch Abfahrt oft zeitaufwendig
●*Imbiß:* das Übliche, spezielle Sitze, an denen kein Alkohol konsumiert werden darf
●*Treffs:* Downtown Tempe nahe mit Kneipen und Bars, v.a. Mill Ave; *Paradise Bar & Grill,* Tel. 829-0606; *Luby's Cafeteria,* 1404 S. Longmore St., nahe *Fiesta Mall* (Mesa)
●*Something special:* Einziges Profistadion auf Campus-Grund, in dem zuletzt, 1996, der Super Bowl XXX stattfand. Berühmt-berüchtigt für seinen Spielbeginn bei größter Hitze am Mittag. Fanclub *The Wild Cards.*

Wichtige College-Sport-Städte

Salt Lake City

Utah Utes

In der Mormonenmetropole sind die *Jazz* nicht das einzige herausragende **Basketballteam,** auch die Uniauswahl der Staatsuni von Utah, (die *Utes*) kann sich sehen lassen. Den **Footballfans** bietet die Uni ebenfalls regelmäßig guten Sport. Legendär sind die Lokalderbys gegen die Mormonenuni Brigham Young (s.u.).

Arizona Wildcats (US College Collection)

- **Infos:**
University of Utah
Athletic Department
Huntsman Center
Salt Lake City, UT 84112
Tel. (801) 581-3510
- **Stadien:**
Rice Stadium (auf dem Campus), Fassungsvermögen 35.000 (Football)
Huntsman Center (auf dem Campus), Fassungsvermögen 15.000 (Basketball)

Tucson, AZ

Arizona Wildcats

Die nahe Wüste mit den faszinierenden Saguaro-Kakteenwäldern, das nur einen Katzensprung entfernte Mexiko und die allgegenwärtige Wild-West-Vergangenheit machten aus Tucson eine Top-Touristenattraktion. Aber auch Sportsfans gehen in der flirrenden Hitze nicht leer aus, bietet doch die Uni of Arizona hervorragenden Collegesport. Sowohl im **Football** als vor allem auch im **Basketball** spielen die *Wildcats* eine wichtige Rolle. Die Sportanlagen befinden sich auf dem Campus, der zentral im schönen Downtown liegt.

- **Infos:**
University of Arizona
Athletic Department
McKale Center
Tucson, AZ 85721
Tel. (602) 621-4163, Fax 621-2681
- **Stadien:**
Arizona Stadium (auf dem Campus), Fassungsvermögen: 57.803 (Football)
McKale Center (auf dem Campus), Fassungsvermögen: 13.748 (Basketball)

Tempe, AZ

Arizona State Sun Devils

Tempe ist ein typisches Unistädtchen, etwas klein, aber mit einer lebhaften Kneipenszene und dem Vorteil, quasi ein Vorort von Phoenix (s.o.) zu sein. Das Footballstadion auf dem Campus dient sogar den Profi-

Wichtige College-Sport-Städte

Albuquerque, NM

New Mexico Lobos

Taos und Santa Fe sind die eigentlichen Hauptanziehungspunkte im Staat New Mexico. Doch die stark spanisch-mexikanisch geprägte größte Stadt des Bundesstaates, Albuquerque, wenige Autostunden südlich gelegen, hat neben einer sehenswerten Innenstadt, Zentrum der Puebloindianer, auch den großen Campus der Staatsuni zu bieten. Neben Museen befindet sich hier *„The Pit", eine der gefürchtetsten Basketballhallen der USA.* Hier treten die *Lobos* vor einer Fangemeinde an, die ohne Wenn und Aber laut hinter ihrer Uniauswahl steht. Kein Wunder, daß diese zu Hause fast unbezwingbar ist!

●*Infos:*
University of New Mexico
Athletic Department
1414 University SE.
Albuquerque, NM 87131
Tel. (505) 277-2026, Fax 277-0142
●*Stadion:*
University Arena „The Pit" (auf dem Campus), Fassungsvermögen: 18.100 (Basketball)

Boulder, CO

Colorado Buffaloes

Denver besticht mit Rockies und Skyline, metropolitanem Flair und vielseitigen Attraktionen. Das nur etwa eine Autostunde entfernte Boulder hingegen (mit ebenfalls eindrucksvoller Bergkulisse) ist ein beschauliches Städtchen, in dem Studenten und Fahrräder, Cafés und Buchläden das Leben und den Ryth-

Arizona State Sun Devils
(US College Collection)

footballern aus Phoenix als Asyl. Wer jedoch glaubt, nur die Profis würden das Sun Devil Stadium füllen, der sollte einmal eine Partie der **Football-Unimannschaft** besuchen! Die Studenten schaffen es, die eh schon tolle Stimmung auf die Spitze zu treiben. In der Gunst der Fans stehen die **Basketballer** kaum nach.
●*Infos:*
Arizona State University
Intercollegiate Athletics Complex
Tempe, AZ 85287
Tel. (602) 965-6592, Fax 965-5408
●*Stadien:*
Sun Devil Stadium (auf dem Campus, s.o. Phoenix), Fassungsvermögen: 73.656 (Football)
University Activity Center (auf dem Campus), Fassungsvermögen: 14.287 (Basketball)

Wichtige College-Sport-Städte

Colorado Buffaloes (Uni of Colorado)

mus bestimmen. Die Hauptereignisse sind die samstäglichen Heimspiele der *Buffaloes,* der **Unifootballmannschaft.** Wenn die Cheerleader mit dem Maskottchen, einem waschechten Bison namens *Ralphie III,* vor Anpfiff den Einlauf der Mannschaft anführen, beben die Rockies!
●*Infos:*
University of Colorado
Athletic Department
Campus Box 368
Boulder, CO 80309
Tel. (303) 492-8337, Fax 492-3811
●*Stadion:*
Folsom Field (auf dem Campus), Fassungsvermögen: 51.748 (Football)

Provo, UT

Brigham Young Cougars

Man mag über die gottesfürchtigen, streng hierarchisch gegliederten und erzkonservativen Mormonen denken, was man will – in dem Städtchen Provo, etwa 75 km südlich von Salt Lake City (s.o.), hat die Kirche der Heiligen der letzten Tage schon 1875 den Grundstein für eine prächtige Hochschule gelegt. Besucher werden zunächst ungläubig über die teuren und gigantischen Sportanlagen den Kopf schütteln, doch wer einmal ein Spiel der Footballer oder Basketballer miterlebt hat, erfährt, welche Bedeutung diese Collegeteams für die ganze Gegend haben. Kein Wunder, daß die *Cougars* ihre **Football- und Basketballarenen** (letztere ist nach der Rupp Arena in Lexington, KY, die zweitgrößte auf einem Unicampus) regelmäßig bis auf den letzten Platz füllen! Und nebenbei bemerkt: Die Teams spielen fantastisch.
●*Infos:*
Brigham Young University
Athletic Department
30 Smith Fieldhouse
Provo, UT 84602
Tel. (801) 378-6022
●*Stadien:*
Cougar Stadium (auf dem Campus), Fassungsvermögen: 65.000 (Football)
Marriott Center (auf dem Campus), Fassungsvermögen: 23.000 (Basketball)

Sonstiges

Frauen-Profibasketball-Liga ABL

Colorado Xplosion
●*Infos:*
800 Grant Street
Suite 410
Denver, CO 80203
Tel. (303) 832-2255, Fax 832-2227

Sonstiges

Phoenix Mercury (WNBA)

Utah Starzz (WNBA)

Utah Starzz
●*Infos:*
Delta Center
301 W. South Temple
Salt Lake City, UT 84101
Tel. (801) 325-2572, Fax 325-2516
●*Stadion:*
Delta Center (s. Salt Lake City)

●*Stadien:*
Spiele im *Denver Coliseum* (9.300 Zuschauer) und in der *McNichols Arena* (14.500)
●*Tickets:*
Tel. (303) 832-2229.
Frauen-Profibasketball-Liga WNBA

Phoenix Mercury
●*Infos:*
America West Arena
201 E. Jefferson
Phoenix, AZ 85004
Tel. (602) 514-8354, Fax 379-7922
●*Stadion:*
America West Arena (s. Phoenix)

Kalifornien und Nevada

Als „The Golden State" bezeichnet man nach den Goldfunden Mitte vergangenen Jahrhunderts Kalifornien, Nevada gilt hingegen als das Spielerparadies mit Zentrum Las Vegas. Diese Ecke der USA wetteifert Jahr für Jahr mit Florida um die Gunst der Besucher. Speziell nach Kalifornien locken neben Sonne, langen Sandstränden, Pazifik, zahllosen Naturparks, dichten Wäldern und schneebedeckten Bergen vor allem schillernde Metropolen. Diese weisen eine schier unerschöpfliche kulturelle, kulinarische und sportliche Vielfalt auf, sie sind kurzum ein **Eldorado für jeden Sportfan.**

Hier hat Fortuna auch sportlich gesehen ihr Füllhorn ausgeschüttet, und das macht die Wahl schwer:

Wiege der Sportbegeisterung: Kalifornien

Profiteams aus allen Ligen wetteifern mit **College Football und Basketball.** Selbst im Spielerparadies Las Vegas, mitten im Wüstenstaat Nevada, geht der Sportbegeisterte nicht leer aus, zählen die Basketballer der Uni Nevada at Las Vegas (UNLV) doch zu den schillerndsten der USA. Lediglich ein Makel haftet der Region oder genauer der zweitgrößten US-Metropole nach New York, Los Angeles, derzeit noch an: Sie verfügt über kein einziges Profifootballteam! Nachdem beide NFL-Mannschaften 1995 weggezogen sind, will die NFL erst in ein oder zwei Jahren (nach erfolgtem Stadionneubau) eine Franchise nach L.A. vergeben.

Staatenporträts

California – The Golden State

Überblick
seit 1850 Staat der USA
- **Hauptstadt:** Sacramento
- **Fläche:** 411.048 qkm
- **Bevölkerung:** ca. 29 Mio.
- **Zeitzone:** Pacific Time (PT)
- **ML-Mannschaften:** 17 *(Anaheim Angels, Los Angeles Dodgers, Oakland Athletics, San Diego Padres* und *San Francisco Giants,* MLB; *San Diego Chargers, San Francisco 49ers, Oakland Raiders,* NFL; *Golden State Warriors, Los Angeles Clippers, Los Angeles Lakers* und *Sacramento Kings,* NBA; *Anaheim Mighty Ducks, Los Angeles Kings* und *San Jose Sharks,* NHL; *Los Angeles Galaxy* und *San Jose Clash,* MLS)
- **Wichtige Minor-League-Mannschaften:** 1 *(Long Beach Ice Dogs,* IHL)
- **Wichtige Uni/College-Mannschaften:** 5 *(University of California at Berkeley, Stanford, UCLA, University of Southern California/USC, San Diego State University)*

Infos
- **California Trade and Commerce Agency**

Division of Tourism
801 K Street, Suite 1600
Sacramento, CA 95814-3520
Tel. (916) 322-2881
oder 1-800-862-2543, Fax 322-3402, http://gocalif.ca.gor

In Deutschland: *CA Tourism Information Office,* MSI, Hohanna-Melber-Weg 12, 60599 Frankfurt, Tel. (069) 603-2023, Fax 62-9264.

Nevada – The Silver State/ The Sagebrush State

Überblick
seit 1864 Staat der USA
- **Hauptstadt:** Carson City
- **Fläche:** 283.709 qkm
- **Bevölkerung:** ca. 1,3 Mio.
- **Zeitzone:** MT
- **Wichtige Minor-League-Mannschaften:** 1 *(Las Vegas Thunder,* IHL)
- **Wichtige Uni/College-Mannschaften:** 2 *(University of Nevada, University of Nevada at Las Vegas/UNLV)*

Infos
- **Nevada Commission of Tourism**

Capitol Complex
Carson City, NV 89710
Tel. (702) 892-0711
oder 1-800-638-2328

ML-Teams

MLB – Baseball
- *Anaheim Angels*
- *Los Angeles Dodgers*
- *Oakland A's*
- *San Diego Padres*
- *San Francisco Giants*

NBA – Basketball
- *Golden State Warriors* (Oakland)
- *Los Angeles Clippers*
- *Los Angeles Lakers*
- *Sacramento Kings*

NFL – Football
- *San Diego Chargers*
- *Oakland Raiders*
- *San Francisco 49ers*
- Franchise in Los Angeles/Anaheim nicht vor 1998

NHL – Eishockey
- *Anaheim Mighty Ducks*
- *Los Angeles Kings*
- *San Jose Sharks*

MLS – Soccer
- *Los Angeles Galaxy*
- *San Jose Clash*

ML- Metropolen

Sacramento, CA

Praktische Tips
- **Telefonvorwahl:** 916
- **Infos:** *Sacramento CVB,* 1421 K Street, Dept. 100, Sacramento, CA 95814-3915, Tel. 264-7777, Fax 264-7788, Infos vom Tonband: 442-7644, Veranstaltungen: 558-3911; *Visitor Information Center,* 1102 Second St., Tel. 442-7644
- **Nahverkehr:** *SRT (Sacramento Regional Transit),* Busse und Light Rail (Straßenbahn) entlang K/Q Streets – Infos: Tel. 321-2877
- **Unterkunft:** Preiswerte Kettenmotels wie *Motel 6, Econo Lodge* oder *Travelodge* finden sich entlang der I-80 (W/NO), US 50 (O) und I-80 Business (O-Stadtrand); *Fountain Suites Hotel,* 321 Bercut Drive, Tel. 441-1444; *Radisson Inn Lake Natoma,* 702 Gold Lake Dr., Folsom, Tel. 351-1500; *Abigail's B&B Inn,* 2120 G St., Tel. 441-5007, hübsch ruhig und zentral; **Radisson Hotel of Sacramento,* 500 Leisure Lane, Tel. 922-2020, Fax 649-9463; *Americana Lodge,* Tel. 444-3980, 818 15 th St. (zentral)
- **Essen & Trinken:** Mehrere Lokale und Cafés in *Downtown Plaza,* außerdem Food Court. *Paragary's,* drei Filialen, z.B. 28th/N. Sts., Tel. 457-5737, Holzofen, italienisch; *Capitol Grill,* 28/N. Sts., Tel. 736-0744; *Hungry Hunter,* 450 Bercut Drive, Tel. 441-2844; Old Sacramento mit z.B. *The Firehouse,* 1112 Second St., Tel. 442-4772; *The Union Restaurant,* 117 J St., Tel. 448-6465
- **Unterhaltung:** konzentriert um Downtown Plaza und Old Sacramento, z.B.: *America Live! America's Original Sports Bar,* Tel. 447-3239; *Sports City Cafe,* Tel. 447-4600; *River City Brewing Company,* Tel. 447-2739 – alle Downtown Plaza; Old Sacramento: *Laughs Unlimited,* 1124 Firehouse Alley, Tel. 446-5905, Comedy; *Hogshead Brewpub,* 114 J St., Tel. 443-2739, Micro-

brewery; *Sutter Brewing Company,* 6300 Folsom Blvd.
- **Don't miss:** Old Sacramento mit historischen Bauten sowie Discovery Museum, Pony Express Monument, *CA State Railroad Museum; Crocker Art Museum; Governor's Mansion; California State Capitol, Leland Stanford House; California State Indian Museum; Sutter's Fort State Historic Park; Towe Ford Museum of California
- **Medien:** *Sacramento Bee,* kostenlose Wochenmagazine wie *Discover Sacramento* mit Veranstaltungshinweisen
- **Shopping:** *Downtown Plaza; K Street Mall* (3rd-7th Sts.); Old Sacramento mit *The Sports Fanatic* (1161 I St.); *Arden Fair Mall; Sunrise Mall; Farmers' Market,* 1050 Front St. (Old Sacramento).

ML-Team
•NBA
Sacramento Kings
One Sports Parkway
Sacramento, CA 95834
Tel. (916) 928-0000, Fax 928-6912

Sacramento Kings

ARCO Arena
- **Team:** *Sacramento Kings* (NBA), *Sacramento Monarchs* (WNBA)
- **Adresse:** 1 Sports Parkway
- **Fassungsvermögen:** 17.014
- **Eröffnung:** 1988
- **Tickets:** Tel. (916) 928-6900 o. *BassCharge* 923-2277, Mo-Fr 10-18, Sa 12-17 Uhr, $ 12-60 (nur noch preiswerte Kategorien erhältlich)
- **Nahverkehr:** nicht vorhanden, Stadion liegt nahe der I-5 im NW der Stadt, mitten in der „Prärie"
- **Parken:** riesige Abstellflächen rund um die Halle
- **Imbiß:** *Cheddar dog, Java City Coffees; Skyline Lounge,* Sektionen 202/203, Buffets ab 17.30 Uhr; *Locker Room,* Sektionen 214/215, Nightclub und Bar mit „make-your-own sandwich"
- **Treffs:** nichts in nächster Nähe; *America Live!-Komplex; Sports City Cafe,* s.o.
- **Something special:** Hier ist Basketball ein Gesellschaftsereignis, und es gilt Sehen und Gesehenwerden. *In-house pregame show.* Tickets schwer zu ergattern

San Francisco, CA

Praktische Tips
- **Telefonvorwahl:** 415
- **Infos:** *Visitor Information Center,* Hallidie Plaza/Untergeschoß, Benjamin H. Swig Pavillion, Ecke Powell/Market Sts., Tel. 391-2000, Veranstaltungen: Tel. 391-2004 (dt. Tonband); schriftliche Anfragen: S.F. CVB, P.O. Box 429097, S.F., CA 94142-9097; *California Welcome Center* u.a. an Pier 39

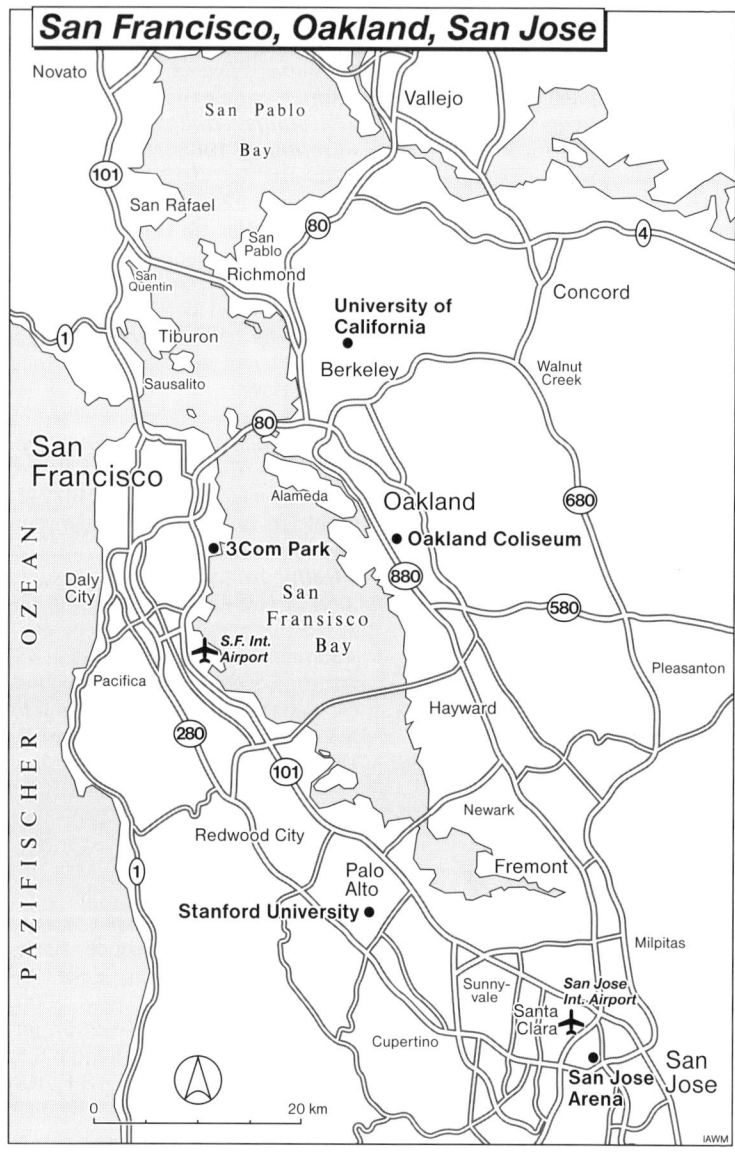

ML-Metropolen

- **Nahverkehr:** *S.F. Municipal Railway (SFMR)*, Busse, Light Rail, Cable Cars – Infos: Tel. 673-6864; Routen: 673-5864; *BART (Bay Area)* – Infos: Tel. (510) 839-2220 o. (415) 992-2278; Fähren ab Pier 39, 41, 43 1/2 sowie Ferry Building (Pier 1)
- **Ticketservices:** *Bass Tickets*, Tel. 776-1999, o. *Bass Ticket Outlets*, Tel. (510)762-2277; *TIX* Bay Area, 251 Stockton St., Tel. 433-7827; Last-Minute Tickets: Tel. 433-7717; *Mr. Ticket*, 2065 Van Ness, Tel. 775-3031; *MISTIX*, Tel. 1-800-442-7275
- **Unterkunft:** *S.F. Reservations*, Tel. 1-800-677-1550; *CA Reservations*, Tel. 252-1107; *B&B S.F.*, Tel. 479-1913; Konzentration rund um den Union Square, Civic Center, an Fisherman's Wharf und in SoMa. Vorbuchung ist das ganze Jahr über dringend anzuraten (in Deutschland größtes Angebot bei *DER* und *CA Ferntouristik*) – siehe auch City Guide San Francisco.
- **Essen & Trinken:** hervorragende kalifornische Küche und ungeheure ethnische Vielfalt, konzentriert in North Beach, Chinatown, Mission und Japantown, aber auch um Fisherman's Wharf (Fisch/Seafood!) und Downtown/Nob Hill. Weitere Spezialitäten sind Backwaren (Sourdough Bread), Cafés (North Beach/Haight Ashbury) und Microbreweries. Tips: *Eagle Café*, Pier 39; *Historic John's Grill*, 63 Ellis St./Union Square, Tel. 986-3274; *Tommy's Joynt*, Geary/Van Ness, Tel. 775-4216; *Moose's*, 1652 Stockton St./North Beach, Tel. 989-7800; *Alioto's*, Taylor St./Fisherman's Wharf, Tel. 673-0183; *Il Fornaio*, 1265 Battery St., Tel. 986-0100; *Fior d'Italia*, 601 Union/Stockton Sts./North Beach, Tel. 986-1886; *Wa-Ha-Ka*, 1489 Folsom (SoMa) Tel. 861-1410
- **Unterhaltung:** SoMa (nahe China Basin und Stadion), besonders entlang der 11th St. (Folsom-Harrison Sts.) und in South Park und North Beach als Nightlife-Zentren. Brewpubs: *S.F. Brewing Co.*, 155 Columbus Ave. (North Beach), Tel. 434-3344; *20 Tank Brewery*, 316 11th St./Folsom (SoMa), Tel. 255-9455; *Thirsty Bear Brewing Co.*, 661 Howard (SoMa), Tel. 974-0905
- **Sportbars:** *Greens Sports Bar*, 2239 Polk/Green Sts., Tel. 775-4287; *The First Inning Lounge*, 4026 24th St. (Castro); *The Sky Box Sports Bar*, 555 North Point, im Hyatt at Fisherman's Wharf; *Trad'r Sam*, 6150 Geary St. (Richmond); *Zeke's Sports Bar & Grill*, 600 Third/Brannan Sts. (South Park)
- **Don't miss:** Golden Gate Park mit Asian Art und de Young Memorial Museums, California Academy of Sciences und japanischem Garten; S.F. Cable Car Museum; California Palace of the Legion of Honor; Cartoon Art Museum; Coit Tower (Ausblick vom Telegraph Hill!); Exploratorium/Palace of Fine Arts; Fort Mason mit mehreren Museen; Haas-Lilienthal House (Pacific Heights); Hyde Street Pier mit Maritime Museum; S.F. Mus. of Modern Art; Fort Point (Blick auf Golden Gate Bridge!); Chinatown, Alcatraz usw. usw.
- **Medien:** *S.F. Chronicle, S.F. Examiner* – So Kombiausgabe mit Date Book; zahlreiche kostenlose Wochenhefte, z.B. *S.F. Bay Guardian, Key This Week S.F., Where, Guest Infor-*

mant, *S.F. Weekly;* Radio: *KSFO 560 AM* u.a. berichten über Sportevents
- **Shopping:** Yerba Buena Square (Outlet); *Lombardi's Sports,* 1600 Jackson St.; **S. F. Giants Dugout,* 844 Market Street; 3 Embarcadero Center; **NFL Store,* Pier 39; Haupt-Shoppingviertel rund um den Union Square, außerdem mehrere große Malls wie *The Galleria* oder *S.F. Shopping Center,* Ghirardelli Square und Cannery (beide Fisherman's Wharf)
- **Tip:** Über San Francisco ist kürzlich im Reise Know-how Verlag von denselben Autoren ein neuer City Guide San Francisco erschienen.

ML-Teams
•MLB
San Francisco Giants
3Com Park at Candlestick Pt.
San Francisco, CA 94124
Tel. (415) 468-3700, Fax 467-0485
•NFL
San Francisco 49ers
4949 Centennial Boulevard
Santa Clara, CA 95054
Tel. (408) 562-4949, Fax 727-2760

3Com Park
(ehemals Candlestick Park)
- **Teams:** *San Francisco Giants* (MLB), *San Francisco 49ers* (NFL)

San Francisco Giants

San Francisco 49ers

- **Adresse:** Candlestick Park, Gilman Ave. (im äußersten Südosten der Stadt)
- **Fassungsvermögen:** 62.000 *(Giants),* 70.207 *(49ers)*
- **Eröffnung:** 1960
- **Tickets:** *Giants* – Tel. (415) 467-8000 o. (510) 762-2255 bzw. Fax 330-2572, Mo-Fr 9-17 Uhr, $ 7-21; schriftl.: S.F. Giants Ticket Services Office, 3Com Park, San Francisco, CA 94124; *49ers* – Tel. 468-2249, Mo-Fr 9-17 Uhr, $ 40 (konstant ausverkauft, also lange vorausplanen!)
- **Nahverkehr:** Bus Nr. 29 Sunset, Shuttlebusse von *Muni* und *Sam Trans* an Spieltagen sowie die Express-Busse 9x, 28x und 47x aus dem Zentrum
- **Parken:** über 8000 Parkplätze um's Stadion ($ 10 aufwärts), besser frühzeitig ankommen und nicht in der Umgebung parken (unsicher!). Die Abfahrt kann zeitraubend sein.
- **Imbiß:** charakteristische Vielfalt S.F's mit Polish Sausage, Garlicchicken Sandwiches, Seafood, *Gordon Biersch Microbrews,* Wein u.a.

Vom Loser zum Winner – San Francisco 49ers

Über die Witzeleien der beiden Hauptfiguren *Karl Malden* und *Michael Douglas* in der amerikanischen Krimi-Kultserie der 70er Jahre (Straßen von San Francisco) über die lokale Footballmannschaft kann man heute in der „City" nur noch schmunzeln. Lang lang ist's her, da war dieses Team noch das **Gespött der ganzen Nation,** aber die San Franciscans blieben ihren NFL-Profis treu und hofften auf bessere Zeiten.

Und wie das alte Sprichwort sagt – wer zuletzt lacht, lacht am besten: In den 80er und 90er Jahren mauserten sich die *49ers,* wie die Mannschaft in Anlehnung an den großen Goldrausch Mitte des vergangenen Jahrhunderts getauft worden war, **zu einem der Topteams der NFL.** 1982, 1985, 1989, 1990 und 1995 gewannen die *Niners* den Super Bowl, die heißbegehrte Meistertrophäe der NFL. Und plötzlich lachte niemand mehr – ganz Amerika hatte auf einmal Respekt vor diesem Footballteam aus der Traumstadt.

Es hatte gedauert, bis die *49ers* ein schlagkräftiges Team aufbieten konnten. Seit 1950 waren die *Niners* zwar Mitglied der NFL, doch außer einem kurzen Gastspiel in den Play-offs in den Jahren 1970 bis 1972 agierte die Mannschaft wenig erfolgreich – bis der Verein einen **Trainer** namens *Bill Walsh* verpflichtete. Diesem brillanten Taktiker gelang es, den „Loser" in kürzester Zeit zum „Winner" der Nation zu machen.

Sein größter Coup bestand dabei in der Entdeckung eines blonden Jünglings, aus dem er den besten Quarterback des American Footballs machte: **Joe Montana.** 1980 kannte ihn noch niemand, doch nach seinem grandiosen Auftritt im Finale im Januar 1982 war sein Name in aller Munde. *Joe Cool* taufte man ihn wegen seiner Spielübersicht und der Fähigkeit, auch aus aussichtslosen Situationen noch Touchdowns zu erzielen. Als *Joe Montana* seine Karriere 1995 beendete, stand die ganze Stadt unter Schock, und das, obwohl *Joe Cool* bereits die letzten beiden Jahre in Kansas City gespielt hatte. Zur offiziellen Verabschiedung in S.F. war die ganze Stadt auf den Beinen, um ihren wichtigsten Bewohner zu feiern. *Joe Montana* bleibt unvergessen, doch die *49ers* spielen weiter und noch dazu (zur Freude der San Franciscans) erfolgreich.

Aus der ehemaligen Lachnummer der Liga ist mittlerweile eine der erfolgreichsten Profifootballmannschaften geworden, die Jahr für Jahr bei der Titelvergabe ein gewichtiges Wörtchen mitredet. Und dennoch gibt es hin und wieder **Unstimmigkeiten zwischen der Stadt und ihren Niners:** Zuletzt stritt man sich um die Renovierung des in die Jahre gekommenen Stadions. Zähneknirschend erklärte sich die Stadt bereit, den 3Com Park in den nächsten Jahren umzubauen und damit dem Erfolgsteam eine adäquate Behausung zu geben.

● **Treffs:** in nächster Nähe wenig Attraktives (Industrie/Militärviertel), besser Richtung Stadtzentrum fahren, s.o.
● **Something special:** Abendspiele in *The Stick* können kühl, windig und neblig sein, dafür ist der Ausblick tagsüber sensationell. Bald werden die *49ers* dieses Stadion ganz für sich haben, da die *Giants* in den Pacific Bell Park umziehen werden. Dann wird auch die längst fällige Renovierung in ein reines Footballstadion in Angriff genommen.

Pacific Bell Park
● **Team:** *San Francisco Giants* (MLB)
● **Adresse:** King/Second/Third Sts.
● **Eröffnung** April 2000 geplant (Neubau)

ML-Metropolen

Die San Francisco 49ers zählen zu den besten Footballern in den USA (NFL)

●**Ballpark Hotline:** 1-800-734-42687 (1-800-SF-Giants)
●**Fassungsvermögen:** 42.000
●**Nahverkehr:** Neubau Muni-Metro-Rail-Linie, mit Stop direkt am Stadion (King/2nd St.) und BART-Anschluß, außerdem mehrere Busse (Nr. 15, 42, 30 und 45); *Caltrain Depot* und Fähr-Anlegestelle nahe
●**Parken:** 7000 Parkplätze verteilt auf den Umkreis von China Basin
●**Imbiß:** Konzessionen bis zur Drucklegung noch nicht vergeben
●**Treffs:** China Basin Landing mit University of Phoenix in nächster Nähe, dort auch Cafés, im näheren Umkreis Imbiß/Bars, zudem sind South Park und SoMa nicht weit entfernt
●**Something special:** Erster privat finanzierter Ball Park ($ 255 Mio.!) seit 1962; von demselben Architekturbüro *(HOK Sport)* entworfen, das auch Coors Field Denver, Jacobs Field Cleveland und Oriole Park Baltimore projektiert hat; postmodern im Stil der alten Kultstätten wie Wrighley Field (Chicago) und Fenway Park (Boston) gestaltet. Es soll das sportliche Schmuckstück der „Belle of the Bay" werden.

Oakland, CA

Praktische Tips
●**Telefonvorwahl:** 510
●**Infos:** *Oakland Convention & Visitors Authority,* 550 10th St., Oakland, CA 94607, Tel. 839-9000, Fax 839-0356, mit Info-Center am Jack London Square, Tel. 286-8720
●**Nahverkehr:** 8 BART-Stationen in Oakland – Infos: Tel. 465-2278 (Stop am Coliseum); Busse: *AC Transit* – Infos: Tel. 1-800-559-4636; *Alameda-Oakland-Ferry (Blue & Gold Fleet)* – Infos: Tel. (415) 705-5555
●**Unterkunft:** *Dockside Boat & Bed* „Spend the Night on a Yacht", 77 Jack London Square, Tel. 444-5858 oder (415) 392-5526; *Waterfront Plaza Hotel,* J.L. Square, Tel. 836-3800; *Executive Inn,* 1755 Embarcadero, Tel. 536-6633; *Hampton Inn* – Oakland Airport, 8465 Enterprise Way, Tel. 632-8900 (nahe Coliseum)
●**Essen & Trinken:** *Alvita's Restaurant,* 3522 Foothill Blvd., East Oakland, Tel. 536-7880; *Barney's,* 4162 Piedmont Ave., Burgers, Chicken

und Salads; *Hungry Hunter,* 1211 Embarcadero, Tel. 261-3287 – Filiale auch nahe Coliseum, 8475 Edes Ave., Tel. 569-1406; Jack London Village: z.B. *Jack's Restaurant & Bar; Kincaid's Bayhouse; El Torito; The Old Spaghetti Factory;* Chinatown: *Jade Villa,* 800 Broadway, Tel. 839-1688; *Le Cheval,* 1007 Clay/10th St., Tel. 763-8495 (preiswerter Vietnamese); *T.J.'s Gingerbread House,* 741 5th St., Tel. 444-7373

●*Unterhaltung:* *Heinhold's First and Last Chance Saloon,* Jack London Square; *The Kingfish,* 5227 Claremont Ave., Bierkneipe; *White Horse Inn,* 6560 Telegraph Ave./66th

●*Don't miss:* Oakland Museum of CA.; Chinatown; Dunsmuir House and Gardens; Jack London Square mit USS Potomac, Jack London Museum und Ebony Museum; Oakland Zoo in Knowland Park; Pardee Home Museum; Lake Merritt mit Camron-Stanford House; Old Oakland mit historischen Bauten

●*Medien:* *Oakland Tribune*

●*Shopping:* Jack London Square u.a. mit riesigem Buchladen *Barnes & Nobles* (mit Café), *Raiders NFL-Shop* (Water St.) und Jack London Village, außerdem hier Farmer's Market an Sonntagvormittagen; Old Oakland lohnend, z.B. *G.B. Ratto & Co. International Grocers*

ML-Teams
●*MLB*
Oakland Athletics
Oakland Coliseum
P.O. Box 2220
Oakland, CA 94621
Tel. (510) 638-4900, Fax 638-4937

Oakland Athletics

Golden State Warriors

●*NBA*
Golden State Warriors
1221 Broadway
20th Floor
Oakland, CA 94612
Tel. (510) 986-2210, Fax 452-0142

●*NFL*
Oakland Raiders
1220 Harbor Bay Parkway
Alameda, CA 94502
Tel. (510) 864-5000, Fax 864-5134

ML-Metropolen

Oakland Raiders

Oakland Coliseum
- **Teams:** *Oakland A's* (MLB), *Oakland Raiders* (NFL)
- **Adresse:** 7000 Coliseum Way, Teil des Oakland/Alameda County Coliseum Complex
- **Fassungsvermögen:** 47.313 *(A's)*, 62.500 *(Raiders)*
- **Eröffnung:** 1966
- **Tickets:** *A's* – Tel. (510) 638-0500 o. 639-7700, *Bass Outlets,* z.B. Tel. 762-2277 o. 998-2277 u.a., Mo-Fr 9-18, Sa 10-16, So 12-16 Uhr, $ 4.50-17.50; *Raiders* – Tel. 864-5000 bzw. *Bass* s.o.
- **Nahverkehr:** *BART* (Coliseum Station), abends und an Wochenenden keine direkte Verbindung nach San Francisco (Umsteigen in Downtown Oakland)
- **Parken:** 10.000 Plätze und Overflow Parking, besser rechtzeitig kommen
- **Imbiß:** breite Palette, Pasta, Chinesisches, Pizza, Subway Sandwiches u.a., Microbrews aus California und dem Nordwesten (Hefeweizen *Widmer* probieren!)
- **Treffs:** s.o. Downtown Oakland
- **Something special:** Die Tailgate Parties auf den Parkplätzen vor dem Stadion sind spektakulär. Die Parole lautet: *„Real Men wear Black"* – also niemals mit einem *49ers*-Shirt oder Cap auftauchen!

Oakland Coliseum Arena
- **Team:** *Golden State Warriors* (NBA)
- **Adresse:** 7000 Coliseum Way
- **Fassungsvermögen:** 19.200
- **Eröffnung:** Neubau an der Stelle der alten Oakland Coliseum Arena, neben dem Oakland Coliseum, im Gang, Eröffnung für Herbst 1997 geplant, einstweilen werden die Spiele in der San Jose Arena (s.u.) ausgetragen – Infos: Tel. (510) 986-2222, 18.500 Zuschauer, Tickets: $ 10-60
- **Nahverkehr:** *BART* Coliseum
- **Treffs:** s..o. Oakland

San Jose, CA

Praktische Tips
- **Telefonvorwahl:** 408
- **Infos:** *San Jose CVB,* 333 W. San Carlos St., Suite 1000, San Jose, CA 95110, Tel. 295-9600, Fax 295-3937; *Visitor Information Center,* 150 W. San Carlos St., im San Jose McEnery Convention Center, Tel. 283-8833;
- **Hotline:** Tel. 295-2265 ext. 400
- **Nahverkehr:** Lightrail (Schnellbahn zwischen San Jose und Santa Clara) – Infos: Tel. 321-2300; Busse: *Santa Clara County Transit (SCCT)* – Infos: Tel. 287-4210; aus San Francisco: *Caltrain* – Tel. (415) 508-6448 o. 1-800-660-4287

Oakland Raiders – man trägt schwarz

●**Unterkunft:** *Best Western Inn,* 455 S. Second St., Tel. 298-3500; *Le Baron Hotel,* 1350 N. First St., Tel. 453-6200; *Valley Inn,* 2155 The Alameda, Tel. 241-8500; *Comfort Inn,* 1215 S. First St., Tel. 280-5300

●**Essen & Trinken:** Der große Latinoanteil der Stadt prägt auch die Küche, z.B. rund um den San Pedro Square: *Health-Mex,* 131 W. San Carlos St., Tel. 993-8230; *Tied House,* 65 N. San Pedro, Tel. 295-2739; *Muchos,* 72 E. Santa Clara St., Tel. 277-0333, nahe der San Jose State Uni; *La Guadalajara,* mehrere Filialen, z.B. 45 Post St., Tel. 292-7352; Japantown (Jackson/Taylor zwischen 1st und 7th Sts.) mit mehreren Lokalen, z.B. *Bento XPress,* 211 Jackson, oder *Ginza Cafe,* 215 Jackson; *Senora Emmas,* 177 W. Santa Clara St., Tel. 297-3552, nahe Stadion

●**Sportbars/Unterhaltung:** Nachtleben vor allem an der S. First St., z.B. *America's Original Sports Bar at San Jose Live!,* 150 S. First St., *The Pavilion,* Tel. 294-5483; *Original Joe's,* 301 S. First St., Burgers u.ä. – eine Institution in San Jose; *Sports City Cafe,* 150 S. First St., *The Pavilion,* Tel. 294-2233

●**Don't miss:** Children's Discovery Museum; Peralta Adobe & Fallon House; Plaza de Cesar Chavez mit Museum of Art und St. Joseph Cathedral; Rosicrucian Egyptian Museum & Planetarium; San Jose Historical Museum; St. James Square; The Tech Museum of Innovation; Winchester Mystery House; Ausflüge nach Palo Alto zur Stanford University und nach Santa Clara

●**Medien:** *San Jose Mercury;* Wochenzeitung: *Metro* (gratis)

●**Shopping:** *The Pavilion* (Stadtzentrum), *Eastridge Shopping Center, Westgate Mall;* *Great Mall of the Bay* (in Milpitas); *San Jose Flea Market* (Mi-So), auch Imbiß; *Gordon's Sports Shop,* 95 S. First St.

ML-Metropolen

ML-Teams
●**NHL**
San Jose Sharks
San Jose Arena
525 West Santa Clara Street
P.O. Box 1240
San Jose, CA 95113
Tel. (408) 287-7070, Fax 999-5797
●**MLS**
San Jose Clash
1265 El Camino Real, 2nd Floor
Santa Cara, CA 95050
Tel. (408) 241-9922, Fax 554-8866

San Jose Sharks

San Jose Clash (MLS)

San Jose Arena
●*Team:* *San Jose Sharks* (NHL)
●*Adresse:* 525 W. Santa Clara St.
●*Fassungsvermögen:* 17.190
●*Eröffnung:* 1993
●*Tickets:* Tel. (408) 999-5765 o. *Bass Tickets* Tel. 998-2277, (510) 762-2277, 1-800-225-2277 u.a., Mo-Fr 9.30-17.30, Sa 9.30-13 Uhr, $ 14-71
●*Nahverkehr:* Halle nahe Downtown gelegen, CalTrain-Zubringer von San Francisco
●*Parken:* zwei Plätze direkt am Stadion, weitere Freiplätze und Garagen im näheren Umkreis, billiger mit zunehmender Entfernung vom Stadion, freie Shuttlebusse ab Downtown
●*Imbiß:* *TCBY Yoghurt; Häagen-Dazs; Sausage Haus; Gretel's Bakery;* Kiosk *Beers of the World* u.a.
●*Treffs:* entlang der Santa Clara St. und vor allem im nahen Downtown; *Henry's World Famous Hi-Life,* 301 W. St. John St., Tel. 295-5414; *Peggy Sue's,* 163 W. Santa Clara St., Tel. 293-8380, s. auch oben
●*Something special:* Tolle „Hai-Show" als Auftakt, wunderschöne Halle, südländische Stimmung. Voraussichtlich bis 1997 auch Ausweichquartier der *Golden State Warriors* (s.o.)

Spartan Stadium
●*Team:* *San Jose Clash* (MLS)
●*Adresse:* 1257 S. 10th Street
●*Fassungsvermögen:* 19.166
●*Eröffnung:* 1933
●*Tickets:* Tel. (408) 924-6363, $ 7-35
●*Parken:* rund um's Stadion genügend Parkplätze
●*Treffs:* s.o. San Jose

●**Something special:** Südländisches Temperament der Zuschauer!

Los Angeles, CA

Praktische Tips
●**Telefonvorwahl:** 213 (für L.A.), sonst angegeben
●**Infos:** *L.A. CVB,* 633 W. 5th St., Suite 6000, L.A., CA 90071, Tel. 624-7300, Fax 624-9746; *Downtown L.A. Visitor Information Center,* 685 S. Figueroa St. zw. Wilshire Blvd. und 7th St., Tel. 689-8822; Hotline: Tel. 689-8822 und 688-2787;

in Deutschland: *Marketing Services International,* Liebigstr. 8, 60323 Frankfurt, Tel. (069) 727770, Fax 727714
●**Nahverkehr:** *MTA (Metropolitan Transit Autority),* Metro und Busse – Infos: Tel. 626-4455; *DASH-Shuttle* im Stadtzentrum – allerdings: Wer kommt ohne Auto nach L.A.?
●**Unterkunft:** West L.A., Westside und Hollywood sowie Santa Monica sind geeignete Gebiete. *Central Reservation Service:* Tel. (407) 339-4116 o. 1-800-537-7666, breite Angebotspalette auch von deutschen Reise-

1 UCLA
2 Great Western Forum
3 USC, L.A. Memorial Coliseum, L.A. Memorial Sports Arena
4 Dodger Stadium
5 Rose Bowl
6 Arrowhead Pond of Anaheim
7 Disneyland
8 Anaheim Stadium

veranstaltern. Inglewood und das Great Western Forum befinden sich in Flughafennähe, dort *Days Inn Airport, Travelodge* u.a. Kettenmotels, z.B. *Best Western Suites Hotel*, 5005 W. Century Blvd., Tel. (310) 677-7733 o. 1-800-424-5005; nahe Dodgers Stadium (Hwy. 110): *Metro Plaza Motel*, 711 N. Main St., Tel. 680-0200; *Best Western Dragon Gate Inn*, 818 N. Hill St., Tel. 617-3077; in Nähe der Memorial Sports Arena (I-110): *Vagabond Inn Figueroa*, Tel. 746-1531, 3101 S. Figueroa St.; *Holiday Inn Crown Plaza*, 3540 S. Figueroa St., Tel. 748-4141; hübsch im Stadtzentrum: *Regal Biltmore*, 506 So. Grand Ave. L.A. Tel. 612-1545; oder am Strand: *Loews Hotel*, 1700 Ocean Ave., Santa Monica, Tel. (310) 207-5663, Fax 458-2813

● **Essen & Trinken:** Wie Shopping konzentriert in Hollywood (Universal Walk), Westside und Downtown; z.B. *La Luz del Día*, 1 W. Olvera St., Tel. 628-7495; *Original Pantry Café*, 877 S. Figueroa St., Tel. 972-9279, Steaks und Sandwiches 24 Std.; *Philippe - The Original*, 1001 N. Alameda St., Tel. 628-3781; Inglewood: *Grinder Restaurant*, mehrere Filialen, z.B. 3031 Figueroa St.; *Brandy's Restaurant & Lounge*, Crown Plaza-Hotel, 3540 S. Figueroa St., Tel. 748-4141

● **Sportbars/Unterhaltung:** *Silver Screen Bistro/Sports Café Deli*, im Hyatt, 8401 Sunset Blvd., West Hollywood, Tel. 656-1234; *Palm Cafe*, 2005 N. Highland Ave./Hollywood, Tel. 850-5811; *Champions Sports Bar at LAX Marriott/Airport*, 5855 W. Century Blvd., Tel. (310) 641-5700; *Grand Avenue Bar*, im Biltmore Hotel Downtown, 506 S. Grand Ave., Tel. 624-1011, lohnende Buffets

● **Don't miss:** 1. Downtown L.A., mit spanischem Zentrum, El Pueblo de L.A. Historic Park, Olvera St., City Hall, Little Tokyo, Broadway und Exposition Park, Museum of Contemporary Art, Southwest Museum und Watts Tower; 2. Hollywood, Hollywood Blvd. und Walk of Fame, Universal Studios, Melrose Ave.; 3. Westside mit Beverly Hills (Rodeo Drive), Century City, Westwood (UCLA), Brentwood (J.P. Getty Center), Beit HaShoa Museum of Tolerance und Martyrs Memorial & Museum of the Holocaust; 4. Küste, Strände und LAX (Flughafen), Santa Monica, Venice Beach, Marina del Rey, Long Beach usw.; 5. Täler, wie San Fernando Valley, Santa Clarita Valley mit Burbank (NBC, Warner Bros.), San Gabriel Valley mit Pasadena (Rose Bowl); 6. Orange County: Anaheim (Disneyland), Buena Park (Knott's Berry Farm), Garden Grove (Crystal Cathedral)

● **Medien:** *L.A. Times*, So mit Veranstaltungen; *Destination Los Angeles; Key-This Week in L.A. & Southern California; Where Magazine; L.A. Weekly; Downtown News*

● **Shopping:** *Arco Plaza*, Farmers Market (3rd/Fairfax), Garment District und Olvera St. sowie Market St. (Mexic. Shops) in Downtown L.A.; Viertel rund um UCLA; Malls wie *Broadway Plaza*, 7th Market Street, Beverly Center, *Century City Shopping Center & Marketplace*; **Spike's Joint*, 7263 Melrose Ave., tgl. ab 11 Uhr, Sportswear-Shop von Spike Lee.

ML-Metropolen

ML-Teams
●MLB
Los Angeles Dodgers
1000 Elysian Park Ave.
Los Angeles, CA 90012-1199
Tel. (213) 224-1500, Fax 224-1359
●NBA
Los Angeles Clippers
L.A. Memorial Sports Arena
3939 S. Figueroa Street
Los Angeles, CA 90037
Tel. (213) 745-0400, Fax 745-0494

Los Angeles Lakers
Great Western Forum
3900 West Manchester Blvd.
P.O. Box 10
Inglewood, CA 90306
Tel. (310) 419-3100, Fax 419-3234

●NHL
Los Angeles Kings
The Great Western Forum
3900 West Manchester Blvd.
Inglewood, CA 90305
Tel. (310) 419-3160, Fax 673-8927
●MLS
Los Angeles Galaxy
1640 South Sepulveda Blvd.,
Suite 114
Los Angeles, CA 90025
Tel. (310) 445-1260, Fax 445-1270

Los Angeles Lakers

Los Angeles Dodgers

Los Angeles Kings

Los Angeles Clippers

Los Angeles Galaxy

ML-Metropolen

Die Dodgers in L.A.

Ausgerechnet in Los Angeles, dem unendlich wuchernden Moloch mit seinen Freeways und Slums, wo vor nicht allzulanger Zeit **schwerste soziale Unruhen** den Haß zwischen unterschiedlichen Ethnien schürten, ausgerechnet hier gibt es einen Ort, wo alle Los Angelenos – egal welche Sprache sie sprechen oder welche Farbe ihre Haut hat – gemeinsam feiern. Dieser Platz liegt weit östlich der Innenstadt, ist ein Ballpark und heißt Dodgers Stadium.

Wenn die *Los Angeles Dodgers* erfolgreich spielen, dann **vergißt das buntgemischte Publikum seine Vorurteile,** tanzen Asiaten mit Latinos und fallen sich Weiße und Afroamerikaner vor Freude um den Hals. Sicher liegt es zum einen daran, daß die *Dodgers* einer der traditions- und erfolgreichsten Vereine des Profi-Baseballs sind. Doch vielleicht spielt es eine mindestens ebenso wichtige Rolle, daß diese Mannschaft ein zusammengewürfelter Haufen von **Spielern unterschiedlichster Herkunft und Hautfarbe** ist, der ungewohnterweise perfekt harmoniert. Da wäre der Japaner *Hideo Nomo,* der kaum ein Wort Englisch spricht, der US-Boy italienischer Abstammung *Mike Piazza,* Schwarm aller Girls, der afroamerikanische Star *Delino DeShields* oder der legendäre *Brett Butler* – unterschiedlichste Typen, die auf dem Spielfeld wie geölte Zahnräder einer Maschine zusammenwirken. Für das perfekte Funktionieren der Maschine sorgte über Jahrzehnte ein und dieselbe Person: die wandelnde Trainerlegende *Tom Lasorda,* der erst kürzlich sein Amt wegen eines Herzinfarkts aufgab.

Dabei gibt es doch glatt Leute, die behaupten, die *Dodgers* gehörten in Wahrheit gar nicht den Los Angelenos, sondern den Bewohnern von **Brooklyn,** einem der Stadtteile New Yorks. Ganz so unrecht haben sie damit nicht, denn der Verein begann seine Profilaufbahn tatsächlich in der Ostküstenmetropole. Die *Brooklyn Dodgers* waren einer der ersten Baseballprofíclubs überhaupt und wurden von den Bewohnern heiß geliebt. Für sie brach 1957 eine Welt zusammen, als der Boß der Dodgers, *Walter O'Malley,* sich entschloß, den Verein in's sonnige Los Angeles umzusiedeln.

Während man in Brooklyn immer noch den *Dodgers* nachtrauert, werden diese **in L.A. mittlerweile mindestens genauso verehrt.** Wen interessieren schließlich noch die Stars aus Hollywood? Die überlassen die Bewohner L.A's gerne den Touristen, die wahren Prominenten der Stadt tragen nämlich weiße Trikots und blaue Baseballcaps! Fragt man einen Los Angeleno nach seiner Leidenschaft, erstrahlen seine Augen, und er beginnt zu erzählen, von den großen Dodgerstars, von ungewöhnlichen Spielen, tollen Siegen und enttäuschenden Niederlagen. Die Stadt und ihre *Dodgers* sind unzertrennlich. Wer einmal im Stadion saß, die Sonne hinter den Hochhäusern im Westen untergehen sah und mit den Fans die *Dodgers* anfeuerte, versteht vielleicht, was dieses Team hier eint.

Minor-League-Team
- **IHL**

Long Beach Icedogs
Long Beach Arena
300 East Ocean Blvd.
Long Beach, 90802
Tel. (310) 423-3647, Fax 437-5116
Spiele in der Long Beach Arena, s.o.
(11.131 Zuschauer)

Dodger Stadium
- **Team:** *L.A. Dodgers* (MLB)
- **Adresse:** 1000 Elysian Park Ave.
- **Fassungsvermögen:** 56.000
- **Eröffnung:** 1962
- **Tickets:** Tel. (213) 224-1448 o. *Ticket-Master* Tel. 480-3232, schriftl.: L.A. Dodgers, P.O. Box 51100, L.A., CA 90051, Mo-Sa 8.30-17.30 Uhr, $ 6-19

- **Nahverkehr:** Bus Nr. 635 fährt an Spieltagen zum Stadion
- **Parken:** 16.000 Parkplätze ($ 4)
- **Imbiß:** Berühmt sind die Dodger dogs, red hot spicy dogs. Sonst gibt es das Übliche, wie z. B. *TCBY frozen yoghurt.*
- **Treffs:** mehrere Lokale und Bars im nahen Chinatown; *Little Joes,* 900 N. Broadway, Tel. 489-4900, italienische Küche; *Mr. Jim's,* nahe Coliseum, Motto: *„You don't need teeth to eat Mr. Jim's beef"*
- **Something special:** Ein spektakulärer Ausblick macht diesen Ballpark zu einem der schönsten der USA, dennoch lautet das Motto der Zuschauer (vor allem Latinos): *„come late, leave early".* Oberfan ist Ex-Coach *Tommy Lasorda.*

L.A. Memorial Sports Arena
- **Team:** *L.A. Clippers* (NBA)
- **Adresse:** 3939 S. Figueroa Street einige wenige Spiele werden im Arrowhead Pond of Anaheim (s.u.) ausgetragen (18.211 Zuschauer)
- **Fassungsvermögen:** 16.021
- **Eröffnung:** 1959
- **Tickets:** Tel. (213) 745-0500 o. 480-3232, Mo-Fr 10-18 Uhr, $ 10-40
- **Nahverkehr:** Bus Nr. 81 bis Figueroa Ave./39th Street
- **Parken:** genügend Plätze vorhanden, Parken in umliegendem Viertel meiden
- **Imbiß:** Jody Maroni Sausages, Salate, Sandwiches u.a.; *Clipper Club* (Sektion 2), Restaurant & Bar, ab 1 Stunde vor Spielbeginn geöffnet
- **Treffs:** *Julie's Trojan Bar & Restaurant,* 3730 S. Flower St., gegenüber der Arena, Tel. 749-2575, *USC-Sportbar; Substation,* 2212 S. Figueroa St., Tel. 749-0844
- **Something special:** *L.A's other team* zieht sogar gelegentlich Hollywood-Prominenz an. Gedanken an Neubau oder Umzug nach Anaheim.

Great Western Forum
- **Teams:** *L.A. Lakers* (NBA), *L.A. Kings* (NHL), *L.A. Sparks* (WNBA)
- **Adresse:** 3900 W. Manchester Blvd., Inglewood
- **Fassungsvermögen:** 17.505 *(Lakers),* 16.005 *(Kings)*
- **Eröffnung:** 1967
- **Tickets:** *Lakers* – Tel. (310) 419-3100 o. *TicketMaster* Tel. (213) 480-3232 u.a., Mo-Fr 10-18 Uhr, $ 21-110; *Kings* – Tel. 673-6003 o. *TicketMaster* (s.o.), Mo-Fr 9-17.30 Uhr, $ 11-80
- **Nahverkehr:** kein direkter Bus – aber wer fährt hier auch schon Bus?
- **Parken:** Parkplätze ausreichend, z.B. Hollywood Park oder hinter dem Forum, besser nicht auf den umliegenden Straßen parken, Geduld beim Wegfahren nötig
- **Imbiß:** das Übliche, außerdem *Forum Club* (für Seasonticketholder und deren Bekannte); *Whistle Stop Restaurant*
- **Treffs:** *Tony Roma's,* 300 E. Florence St., Inglewood, Tel. 674-1679; *Harry O's,* Manhattan Beach, Tel. 545-4444 – *der* Treff für Eishockeyfans!
- **Something special:** Nach kurzer Unterbrechung ist (wie zu Zeiten *Wilt Chamberlains, Kareem Abdul-Jabbars, Magic Johnsons* und *Wayne Gretzkys)* Hollywood zurückgekehrt. Kein Wunder, angesichts der neuen Topattraktion: „Riesenbaby" *Shaq O'Neal.* Da

ML-Metropolen

Der neue King of Hollywood

Los Angeles ist landläufig identisch mit Hollywood, und Hollywood steht synonym zu Showbiz, Klatschspalten, Stars und Geld. In der Heimat von Glitzer und Glamour tummeln sich jedoch nicht nur Filmstars und Musiker, sondern auch **Profisportclubs** – und die **müssen sich dem Ambiente anpassen.** Hier ist man wer, hier wird nicht gekleckert, sondern geklotzt, und der Durchschnitt tut es in der *Big Orange* beileibe nicht.

Es muß schon etwas mehr sein: schillernde Persönlichkeiten, strahlende Vorbilder, brillante Sportler – Leute also, die der Hollywoodprominenz das Wasser reichen können. Die **Stars** *Kareem Abdul-Jabbar, Magic Johnson* oder *Wayne Gretzky* paßten in's Bild, alle waren auf ihre Weise spektakulär. Welch ein Aufschrei ertönte, als erst der gealterte *Kareem* und dann – völlig überraschend – Strahlemann *Magic Johnson* ihre aktiven Laufbahnen beendeten. Und dann setzte sich auch noch Gretzky ins ferne New York ab ...

Sommer 1996: Eine Zeitungsmeldung versetzt die ganze Stadt in helle Aufregung. Nein, nicht daß *Madonna* ein Kind von *Rodman* bekäme oder *Julia Roberts Tom Cruise* heiraten würde – viel aufregender: **Shaquille O'Neal,** das größte Talent im Profibasketball, unterschrieb einen Vertrag bei den *Los Angeles Lakers.* Und behauptet dabei noch ernsthaft, daß nicht das Geld, diese läppischen 120 Millionen Dollar, den Ausschlag gegeben hätten, von der Ost- an die Westküste zu wechseln. Diese Summe hätte ihm schließlich auch sein alter Verein Orlando gelöhnt. Vielmehr sei es der legendäre Ruf von Tingle Town L.A. gewesen, der ihn magisch angezogen hätte. Mag auch sein, denn immerhin ist das etwas treu-doof schauende Riesenbaby nun seinem „Nebenjob" näher: Als Rapper und Schauspieler dürften ihm die nahe gelegenen Studios gerade recht kommen.

Mit *O'Neal* erhalten die Los Angelenos die ideale Verkörperung des **multifunktionalen Stars des 21. Jahrhunderts:** Sport, Film und Musik – *Shaq* ist in allen drei Sparten zu Hause und der erste Allroundstar im Showbusiness. Kein Wunder, daß ihm in *Glamourtown* alle zu Füssen liegen, um ihm, dem neuen *King of Hollywood,* zu huldigen!

---

können nicht mal mehr die *Lakers Girls* mithalten.

Rose Bowl
- **Team:** *L.A. Galaxy* (MLS)
- **Adresse:** 1001 Rose Bowl Drive, Pasadena
- **Fassungsvermögen:**
Soccer: 28.000, bei sonstigen Veranstalungen max. 100.000
Eröffnung: 1922
- **Tickets:** Tel. (818) 405-4396, $ 8-17
- **Parken:** riesige Parkplätze rings um's Stadion
- **Treffs:** s.o. L.A.
- **Something special:** Fanatisches Latino-Publikum, die *Galaxy* haben die meisten Zuschauer im MLS.

Anaheim, CA

Praktische Tips
- **Telefonvorwahl:** 714
- **Infos:** *Anaheim Area Visitor and Convention Bureau,* 800 W. Katella Ave., Anaheim, CA 92802, Tel. 999-8999; im südlich an Metro-Area L.A. anschließenden Goldenen Dreieck (Orange County), ca. 65 km von L.A., gelegen
- **Nahverkehr:** *Orange County Transit District* – Infos: Tel. 636-7433

Rose Bowl in Pasadena (L.A. CVB)

● **Unterkunft:** massenhaft H/Motels aller Kategorien in der Nähe von Disneyland, auch günstige Sonderpreise; z.B. *Anaheim Angel Inn,* 1800 E. Katella Ave., Anaheim, Tel. 634-9121; *Anaheim Stadium Travelodge,* 1700 E. Katella Ave., Tel. 634-1920; *The Anaheim Ramada,* 1331 E. Katella Ave., Tel. 978-8088

● **Essen & Trinken:** s. auch oben L.A.; *Charley Brown's,* 1751 S. State College Blvd., Tel. 634-2211; *The Catch,* 1929 S. State College Blvd., Tel. 634-1829, gegenüber Anaheim Stadium (Steaks/Seafood)

● **Don't miss:** Crystal Cathedral (Garden Grove); Disneyland, mit neuem Indiana Jones Adventure. 2001 soll in direkter Nachbarschaft ein neuer Vergnügungspark namens „Disney's California Adventure" eröffnen (Infos: Tel. 781-4500); Knott's Berry Farm (Buena Park); Yerba Linda und La Casa Pacifica (Nixon-Gedächtnisstätte); Mission San Juan Capistrano; Laguna und Huntington Beaches

ML-Teams
● **MLB**
Anaheim Angels
P.O. Box 2000
Anaheim, CA 92803
Tel. (714) 937-7200, Fax 634-3410

Eishockey unter Palmen

Pucks und Palmen, Eis und Sonne – wer glaubt, diese Zusammenstellung passe nicht zusammen, täuscht sich gewaltig. **Nirgendwo sonst boomt Eishockey mehr,** in keiner anderen Region läßt sich mit dem angeblichen Wintersport mehr Geld verdienen, und an keinem anderen Ort sind die Fans verrrückter nach dem schnellen Spiel um die kleine Gummischeibe als in Kalifornien. Gleich drei NHL-Teams sind hier zu Hause: die *Los Angeles Kings,* die *San Jose Sharks* und die *Anaheim Mighty Ducks.*

Kein Wunder, daß „Eishockey unter Palmen" vor allem in Kalifornien zu einem **einträglichen Geschäft** geworden ist, mittlerweile werden über 300 Millionen Dollar alleine im „Golden State" umgesetzt – der historische Goldrausch wurde von einem Hockeyrausch abgelöst.

Wohl dem, der rechtzeitig eingestiegen ist, wie die *Walt Disney Company.* Ihr Chefmanager *Michael Eisner* machte aus seinem Hobby ein lukratives Nebengeschäft zu Dagobert, Donald, Mickey & Co. Die *Anaheim Mighty Ducks* wurden zwar zunächst belächelt, allein schon wegen ihres Namens, doch mittlerweile floriert das Geschäft. Die nagelneue Halle – bezeichnenderweise heißt sie *The Pond,* der Teich – ist stets voll, das Team spielt ansprechend, und die flott gestylten Souvenirs sind in den USA begehrter als alle anderen.

Doch „Entenhausen" strebt nach Höherem: *Eisner* kaufte sich kürzlich in den Baseballclub *Anaheim Angels* ein, die NFL hat *Disney* den Zuschlag für ein Football-Team in Los Angeles versprochen, und nun erwarb der Unterhaltungsmogul unlängst auch noch den TV-Giganten *ABC*. Ein neuer Stern ist am Sporthimmel aufgegangen, und es fehlt nur noch ein Steinchen, um *Eisner* zum mächtigsten Mann im Profisport zu machen: ein NBA-Team. Auf der Liste der 100 **einflußreichsten Sportpersönlichkeiten,** aufgestellt von der US-Fachzeitung *The Sporting News,* gehört er immerhin seit 1995 zu den Top 10 und steht damit in einer Reihe mit bekannteren Namen wie TV-Mogul *Ted Turner,* Olympia-Chef *Antonio Samaranch,* NBA-Chef *David Stern* und sogar NHL-Chef *Gary Bettman.*

Lange Zeit belächelte man die Eishockey-Clubs in Kalifornien, gäbe es dort doch keine Basis, keinerlei Eishockeytradition. Diese Meinung mußte innerhalb nur weniger Jahre grundlegend revidiert werden. Der **Inline-Skating-Boom** führte dazu, daß überall, zwischen Florida und Kalifornien, jung und alt, Mann und Frau, ganzjährig dem Puck nachjagten. Begeisterte Cracks treffen sich an den Beaches oder auf öffentlichen Sportplätzen, um **Streethockey** auf Inline-Skates zu spielen. Street(basket)ball is out, Hockey is in, sei es auf der Straße oder auf dem Eis. Ligen schießen wie Pilze aus dem Boden, und auf einmal existiert eine „Hockey-Kultur", die sich natürlich von jener in Kanada grundlegend unterscheidet, doch ebenso ernstgenommen werden will. Einziger Unterschied: das Wetter – die gewohnten Assoziationen Eis, Schnee und Kälte werden nun gegen neue Bilder ausgetauscht: Strand, Sonne und Palmen.

•NHL
Anaheim Mighty Ducks
Arrowhead Pond of Anaheim
2695 Katella Ave.- P.O. Box 61077
Anaheim, CA 92803-6177
Tel. (714) 704-2700, Fax 704-2753

Anaheim Mighty Ducks

Anaheim Stadium
- **Team:** *Anaheim Angels* (MLB)
- **Adresse:** 2000 Gene Autry Way
- **Fassungsvermögen:** 64.593 (ab 1998: 33.000)
- **Eröffnung:** 1966 (Umbau 1997)
- **Tickets:** Tel. (714) 634-2000 o. (213) 625-1123 o. 1-800-626-4357 o. *Ticketmaster* Tel. 740-2000 an Gate 1 Verkauf Mo-Sa 9-17.40 Uhr, $ 7-14,50
- **Nahverkehr:** Busse Nr. 49 und 50
- **Parken:** 16.000 Parkplätze, auch Straßenparken möglich
- **Imbiß:** Kosher Hot dogs, Cinnamon Rolls (Gate 1), Corona mit einem Schuß Limone
- **Treffs:** *National Sports Grill,* State College Blvd., Tel. 549-3630, *The Catch* und *Charlie Brown's,* in unmittelbarer Stadionnähe (s.o.)
- **Something special:** Aus dem alten Kombi-Football-Baseball-Stadion wird derzeit ein reiner Ballpark gebaut. Nach der Form der 7 m hohen Anzeigentafel *The Big A* genannt. Die *Rams,* die einst hier Football spielten, sind inzwischen nach St. Louis umgezogen.

Arrowhead Pond of Anaheim
- **Teams:** *Anaheim Mighty Ducks* (NHL), gelegentlich auch Spiele der *L.A. Clippers* (s.o.)
- **Adresse:** 2695 E. Katella Ave.
- **Fassungsvermögen:** 17.174
- **Eröffnung:** 1993
- **Tickets:** Tel. (714) 704-2400 o. *TicketMaster* Tel. 740-2000, Mo-Fr 10-18, Sa 10-16 Uhr, So drei Stunden vor Anpfiff, $ 18-125
- **Nahverkehr:** Bushaltestelle und eigener Shuttle – Infos: Tel. 635-6010
- **Parken:** Rechtzeitig ankommen! Shuttle-Services einiger Restaurants
- **Imbiß:** Fish & Chips, Hot dogs, japanische und mexikanische Gerichte wie Chili Peppers, auch mexikanisches Bier
- **Treffs:** *Catch,* Tel. 634-1829; *El Torito,* Tel. 634-1888; *Harry O's* (siehe Great Western Forum, L.A.)
- **Something special:** In dieser luxuriösen Halle herrscht das Maskottchen *Wild Wing.* Souvenirs à la *Disney* (Besitzer!) sind überaus beliebt, und außer *Michelle Pfeiffer* kommt auch gelegentlich *Bo Jackson* vorbei.

San Diego, CA

Praktische Tips
- **Telefonvorwahl:** 619
- **Infos:** *International Visitor Information Center* im Horton Plaza, 11 Horton Plaza, 1st Ave/F St., Tel. 236-1212; *Visitor Information Center,* 2688 E. Mission Bay Drive, Tel. 276-8200; schriftlich: S.D. CVB, Dept. 700, 401 B Street, Suite 1400, San Diego, CA 92101-4237
- **Nahverkehr:** MTS-Busse *(Metropolitan Transit System)* – Infos: Tel. 233-3004; *S.D. Trolley* – Infos: Tel. 722-6283, auch nach Mexiko; *S.D.-Coronado Bay Ferry* – Infos: Tel. 234-4111
- **Unterkunft:** gehäuft im Mission Valley (Hotel Circle) zu finden, d.h. relativ nah zum Stadion; Kettenmotels entlang der Ash St., Billigsthotels unterschiedlicher Qualität auch im Gaslamp District. Z.B. *Balboa Park Travelodge,* 840 Ash St., Tel. 234-8277; *Comfort Inn-Downtown,* 719 Ash St., Tel. 232-2525; *Grosvenor*

ML-Metropolen

Inn-Downtown, 810 Ash St., Tel. 233-8826; *Super 8 Bayview*, 1835 Columbia St., Tel. 237-9940; *Travelodge-Old Town*, 2380 Moore St., Tel. 291-9100; *Holiday Inn Mission Valley/Stadium*, 3805 Murphy Canyon Rd., Tel. 277-1199; **Kona Kai Continental Plaza Resort & Marina*, 1551 Shelter Island Drive, Tel. 221-8000

● **Essen & Trinken:** Seaport Village, Old Town, Horton Plaza und La Jolla (alle auch lohnend zum Shopping). Spezialitäten der Stadt: Seafood und Mexikanisches. *Anthony's Fishette*, 555 Harbor Lane, Tel. 232-2933; *Cabo Cabo Grill*, 203 5th Ave, Tel. 232-2272; *The Corvette Diner*, 3946 5th Ave., Tel. 542-1001; *Downtown Johnny Brown's*, 1220 3rd Ave., Tel. 232-8414; *The Golden Dragon*, 414 University Ave., Tel. 296-4119, All-you-can-eat-Buffet; *Hungry Hunter*, mehrere Filialen z.B. 2445 Hotel Circle, Tel. 291-8074; Old Town: z.B. *Café Coyote, El Fandango, Casa de Bandini* oder *Casa de Pico*

● **Unterhaltung:** *Buffalo Joe's*, 600 5th Ave., Tel. 236-1616, BBQ und Livemusik; *Dick's Last Resort*, 345 4th Ave. (Gaslamp Quarter), Tel. 231-9100, Biere aus aller Welt; *Horton's Sports Bar & Grill* im Doubletree Hotel (Horton Plaza), Tel. 239-2200; *RJ's Riptide Brewery & Bistro*, 310 5th Ave., Tel. 231-7700

● **Don't miss:** Seaport Village; Gaslamp Quarter District; Museum of Contemporary Art; S.D. Maritime Museum; Old Town mit Mission San Diego de Alcalá; Balboa Park mit 13 Museen, darunter: *S.D. Hall of Champions – Sports Museum (El Prado, tgl. 10-16.30 Uhr, Tel. 234-2544), S.D. Museum of Art, Mus. of S.D. History, S.D. Zoo; Mission Bay – Freizeitpark mit Sea World of California; La Jolla mit University of CA, Museum of Contemporary Art und S.D. Wild Animal Park; Coronado; Point Loma

● **Shopping:** *Seaport Village*, Old Town mit *Bazaar dell Mundo*, Ferry Landing Marketplace, *Horton Plaza; Mission Valley Center; Fashion Valley Shopping Center; University Towne Center*, La Jolla; **Sports Plus*, 5020 W. Point Loma Blvd.; **Niketown*, 1857B Newport Blvd., Costa Mesa

ML-Teams
● **MLB**
San Diego Padres
P.O. Box 2000
San Diego, CA 92112-2000
Tel. (619) 283-4494, Fax 282-8886
● **NFL**
San Diego Chargers
San Diego Jack Murphy Stadium
9449 Friars Road
San Diego, CA 92108
Tel. (619) 280-2111, Fax 280-8107

San Diego Padres

Minor-League-Mannschaften in Städten ohne ML-Teams

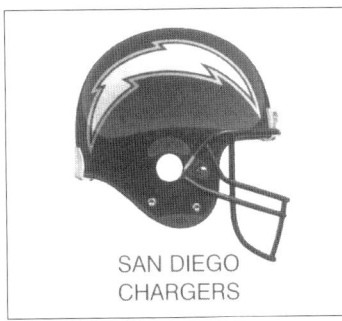

San Diego Chargers

San Diego Jack Murphy Stadium
- **Teams:** *San Diego Padres* (MLB), *San Diego Chargers* (NFL)
- **Adresse:** 9449 Friars Road
- **Fassungsvermögen:** 46.510 *(Padres),* 60.794 *(Chargers)*
- **Eröffnung:** 1967
- **Tickets:** *Padres* – Gate C, Friars Rd., Tel. (619) 283-4494, $ 5-16; *Chargers* – Tel. 280-2121 o. *TicketMaster,* Tel. 220-8497, tgl. 8-16 Uhr, $ 22-35
- **Nahverkehr:** Shuttle-Busse/Chargers Express – Infos: Tel. 233-3004
- **Parken:** Parken kein Problem, Abfahrt schon eher. Vor allem zum Football frühzeitig kommen!
- **Imbiß:** *Rubio's* Fisch-Tacos, *Rally's* Hamburgers, *Randy Jones* BBQ („Foul Territory" – ein Gericht mit Huhn – probieren!); *Sports Club* (1st Level, 3rd Base); zum Biertrinken zieht man andere Kneipen vor (s. Treffs)
- **Treffs:** *S.D. Brewing Company,* 10450 Friars Rd. (Mission Valley), Tel. 284-2739, Pub und Microbrewery; Gaslamp Quarter, s.o., z.B. *Trophy's Bar & Grill,* Friars Rd., Tel. (619) 296-9600

- **Something special:** Hübsch im Mission Valley gelegen, benannt nach einem Sportjournalisten, der sich für das Baseball- und Footballteam in Diego einsetzte. Tailgate Parties vor *the Murph,* tolle Stimmung, tolle Footballfans, genannt *Bolt Heads.*

Tip: Austragungsort des Super Bowls XXXII Ende Januar 1998

Minor-League-Mannschaften in Städten ohne ML-Teams

Las Vegas, NV

- **IHL**

Las Vegas Thunder
P.O. Box 70065
Las Vegas, NV 89170-0065
Tel. (702) 798-7825, Fax 798-9464
Spiele im Thomas & Mack Center, Tropicana Ave. (12.347 Zuschauer)

(San Diego Chargers)

Wichtige College-Sport-Städte

Los Angeles, CA

Obwohl derzeit keine NFL-Mannschaft in L.A. existiert, heißt das noch nicht, daß man ganz ohne Football auskommen muß. Es gibt immerhin zwei große Unis, UCLA (Uni of California at Los Angeles) und USC (Uni of Southern California) und die stellen **College-Football-Teams**, die zur Elite im Westen gehören. Wenn das alljährliche **Lokalderby** ansteht, das im Rose Bowl (s.o.) ausgetragen wird, sind über 100.000 Fans mit riesiger Begeisterung bei der Sache. UCLA hat darüber hinaus einen besonderen Klang im **College Basketball.** In den 70er Jahren dominierte die Mannschaft wie keine andere das Geschehen – dank des legendären Trainers *John Wooden* und Stars wie *Kareem Abdul-Jabbar* (damals noch *Lew Alcinor)* und *Bill Walton.* Mit dem Titelgewinn 1995 konnten die UCLA Bruins wieder an diese vergangenen glorreichen Tage anknüpfen. Während die UCLA im Nobelvorort Westwood, nahe Hollywood, residiert, befindet sich die USC im Stadtzentrum nahe dem alten Olympiastadion, dem Memorial Coliseum.

UCLA Bruins
●*Infos:*
University of California at Los Angeles – Athletic Department
405 Hilgard Ave.
Los Angeles, CA 90024,
Tel. (310) 206-6831, Fax 825-8664

●*Stadien:*
Rose Bowl, Fassungsvermögen: 100.089 (Football)
Pauley Pavilion (auf dem Campus), Fassungsvermögen: 12.819 (Basketball)

USC Trojans
●*Infos:*
University of Southern California
Heritage Hall
Los Angeles, CA 90089-0602
Tel. (213) 740-8480, Fax 740-7584.
●*Stadien:*
L.A. Memorial Coliseum (ehemaliges Olympiastadion), Fassungsvermögen: 94.159 (Football)
L.A. Memorial Sports Arena, Fassungsvermögen: 15.509 (Basketball)

San Diego, CA

San Diego State Aztecs
Ganz ohne **Basketball** müssen die Fans in San Diego nicht auskommen, stellt die San Diego State University doch Jahr für Jahr eine ordentliche Mannschaft. Die *Aztecs* bie-

San Diego State Aztecs
(US College Collection)

Wichtige College-Sport-Städte

ten darüber hinaus guten, offensivorientierten **Football.** Seit der NFL-Star *Marshall Faulck* von den *Indianapolis Colts* hier seinen Abschluß gemacht hat, haben die *Aztecs* an Ansehen gewonnen.

●*Infos:*
San Diego State University
Athletic Department
Alvarado Blvd.
San Diego, CA 92182
Tel. (619) 594-5547, Fax 582-6541

●*Stadien:*
Jack Murphy Stadium (siehe oben), Fassungsvermögen: 61.121 (Football)
San Diego Sports Arena (3500 Sports Arena Blvd.), Fassungsvermögen: 13.741 (Basketball)

Berkeley, CA

(siehe auch Oakland und San Francisco)

California Golden Bears

Bei der Uni of California at Berkeley denkt man zunächst an die bewegten 68er Jahre, an Studentenrevolte und Blumenkinder. Das politische und gesellschaftliche Bewußtsein und die Rolle als Vorreiter sind geblieben, auch der damals errungene weltweite Ruf. Aber nicht nur als **alternative Hochschule** macht und machte sich *Cal* einen Namen, die Uni verfügt auch über gute Sportmannschaften, vor allem im Football und Basketball. Für viele gibt es nichts Schöneres, als an einem warmen Herbstsamstag im Memorial Stadium zu sitzen, die Sonne, die Aussicht auf die Berge oder die Bay zu genießen und den *Golden Bears* beim **Football** zuzusehen. Enger geht's bei den **Basketballern** in ihrer kleinen, aber stimmungsvollen Halle zu - Berkeley gehört diesbezüglich zu den besten Talentschmieden der USA.

●*Infos:*
University of California at Berkeley
Athletic Department
Memorial Stadium - Room 210
Berkeley, CA 94720
Tel. (510) 642-5150, Fax 643-7778

●*Stadien:*
Memorial Stadium (auf dem Campus), Fassungsvermögen: 75.662 (Football)
Harmon Arena (auf dem Campus), Fassungsvermögen: 6.578 (Basketball), einzelne Spiele auch in der Oakland Coliseum Arena (s.o.)

Stanford, CA

(siehe auch San Jose und San Francisco)

Stanford Cardinals

Spitzenklasse in allen Bereichen - so lautet die Devise der **berühmten Privatuniversität Stanford,** eine der angesehensten in den USA. In der Wissenschaft, vor allem auf dem Gebiet der Computertechnologie, hat Stanford - inmitten des *Silicon Valley* gelegen - einen weltweit geachteten Ruf. Aber auch die Sportmannschaften können sich sehen lassen und werden dem hohen Anspruch der Uni gerecht. Die **Football- und Basketballteams der Männer** mischen immer wieder oben mit, doch das eigentliche Aus-

Wichtige College-Sport-Städte

hängeschild ist die **Damen-Basketballauswahl.** Jahr für Jahr reden die *Lady Cardinals* ein entscheidendes Wörtchen bei der Meisterfrage mit. Kein Wunder, daß gerade bei ihren Heimspielen in der Halle die Stimmung großartig ist.

• **Infos:**
Stanford University
Athletic Department
Encina Gym
Stanford, CA 94305
Tel. (415) 723-4418, Fax 725-2957

• **Stadien:**
Stanford Stadium (auf dem Campus), Fassungsvermögen: 85.500 (Football)
Maples Pavilion (auf dem Campus), Fassungsvermögen: 7.500 (Basketball)

Reno, NV

Nevada Wolf Pack

Reno ist „Klein-Vegas", gemütlicher und weniger gigantisch als die große Schwester. Da das gepflegte Spielerparadies zudem in unmittelbarer Nähe zu einem der Toperholungszentren und -skigebiete Kaliforniens, dem Lake Tahoe, liegt, lohnt ein Abstecher erst recht. Sportlich gesehen bieten die **Basketballer** der Uni Nevada akzeptable Leistungen, besonders bei den Lokalderbys gegen die UNLV (siehe Las Vegas) geht die Post ab.

• **Infos:**
University of Nevada
Athletic Department
N. Virginia St.
Reno, NV 89503
Tel. (702) 784-4600, Fax 784-4386

• **Stadion:**
Lawlor Events Center (auf dem Campus), Fassungsvermögen: 11.200 (Basketball)

Las Vegas, NV

UNLV Runnin' Rebels

Las Vegas kann man lieben oder hassen – aber beides erst, nachdem man dieses funkelnde Spielermekka einmal erlebt hat. Sportfans sollten sich allerdings nicht allzu lange in die Casinos zurückziehen, sonst würden sie vielleicht das grandiose Feuerwerk versäumen, das die **Basketballer** der Uni of Nevada at Las Vegas, kurz UNLV, abbrennen. Alleine die Show vor jedem Heimspiel der *Runnin' Rebels* im Thomas & Mack Center wird dem Ruf der Stadt gerecht und lohnt das Eintrittsgeld. Neben einer Lightshow und Musik geht die Vorstellung der Spieler tatsächlich mit einem Feuerwerk einher, und alles zusammen ergibt eine der besten oder sogar die **beste Show im College Sport.** Manche Kenner be-

UNLV Runnin' Rebels
(US College Collection)

haupten, daß die NBA- und NHL-Pregame-Shows nur ein müder Abklatsch davon wären. Zu Beginn der 90er Jahre gelang der Mannschaft zudem ein sportlicher Höhenflug, bis Unstimmigkeiten bei der Vergabe von Stipendien aufgedeckt wurden, die drastische Strafen nach sich zogen und den Siegeszug bremsten. Inzwischen wurde „reiner Tisch" gemacht, und die *Runnin' Rebels* können auch im Spiel wieder mit ihrer famosen Show mithalten.
●*Infos:*
University of Nevada at Las Vegas
Athletic Department
4505 Maryland Parkway
Las Vegas, NV 89154-0004
Tel. (702) 895-3900 oder *TicketMaster* Tel. 474-4000, Fax 895-0989
●*Stadien:*
Thomas & Mack Center (Tropicana Ave.), Fassungsvermögen: 18.500 (Basketball)
Sam Boyd Stadium (auf dem Campus), Fassungsvermögen: 32.000 (Football)

Sonstiges

Frauen-Profibasketball-Liga ABL

San Jose Lasers
●*Infos:*
190 Park Center Plaza
Suite 210
San Jose, CA 95113
Tel. (408) 271-1500, Fax 271-1502
●*Stadion:*
Spiele im *San Jose Event Center,* auf dem Campus der San Jose State Uni, Fassungsvermögen 4.550

●*Tickets:*
Tel. (408) 271-1500

Frauen-Profibasketball-Liga WNBA

Los Angeles Sparks
●*Infos:*
Great Western Forum
3900 W. Manchester Blvd.
Inglewood, GA 90306
Tel. (310) 680-0338, Fax 330-2437
●*Stadion:*
Great Western Forum (s. L.A.)

Sacramento Monarchs
●*Infos:*
ARCO Arena
One Sports Parkway
Sacramento, CA 95834
Tel. (916) 928-3641, Fax 928-6912
●*Stadion:*
ARCO Arena (s. Sacramento)

Los Angeles Sparks (WNBA)

Sacramento Monarchs (WNBA)

Der Nordwesten

Noch ist der Nordwesten der USA ein *gut gehütetes Geheimnis:* Unberührte, riesige Naturschutzgebiete, die traumhafte wildbewegte Pazifikküste, undurchdringliche Regenwälder, hohe schneebedeckte Berge, Vulkanlandschaften, Hochebenen, Canyons und fruchtbare Täler, mächtige Flüsse und attraktive Städte - welche andere Region kann das alles gleichzeitig dem Besucher bieten? Und dann noch die kulinarischen Genüsse: frischer Fisch und Meeresfrüchte, Wein, Bier in unendlicher Vielfalt und hoher Qualität, und die gastfreundlichen, aufgeschlossenen Bewohner.

Während sich *Portland* zu Recht als *Bierhauptstadt* der Welt sieht, ist *Seattle* die *Heimat des Kaffees,* denn nirgendwo sonst in der neuen Welt (vielleicht San Francisco ausgenommen) gibt es ein derart gutes Gebräu. Zu allem Überfluß fehlt es in diesem Reiseparadies auch nicht an Angeboten für den Sportfan, verfügt der Nordwesten doch über eine **Reihe lukrativer Sportmannschaften,** sowohl im Profibereich als auch im College Football bzw. Basketball. Aushängeschilder sind die **NBA-Basketballer** aus Seattle und Portland, denen jedoch das **Baseballteam,** die *Mariners,* an Popularität und Spielstärke kaum nachsteht. Im **Football** gehört das Interesse neben den *Seattle Seahawks* vor allem den Unimannschaften. Obwohl es keine Profieishockeyteams gibt, kommen die Fans nicht zu kurz, denn der Nordwesten ist eine **Hochburg des Junioren-Eishockeys** – über 10.000 Zuschauer pro Spiel sind dabei die Regel.

Staatenporträts

Idaho – The Gem State

Überblick
seit 1890 Staat der USA
- *Hauptstadt:* Boise
- *Fläche:* 216.413 qkm
- *Bevölkerung:* ca. 1 Mio.
- *Zeitzone:* PT, MT
- *Wichtige Minor-League-Mannschaften:* 1 *(Idaho Stampede,* CBA ab Herbst 1997)

Infos
- *Idaho Travel Council*

Joe R. Williams Building
700 W State Street, 2nd Floor
Boise, ID 83720-2700
Tel. (208) 334-2470
oder 1-800-635-7820

Montana – Big Sky Country / The Treasure State

Überblick
seit 1889 Staat der USA
- *Hauptstadt:* Helena
- *Fläche:* 376.565 qkm
- *Bevölkerung:* 800.000
- *Zeitzone:* MT

Infos
- *Travel Montana/Department of Commerce*

P.O.Box 200533
1424 9th Street
Helena, MT 59620-0533
Tel. (406) 444-2654
oder 1-800-548-3390

Stadt der Rosen und des Biers: Portland

Portland – das Bierparadies

Portland ist eine **Stadt der Superlative:** der älteste Rosengarten Nordamerikas, der größte Buchladen der USA, der größte Freiluftmarkt Amerikas, die zweitgrößte Kupferstatue der Welt nach der Statue of Liberty, mehr Kinos und Restaurants pro Einwohner als jede andere amerikanische Stadt, vor allem aber mehr **Brauereien und Pubs** als sonstwo. 37 Brauereien zählt allein Portland, 70 Brauereien und Pubs sind es in ganz Oregon, und im Großraum Portland soll man nirgendwo mehr als 10-15 Minuten von einem Brew Pub oder einer Brauerei entfernt sein! Diesbezüglich soll lediglich Köln noch mit der „City of Roses" vergleichbar sein.

Im US-Bundesstaat Oregon und dessen größter Stadt, Portland, ist Bier nicht einfach Bier, zumindest nicht das, was man landläufig mit Amerika in Verbindung bringt: die wässrigen Standardgebräue im Sixpack. *Cryin' Coyote Western Ale, Hammerhead Ale, Mr. Toads's Wild Red, Black Rabbit Porter, Oregon Honey Beer* oder *Wheat Berry Brew* lauten einige der fantasievollen **Biersorten,** die von Brauereien mit Namen wie *Hair of the Dog, Lucky Labrador* oder *Full Sail* hergestellt werden.

Ein Deutscher namens *Heinrich Saxer* war es, der 1852 die **erste Brauerei** nahe Portland in Lake Oswego, eröffnete und zehn Jahre später an einen deutschen Kollegen, *Henry Weinhard,* verkaufte. Dessen generöser Vorschlag, zur Eröffnung des Skidmore-Brunnens im Stadtzentrum, 1888, Bier sprudeln zu lassen, wurde (zum Mißfallen der Bevölkerung) von den Verantwortlichen abgelehnt. Holzfabrikant *Simon Benson* entschloß sich 1912 dazu, zwanzig bis heute funktionierende *Benson Bubblers* (Trinkwasserbrunnen) in der Innenstadt aufstellen zu lassen. Es gelang ihm damit, seine Arbeiter – zumindest zu 25% – vom Alkoholkonsum während der Arbeitszeit abzubringen.

Heute müßte sich *Benson* schon etwas anderes einfallen lassen, denn seit zehn Jahren erlebt die **Braukunst in Oregon einen wahren Boom.** Unter dem Motto „klein, aber fein" legte die *BridgePort Brewing Company* 1984 den Grundstein für die Höhenflug. Es folgten ein Jahr später die *Widmer Brothers,* deren leichtes säuerliches Hefeweizen die vormals skep-

---

Oregon – The Beaver State

Überblick
seit 1859 Staat der USA
- **Hauptstadt:** Salem
- **Fläche:** 248.407 qkm
- **Bevölkerung:** ca. 2,8 Mio.
- **Zeitzone:** PT
- **ML-Mannschaften:** 1 *(Portland Trail Blazers,* NBA)
- **Wichtige Uni/College-Mannschaften:** 2 *(University of Oregon, Oregon State University)*

Infos
- **Oregon Tourism Division**
775 Summer Street NE.
Salem, OR 97310
Tel. (503) 986-0000
oder 1-800-233-3306

Washington – The Evergreen State/ The Chinook State

Überblick
seit 1889 Staat der USA
- **Hauptstadt:** Olympia
- **Fläche:** 176.617 qkm
- **Bevölkerung:** ca. 4,5 Mio.
- **Zeitzone:** PT

tischen Amerikaner von der heimischen Bierproduktion überzeugen konnte. Nachdem ein neues Gesetz den Direktverkauf von Bier erlaubte, entstanden die ersten Brew-Pubs, und es wurde mit der Flaschenabfüllung begonnen.

1990 schließlich bekam Portland offiziell den **Titel „Microbrew Capital of the World"** verliehen, und inzwischen sind aus vielen Microbreweries, die mit maximal 35.000 hl Jahresproduktion begannen, größere *Craft breweries* geworden. Die Gebräue der „Giganten" wie *Blitz Weinhard, Widmer* oder *Full Sail* sind inzwischen beinahe landesweit erhältlich. Demgegenüber gibt es jedoch auch noch Brauereien, wie *Lucky Labrador* und *Hair of the Dog,* die sich mit knapp 1000 Hektolitern im Jahr bescheiden.

In der Oregon Brewers Guild zusammengefaßt, unterwerfen sich die Kleinbrauereien freiwillig deren Motto *„Quality and Integrity",* was dem „deutschen Reinheitsgebot" entspricht. In den USA werden die oft in Deutschland, Belgien oder England geschulten **Braumeister richtig kreativ.** Die Palette reicht von verschiedenen Ale-Sorten über *Stout* und *Porter* bis zu Hefeweizen, Pilsener, Festbier oder Bock, und jede Brauerei hat ihre eigenen Spezialitäten. Zwar in der Minderzahl, doch bei den Amerikanern höchstbeliebt sind Biersorten, die beispielsweise nach Himbeere, Zitrone, Kaffee oder Schoko schmecken.

In Dosen gibt es dieses Bier grundsätzlich nicht, auch normierte **Behältnisse** à la Euroflaschen sind verpönt, und Individualität ist gefragt. Lagerbiere werden in Champagnerflaschen gefüllt, Kapseln und Etiketten laden zum Sammeln ein, ebenso die Krüge, die zu allen möglichen Anlässen neu gestaltet werden.

Und zum Bier gibt es in den gemütlichen **Pubs,** oft in historischen Gebäuden untergebracht, **deftiges Essen** – sei es Bierhefe-Pizza wie bei *BridgePort,* deftige Wirtshauskost wie bei *Widmer* (mit deutscher Speisekarte) oder ein fünfgängies Brewmaster's Dinner bei *Full Sail.*

Für jene, die auf den Geschmack gekommen sind, gibt es *U-brew* oder **Do-it-yourself-breweries.** In vollausgestatteten Brauereien kann jeder auf Termin sein Bier nach eigenem Gusto brauen. Und für den wahren „Heimwerker" gibt es Spezialläden, die sämtliches Zubehör für das Bierbrauen in heimischer Küche oder Keller anbieten. Viel Glück beim Ausprobieren!

- **ML-Mannschaften:** 3 *(Seattle Mariners,* MLB; *Seattle Seahawks,* NFL; *Seattle SuperSonics,* NBA)
- **Wichtige Minor-League-Mannschaften:** 1 *(Yakima Sun Kings,* CBA)
- **Wichtige Uni/College-Mannschaften:** 2 *(University of Washington, Washington State University)*

Infos
- **State of Washington, Tourism Division**
P.O. Box 42500
Olympia, WA 98504-2500
Tel. (360) 586-2088
oder 1-800-544-1800

Wyoming – The Cowboy State/ The Equality State/ Wonderful Wyoming

Überblick
seit 1890 Staat der USA
- **Hauptstadt:** Cheyenne
- **Fläche:** 259.971 qkm
- **Bevölkerung:** ca. 470.000
- **Zeitzone:** MT
- **Wichtige Uni/College-Mannschaften:** 1 *(University of Wyoming)*

Oregon Coast und „Zimmer mit Frühstück"

Rund 640 km lang ist der **Küstenstreifen Oregons,** an den sich der Hwy. 101 – die Fortsetzung der legendären kalifornischen „Einser" – anschmiegt. Diese Route stellt den vielleicht schönsten Streckenabschnitt der Pacific Coast Highway dar und es wäre schade, eine Oregonreise nur auf die große Sportstadt Portland zu beschränken.

Strände, Klippen und Leuchttürme, Wälder und Naturparks, hübsche Hafenstädtchen – wie Florence oder Astoria – und ein breitgestreutes Freizeitangebot laden zum längeren Verweilen ein. Dabei gehören Stürme, Nebelschwaden und Regenschauer ebenso zur Tagesordnung wie strahlend blauer Himmel, Sonne und glitzernd-ruhige See - aber diese Vierfalt macht gerade den **Reiz der Region** aus. Wanderungen und die Beobachtung der vielseitigen Flora und Fauna machen Appetit auf frischgefangenen Lachs oder Dungeness-Krabben, und im Land der Pacific Northwest Native Peoples kommen auch Kunst und Kultur nicht zu kurz.

Bed&Breakfast-Häuser sind entlang der Oregon Coast besonders verbreitet und eine lohnende Alternative zu den eher gleichförmigen Motels. Es handelt sich um Privathäuser, teils in spektakulärer Lage, deren Besitzer jeweils nur ein paar Zimmer vermieten und sich entsprechend intensiv um ihre Gäste kümmern. B&B-Betreiber sind meist sehr ortskundig und verfügen über ein breites Spektrum an Informationen und Tips, die sie gerne den Besuchern mitteilen. Abgesehen von den meist üppigen Gourmet-Frühstücken und der Möglichkeit, das amerikanische Alltagsleben näher kennenzulernen und Vorurteile abzubauen, sind die meisten B&B-Häuser nicht teurer als Hotels der entsprechenden Kategorie.

- **Infos:** im Oregon B&B Directory, P.O. Box 1283, Grants Pass, OR 97526, Tel. 1-800-841-5448, Fax. (541) 479-5879 oder vor Ort in einem der Visitor Centers oder CVBs.
- **Spezialtips:** *The Kittiwake,* 95368 Highway 101, Yachats, OR 97498, Tel. (541) 547-4470; *Astor Haus B&B,* 1370 Madison Ave., Astoria, OR 97103, Tel. (503) 325-1944 o. 1-800-690-1944

Infos

- **Wyoming Division of Tourism**
I-25 at College Drive
Cheyenne, WY 82002-0240
Tel. (307) 777-7777
oder 1-800-225-5996

ML-Teams

MLB – Baseball
- *Seattle Mariners*

NBA – Basketball
- *Seattle Super Sonics*
- *Portland Trail Blazers*

NFL – Football
- *Seattle Seahawks*

ML- Metropolen

Portland, OR

Praktische Tips
- **Telefonvorwahl:** 503
- **Infos:** *Portland Oregon Visitors Association (POVA),* 3 World Trade Center, 26 SW. Salmon St., Portland, OR 97204-3299, Tel. 222-2223 oder 1-800-345-3214, Fax 275-9774; *Downtown Visitor Information Center,* 2 World Trade Center, Ecke Front Ave./Salmon St, Tel. 222-2223 o. 1-800-345-3214
- **Nahverkehr:** Tri-Met-Busse und Light Rail (Straßenbahnen), *MAX*

(Metropolitan Area Express) – Infos: Tel. 238-7433, Gratisfahrten im Innenstadtbereich

●**Unterkunft:** Preiswerter als in Downtown ist es am südöstlichen Stadtrand, z.B. an der 82nd Ave. *(Best Value Inn, Econolodge* oder *Cascade Motel)* oder am Sandy Blvd.; *Ho-Jo Inn,* 3939 NE Hancock St., Tel. 277-6891; *Midtown Motel,* 1415 NE Sandy Blvd., Tel. 234-0316; **River-Place Hotel,* 1510 SW Harbor Way, Tel. 228-3233, Fax. 295-6161, Tophotel am Willamette River mit Esplanade Restaurant; *Best Western Rose Garden Hotel,* 10 N. Weidler St., Tel. 287-9900; *Red Lion Inn Coliseum,* 1225 N. Thunderbird Way, Tel. 235-8311, etwas laut, aber direkt am Rose Garden

●**Essen & Trinken:** Zentren – SE (Hawthorne Blvd.) mit z.B. *Produce Row Café,* 204 SE OakSt., 28 Biere vom Faß, rund um den Nob Hill (21st-23rd Sts.) z.B. *Escape from NY Pizza,* 622 NW 23rd St.; *Papa Haydn,* 701 NW 23rd Ave.; *Tribeca Restaurant,* 706 NW 21st St., Pearl District (nördl. Burnside St.); Skidmore District/Old Town (W. Burnside St. zw. Davis und Stark Sts.) mit z.B. *Jackie's Ribs & More,* 961 SW Broadway, Tel. 221-7427; *Paradise Bakery,* Pioneer Place, 700 SW 5th Ave. Tel. 223-2660, B/L/D, gesunde Kost; *Pazzo Ristorante,* 627 SW Washington St., Tel. 228-1515; in Stadionnähe (Lloyd Distr.): *Jamie's Great Hamburgers,* 1337 NE Broadway, Tel. 335-0809; *Tony Roma's – Famous for Ribs,* 718 NE M. L. King Jr. Blvd., Tel. 232-5559

●**Something special:** Portland ist die *Microbrew Capital of the World,* z.B. *BridgePort Brewery & Brewpub,* 1313 NW Marshall St., Tel. 241-7179; *Full Sail Brewing Company at the RiverPlace,* 307 SW. Montgomery St., Tel. 240-8390; *McMenamins Brewpubs,* z.B. *The Ram's Head,* 2282 NW Hoyt St., Tel. 221-0089 oder *McMenamins Mission Theatre & Pub,* 1624 NW Glisan St., Tel. 223-4031; *Nor'Wester Brewery & Public House,* 66 SE Morrison St., Tel. 232-9771; *Portland Brewing Company,* mit *P.B. Flanders St. Brewpub & Eatery,* 1339 NW Flanders St., Tel. 222-5910, mit berühmtem Oregon Honey Beer; *Widmer Brothers Brewing Co.* & Gasthaus, 929 N. Russell St., Tel. 281-2437, „Widmer Hefeweizen" im gemütlichen Wirtshaus; *B. Moloch Heathman Bakery & Pub,* 901 SW Salmon St., Tel. 227-5700; *Portland BrewBus,* Tel. 244-2739; Infos: Broschüre *Microbreweries of Oregon* (im Visitors Center bzw. Tel. 295-1862)

●**Sportbars:** *Champion's – The American Sports Bar,* Portland Marriott, 1401 SW Front Ave., Tel. 226-7600; *Highlights Sports Hall of Fame Restaurant and Bar,* 309 SW 3rd Ave., Tel. 228-0800, mit Livemusik

●**Don't miss:** Microbrewery-Tour; Historic Old Town/Yamhill und Skidmore Districts; Waterfront Park; Portlandia vor dem Portland Public Service Building; Oregon History Center; Portland Art Museum; American Advertising Museum; Oregon Maritime Center & Museum (OMSI), mit OMNIMAX Theater und „USS Blueback"; International Rose Test Garden; Metro Washington Park Zoo;

Pittock Mansion; The Grotto; *Powell's City of Books, 1005 W. Burnside St. (paradisisch, auch Secondhand)
• **Medien:** *The Oregonian* (Fr mit Veranstaltungskalender), kostenlose Wochenzeitungen *Our Town, Wilamette Week* und *Portland Guide*
• **Shopping:** Es gibt keine Sales Tax! Pioneer Courthouse Square und Pioneer Place; Nob Hill, NW 21 und 23rd Sts., Hawthorne District, Lloyd District mit *Lloyd Center; The Galleria;* Skidmore District; *Saturday Market,* unter der Burnside Bridge
Sportshops: *Blazers on Broadway,* 818 SW Broadway (alles für den Basketballfan); *Niketown Portland* (der Sportartikelgigant ist hier zu Hause), 930 SW 6th Ave.und Nike Airport Store; *Nike Portland Factory Store* (Billigversion von Niketown), 3044 NE M.L.King Jr. Blvd.; *University of Oregon – *Duck Shop at Portland Center,* 734 SW 2nd Ave.; *Columbia Sportswear Co. Factory Outlet,* 8128 SE 13th Ave.

ML-Team

• **NBA**
Portland Trail Blazers
Rose Garden
One Center Court, Suite 200
Portland, OR 97227
Tel. (503) 234-9291, Fax 232-9672

Portland Trail Blazers

Rose Garden
• **Team:** *Portland Trail Blazers* (NBA)
• **Adresse:** One Center Court
• **Fassungsvermögen:** 21.401 (Basketball), auch Konzerte, Junioren-Eishockey u.a.
• **Eröffnung:** 1995
• **Tickets:** *Trail Blazers* – Tel. 231-8000 o. 234-9291, $ 5-68
• **Nahverkehr:** Tri-Met-Busse und v.a. MAX Trambahnen halten in nächster Nähe; freier Shuttle zwischen Arena und Parkplätzen im Lloyd District
• **Parken:** rund 2700 Parkplätze um die Halle ($ 8), außerdem Shuttle-Service-Parking im Lloyd District, nahe des Lloyd Centers ($ 5)
• **Imbiß:** vielseitiges Angebot, vom Burger bis zum Lachs-Sandwich, z.B. *Bridgetown Cantina and Truckstop* (Tacos), *Rosie's Flying Circus & Grill, Arena Roma, Flying Wok, Havanas* (Rauchen erlaubt!)
• **Treffs:** Im angrenzenden One Center Court mehrere Lokale, z.B. *Widmer Brew Pub* und *Cucina! Cucina* sowie *Friday's Front Row Sports Grill*
• **Something special:** Diese Halle ist derzeit eine der modernsten. Initiiert von Teambesitzer *Paul Allen* (Microsoft-Teilhaber) kam hier für $ 262 Mio. aller denkbare Komfort zum Einsatz: ein neues Akustik-System, 700 TV-Geräte allüberall, Top-Luxury-Boxes und gute Sicht auch von den $-5-Plätzen. Seit 1996 spielen im benachbarten Memorial Coliseum die Frauen Profibasketball *(Portland Power,* ABL, Tel. 233-9559, s.u.)

Jimi Hendrix, Computer und Basketball

Er gehört gewissermaßen einer aussterbenden Spezies an, dieser **Paul Allen,** ist er doch einer der wenigen verbliebenen Vertreter der „alten Besitzer-Generation". Dem stets freundlich dreinblickenden bärtigen Mann gehören die *Portland Trail Blazers* höchstpersönlich, und neuerdings kommen noch die *Seattle Seahawks* (NFL) hinzu. Während ringsum immer mehr Großunternehmen Proficlubs erwerben und als Tochtergesellschaften betreiben, hält *Allen* an der „alten Gepflogenheit" fest: Der **allmächtige Boß** kümmert sich noch selbst um die Geschäfte, kennt jeden seiner Mitarbeiter und betrachtet den Club als Teil seiner Familie. Ohne eine dicke Geldbörse ist dies heutzutage kaum mehr machbar, aber schließlich ist das vielseitig interessierte Genie *Allen* damit ausgestattet.

Computer, *Jimi Hendrix,* CyberSpace, Information Superhighway und Sport - all das sind Sparten, in denen *Paul Allen* zu Hause ist. Die Basis für seine Geschäfte legte *Allen* 1975, als er mit einem gewissen *Bill Gates* eine Computersoftwarefirma gründete, die jedem heute ein Begriff ist: **Microsoft.** *Allen* zog sich wegen einer Krankheit zwar zehn Jahre später aus der Firma zurück, blieb jedoch mit einer Teilhaberschaft von 11% weiter involviert und baute so sein Finanzimperium auf.

Seit ein paar Jahren ist er wieder im Computer-, Online- und Filmgeschäft tätig, und man prognostiziert ihm bereits jetzt eine rosige Zukunft. Mittlerweile hat er sich sogar in die **Liste der zehn reichsten Männer der USA** hochgearbeitet und träumt nun davon, seinem Idol *Jimi Hendrix* endlich ein eigenes Museum einzurichten.

Sein größter Stolz und vor allem der seiner Mutter sind die **Trail Blazers** - und für die hat er neben die alte, aus allen Nähten platzenden Halle den komfortstrotzenden Rose Garden gestellt. Diese neue Arena bietet 21.500 Fans Platz, beinahe 10.000 mehr als das über zehn Jahre immer ausverkaufte alte Coliseum. Der **Rose Garden** ist nicht nur eine bequeme und moderne Halle, sondern ein architektonisches Meisterwerk, dessen spektakulären Springbrunnen-Shows vor dem Haupteingang alleine einen Besuch wert sind.

Gerade im basketballverrückten Portland wird man *Allen* diese gute Tat nie vergessen. Und sollten die Basketballer ihre Spielkünste irgendwann noch dem Topambiente anpassen und sogar einen Titel erringen, dann würde man *Paul Allen* sicher im Stadtzentrum eine Statue errichten. Oder gleich die ganze Stadt nach ihm umbenennen?

Seattle, WA

Praktische Tips
- **Telefonvorwahl:** 206
- **Infos:** *Seattle-King County Convention & Visitors Bureau,* 520 Pike St., Suite 1300, Seattle, WA 98101, Tel. 461-5800 o. -5840, Fax 461-5855; vor Ort: *Visitor Information Center,* im Washington State Convention & Trade Center, 800 Convention Place, Galleria Level, Tel. 461-5840; *Uni Visitors Center,* 4014 University Way NE, Tel. 543-9198
- **Nahverkehr:** *Metro Transit,* Busse, Straßenbahnen (Waterfront Streetcar), Hochbahn (Monorail) und Fährboote - Infos: Tel. 553-3000; Seattle Ferry Terminal, Pier 52; außerdem Fähren nach Kanada ab Pier 48 bzw. 69
- **Ticketservices:** *UW Arts Ticket Office,* 4001 University Way NE, Tel. 543-4880; *Pacific Northwest Ticket Service,* Tel. 232-0150; *Ticket Master,* Tel. 292-2787
- **Unterkunft:** *Seattle SuperSaver Program,* Tel. 461-5882 o. 1-800-535-

7071. Preiswerte Motels befinden sich entlang der Aurora Ave. bzw. an der 85th St., z.B. *Nites Inn,* 11746 Aurora Ave. N., Tel. 365-3216; *Aloha Inn,* 1911 Aurora Ave. N., Tel. 283-6070; nahe Pike Place Market: *Moore Hotel,* 1926 2nd Ave., Tel. 448-4851; Capitol Hill: *The Bacon Mansion B&B,* 959 Broadway East, Tel. 329-1864, Fax 860-9025, B&B mit Stil!

●**Essen & Trinken:** Drei Spezialitäten: fangfrischer Fisch und Meeresfrüchte, Cafés (u.a. *Starbucks)* und Microbreweries (z.B. *Pike Place Brewery,* 1432 Western Ave. im Pike Place Market oder *Hales Ales Brewery & Pub,* Tel. 706-1544). Rund um den Pioneer Square und Pike Place Market: z.B. *Etta's Seafood, Japanese Gourmet* oder *Soundview Café;* Waterfront: z.B. *Pier 54, Steamer's Seafood Cafe* und *Ivar's* (Fish&Chips); International District: *House of Hong Restaurant,* 409 8th Ave. S., Tel. 622-7997; Lake Union: *Ivar's Smokehouse,* 401 NE Northlake Way, Tel. 632-0767; „*U-Dub*" (preiswert) v.a. University Ave., z.B. *Tandoor Restaurant,* 5024 University Way, Tel. 523-7477, oder *Asia Deli,* 4235 University Way NE

●**Unterhaltung:** rund um Pioneer Square, z.B. *New Orleans,* Tel. 622-2563; *Fenix Underground,* Tel. 343-7740; *Sneakers Sports Restaurant,* 538 1st Ave. S., Tel. 625-1340; außerdem Bier-Pubs wie *Red Door Alehouse,* 3401 Fremont Ave.; *The Trolleyman Pub,* 3400 Phinney Ave., Uninähe; *5 Spot,* 1502 Queen Anne Ave. N; *Jerseys Sports Bar & Billiards,* 2004 7th Ave.

●**Don't miss:** Pike Place Public Market; Seattle Art Museum (SAM); Seattle Aquarium; Pioneer Square; International District (Chinatown); Capitol Hill mit Broadway (Shopping & Dining); Volunteer Park mit SAAM; Seattle Center mit Space Needle; Queen An-

Prächtig, aber in die Jahre gekommen: der Kingdome
(Seattle King Country News Bureau, B. Parker)

ne District; Lake Washington und Lake Union mit Hausbootsiedlungen; Bill Speidel's Underground Tour; University District mit Husky Stadium am Lake Washington und Thomas Burke Memorial Washington State Museum

●**Medien:** *Seattle Times, Seattle Post-Intelligencer* und *The Morning News Tribune* (auch Veranstaltungskalender); *Where Seattle, Seattle/King County Visitors Guide* kostenlos im Visitor Center erhältlich

●**Shopping:** *Pike Place Public Market* mit zahlreichen Shops; Pioneer Square, 1st Ave./Yessler Way und Umgebung, v.a. *Pioneer Square Mall* (Antiquitäten); Seattle Central Waterfront; *Rainier Square;* Malls: *Northgate Mall, Southcenter Mall, SuperMall of the Great Northwest* (Outlet); *University Village; Westlake Center*

Sportshops: **Full House - Seattle Sonics Teamshop,* 190 Queen Anne Ave. N., neben der Key Arena – ein Muß für jeden Basketballfan; *Superior Specialties,* 406 Occidental South/Pioneer Square, Sportsouvenirs nahe dem Kingdome; *Sport Clothing & Equipment,* mehrere Filialen, z.B. 1525 11th Ave., Baseballzubehör

Seattle Mariners

Seattle Super Sonics

ML-Teams
●**MLB**
Seattle Mariners
P.O. Box 4100
Seattle, WA 98104
Tel. (206) 628-3555, Fax 628-3340
●**NBA**
Seattle SuperSonics
190 Queen Anne N., Suite 200
Seattle, WA 98109
Tel. (206) 281-5800, Fax 281-58775

●**NFL**
Seattle Seahawks
11220 NE. 53rd Street
Kirkland, WA 98033
Tel. (206) 827-9777, Fax 828-8336

Kingdome
●**Teams:** *Seattle Mariners* (MLB), *Seattle Seahawks* (NFL)
●**Adresse:** 201 S. King Street
●**Fassungsvermögen:**
59.166 *(Mariners),*
66.400 *(Seahawks)*

ML-Metropolen

Seattle Seahawks

- **Eröffnung:** 1976 (Neubau eines Baseballstadions in Planung)
- **Tickets:** *Mariners* – Tel. (206) 296-3663 o. *TicketMaster* Tel. 628-0888, schriftl.: P.O. Box 4100, 411 First Ave. S., Seattle, WA 98104, Mo-Sa 8.30-17.30, So 12-17 Uhr, $ 5-22; *Seahawks* – 11220 NE. 53rd Street, Kirkland, WA 98033, Tel. 827-9766, Mo-Fr. 7-17, $ 19-38
- **Nahverkehr:** Metro-Bus ab 4rd Ave. Southbound bis 3rd/Jackson; Shuttlebus ab Downtown 90 Min. vor Football-Spielbeginn
- **Parken:** zwei Parkplätze im Süden, einer im Norden (4000 Plätze, bis $ 10); für Footballfans weitere Plätze im näheren Umkreis, doch besser frühzeitig kommen
- **Imbiß:** *Nalley's* Nachos, *Ezell's* fried Chicken; Seattle smoked BBQ, gutes Bier und natürlich *Starbucks* Coffee
- **Treffs:** Pioneer Square, mit *Sneakers Sportsbar, F.X. McRory's,* Tel. 623-4800, Seafood; außerdem Waterfront mit mehreren Lokalen und Bars nahe gelegen
- **Something special:** Es fallen gelegentlich Deckenplatten herunter, aber wen stört's? *Ken Griffey Jr.* ist der Baseballheld, und die *Seahawks* gehören wie die *Trail Blazers* dem Microsoftmitbegründer *Paul Allen.* Dennoch werden in den nächsten Jahren für beide Teams neue Stadien gebaut.

Key Arena at Seattle Center
- **Team:** *Seattle SuperSonics* (NBA)
- **Adresse:** 305 Harrison Street, im Seattle Center
- **Fassungsvermögen:** 17.072

Die Seahawks träumen von einer neuen Halle (NFL Photos)

ML-Metropolen

Deutschlands bester Exportartikel seit dem VW Käfer

... so titulierte einmal eine amerikanische Zeitung eine Geschichte über **Detlef Schrempf.** Das war zwar schon in den 80er Jahren, doch mittlerweile hat sich dies mehr als bewahrheitet. Der 1963 in Leverkusen geborene *Schrempf*, den seine Fans *Det the Threat* nennen, begann seine Basketball-Laufbahn an der University of Washington in Seattle 1981 und sorgte damals schon für Schlagzeilen.

1985 schaffte er als **erster deutscher und europäischer Spieler den Sprung in die NBA,** zugleich der Beginn einer, zur Überraschung aller, überaus erfolgreichen Profi-Karriere. Über Dallas und Indiana führte ihn sein Weg 1993 zum Ausgangspunkt nach Seattle zurück. Mit den *Seattle SuperSonics* spielt er nun erstmals in einer Mannschaft, die gute Karten hat, einmal aufs Meisterpodest zu steigen.

Den uneingeschränkten **Respekt der amerikanischen Fachleute** und Spieler darf *Schrempf* nach zwölf NBA-Spielzeiten bereits heute für sich verbuchen. Deutlichster Beweis für seine Anerkennung ist die zweimalige Wahl in ein All-Star-Aufgebot der NBA: 1993 in die Ost-, 1995 in die West-Auswahl.

Ob *Schrempfs* **Erfolgsrezept** vielleicht darin begründet liegt, daß ihn ein wichtiger Aspekt von anderen Europäern in der NBA unterscheidet? *Det* hat den Sport nämlich an einer US-Universität von der Pike auf gelernt, wurde als amerikanischer College-Spieler und nicht als in Europa geschulter Akteur in die NBA aufgenommen und deshalb auch von Anfang an von der Fachwelt als „Einheimischer" behandelt. Daß er aus Europa stammt, interessiert nur mehr am Rande, ebenso wie kaum mehr einer daran denkt, daß *Hakeem Olajuwon* in Nigeria zur Welt kam.

Diese **„Amerikanisierung"** ist es auch, die aus Schrempf den NBA-Superstar gemacht hat, der er heute ist. Mit eiserner Disziplin und unbeugsamem Willen hat er an seinen Fähigkeiten gefeilt und es verstanden, sich von Jahr zu Jahr zu steigern. Vor dieser *Gym Rat*, diesem bis zum Umfallen trainierenden Basketballbesessenen, haben sogar seine US-Kollegen Respekt: „*Det* ist amerikanischer als ein Amerikaner, was Basketball betrifft", meinte einmal kopfschüttelnd ein Teamkollege.

Schrempf will nach dem Ende seiner Karriere in den USA bleiben – am liebsten natürlich im altvertrauten Seattle – denn hier ist sein Zuhause und das seiner **Familie,** der ehemaligen Augsburger Leichtathletin *Mary Wagner* und seiner zwei Kinder.

- **Eröffnung:** 1995
- **Tickets:** Tel. (206) 283-3865 o. *TicketMaster* Tel. 628-0888, $ 7-85
- **Nahverkehr:** Downtownlage, per Monorail oder mit Shuttlebussen erreichbar
- **Parken:** Angeschlossene Parkgarage schnell gefüllt, Parkplätze in umliegenden Straßen, am besten ohne PkW kommen!
- **Imbiß:** Fischspezialitäten, Burger und das Übliche
- **Treffs:** *Yukon Jack's,* 305 Harrison, Seattle Center, Tel. 441-6600; *Café Minnie's,* 1st Ave./Denny Way, Tel. 448-6263; *McCormick & Schmick's,* 1103 1st Ave., Tel. 623-5500; *Metropolitan Grill,* 820 2nd Ave., Tel. 624-3287
- **Something special:** Nagelneue Halle und begeistertes Publikum. Hier spielt – noch dazu sehr erfolgreich – der einzige Deutsche in der NBA: *Detlef Schrempf.*

Minor-League-Mannschaften in Städten ohne ML-Teams

Yakima, WA

CBA
Yakima Sun Kings
1001 S. Third Street
P.O. Box 2626
Yakima, WA 98907
Tel. 509 248-1222, Fax 248-1537
Spiele im Yakima SunDome, 1310 S. 10th St. (5.452 Plätze, $ 3-15,50)

Boise, ID

●**CBA**
neues Team ab 1997 (Infos über CBA-Office, s.o.), Einzelheiten noch nicht bekannt
Idaho Stampedes
Spiele im Idaho Center, I-84 zw. Nampa und Meridian (13.000 Zuschauer)

Wichtige College-Sport-Städte

Seattle, WA

Washington Huskies

Zusätzlich zu der traumhaftem Lage, den zahllosen Sights und dem Hafen hat Seattle noch ein weiteres Plus: Es handelt sich um eine Studentenstadt. Im Norden der Stadt liegt der Campus der University of Washington, der an sich eine Besichtigung lohnt, aber dessen Prunkstück das malerisch am Wasser gelegene **Footballstadion** ist. Von hier aus bietet sich gleichermaßen ein hervorragender Blick auf den Pudget Sound, die Skyline der Stadt und die umgebenden schneebedeckten Bergriesen (u.a. Mount Olympus). Und natürlich auf die *Huskies,* die unten auf dem Spielfeld unter der Anfeuerung fanatischer Fans guten Football bieten. Auch im **Basketball** bieten die *Huskies* Überdurchschnittliches. Seit dort der jetzige NBA-Superstar *Detlef Schrempf* studiert und gespielt hat, finden immer wieder deutsche Talente den Weg nach Seattle.

●*Infos:*
University of Washington
Athletic Department
Graves Building, GC-20
Seattle, WA 98195
Tel. (206) 543-2200, Fax 543-5000

●*Stadien:*
Husky Stadium (auf dem Campus), Fassungsvermögen: 72.500 (Football)
Hec Edmundson Pavilion (auf dem Campus), Fassungsvermögen: 7.870 (Basketball)

Washington Huskies (Uni of Washington)

Wichtige College-Sport-Städte

Eugene, OR & Corvallis, OR

Im fruchtbaren **Willamette Valley,** südlich von Portland, leben die meisten Oregonians, liegen die beiden großen Unis und die Hauptstadt des Bundesstaates, Salem. Geprägt ist die Landschaft vom Willamette River, der immer wieder im Frühjahr über die Ufer tritt, von der Landwirtschaft und vom Weinbau. Zu den hübschen kleinen Städtchen in dieser Region gehört Eugene, wo die University of Oregon zu Hause ist, die den Ruf als das „Berkeley des Nordwestens" innehält. Die Studenten sind voller Ei-

Washington Huskies, stark im Football (Uni of Washington)

Wichtige College-Sport-Städte

fer und Ideen, der Ort voller Kneipen und Theater und das Herz aller schlägt für die *Ducks,* die **Unifootballer und -basketballer.** Seidem die *Ducks* in beiden Sportarten oben mitmischen, kennt die Begeisterung keine Grenzen mehr. Dagegen sind die *Oregon State Beavers* aus Corvallis „graue Mäuse", denen sportlicher Erfolg in letzter Zeit abgeht. Wenn jedoch Lokalderbys auf dem Programm stehen, geben sie das Äußerste und liefern Spiele, die man sich als Sportfan nicht entgehen lassen sollte.

Oregon Ducks
●*Infos:*
University of Oregon
Athletic Department
2727 Leo Harris Parkway
Eugene, OR 97401
Tel. (503) 346-5488, Fax 346-5449
●*Stadien:*
Autzen Stadium (auf dem Campus), Fassungsvermögen: 41.698 (Football)
McArthur Court (auf dem Campus), Fassungsvermögen: 10.063 (Basketball)

Oregon State Beavers
●*Infos:*
Oregon State University
Athletic Department
Gill Coliseum
Corvallis, OR 97331
Tel. (503) 737-3720, Fax 737-3072
●*Stadien:*
Parker Stadium (auf dem Campus), Fassungsvermögen: 35.362 (Football)
Gill Coliseum (auf dem Campus), Fassungsvermögen: 10.400 (Basketball)

Pullman, WA

Washington State Cougars
Seattle befindet sich für die Bewohner des Unistädtchens Pullmann (ganz im Osten des Bundesstaates Washington gelegen) fast am anderen **Ende der Welt.** Die nächste Metropole ist etwa drei Autostunden nördlich Spokane. Kein Wunder, daß viele die Bewohner dieser Region als *Rednecks,* als Provinzler, bezeichnen. Doch zum Glück verfügt Pullman über ein Gegenmittel: Die **Football- und Basketballteams** der Washington State University geben Gelegenheit, den *Wetlanders,* den „schnöseligen" Bewohnern der Küstenregion (mit Seattle, Tacoma und der Haupstadt Olympia), zu zeigen, daß man auch nicht ohne ist. Vor allem wenn es gegen die Uni Washington oder diejenigen aus dem Nachbarstaat Oregon geht, ist in und um Pullman die Hölle los.
●*Infos:*
Washington State University
Athletic Department
Bohler Gym
Pullman, WA 99164-1610
Tel. (509) 335-0270, Fax 335-0267
●*Stadien:*
Martin Stadium (auf dem Campus), Fassungsvermögen: 37.600 (Football),
Friel Court (auf dem Campus), Fassungsvermögen: 12.058 (Basketball)

Laramie, WY

Wyoming Cowboys
Der Spitzname der University of Wyoming deutet es bereits an: Alle Cowboys, die nicht in Texas leben,

Sonstiges

Wyoming Cowboys
(US College Sports Collection)

sind hier zu Hause. Rodeos bestimmen das Wochenendprogramm, und vor allem das große Fest in Cheyenne (siehe Spectator-Sport-Tips) zieht Menschen zuhauf an. Doch – und auch das ist eine Parallele zu Texas – im Herbst ist **Football** der wahre Publikumsmagnet. Da die *Wyoming Cowboys* auch noch ganz gut spielen, wundert es nicht, daß die Heimspiele nicht nur gut besucht sind, sondern zu wahren Festen ausgeweitet werden. In den letzten Jahren mausern sich jedoch auch die **Basketballer,** so daß auch im Winter für Gesprächsstoff gesorgt ist.

●*Infos:*
University of Wyoming
Athletic Department
P.O.Box 3414
Laramie, WY 82071
Tel. (307) 766-2256, Fax 766-2346

●*Stadien:*
War Memorial Stadium (auf dem Campus), Fassungsvermögen: 33.500 (Football)

Arena-Auditorium (auf dem Campus), Fassungsvermögen: 15.028 (Basketball)

Sonstiges

Frauen-Profibasketball-Liga ABL

Portland Power
●*Infos:*
Memorial Coliseum
One Center Court
Portland, OR 97227
Tel. (503) 233-9559, Fax 233-8410
●*Stadion:*
Spiele im *Memorial Coliseum* (alte Halle der *Trail Blazers,* neben dem neuen *Rose Garden,* siehe ML-Metropolen, Portland, 10.934 Zuschauer)
●*Tickets:*
Tel. (503) 236-4666

Seattle Reign
●*Infos:*
400 Mercer Street
Seattle, WA 98109
Tel. (206) 285-5225, Fax 285-4714
●*Stadion:*
Spiele in der *Mercer Arena* (Seattle Center, nahe der *Key Arena,* s.o., 4.623 Zuschauer)
●*Tickets:*
Tel. (206) 628-0888

(Portland Power)

Sonstiges

Junioreneishockey (WHL)

Im Einleitungsteil (siehe Eishockey) wurde bereits auf die Bedeutung des Junioreneishockeys hingewiesen. Eigentlich handelt es sich um ein kanadisches Phänomen, doch die drei kanadischen Ligen haben schon immer Franchises aus den USA in ihren Reihen aufgenommen. Die **WHL** *(Western Hockey League)* mit Sitz in Calgary verfügt über die meisten US-Teams in ihren Reihen: vier. Diese gehören zudem Jahr für Jahr zu den besten Mannschaften und haben stets ein wichtiges Wort bei der Titelvergabe mitzureden. Kein Wunder, daß in den betreffenden vier US-Städten die Eishockeyfans ihre Jungs genauso verehren wie andernorts die NHL-Cracks. In **Spokane** und **Kennewick** *(Tri-Cities)* sind die Spiele oft ausverkauft, und in **Portland** strömen zu lukrativen Begegnungen schon einmal bis zu 17.000 Fans. Zahlen, die hierzulande unvorstellbar sind, doch wer einmal ein Spiel eines WHL-Teams gesehen hat, erkennt rasch, daß das gebotene Eishockey selbst den Vergleich mit Deutschlands Profiliga DEL oder den Bundesligen nicht zu scheuen braucht. Nicht umsonst gelten schließlich die kanadischen und amerikanischen Junioren als die besten Nachwuchsspieler der Welt. Hier im Nordwesten ist die WHL nicht nur eine tröstliche Alternative für Eishockeyfans, sondern ein sehenswertes – und im Vergleich zur NHL preiswertes – Erlebnis.

Portland Blackhawks
●*Infos:*
300 Winning Way – P.O.Box 3009
Portland, OR 97208
Tel. (503) 238-6366, Fax 238-7629
●*Stadien:*
Spiele im *Memorial Coliseum* (10.016 Zuschauer) und im neuen *Rose Garden* nebenan (17.141 Zuschauer, s.o.)

Seattle Thunderbirds
●*Infos:*
2505 Third Ave., Suite 150 – P.O. Box 19391
Seattle, WA 98109
Tel. (206) 728-9121, Fax 728-0169
●*Stadion:*
Spiele in der *Key Arena* (11.018 Zuschauer, s.o.)

Spokane Chiefs
●*Infos:*
W. 700 Mallon – P.O.Box 5371
Spokane, WA 99205
Tel. (509) 328-0450, Fax 328-7608
●*Stadion:*
Spiele in der *Spokane Veterans Memorial Arena,* W. 700 Mallon (10.452 Zuschauer)

Tri-Cities Americans
●*Infos:*
7100 West Quinault, Arena Level
Kennewick, WA 99336
Tel. (509) 736-0606, Fax 783-4591
●*Stadion:*
Spiele im *Tri-Cities Coliseum,* 7100 West Quinault, Kennewick (5.861 Zuschauer)

Kanada

Kanada mauserte sich in den letzten Jahren zum beliebtesten Reiseziel der Deutschen nach den USA. Unberührte Natur, endlose Weiten und eine breite Palette an Outdoor-Sportmöglichkeiten dürften die Hauptgründe für die Popularität des Landes sein. Doch bei genauerem Hinsehen erweisen sich auch die Städte als attraktiv und die Andersartigkeit der Kanadier im Vergleich zu den Amerikanern als interessant.

Für die **Eishockeyfreunde** unter den Sportfans ist Kanada das Traumreiseziel, steht doch dort die Wiege dieser Sportart und stieg sie hier zum Nationalsport auf. Neben der NHL bieten Minor-League-Teams und vor allem die drei Juniorenligen Eishockey vom Feinsten. Je zwei Mannschaften im **Profibaseball** und **-basketball** sorgen dafür, daß man auch im hohen Norden nicht auf die gewohnte US-Profi-Palette verzichten muß. Nur eines fehlt: die NFL. Doch dieses augenscheinliche Manko wird behoben durch die CFL, die **Canadian Football League,** die zwar nicht mit der NFL oder den Topteams des College Footballs zu vergleichen ist, aber dennoch die Footballfreunde auf ihre Kosten kommen läßt. Übrigens: Auch in Kanada gibt es Hochschulsport, doch hat er hier nicht annähernd die Bedeutung und Klasse wie beim südlichen Nachbarn.

Allgemeine Informationen, ML-Teams, ML-Metropolen

Allgemeine Informationen

●**Kanada Tourismusprogramm**
Postfach 200247
63469 Maintal
Tel. (06181) 45178, Fax -497558

●**Kanadisches Konsulat, Tourismusabteilung**
Prinz-Georg-Straße 126
40479 Düsseldorf
Tel. (0211) 172170, Fax -359165

ML-Teams

MLB – Baseball
● *Montreal Expos*
● *Toronto Blue Jays*

NBA – Basketball
● *Toronto Raptors*
● *Vancouver Grizzlies*

NHL – Eishockey
● *Calgary Flames*
● *Edmonton Oilers*
● *Montréal Canadiens*
● *Ottawa Senators*
● *Toronto Maple Leafs*
● *Vancouver Canucks*

CFL – Football
East Division:
● *Hamilton Tiger-Cats*
● *Montréal Alouettes*
● *Winnipeg Blue Bombers*
● *Toronto Argonauts*

West Division:
● *B.C. Lions*
● *Calgary Stampeders*
● *Edmonton Eskimos*
● *Saskatchewan Roughriders*

ML-Metropolen

Montréal, Québec

Praktische Tips
●**Telefonvorwahl:** 514
●**Infos:** *Infotouriste,* 1001, rue de Square-Dorchester, Tel. 873-2015 o. 1-800-363-7777 mit Filiale in Old Montréal, 174, rue Notre-Dame E.
●**Nahverkehr:** *STCUM* Métro und Busse – Infos: Tel. 288-6287
●**Unterkunft:** Infos über *Québec Tourist Office* bzw. *B&B à Montréal,* P.O. Box 575, Snowdon St., Montréal, Québec H3X 3T8, Tel. 738-9410
●**Essen & Trinken:** Zentren sind der Boulevard St. Laurent und die Rue Ste. Catherine, außerdem lohnen das Latin Quarter mit der rue Prince Arthur, z.B.: *Dun's,* 892, rue Ste. Catherine W., Tel. 866-3866
●**Nachtleben:** konzentriert in der Rue Ste. Catherine W., – z.B. *Peel Tavern,* 1107 rue Ste. Catherine W. und 1106 boulevard de Maisonneuve, und in der rue Prince Arthur
●**Don't miss:** Chinatown; Little Greece & Italy; McGill University, Musée des Beaux-Arts; McCord Museum of Canadian History; Centre Canadien d'Architecture; Olympic Park; Vieux Montréal und St. Laurent Islands
●**Shopping:** *Atwater Market, Marché Maisonneuve* u.a.; „*The Underground*

ML-Metropolen

City" mit Place Bonaventure, Place Ville-Marie u.a.

ML-Teams
•NHL
Montréal Canadiens
1260 De la Gauchetière Ouest
Montréal, Québec H3B 5E8
Tel. (514) 932-2582, Fax 932-8285
•MLB
Montréal Expos
P.O. Box 500, Station 'M'
Montréal, Québec H1V 3P2
Tel. (514) 253-3434, Fax 253-8282

Montréal Canadiens

Montréal Expos

Montréal Canadiens, Kanadas Stolz auf dem Eis (Montréal Canadiens)

•CFL
Montréal Alouettes
Olympic Stadium
4545 avenue Pierre-de-Coubertin
P.O. Box 65, Station M
Montréal, Québec H1V 3L6
Tel. (514) 252-4666, Fax 252-4666

Olympic Stadium
•**Teams:** *Montréal Expos* (MLB), *Montréal Alouettes* (CFL)
•**Adresse:** 4549 avenue Pierre de Coubertin
•**Fassungsvermögen:** 46.500 *(Expos),* 56.245 *(Alouettes)*
•**Eröffnung:** 1976
•**Tickets:** *Expos* – Tel. (514) 846-3966 o. 1-800-361-4696 (in Kanada), schriftl.: P.O Box 500, Station M,

ML-Metropolen

War on Ice – Lokalderbys zwischen Montréal und Toronto

„Peanuts" sind alle Lokalderbys der Welt gegen die Duelle zwischen den *Montréal Canadiens* und den *Toronto Maple Leafs*. Die Begegnungen dieser beiden Teams bewegen schon seit der Gründung der NHL, 1917, die ganze kanadische Nation. Das Land ist dann – egal ob in Newfoundland oder im Yukon Territory – in **zwei unversöhnliche Lager** gespalten: einerseits die Roten aus der frankokanadischen Metropole Montréal und andererseits die Blauen aus dem angelsächsischen Finanzzentrum Toronto. Gleichgültig, ob es um Meisterehren geht (seit langem spielen beide Teams allerdings nurmehr mittelmäßig) oder nur um Punkte in der Tabellenwertung – man schenkt sich nichts.

Spiele zwischen Montréal und Toronto sind *War on Ice*, um es mit den Worten des kanadaweit ebenso geliebten wie verachteten TV-Kommentators *Don Cherry* auszudrücken. Die **Bedeutung der Derbys** läßt sich an einer ganzen Reihe Bücher und einer TV-Serie, die im Herbst 1996 im kanadischen Fernsehen gezeigt wurde, ablesen. Doch es sind nicht nur die Duelle, allein die Erwähnung dieser beiden Dream Teams der NHL-Geschichte läßt die Herzen der Eishockeyfans höherschlagen.

Montréal Canadiens

Montréal Canadiens – der Name zergeht beinahe auf der Zunge. Keine andere Mannschaft hat über Jahrzehnte derart hochklassiges Eishockey geboten, kein Verein im Berufssport so viele Titel gewonnen (**23mal** ging der **Stanley Cup** in die frankokanadische Metropole) und kein Club hat Superstars in so großer Zahl hervorgebracht. In jedem Jahrzehnt seit der Gründung der NHL finden sich die *Canadiens* mindestens einmal auf der Siegerliste, zwischen 1953 und 1979 dominierten die Frankokanadier die Liga fast nach Belieben: 16 Stanley-Cup-Gewinne und drei Vizemeisterschaften konnten sie in ihrer bisher glanzvollsten Epoche verbuchen. Die *Habs* (von *les habitants*), wie die Fans die *Canadiens* nennen, untermauerten durch fünf Titel in Folge zwischen 1956 und 1960 sowie vier weitere zwischen 1976 und 1979 ihre legendäre Stellung.

In der **ersten Phase** sorgten Spieler wie *Jean „Le Gros Bill" Béliveau*, der Perfektionist auf dem Eis, *Maurice „Rocket" Richard*, Torjäger und Heißsporn, sein wendiger und schneller Bruder *Henri „Pocket Rocket"*, der Exzentriker im Tor, und *Jacques Plante*, zugleich Erfinder der Torhütermaske, für den durchschlagenden Erfolg der *Canadiens*. In den **70er Jahren** standen Spieler im Kader, die bis heute das Geschehen in der NHL, als Manager oder Trainer, bestimmen: *Guy Lafleur, Goalie Ken Dryden,*

Montréal, PQ, Canada, H1V 3P2, Mo-Sa 9-17 Uhr und an Spieltagen, CAN$ 5-20; *Alouettes* – Tel. 252-4668
- **Nahverkehr:** Metro ab Downtown bis Olympic Stadium Pie IX Station
- **Parken:** riesige Garage angeschlossen sowie weitere Plätze in nächster Nähe
- **Imbiß:** Food Court mit Briskets (Räucherfleisch), *Kojax Souflaki,* Expos Burger u.a.; *Rusty Restaurant & Bar* (100 Level)
- **Treffs:** Downtown, z.B. *Old Montréal and the Port* u.a.
- **Something special:** Dieses für die Olympiade 1976 erbaute Stadion wurde bereits des öfteren umgebaut und ist mittlerweile leicht baufällig. *Shortstop* heißt hier im Frankokanadischen übrigens *arrêt-court*.

Centre Molson
- **Team:** *Montréal Canadiens* (NHL)

Steve Shutt, Serge Savard (Manager der *Canadiens*), Larry Robinson (Trainer der *Los Angeles Kings*), Jacques Lemaire (Meistertrainer der *New Jersey Devils*), Bob Gainey (Manager der *Dallas Stars*), Mario Tremblay (inzwischen Coach der *Canadiens*) – um nur einige zu nennen. Betreut wurden die damaligen Canadiens von *Scotty Bowman*, der ebenfalls bis heute in der Liga aktiv ist und derzeit mit den *Detroit Red Wings* erneut den Stanley Cup gewinnen möchte.

Nach dem letzten Titel 1993 ist es um die Männer aus Montréal etwas ruhiger geworden, einige unglückliche Transfers (z.B. wurde das Enfant terrible, *Goalie Patrick Roy*, abgegeben) erforderten einen Neuanfang, den der ehemalige Starspieler *Mario Tremblay* als Trainer in die Tat umsetzen soll.

Toronto Maple Leafs

Während die Anhänger der *Canadiens* immer wieder Grund zur Freude hatten, müssen sich die Fans der *Leafs* schon weiter zurückbesinnen, um den letzten Erfolg zu eruieren. 1967 war es, als der letzte der insgesamt **13 Titelgewinne** gelang. Zwischen 1959 und 1967 standen die *Leafs* sechsmal im Finale und konnten den Pott viermal nach Toronto holen. Zu den damals jedem Kind bekannten **Stars** gehörten Trainer und Manager *George „Punch" Imlach*, Torjäger *Frank „Big M" Mahovlich*, *Dave Keon* und Torhüter *Johnny Bower*. Sie überraschten Gegner, Zuschauer und Fachleute in diesen Jahren ein ums andere Mal durch ihren enormen Kampfgeist und ihre brillanten taktischen Schachzüge.

Während die *Leafs* in den 70er und 80er Jahren (trotz Superstar *Darryl Sittler*) nur **Mittelmäßiges** boten, sorgte ihr exzentrischer Boß, *Harold Ballard*, konstant für Schlagzeilen. Er war einer der letzten „diktatorischen" Vereinschefs, der seinen Kopf durchsetzte und nach der Afghanistan-Krise keinen Kommunisten in seine Halle ließ.

Erst nach den Verpflichtungen von *Cliff Fletcher* 1991 als Manager kehrten die *Maple Leafs* in die **Spitzengruppe der NHL** zurück. Und mittlerweile träumen die Fans erneut von einem Finale unter Beteiligung ihrer *Leafs*. Mit *Felix „The Cat" Potvin* zwischen den Pfosten, dem schwedischen Star *Mats Sundin*, den routinierten Verteidigern *Larry Murphy* und *Mathieu Schneider*, den Stürmern *Doug Gilmore*, *Kirk Muller* oder *Sergei Berezin* sowie *Wendel Clark* („Motor und Seele" der *Leafs*) hofft man an die glorreichen 60er Jahre anknüpfen zu können.

- **Adresse:** 1260 rue de la Gauchetière Ouest
- **Fassungsvermögen:** 21.273
- **Eröffnung:** 1996
- **Tickets:** Tel. (514) 932-2582
- **Nahverkehr:** Metro – Atwater
- **Something special:** Les Habitants sind häufig ausverkauft, doch an die neue Halle müssen sich Team und Fans erst noch gewöhnen – das alte Forum ist unvergessen.

Toronto, Ontario

Praktische Tips
- **Telefonvorwahl:** 416
- **Infos:** Metropolitan Toronto Convention and Visitors Association (MTCVA), 207 Queens Quay W., im Harbourfront Centre, Tel. 203-2500 oder 1-800-363-1990; *Ontario Travel*, 220 Yonge St., Eaton Centre, Tel. 1-800-668-2746; Hotline: Tel. 392-0458

ML-Metropolen

- **Nahverkehr:** *Toronto Transit Commission (TTC),* U-Bahn, Trambahnen und Busse – Infos: Tel. 393-4000 o. -4636
- **Unterkunft:** *Hotel Selby,* 592 Sherbourne St., Tel. 921-3142 o. 1-800-387-4788; eher teuer im Viertel um Jarvis und Gerrard Sts.
- **Essen & Trinken:** International, Bloor St. W., Chinatown, Village by the Grange, z.B.: *Shopsy's,* 33 Yonge St., Deli; *Forkchops Noodle House,* 1440 Yonge St., Tel. 944-8501; *The Old Fish Market Restaurant,* 12 Market St., Tel. 363-3474
- **Unterhaltung:** konzentriert an College St. W., Bloor St. W. und Queen St., z.B. *The Madison,* 14 Madison Ave., und *Sneaky Dee's,* 431 College St. W. als Bierkneipen
- **Don't miss:** Royal Ontario Museum, Kensington Market; University of Toronto; Parliament Buildings, CN Tower; Casa Loma, Art Gallery of Ontario; *Hockey Hall of Fame (30 Yonge St.; Tel. 360-7765)
- **Shopping:** *St. Lawrence* und *Kensington Market* (Frischprodukte)

Toronto Maple Leafs

Toronto Raptors

ML-Teams
- **NHL**

Toronto Maple Leafs
Maple Leaf Gardens
60 Carlton Street
Toronto, ON M5B 1L1
Tel. (416) 977-1641, Fax 977-5364

- **NBA**

Toronto Raptors
WaterPark Place
20 Bay Street, Suite 1702
Toronto, ON M5J 2N8
Tel. (416) 214-2255, Fax 214-2299

Toronto Blue Jays

ML-Metropolen

- **MLB**
Toronto Blue Jays,
1 Blue Jays Way, Suite 3200
Toronto, ON M5V 1J1
Tel. (416) 341-1000, Fax 341-1250
- **CFL**
Toronto Argonauts
SkyDome Gate 9
P.O.Box 2005, Station B
Toronto, ON M5T 3H8
Tel. (416) 341-5151, Fax 341-5174

Toronto Argonauts, CFL-Topteam (CFL)

SkyDome
- **Teams:** *Toronto Blue Jays* (MLB), *Toronto Argonauts* (CFL), bis 1998: *Toronto Raptors* (NBA)
- **Adresse:** 300 Bremner Blvd.
- **Fassungsvermögen:** 50.516 *(Blue Jays)*, 52.595 *(Argonauts)*, 25.000 *(Raptors)*
- **Eröffnung:** 1989
- **Tickets:** *Blue Jays* – Tel. (416) 341-1234 o. 341-1111, *TicketMaster* Tel. 870-8000, tgl. 9-18 Uhr, an Spieltagen -21 Uhr, CAN$ 4-30, Tickets schwierig zu bekommen, Stadion-Touren: Tel. 341-2770; *Argonauts* – Tel. 341-5151; *Raptors* – Tel. (416) 366-3865, CAN$ 5-99 (s.u. Air Canada Centre)
- **Nahverkehr:** Untergrundbahn (Yonge-University-Spadina-Linie) bis Union Station (Front/Bay Sts.)
- **Parken:** genügend Plätze vorhanden, aber teuer: ab CAN$ 8 (je später, desto teurer!)
- **Imbiß:** *McDonald's,* Country Style donuts, Molson/Labatt-Biere; *Hard Rock Cafe*
- **Treffs:** CN Tower mit Restaurant und *Horizon's Bar,* Tel. 868-6937; *Alice Fazooli's,* Tel. 979-1910, große Baseball-Memorabilien-Sammlung
- **Something special:** Das Dach dieser gigantischen Konstruktion kann geöffnet werden. Obwohl die *Jays* zweimal die World Series gewonnen haben, sind die *Maple Leafs* die lokalen Favoriten.

Air Canada Center
- **Team:** *Toronto Raptors* (NBA)
- **Adresse:** Bay Street
- **Fassungsvermögen:** 22.500
- **Eröffnung:** 1998, bis dahin Spiele im SkyDome (s.o), vereinzelt auch in Maple Leaf Gardens und Copps Coliseum in Hamilton
- **Tickets/Infos:** s.o. SkyDome
- **Nahverkehr:** an das öffentliche U-Bahn-System angeschlossen; in günstiger Downtown-Lage neben der Union Station
- **Parken:** Parkgarage
- **Treffs:** s.o. SkyDome bzw. Toronto allgemein
- **Something special:** Angeschlossene Shopping-Mall

Maple Leaf Gardens
- **Team:** *Toronto Maple Leafs* (NHL)
- **Adresse:** 60 Carlton Street
- **Fassungsvermögen:** 15.746
- **Eröffnung:** 1931, die älteste Sporthalle in Nordamerika!

- **Tickets:** Tel. (416) 977-1641, Mo-Do 9-17 Uhr, Fr 9-12.30 Uhr, CAN$ 19-65 – Tickets zu bekommen wäre ein Riesenglück!
- **Nahverkehr:** U-Bahn (College Station) bis Yonge/Carlton Sts., außerdem Carlton Trambahn
- **Parken:** Aufgrund der Innenstadtlage eher problematisch. Je nach Entfernung vom Stadion CAN$ 5-20
- **Imbiß:** Hot dogs, Fleisch-Sandwich, nur Light- und alkoholfreies Bier
- **Treffs:** *Wayne Gretzky's Restaurant & Bar,* 99 Blue Jays Way, Tel. 979-7825; Carlton St. mit *P.M. Toronto* und *M. Gardoonies*
- **Something special:** Das letzte der alten legendären Eishockeystadien wird heißgeliebt.

Ottawa, Ontario

Praktische Tips
- **Telefonvorwahl:** 613
- **Infos:** *National Capital Commission Information Center,* 14 Metcalfe St., Tel. 239-5000 o. 1-800-465-1867; *Ottawa Tourism and Convention Authority Visitor Information Centre,* 65 Elgin St., Tel. 237-5158
- **Nahverkehr:** *OC Transport,* 1500 St. Laurent – Infos: Tel. 741-4390
- **Essen & Trinken:** *Byward Market Hall* mit mehreren Imbißständen; *Sunset Grill,* 47 Clarence St., Tel. 241-9497
- **Unterhaltung:** konzentriert in Hull, Promenade du Portage; *Byward Market Area,* z.B. *On Tap,* 160 Rideau Ave., Tel. 241-6827
- **Don't miss:** Parliament Hill mit Centre Block; Peace Tower; House of Commons, Wachwechsel (Centre Block); Confederation Square mit National War Memorial; Rideau Hall; The National Gallery; Canadian Museum of Nature; Canadian Museum of Civilization; National Aviation Museum
- **Medien:** *Ottawa Visitors Guide* hilfreich für Besucher
- **Shopping:** *Sparks Street Mall, Rideau Centre*

ML-Teams
NHL
Ottawa Senators
301 Moodie Drive
Suite 200
Nepean, ON K2H 9C4
Tel. (613) 721-0115, Fax 721-9358

Ottawa Senators

Corel Centre
- **Team:** *Ottawa Senators* (NHL)
- **Adresse:** 301 Moodie Drive, Nepean
- **Fassungsvermögen:** 18.500
- **Eröffnung:** 1996
- **Tickets:** Tel. (613) 599-0300
- **Parken:** große Parkplätze rund um's Stadion

ML-Metropolen

•*Something special:* seit das Team besser spielt, ist die Halle voll und es herrscht tolle Stimmung.

Edmonton, Alberta

Praktische Tips
•*Telefonvorwahl:* 403
•*Infos: Visitor Info Centres:* Gateway Park, 2404 Calgary Trail Northbound, SW.; Edmonton City Hall, 1 Sir Winston Churchill Square; schriftliche Anfragen an: *Edmonton Tourism,* Dept. VG 96, 9797 Jasper Ave. NW., Edmonton, Alberta, Canada T5J 1N9; *Visitor Information:* Tel. 496-8400 o. 1-800-463-4667; Hotline: 493-9000
•*Nahverkehr: LRT* - Light Rail, Busse - Infos: Tel. 421-4636
•*Unterkunft:* z.B. Stadtmitte: *Quality Hotel & Executive Suites,* 10815 Jasper Ave., Tel. 423-1650; **Coast Terrace Inn,* 4440 Calgary Trail N.B., Tel. 437-6010, entlang des Calgary Trails weitere Hotels und Motels; im Norden: *Sands Motor Inn,* 12340 Fort Rd., Tel. 474-5476
•*Essen & Trinken: Von's Steak & Fish House,* 10309 81th Ave., Tel. 439-0041, Steaks; *Bones - The place for ribs,* 10220 103rd St., Tel. 421-4747; mehrere Filialen von *Smitty's Family Restaurants; Atrium Cafe* im Coast Terrace Inn, s.o. Unterkunft
•*Sportbar/Unterhaltung:*
Mo's Sports Parlour Inc., 5420 Calgary Trail, Tel. 437-2062; *Brewsters Brewing Company,* 11620 104th Ave., Tel. 482-4677; mehrere Filialen, v.a. in der Edmonton Mall und im Eaton Centre; *The Sawmill - Pasta Grill & Sports Bar,* 4745 Calgary Trail, Tel. 436-1950 oder: 11560 104th Ave. (DT), Tel. 429-2816
•*Don't miss:* Edmonton Art Gallery; City Hall; Alberta Legislature Building; Edmonton Space and Science Center; Provincial Museum of Alberta; Fort Edmonton; Northlands Park; Old Strathcona mit Farmers Market; Muttart Conservatory; Royal Tyrell Museum; Ausflug: Drumheller
•*Medien: Edmonton Sun, Edmonton Journal, Where Edmonton Magazine*
•*Shopping: West Edmonton Mall, Eaton Centre*

ML-Teams
•*NHL*
Edmonton Oilers
Edmonton Coliseum
7424 - 118 Avenue
Edmonton, Alberta T5B 4M9
Tel. (403) 474-8561, Fax 477-9625

Edmonton Oilers

•*CFL*
Edmonton Eskimos
9023 - 111 Ave.
Edmonton, Alberta T5B 0C3
Tel. (403) 448-1525, Fax 429-3452

Die heiße Liebe einer kalten Stadt: Edmonton und die Oilers

Für die meisten wäre Edmonton immer noch irgendeine unbedeutende Stadt in der kanadischen Prärie, hätte der Verein nicht 1978 einen unscheinbaren 17jährigen blonden Jungen vom Ligakonkurrenten Indianapolis in's ferne Alberta geholt. Der schmächtige junge Spund, der sich als spielerisch äußerst talentiert erwies und damit als Glücksgriff entpuppte, hieß **Wayne Gretzky** und sollte im Trikot der *Oilers* seine bis dato unübertroffene Karriere starten.

Wer dieser Tage ein Spiel der *Edmonton Oilers* besucht, kann sich kaum vorstellen, daß eben diese Mannschaft zwischen 1982 und 1990 das NHL-Geschehen klar dominierte. Ein Grund für den **mühevollen Kampf um den Anschluß an die derzeitige Spitze** liegt darin, daß ein Verein wie Edmonton, mit **wenigen finanzkräftigen Sponsoren** im Umfeld, der Explosion an Ausgaben im Profisport kaum mehr standhalten kann. Als Folge mußten und müssen Stars verkauft und durch junge Talente und weniger bekannte Spieler ersetzt werden. Wen wundert es, daß diese Mannschaften mit dem Aufgebot der finanzkräftigen Clubs nicht mithalten können, obwohl *Glen Sather*, Manager und langjähriger Trainer der *Oilers*, Jahr für Jahr wirklich sein Bestes gibt. Immer wieder zieht er erfolgversprechende Talente an Land, zuletzt *Doug Weight*, *Jason Arnott* oder *Mike Grier*.

Glen Sather war es, der in den 80er Jahren eine bereits heutzutage als **legendär geltende Mannschaft** um den bedeutendsten Eishockeyspieler aller Zeiten, *Wayne „The Great One" Gretzky*, aufbaute.

Viele der **damaligen Stars** spielen noch immer tragende Rollen bei anderen Clubs: *Mark Messier* beispielsweise holte 1994 mit den *New York Rangers* den Cup, *Grant Fuhr* steht heute im Kasten der *St. Louis Blues*, *Esa Tikkanen* tingelt durch die NHL (derzeit verweilt er in Vancouver), *Marty McSorley* „bewachte" in Los Angeles *Gretzky*, ehe dieser nach New York wechselte, *Paul Coffey* brilliert in Philadelphia. Nur zwei aus jener großen Zeit sind in Edmonton geblieben: *Ron Low*, der als Trainer versucht, die *Oilers* wieder in die Endrunde zu hieven, und *Kevin Lowe*, der als Aktiver bei den jungen Spielern die Erinnerungen an die Glanzzeiten wachhalten soll.

In den Köpfen der **Fans** bleibt diese Ära sowieso unvergessen, sie stehen trotz aller Rückschläge immer hinter ihren *Oilers*. Über 13.000 Saisonkarten wurden z.B. 1996 verkauft, als ein Abzug der Mannschaft in eine andere Stadt drohte. Damit soll der Verein für immer an Edmonton gebunden werden.

Commonwealth Stadium
- **Team:** *Edmonton Eskimos* (CFL)
- **Adresse:** 11000 Stadium Road
- **Fassungsvermögen:** 60.081
- **Tickets:** Tel. (403) 448-3757, Fax 448-2531
- **Nahverkehr:** s.u. Coliseum
- **Parken:** rund um's Stadion

Northlands Coliseum
- **Team:** *Edmonton Oilers* (NHL)
- **Adresse:** 7424 118th Ave., im Norden der Stadt
- **Fassungsvermögen:** 16.437
- **Eröffnung:** 1974
- **Tickets:** Tel. (403) 471-2191 o. *TicketMaster*, Tel. 451-8000, Mo-Fr 9-17 Uhr, CAN$ 12-50
- **Nahverkehr:** *Light Rail Transit* – Haltepunkt am Coliseum, außerdem mehrere Busse (Nr. 5, 11, 18, 20, 23, 28, 70)
- **Parken:** Parkplätze am Stadion, besser: beheizte Garage in Downtown und Light-Rail-Fahrt
- **Imbiß:** übliches Angebot

- **Treffs:** *Coliseum Steak & Pizza*, 118th Ave., Tel. 474-1640; sonst in Downtown mehrere Lokale und Bars
- **Something special:** *The House That Wayne Gretzky Built* – die Legende *Gretzkys* und seines damaligen Teamkollegen *Mark Messier* lebt hier fort, u.a. in Gestalt einer Gretzky-Statue vor dem Stadioneingang.

Calgary, Alberta

Praktische Tips
- **Telefonvorwahl:** 403
- **Infos:** *Calgary CVB*, 237 – 8 Ave. SE., Calgary, AL T2G 0K8, Tel. 263-8510, Fax 262-3809 o. Tel. 1-800-661-1678; *Visitor Centres:* Tower Centre, Centre St./9 Ave. SW.; Calgary International Airport, Tel. 1-800-661-1678
- **Nahverkehr:** *Calgary Transit: LRT* Light Rail und Busse – Infos: Tel. 262-1000
- **Unterkunft:** *Avondale Motor Inn*, 2231 Banff Trail NW., Tel. 289-1921 o. 1-800-917-7779, am Banff Trail zahlreiche weitere Motels wie *Comfort Inn, Days Inn* usw.; *Royal Wayne Motor Inn*, 2416 16 Ave. NW., Tel. 289-6651 – nahe McMahon Stadium; in Saddledome-Nähe: *Elbow River Inn*, 1919 MacLeod Trail SW., Tel. 269-6771 o. 1-800-661-1463; *Quality Hotel Westward*, 119 12 Ave. SW., Tel. 266-4611 o. 1-800-661-9478
- **Essen & Trinken:** *Panorama Dining Room* im Calgary Tower; *Mother Tucker's Food Experience*, 345-10 Ave. SW.; *KEG Restaurants*, mehrere Filialen, z.B. 1101 5 St. SW.

Downtown Calgary

ML-Metropolen

- **Sportbars:** *Glenn's Cafe & Memories Bar,* 3745 Memorial Dr. SE., Tel. 272-5590, und weitere Filialen: 3975 17 Ave. SW. sowie 36 St. NE.; *Ranchman's Restaurant,* 9615 MacLeod Trail S., Tel. 253-1100
- **Don't miss:** Pferdeausritt oder Ranchaufenthalt; Calgary Stampede; Canada Olympic Park; Calgary Zoo, Devonian Gardens; Fort Calgary Historic Park; Heritage Park Historical Village; Science Center; *Glenbow Museum
- **Medien:** *Calgary Sun*
- **Shopping:** Mehrere Einkaufszentren im Stadtzentrum, durch geschlossene Übergänge miteinander verbunden: *Bankers Hall, Penny Lane Mall, Eaton's Centre, Scotia Centre* u.a.; *Eau Claire Market, Hudson Bay Company Downtown;* *Flames Fan Attic, 7517 Flint Rd. SE., im Saddledome, im Chinook Centre, *Northland Village Shops*

ML-Teams
- **NHL**

Calgary Flames
Canadian Airlines Saddledome
P.O. Box 1540 Station M
Calgary, Alberta T2P 3B9
Tel. (403) 777-2177, Fax 777-2195

Calgary Flames

- **CFL**

Calgary Stampeders
McMahon Stadium
1817 Crowchild Trail NW.
Calgary, Alberta T2M 4R6
Tel. (403) 289-0205, Fax 289-7850

McMahon Stadium
- **Team:** *Calgary Stampeders* (CFL)
- **Adresse:** 1817 Crowchild Trail NW
- **Fassungsvermögen:** 37.317
- **Tickets:** Tel. (403) 289-0258 o. 270-6700, Fax 289-6828
- **Nahverkehr:** s.u. Saddledome
- **Parken:** große Parkplätze rings um das Stadion

Canadian Airlines Saddledome
- **Team:** *Calgary Flames* (NHL)
- **Adresse:** Olympic Way
- **Fassungsvermögen:** 20.000
- **Eröffnung:** 1983
- **Tickets:** Tel. (403) 261-0475 o. 270-6700, schriftlich: P.O. Box 1540, Station M, Calgary, AL, Canada T2P 3B9, Mo-Fr 9-17 Uhr, CAN$ 19-48
- **Nahverkehr:** Light Rail bis Stampede Park, Linie C von University of Calgary bis Arena
- **Parken:** nur 2.500 Plätze; durch Lage auf Stampede Grounds kann Parken zum Problem werden
- **Imbiß:** *Spolumbo's Deli; Saddleroom Restaurant,* Tel. (403) 261-0573
- **Treffs:** *Dusty's Saloon; Stinky's Sports Bar; Hy's,* Tel. 263-2222, Steaks
- **Something special:** Maskottchen *Harvey the Hound,* Halle zur Winterolympiade 1988 erbaut, die Fans lieben ihr Team

Vancouver, British Columbia

Praktische Tips
- **Telefonvorwahl:** 604
- **Infos:** *Vancouver Tourist InfoCentre,* 200 Burrard St., *Waterfront Centre,* Tel. 683-2000, Fax 682-6839
- **Nahverkehr:** *Vancouver Regional Transit System,* Skytrain, Seabus, Busse – Infos: Tel. 521-0400
- **Unterkunft:** *Pacific Palisades Hotel,* 1277 Robson St., Tel. 688-0461 o. 1-800-663-1815; nahe GM Place: *The Georgian Court Hotel,* 773 Beatty St. Tel. 682-5555; *Sandman Hotel Vancouver,* 180 W. Georgia St., Tel. 681-2211; *Rosedale on Robson All Suite Hotel,* 838 Hamilton St., Tel. 689-8033 (Luxus!); *West Hotel,* 488 Carrall St. (Chinatown), Tel. 681-8374; *The Dominion Hotel,* 210 Abbott St. (Gastown), Tel. 681-6666
- **Essen & Trinken:** wie Shopping und Nachtleben konzentrieren sich auch Lokale und Cafés entlang der Robson Street, z.B. *Fogg' N' Suds* (Ecke Jervis), *Best Burgers in Town* (neben Blue Horizon Hotel), *Big Joe Coffee Bar* (Nr. 1189), *Milestone's* (Nr. 1145 und weitere Filialen), *Starbucks Coffee* (Ecke Thurlow u.a.), *Café Pastel's,* Salmon Village; außerdem in Gastown: z.B. *Steamworks Brewing Co.,* 375 Water St., Tel. 689-4436, oder *Brothers Restaurant,* 1 Water St., Tel. 683-9124 (kurios!)
- **Sportbars/Unterhaltung:** *Malone's Sports Grill,* 1025 Robson St., Tel. 684-9977; *Bel Air Sports Rock Café,* 950 W. Broadway, Tel. 736-2438; *Fogg' N' Suds Restaurants,* mehrere Filialen, z.B. 1323 Robson St., Tel. 683-2337; *Steamworks Pub & Brewery,* 375 Water St., Tel. 689-2739; *Yaletown Brewing Co.,* 1111 Mainland, Tel. 688-0064; *Bimini,* 2010 W. 4th Ave., Tel. 738-2714
- **Don't miss:** *B.C. Sports Hall of Fame and Museum; Canada Place;

Calgary Saddledome, Eishockeymekka im Westen Kanadas (Calgary CVB)

ML-Metropolen

Chinatown mit Dr. Sun-Yat-sen Chinese Garden; Granville Island; Robson Square; Vancouver Art Gallery; Maritime Museum; Vancouver Museum/ Pacific Space Center; Stanley Park mit Aquarium; Bloedel Conservatory; Van Dusen Botanical Garden; U.B.C. Museum of Anthropology; Ausflüge: Capilano Canyon Suspension Bridge, Grouse Mountain, Fort Langley, Victoria

- **Medien:** *Vancouver Sun, The Province*
- **Veranstaltungen:** *Georgia Straight* (Do); hilfreiches *Vancouver Book* im InfoCentre erhältlich
- **Shopping:** Robson Street, Granville Island Public Market, Gastown, *Pacific Centre Mall, Vancouver Centre Mall,* Harbour Center u.a.

ML-Teams
- **NHL**

Vancouver Canucks
Ocra Bay Sports & Entertainment, General Motors Place
800 Griffiths Way
Vancouver, BC V6B 6G1
Tel. (604) 899-4600, Fax 899-4640

Vancouver Canucks

Vancouver Grizzlies

- **NBA**

Vancouver Grizzlies
Ocra Bay Sports & Entertainment, GM Place
800 Griffiths Way
Vancouver BC V6B 6G1
Tel. (604) 899-4666, Fax 899-4668
- **CFL**

B.C. Lions
303-770 Pacific Blvd.
Vancouver, BC V6B 2Y9
Tel. (604) 681-5466, Fax 681-5101

General Motors Place
- **Teams:** *Vancouver Grizzlies* (NBA), *Vancouver Canucks* (NHL)
- **Adresse:** 800 Griffiths way
- **Fassungsvermögen:** 19.193 *(Grizzlies),* 18.422 *(Canucks)*
- **Eröffnung:** 1995
- **Tickets:** *Grizzlies* – Tel. (604) 899-4667, CAN$ 17,75-29,25; *Canucks* – Tel. 899-4625 o. 251-0575, CAN$ 23-58
- **Nahverkehr:** SkyTrain „Stadium Station", nahe Stadtzentrum
- **Parken:** mehrere große Parkplätze (14.000 Plätze) am und rund um das Stadion

Weitere Städte mit CFL-Teams

- **Imbiß:** *Georgia Street Deli; Grimm's Classic Dogs; Chinook's Fish & Chips; Starbucks Cafe; Boston Pizza; Ocra Bay Grill* u.a., 17 verschiedene Biersorten im Ausschank
- **Treffs:** *Shark Club Sports Bar,* 180 W. Georgia St., siehe auch oben, gute Lage zu Gastown und Chinatown
- **Something special:** Ob die Heimschwäche der *Grizzlies* und *Canucks* darauf zurückzuführen ist, daß sie sich allzusehr von der Ästhetik der Halle beeindrucken lassen?

BC Place
- **Team:** *B.C. Lions* (CFL)
- **Adresse:** 303-777 Pacific Blvd. S.
- **Fassungsvermögen:** 59.478
- **Tickets:** Tel. (604) 589-7627
- **Nahverkehr/Parken:** nahe General Motors Place, s.o.
- **Treffs:** s.o. GM Place

Hamilton

- **Hamilton Tiger-Cats**
Lloyd D. Jackson Square
2 King St. West
Hamilton, ON L8P 1A1
Tel. (905) 521-5666, Fax 527-5332
Tickets Tel. 527-1508
Spiele im Ivor Wynne Stadion, 75 Balsam Ave. N. (29.183 Zuschauer)

Regina

- **Sakatchewan Roughriders**
2940 10th Ave. – P.O.Box 1277
Regina, SK S4P 3B8
Tel. (306) 569-2323, Fax 522-7075
Tickets Tel. 525-2181
Spiele im Taylor Field, 2940 10th Ave. (27.732 Zuschauer)

Football findet im BC Place statt

IHL-Teams in Städten ohne ML-Mannschaften

Winnipeg

• Winnipeg Blue Bombers
1465 Maroons Road
Winnipeg, MB R3G 0L6
Tel. (204) 784-2583, Fax 783-5222
Tickets Tel. 780-7328
Spiele im Winnipeg Stadium, 1465 Maroons Rd. (33.675 Zuschauer)

Winnipeg Blue Bombers (CFL)

Québec City

• Québec Rafales
Colisée de Québec
2205 avenue du Colisée
Québec, QC G1L 4W7
Tel. (418) 522-3000, Fax 522-5757
Spiele im Colisée du Québec (15.399 Zuschauer, ab CAN$ 6)

Winnipeg

• Manitoba Moose
1430 Maroons Road
Winnipeg, MB R3G 0L5
Tel. (204) 987-7825, Fax 896-6673
Tickets Tel. 987-7825

Regina, Hauptstadt von Soskatchewan und Heimat der beliebten Roughriders

Sonstiges

(Manitoba Moose)

Spiele in der Winnipeg Arena, 1430 Maroons Rd. (10.726 Zuschauer, CAN$ 6-27)

Shopping-Tip für Eishockeyfreunde: Ein riesiges Angebot an Souvenirartikeln aller nordamerikanischen Teams und Ligen, auch Minor und Junior Leagues, hat *River City Sports,* 1074 Henderson Hwy., Winnipeg, MB R2G 1L1, Tel. (204) 338-7455, Fax 338-7735.

Sonstiges

Junioreneishockey (CHL)

Es gibt Kanadier, die behaupten, Junior Hockey sei im Mutterland des Eishockeys viel wichtiger als die NHL. Sieht man die Professionalität, mit der die Mannschaften betreut und vermarktet werden, glaubt man ihnen sogar. Zumeist in schmucken Hallen bieten die Junioren Erstaunliches, und auf internationalem Parkett dominieren sie bereits seit fünf Jahren in Serie, sind fast unbezwingbar und regelmäßig Weltmeister. Hat man die Chance, ein Spiel zu sehen, vergißt man schnell, daß es sich dabei „nur" um Junioren handelt – für Eishockeyfans ist der Besuch einer der CHL-Partien beinahe eine Pflicht!

Die drei kanadischen Top-Juniorenligen, die unter Profibedingungen arbeiten, sind unter dem Dach der **CHL** *(Canadian Hockey League)* zusammengefaßt. Zunächst tragen die drei Ligen, die **OHL** *(Ontario Hockey League),* die **LHJMQ** bzw. QMJHL in englischer Schreibweise *(Ligue de Hockey Junior Majeur du Québec)* und die **WHL** *(Western Hockey League),* getrennt ihre Punkt- und Endrunden aus, ehe die besten Mannschaften um die kanadische Juniorenmeisterschaft spielen. Am ausgeglichensten und spielstärksten gilt derzeit die WHL, die damit die OHL abgelöst hat. Die LHJMQ begeistert hingegen ihre Fans mit ausgesprochenem Offensiveishockey und konnte 1996 und 1997 den kanadischen Meister stellen.

Die Adressen der Ligen und die Namen der Teams finden sich unter dem Abschnitt Nachwuchseishockey in Kanada und den USA im Kapitel Eishockey.

IBA – International Basketball Association (Minor-League-Basketball)

> **IBA-Kontaktadresse**
>
> ● *International Basketball Association*
> Eaton Place, 2nd Level, Box 91
> 33 St. Mary Ave.
> Winnipeg, Manitoba R3C 4A5 – Canada
> Tel. (204) 994-8926, Fax 942-0642

Sonstiges

IBA-Teams 1996/97

- *Black Hills Posse* (Rapid City, South Dakota)
- *Dakota Wizards* (Bismarck, North Dakota)
- *Fargo Beez* (Fargo, North Dakota)
- *Magic City Snowbears* (Minot, North Dakota)
- *St. Paul Slam* (St. Paul, Minnesota)
- *Winnipeg Cyclone* (Winnipeg, Manitoba – Canada)

Anhang

Glossar

A, AA, AAA: Sportliche Klassifizierung der Baseball Minor Leagues, wobei AAA-Ligen der höchsten, A-Ligen der sportlich schwächsten Kategorie angehören.
AHL: *American Hockey League,* die Top-Farmliga der NHL.
AL: *American League,* Profibaseball-Liga, die zusammen mit der NL die MLB bildet.
All-Star Game: Jährlich stattfindendes Auswahlspiel der Besten einer Liga, wobei die Kader der beiden nach Conferences getrennten Mannschaften von Fans und Trainern zusammengestellt werden.
American Football: Im Unterschied zu unserem Fußball *(=Soccer)* handelt es sich hierbei um eine typisch amerikanische Sportart, bei der dick gepolsterte Hühnen um ein Lederei kämpfen (abgekürzt *Football*).
American Sports: Darunter sind alle typisch amerikanischen Sportarten zu verstehen, die auch in diesem Buch im Zentrum stehen: American Football, Baseball, Basketball und Eishockey.
Attendance: Zuschaueranzahl
Ballpark: Traditionelle Bezeichnung für ein Baseballstadion.
Base: Die Male (Kissen) im Baseball-Innenfeld. Man spricht von *first, second, third base* und *home plate (home base).*
Baseball: Amerikanischer Nationalsport, bei dem ein Spieler mit einer Keule versucht, den von einem Gegner geworfenen, kleinen, korkgefüllten Lederball zu treffen.
Basketball: Ehemals ein studentischer „Wintersport", bei dem ein Ball in einen 3,05 m hohen Korb geworfen werden muß; ist zu einer der beliebtesten Sportarten der Welt geworden.
Bat: Baseball-, Softballschläger.
Batter: Der Schlagmann im Baseball.
Best-of-three (five/seven): In Endrunden (mit Ausnahme von Football) ist eine gewisse Zahl an Siegen nötig, um in die nächste Runde zu gelangen. Macht ein Unentschieden nach erfolgtem Hin- und Rückspiel ein Entscheidungsspiel nötig, spricht man von *Best-of-three,* bei drei oder vier notwendigen Siegen von *Best-of-five* oder *Best-of-seven.*

Blitz: Mit blitzschnellem Anrennen auf den *Quarterback* versuchen die Verteidiger im Football, diesen niederzuwerfen (s. *Sack*).
Break: (Halbzeit-) Pause.
Booster: Mitglied eines Fanclubs (vor allem von Universitätsmannschaften).
Booth: Schalter, speziell Ticketschalter.
Bowl: Pokalspiel im Football.
Boys of Summer: Traditionelle Bezeichnung für die Baseballprofis, da ihre Saison zum Großteil im Sommer abläuft.
Catcher: Der „Fänger" im Baseballspiel.
CBA: *Continental Basketball Association,* die höchste Minor League im Basketball und zugleich offizielle Ausbildungsliga der NBA.
Championship: Meisterschaft.
Cheerleader: Die Anfeuerungscrew, vor allem im College Sport. Während sie dort aus Männern und Frauen besteht, die Akrobatik bieten, handelt es sich im Profisport zumeist um rein weibliche Tanztrupps.
CFL: *Canadian Football League,* Kanadas etwas „schwachbrüstige" Antwort auf die amerikanische *NFL.*
Coach: Der alles beherrschende Cheftrainer, im Baseball *Manager* genannt.
Commissioner: Der Generalsekretär einer Profiliga.
Conference: Die geographische Hauptunterteilung der Profiligen (s. auch *Division*) sowie häufig verwendete Bezeichnung für College-Ligen.
Contact Sport: Sportarten, bei denen Körperkontakt als elementarer Faktor zum Spiel gehört (z.B. American Football und Eishockey).
Cricket: Die feine englische Art, Schlagball zu spielen, vor allem in Kanada noch sehr beliebt.
Defense: Verteidigung, Abwehr im Gegensatz zu *Offense.*
Diamond: Bezeichnung für das Innenfeld des Baseballs.
Division: Geographische Gliederung innerhalb der *Conferences* der Profiligen, im College Football jedoch Klassifizierung der Spiel- und Finanzstärke einer Uni.
Division I, I-A, I-AA, II, III: Einteilung der College Football-Ligen (damit auch der Teams) nach ihrer Spielstärke, Div. I ist die oberste, Div. III die unterste Kategorie.

Glossar

Down: Bezeichnung für jeden der vier Versuche *(first, second, third, fourth down)* im American Football, den eiförmigen Ball 10 Yards in Richtung Endzone zu tragen.

Draft: Die *Draft* ist eine Einrichtung der Profiligen, die einmal jährlich dafür sorgen soll, daß Nachwuchstalente gleichmäßig und konfliktfrei unter den Franchises verteilt werden. Die schwächsten Mannschaften erhalten dabei die Option auf die besten Talente.

Dream Team: Bei den Olympischen Spielen 1992 auf die erste Basketballprofiauswahl der USA (mit Stars der NBA) angewandter Begriff, der heute auf alle herausragenden Mannschaften übertragen wird.

Dunk: Bezeichnung für die Aktion im Basketball, bei der der Ball mit einer oder mit beiden Händen mit voller Wucht in den Korb gedrückt wird.

ECHL: *East Coast Hockey League,* Ausbildungsliga der AHL und damit zugleich zweitklassige Farmliga der NHL.

End Zone: Die beiden Bereiche jenseits des 100 Yards langen Footballfeldes, wohin der Ball zu einem *Touchdown* getragen werden muß.

ERA: *Earned run average* – die durchschnittliche Anzahl von Runs, die ein Baseball-Pitcher während neun Innings verbuchen mußte – ein Maßstab für das Können eines Werfers.

Error: Fehler eines Feldspielers im Baseball.

Event: Veranstaltung.

Face-off: *Bully* im Eishockey, der Einwurf des Pucks durch den Schiedsrichter, mit dem ein Spiel beginnt oder nach einer Unterbrechung wiederaufgenommen wird.

Fantasy Sport: Ein in den USA beliebter „Sport": Computerprogramme simulieren reales Sportleben und geben jedem Teilnehmer die Gelegenheit, einmal Teamboß oder Trainer zu sein.

Facility: Sportstätte.

Field: Spielfeld.

Field Goal: Schuß im American Football durch die Torstangen, der drei Punkte einbringt.

Fly Ball: Ein im Baseball hoch in die Luft geschlagener Ball.

Franchise: Die Vergabe einer Konzession durch eine Profiliga an eine Firma oder Gruppe von Geschäftsleuten. Diese erhalten damit das Recht, einen Verein aufzubauen, der am offiziellen Spielbetrieb der Liga teilnehmen darf, und müssen dafür eine Aufnahmegebühr entrichten.

Freshman: Bezeichnung für Studenten im ersten Studienjahr.

Fullback: Einer der *Running Backs* einer Footballmannschaft, von robustem Körperbau, um der erforderlichen Blockarbeit gewachsen zu sein.

Fumble: Das Fallenlassen des Footballs durch einen Angreifer. Wer den „freien" Ball ergattern kann, erhält das Angriffsrecht.

Greyhound Racing: Windhundrennen, vor allem in den Südstaaten als „Pferderennen der Rednecks" sehr beliebt.

Gridiron: Traditionelle Bezeichnung für das Footballfeld; eigentlich „Bratrost".

Half: Spielhälfte *(first, second half).*

Hall of Fame: Ruhmeshalle für große Persönlichkeiten oder Errungenschaften in allen möglichen Bereichen, speziell aber für bestimmte Sportarten, große Sportler und Teams.

Hockey: Nordamerikanische Kurzbezeichnung für Eishockey.

Home Run: Der „Triumph" des *Batters* im Baseball: Er hat den geworfenen Ball über die Spielfeldbegrenzung hinausgeschlagen und kann ungehindert punkten.

Home Team: Heimmannschaft, im Gegensatz dazu: *Visitor.*

Hoop: Traditionelle Bezeichnung für Basketball bzw. den Basketballkorb.

Horse Racing: Pferderennen.

IHL: *International Hockey League,* die Top-Minor-League, die sich als eigenständige, zweitbeste Liga nach der NHL versteht und nicht mehr als deren Farmliga.

Inline-Skating: Der Boomsport der späten 90er Jahre, besonders beliebt in Kalifornien. *Rollerblading* ist ein fälschlich benutzter Begriff, denn *Rollerblade* ist lediglich eine von zahlreichen Herstellerfirmen.

Inline-Hockey: Siehe *Roller Hockey.*

Inning: Einer von normalerweise neun Durchgängen im Baseball.

Interception: Der Paß des *Quarterbacks* (Football) wird von der Abwehr abgefangen, die damit Angriffsrecht erhält.

Glossar

Ivy League: Sportlich gesehen zwar eine nur zweitklassige College-Sportliga, dafür stolz auf viel Tradition und hohes Ansehen, da die Renommierunis der USA, u.a. Harvard, Princeton oder Yale, dazugehören.

Judge: Untergeordneter Schiedsrichter im Football *(backfield/line judge)* neben *Umpire, Linesman* und *Referee* (s. dort).

Junior: Bezeichnung für Studenten im dritten und damit vorletzten Studienjahr.

Kick-off: Der Anstoß im American Football zu Spielbeginn und zu Anfang der zweiten Halbzeit sowie nach erzielten *Touchdowns* oder *Field Goals*.

Lacrosse: Älteste amerikanische Sportart, von den Irokesen entwickelt.

Linesman: Untergeordneter Schiedsrichter im Hockey und Football.

Little League: So werden die Ligen genannt, in denen Kinder Baseball als Leistungssport betreiben.

Manager: Eigentlich Bezeichnung für die Funktionäre eines Clubs, im Baseball: der Cheftrainer einer Mannschaft.

Minor Leagues: Zweitklassige Profiligen, die häufig in kleineren Städten beheimatet sind und in der Regel als Ausbildungsligen eng mit Major-League-Teams kooperieren.

Major Leagues (=ML): Die finanziell und sportlich führenden Profiligen (die MLB, NBA, NHL und NFL, mit Abstrichen auch MLS), die weder Auf- noch Abstieg kennen und daher kaum mit unseren Bundesligen vergleichbar ind. Am ehesten weist die DEL (Deutsche Eishockey-Liga) Gemeinsamkeiten auf.

MLB: *Major League Baseball,* der Zusammenschluß der beiden Topligen AL und NL.

MLS: *Major League Soccer,* der jüngste Versuch der Amerikaner, „unseren" Fußball als Major League zu etablieren.

The National Pasttime: Traditionelle, ehrfürchtige Bezeichnung des Baseballsports.

NBA: *National Basketball Association,* die über 50 Jahre alte, weltbeste Basketball-Profiliga.

NCAA: *National Collegiate Athletic Association,* die über den College Sport wachende und diesen organisierende Organisation.

NFL: *National Football League.*

NHL: *National Hockey League.*

NIT: *National Invitation Tournament,* College-Basketball-Turnier am Ende der Saison, als Trostrunde für jene Mannschaften gedacht, die nicht in die Endrunde eingezogen sind und dennoch erfolgreich waren. Das *NIT* zu Beginn der Spielzeit nutzen Topteams als Vorbereitungsturnier.

NL: *National League,* die zweite Baseball-Profiliga neben der *AL,* zugleich die älteste US-Profiliga überhaupt (*1876).

Offense: Angriff, Sturm im Gegensatz zu *Defense.*

Outfield: Bezeichnung für das Baseballspielfeld außerhalb der *Bases.*

Overtime: Verlängerung(en) des Spiels nach Ende der regulären Spielzeit bei einem Unentschieden. Es wird entweder jeweils um einen bestimmten Zeitabschnitt (z.B. im Basketball 5 Minuten) verlängert oder aber solange gespielt, bis eine Entscheidung fällt *(Sudden Death).*

Pennant: Wimpel, der den Gewinnern einer Division in Verbindung mit einer Geldprämie als Anerkennung verliehen wird.

Period: Zeitabschnitt, speziell auf die Drittel im Eishockey verwendet.

PGA: *Professional Golf Association.*

Pigskin: Traditionelle Bezeichnung für den Football, wörtlich „Schweinehaut", nach dem ursprünglichen Material, aus dem dem Footballs gefertigt wurden.

Pitch/Pitcher: Wurf/Werfer im Baseball.

Place-Kicking/Place-Kicker: Spezialist eines Footballteams, der für *Field Goals* zuständig ist.

Play Ball: traditioneller Ausruf, mit dem alljährlich die Baseballsaison eröffnet wird.

Play-offs: Endrunde oder in Nordamerika erfundene „zweite Spielzeit". Anschließend an die reguläre Saison stehen sich die besten Teams gegenüber, um nach dem K.O.-Prinzip den Meister zu ermitteln. Im Football wird nur eine Partie pro Runde ausgetragen, in den anderen Sportarten finden Serien meist nach dem *Best-of-Seven*-Modus statt.

Preseason: Vorbereitungssaison.

Punt: Mit diesem Kick schießt der Punter den Football weit in die gegnerische Hälfte und übergibt damit den Ball an die gegnerische Mannschaft, nachdem man in den drei vorausgegangenen *Downs* die erforderlichen 10 Yards nicht zurücklegen konnte.

Glossar

Quarter: Spielviertel (1.-4.), im Unterschied zu Deutschland in den USA übliche Unterteilung von Football- und Basketballspielen.
Quarterback: Der Spielmacher im Football
Referee: Oberschiedsrichter im Hockey und Football sowie Schiedsrichter im Basketball, s. auch *Umpire, Judge, Linesman*.
Reserve: Auswechselspieler, Bank.
RHI: *Roller Hockey International*, die erste und derzeit einzige Inline-Hockey-Profiliga.
Rollerhockey: Amerikanische Bezeichnung für Inline-Hockey.
Rookie: Neuling, d.h. ein Spieler, der seine erste Profisaison absolviert.
Roster: Mannschaftsaufstellung, Kader.
Run: Wenn ein *Runner* (Läufer) im Baseball alle vier *Bases* umrundet hat, erzielt er einen *Run*, d.h. einen Punkt, s. auch *Homerun*.
Runner: Im Baseball wird der *Batter* zum *Runner*, wenn er nach geglücktem Schlag auf eine der *Bases* gelangt ist.
Running Back: Der Ballträger im Football.
Sack: Bezeichnung für die Aktion eines Verteidigers im Football, der den *Quarterback* zu Boden reißt, bevor dieser einen Spielzug einleiten kann.
Schedule: Zeit-, Spielplan.
Score: Das Endergebnis eines Spiels.
Scoreboard: Die Anzeigetafel im Stadion.
Scout: Spielerbeobachter, der im Auftrag eines Profiteams die Welt bereist und nach talentierten Spielern Ausschau hält, die sein Club später in der *Draft* verpflichten könnte.
Season: Die Spielzeit einer Liga.
Season Ticketholders: Jahreskartenbesitzer, die von den Clubs bevorzugt behandelt werden.
Seat-side food and beverage service: in manchen Stadien werden den Zuschauern (meist nur auf den teuren Plätzen) Getränke und Speisen von Bedienungen an den Platz gebracht – wie in einem Restaurant.
Senior: Student, der in seinem vierten und letzten Studienjahr ist.
Shootout: Schüsse aufs Tor, wenn ein MLS-Spiel nach regulärer Spielzeit unentschieden steht. Der Unterschied zum hiesigen „Elfmeterschießen" ist dabei, daß Anlauf genommen werden darf, 5 Sekunden Zeit zur Verfügung stehen und die Entfernung zum Tor 35 Yards (ca. 32 m) beträgt.

Soccer: Die amerikanische Bezeichnung für Fußball.
Softball: Eine Baseballvariante auf kleinerem Feld, mit größerem Ball und Handschuh und anderer Wurftechnik. In der *Slow-Pitch-Version* ist Softball ein Volkssport, als *Fast Pitch Softball* olympische Frauendiszplin. Neuerdings gibt es sogar eine Frauen-Sportliga.
Sophomore: Student im zweiten von vier Studienjahren.
Spectator Sports: Zuschauersportart – u.a. von *couch potatos* praktiziert.
Spring Training: Bezeichnung für die traditionelle Vorbereitungssaison der Profibaseballer im März in den beiden Sonnenstaaten Florida und Arizona.
Standings: Der Tabellenstand.
Stanley Cup: Der traditionsreiche Pokal, der dem Meister der NHL überreicht wird.
Stats: Kurz für *statistics*, in den USA wichtig und viel beachtet, vor allem im Baseball.
Strike Out: Pech für den *Batter* im Baseball, wenn er bei drei Versuchen den Ball nicht einmal trifft – er ist dann „aus".
Sudden Death: „Plötzlicher Tod", in einer Spielverlängerung nach Unentschieden ist ein Spiel unmittelbar dann zu Ende, wenn das erste Tor fällt (Eishockey) bzw. ein *Touchdown* oder *Field Goal* erzielt werden (Football).
Super Bowl: Das große Finale der NFL (der *Super Bowl)* und zugleich die Bezeichnung für den Meisterpokal (die *Super Bowl)*.
Take me out to the Ballpark: Traditioneller Baseballhit, der das *Stretching* (Dehnübungen) der Zuschauer nach dem siebten *Inning* einleitet.
Tailgaiting/Tailgate Parties: Eine amerikanische Institution, ohne die vor allem Football unvorstellbar wäre. Lange vor einem Spiel finden sich die Fans um das Stadion herum ein, bauen Grills auf und veranstalten eine Fete. Berühmt sind die *Tailgate Parties* in Green Bay, Jacksonville, Oakland, Dallas, Kansas City, Buffalo oder Denver.
Tackle: Bezeichnung für spezielle Linespieler im Football, aber auch für die Aktion eines Abwehrspielers: Er wirft den balltragenden Angreifer zu Boden.
Time-off: Auszeit.

Glossar

Tip-off: Sprungball, der ein Basketballspiel eröffnet.
Tournament: Sportturnier.
Trainer: Bezeichnung in Nordamerika für den physischen Betreuer einer Mannschaft.
Touchdown: Das Ziel im Football, den Ball in die Endzone zu befördern, wird mit sechs Punkten belohnt.
Track and Field: Amerikanische Bezeichnung für Leichtathletik; auch *athletics.*
Trading Cards: Das Sammeln von Spielerkarten, in den USA mit großer Begeisterung betrieben. Manche Kärtchen sind wertvoller als Briefmarken.
Umpire: Schiedsrichter im Baseball, Football und Basketball, vgl. *Referee, Judge, Linesman.*
vs.: kurz für *versus* (gegen), z.B. *Boston vs. New York* = Boston gegen New York; manchmal auch durch *at* ersetzt, so daß *Boston at New York* heißt, daß die Begegnung in New York stattfindet.
Wide Receiver: Der Ballfänger im Football.
World Series: Traditionelle Bezeichnung für die Finalserie *(Best-of-seven)* im Profibaseball zwischen dem Meister der NL und demjenigen der AL.

Literaturhinweise

Selbst in deutscher Sprache existiert mittlerweile eine umfangreiche Spezialliteratur zu allen amerikanischen Sportarten. Daher soll im folgenden nur eine kleine Auswahl von Buchtiteln gegeben werden speziell solche, die sich nicht allzu fachspezifisch mit den verschiedenen Sportarten befassen.

Allgemeines

- *Howard Cosell*, **What's wrong with sports,** New York (1991).
- *Jürgen Kalwa*, **American Sports – Stars, Stories, Fakten,** Goldmann Verlag München (1994).
- *Randy Roberts, James Olson*, **Winning is the Only Thing – Sports in America since 1945,** Baltimore/London (1989).
- **The Sports Illustrated Sports Almanac,** New York (jährliche Neuauflage).

American Football

- *Zander Hollander* (Hg.), **The Complete Handbook of Pro Football,** New York (1993).
- *Jürgen Kalwa*, **Faszination American Football,** Copress Verlag München (1995).
- *Donna Poole Foehr*, **American Football verständlich gemacht,** Copress Verlag München (1990).

Baseball

- *Thomas D. Cyrol*, **Baseball verständlich gemacht,** Copress Verlag München (1996).
- *Klaus ten Eicken*, **Wie spielt man Baseball?** Rauh Verlag Düsseldorf (1993).
- *Zander Hollander* (Hg.), **The Complete Handbook of Baseball,** New York (1993).
- *Dieter Niedlich*, **Handbuch für Baseball,** Meyer & Meyer Verlag Aachen (1993).
- *Geoffrey C. Ward, Ken Burns*, **Baseball – An Illustrated History,** New York (1994).

Basketball

- *Zander Hollander* (Hsg.), **The Complete Handbook of Pro Basketball,** New York (1993).
- *ders., Alex Sachare*, **The Official NBA Basketball Encyclopedia,** New York (1995).
- *Earvin Magic Johnson*, **Mein Leben,** Goldmann Verlag München (1993).
- *Peter Kränzle*, **Michael Jordan – Superstars des Sports,** Copress Verlag München (1994).
- *ders.*, **Basketball verständlich gemacht,** Copress Verlag München (1994).
- *Peter Kränzle, Margit Brinke*, **Faszination Basketball,** Copress Verlag München (1996).
- *dies.*, **Basketball Jahrbuch,** Copress Verlag München (jährlich erscheinend).

Eishockey

- *Wayne Gretzky, Rick Reilly*, **Gretzky – an Autobiography,** New York (1990).
- *Zander Hollander* (Hg.), **The Complete Handbook of Hockey,** New York (1993).
- *Günter Klein*, **Eishockey verständlich gemacht,** Copress Verlag München (1992).
- *Peter Kränzle, Margit Brinke*, **Faszination Eishockey,** Copress Verlag München (1996).
- *dies.*, **Eishockey Top 20,** Iopress Verlag München (1997).
- *dies.*, **Eishockey Jahrbuch,** Copress Verlag München (jährlich erscheinend).

Fachzeitschriften (Auswahl)

- **Sports Illustrated** (wöchentlich)
- **The Sporting News** (wöchentlich)
- **Inside Sport** (monatlich)
- **Sports Magazine** (monatlich)
- **Baseball Weekly** (wöchentlich)
- **The Hockey News** (wöchentlich)

REISE KNOW-HOW

REISE KNOW-HOW Bücher werden von Autoren geschrieben, die Freude am Reisen haben und viel persönliche Erfahrung einbringen. Sie helfen dem Leser, die eigene Reise bewußt zu gestalten und zu genießen. Wichtig ist uns, daß der Inhalt nicht nur im reisepraktischen Teil „Hand und Fuß" hat, sondern daß er in angemessener Weise auf Land und Leute eingeht. Die Reihe REISE KNOW-HOW soll dazu beitragen, Menschen anderer Kulturkreise näherzukommen, ihre Eigenarten und ihre Probleme besser zu verstehen. Wir achten darauf, daß jeder einzelne Band gemeinsam gesetzten Qualitätsmerkmalen entspricht. Um in einer Welt rascher Veränderungen laufend aktualisieren zu können, drucken wir bewußt kleine Auflagen.

SACHBÜCHER:

Die Sachbücher vermitteln KNOW-HOW rund ums Reisen: Wie bereite ich eine Motorrad- oder Fahrradtour vor? Welche goldenen Regeln helfen mir, unterwegs gesund zu bleiben? Wie komme ich zu besseren Reisefotos? Wie sollte eine Sahara-Tour vorbereitet werden? In der Sachbuchreihe von REISE KNOW-HOW geben erfahrene Vielreiser Antworten auf diese Fragen und helfen mit praktischen, auch für Laien verständlichen Anleitungen bei der Reiseplanung.

Welt

Abent. Weltumradlung (RAD & BIKE)
DM 28,80   ISBN 3-929920-19-0
Achtung Touristen
DM 16,80   ISBN 3-922376-32-0
Äqua-Tour (RAD & BIKE)
DM 28,80   ISBN 3-929920-12-3
Auto(fern)reisen
DM 34,80   ISBN 3-921497-17-5
Die Welt im Sucher
DM 24,80   ISBN 3-9800975-2-8
Fahrrad-Weltführer
DM 44,80   ISBN 3-9800975-8-7
Motorradreisen
DM 34,80   ISBN 3-921497-20-5
Um-Welt-Reise (REISE STORY)
DM 22,80   ISBN 3-9800975-4-4
Wo es keinen Arzt gibt
DM 26,80   ISBN 3-89416-035-7
Outdoor-Handbuch
DM 39,80   ISBN 3-89416-629-0
Das Yanomami-Massaker

Nehberg bei RKH
DM 36.00   ISBN 3-89416-624-x

REISE STORY:
Reise-Erlebnisse für nachdenkliche Genießer bringen die Berichte der REISE KNOW-HOW REISE STORY. Sensibel und spannend führen sie durch die fremden Kulturbereiche und bieten zugleich Sachinformationen. Sie sind eine Hilfe bei der Reiseplanung und ein Lesevergnügen zugleich

STADTFÜHRER:
Die Bücher der Reihe REISE KNOW-HOW CITY führen in bewährter Qualität durch die Metropolen der Welt. Neben den ausführlichen praktischen Informationen über Hotels, Restaurants, Shopping und Kneipen findet der Leser auch alles Wissenswerte über Sehenswürdigkeiten, Kultur und „Subkultur" sowie Adressen und Termine, die besonders für Geschäftsreisende wichtig sind.

Europa

Amsterdam
DM 26,80   ISBN 3-89416-231-7
Bretagne
DM 39,80   ISBN 3-89416-175-2
Budapest
DM 26,80   ISBN 3-89416-212-0
Bulgarien
DM 39,80   ISBN 3-89416-220-1
Dänemarks Nordseeküste
DM 24,80   ISBN 3-89416-035-7
Europa Bike-Buch (RAD & BIKE)
DM 44,80   ISBN 3-89662-300-1
England, der Süden
DM 36,80   ISBN 3-89416-224-4
Großbritannien
DM 39,80   ISBN 3-89416-617-7
Hollands Nordseeinseln
DM 24,80   ISBN 3-89416-619-3
Irland-Handbuch
DM 39,80   ISBN 3-89416-636-3
Island
DM 44,80   ISBN 3-89662-03-5
Kärnten
DM 29,80   ISBN 3-89622-105-x
Litauen mit Kaliningrad
DM 29,80   ISBN 3-89416-169-8
London
DM 26,80   ISBN 3-89416-199-x
Madrid
DM 26,80   ISBN 3-89416-201-5
Mallorca
DM 34,80   ISBN 3-927554-29-4
Mallorca für Eltern und Kinder
DM 24,80   ISBN 3-927554-15-4
Mallorquinische Reise (REISE STORY)
DM 29,80   ISBN 3-89662-153-x
Osttirol
DM 24,80   ISBN 3-89622-106-8
Oxford
DM 26,80   ISBN 3-89416-211-2
Paris
DM 26,80   ISBN 3-89416-200-7
Polen: Ostseeküste/Masuren
DM 29,80   ISBN 3-89416-613-4
Prag
DM 26,80   ISBN 3-89416-204-X
Provence
DM 39,80   ISBN 3-89416-609-6
Pyrenäen
DM 39,80   ISBN 3-89416-610-X
Rom
DM 26,80   ISBN 3-89416-203-1

Europa

Schottland-Handbuch
DM 39,80   ISBN 3-89416-621
Sizilien
DM 39,80   ISBN 3-89416-627
Skandinavien – der Norden
DM 36,80   ISBN 3-89416-191
Südtirol/Dolomiten
DM 24,80   ISBN 3-89416-612
Tschechien
DM 36,80   ISBN 3-89416-600
Ungarn
DM 32,80   ISBN 3-89416-188
Warschau/Krakau
DM 26,80   ISBN 3-89416-209
Wien
DM 26,80   ISBN 3-89416-213

Deutschland

Berlin mit Potsdam
DM 26,80   ISBN 3-89416-226
Borkum
DM 19,80   ISBN 3-89416-632
Mecklenburg/Vorp. Binnenland
DM 19,80   ISBN 3-89416-615
München
DM 24,80   ISBN 3-89416-208
Nordfriesische Inseln
DM 19,80   ISBN 3-89416-601
Nordseeinseln
DM 29,80   ISBN 3-89416-197
Nordseeküste Niedersachsens
DM 24,80   ISBN 3-89416-603
Ostdeutschland individuell
DM 39,80   ISBN 3-89622-480
Ostfriesische Inseln
DM 24,80   ISBN 3-89416-602
Ostharz mit Kyffhäuser
DM 19,80   ISBN 3-89416-228
Oberlausitz/Zittauer Gebirge
DM 24,80   ISBN 3-89416-165
Ostseeküste/Mecklenburg-Vorpor
DM 19,80   ISBN 3-89416-184
Ostseeküste Schleswig Holstein
DM 24,80   ISBN 3-89416-631
Wasserwandern Mecklenb./Brand
DM 24,80   ISBN 3-89416-221
Rügen/Usedom
DM 19,80   ISBN 3-89416-190
Sächsische Schweiz
DM 19,80   ISBN 3-89416-630
Schwarzwald
DM 24,80   ISBN 3-89416-61

P R O G R A M M

Afrika

kanische Reise
(Reise Story)
DM 26,80 ISBN 3-921497-91-4

eabenteuer Afrika
(Rad & Bike)
DM 28,80 ISBN 3-929920-15-8

ch Afrika
DM 56,80 ISBN 3-921497-11-6

pten individuell
DM 36,80 ISBN 3-921838-10-x

führer Ägypten: Kairo
DM 32,00 ISBN 3-921838-91-6

führer Ägypten: Luxor, Theben
DM 29,80 ISBN 3-921838-90-8

dir, Marrakech der Süden Marokkos
DM 34,80 ISBN 3-89662-072-x

ro, Luxor, Assuan
DM 29,80 ISBN 3-89662-460-1

nerun
DM 39,80 ISBN 3-921497-32-9

yen
DM 39,80 ISBN 3-921497-05-1

dagaskar, Seychellen, uritius, Réunion, Komoren
DM 39,80 ISBN 3-921497-62-0

rokko
DM 44,80 ISBN 3-921497-81-7

nibia
DM 39,80 ISBN 3-89662-320-9

eria – hinter den Kulissen
(Reise Story)
DM 26,80 ISBN 3-921497-30-2

esien
DM 44,80 ISBN 3-921497-74-4

esiens Ferienzentren
DM 29,80 ISBN 3-921497-76-0

stafrika
DM 54,80 ISBN 3-921497-02-7

Wolken der Wüste
(Reise Story)
DM 24,80 ISBN 3-89416-150-7

babwe
DM 39,80 ISBN 3-921497-26-4

d Thüringen
DM 24,80 ISBN 3-89416-189-2

stharz mit Brocken
DM 19,80 ISBN 3-89416-227-9

Asien

Auf nach Asien
DM 28,80 ISBN 3-89622-301-x

Bali & Lombok mit Java
DM 39,80 ISBN 3-89416-604-5

Bali: Ein Paradies wird erfunden
DM 29,80 ISBN 3-89416-618-5

Bangkok
DM 26,80 ISBN 3-89416-205-8

China Manual
DM 49,80 ISBN 3-89416-626-6

China, der Norden
DM 39,80 ISBN 3-89416-229-5

Indien, der Norden
DM 44,80 ISBN 3-89416-223-6

Reisen mit Kindern in Indonesien
DM 26,80 ISBN 3-922376-95-9

Israel/Jordanien
DM 36,80 ISBN 3-89662-450-4

Jemen
DM 44,80 ISBN 3-89622-009-6

Mongolei
DM 39,80 ISBN 3-89416-217-1

Kambodscha
DM 36,80 ISBN 3-89416-233-3

Komodo/Flores/Sumbawa
DM 36,80 ISBN 3-89416-060-8

Ladakh und Zanskar
DM 36,80 ISBN 3-89416-176-0

Laos
DM 36,80 ISBN 3-89416-637-1

Malaysia & Singapur mit Sabah & Sarawak
DM 39,80 ISBN 3-89416-178-7

Myanmar (Burma)
DM 36,80 ISBN 3-89662-600-0

Nepal-Handbuch
DM 36,80 ISBN 3-89416-193-0

Oman
DM 44,80 ISBN 3-89662-100-9

Phuket (Thailand)
DM 29,80 ISBN 3-89416-182-5

Rajasthan
DM 36,80 ISBN 3-89416-616-9

Saigon und der Süden Vietnams
DM 32,80 ISBN 3-389416-607-X

Singapur
DM 26,80 ISBN 3-89416-210-4

Sri Lanka
DM 39,80 ISBN 3-89416-170-1

Sulawesi (Celebes)
DM 36,80 ISBN 3-89416-635-5

Asien

Taiwan
DM 39,80 ISBN 3-89416-614-2

Thailand Handbuch
DM 39,80 ISBN 3-89416-625-8

Thailand: Küsten und Strände
DM 29,80 ISBN 3-89416-622-3

Tokyo
DM 49,80 ISBN 3-89416-206-6

Vereinigte Arabische Emirate
DM 39,80 ISBN 3-89662-022-3

Vietnam-Handbuch
DM 39,80 ISBN 3-89416-620-7

Amerika

Als Gastschüler in den USA
DM 24,80 ISBN 3-927554-27-8

Amerika von unten (Reise Story)
DM 22,80 ISBN 3-9800975-5-2

Atlanta & New Orleans
DM 28,80 ISBN 3-89416-230-9

Argentinien/Urug./Parag.
DM 44,80 ISBN 3-921497-51-5

Canada Ost/USA NO
DM 39,80 ISBN 3-89662-151-3

Costa Rica
DM 36,80 ISBN 3-89416-166-3

Durch Canadas Westen m. Alaska
DM 39,80 ISBN 3-927554-03-0

Durch den Westen der USA
DM 39,80 ISBN 3-927554-20-0

Ecuador/Galapagos
DM 36,80 ISBN 3-89416-860-9

Guatemala
DM 36,80 ISBN 3-89416-214-7

Hawaii
DM 36,80 ISBN 3-89416-860-9

Honduras
DM 36,80 ISBN 3-89416-608-8

Kolumbien
DM 39,80 ISBN 3-89416-058-4

Mexiko
QM 42,80 ISBN 3-89662-310-9

Panama
DM 36,80 ISBN 3-89416-225-2

Peru/Bolivien
DM 42,80 ISBN 3-89662-330-3

Radabenteuer Panamericana
(Rad & Bike)
DM 28,80 ISBN 3-929920-13-1

Amerika

San Francisco
DM 24,80 ISBN 3-89416-232-5

Spuren der Maya
DM 39,80 ISBN 3-89416-623-1

Traumstraße Panamerikana
(Reise Story)
DM 24,00 ISBN 3-9800975-3-6

„Und jetzt fehlt nur noch John Wayne..." (Reise Story)
DM 22,80 ISBN 3-927554-18-9

USA/Canada
DM 44,80 ISBN 3-927554-19-7

USA/Canada (Rad & Bike)
DM 46,80 ISBN 3-929920 17-4

USA für Sportfans
DM 32,80 ISBN 3-89416-633-9

USA mit Flugzeug und Mietwagen
DM 39,80 ISBN 3-89662-150-5

USA-Westen mit CD
DM 59,00 ISBN 3-927554-26-x

Venezuela
DM 44,80 ISBN 3-89662-040-1

Ozeanien

Neuseeland Campingführer
DM 24,80 ISBN 3-921497-92-2

Neuseeland (Reise Story)
DM 24,80 ISBN 3-921497-15-9

Bikebuch Neuseeland
(Rad & Bike)
DM 39,80 ISBN 3-929920-16-6

RAD & BIKE:

Reise Know-How Rad & Bike sind Radführer von lohnenswerten Reiseländern bzw. Radreise-Stories von außergewöhnlichen Radtouren durch außereuropäische Länder und Kontinente. Die Autoren sind entweder bekannte Biketouren-Profis oder „Newcomer", die mit ihrem Bike in kaum bekannte Länder und Regionen vorstoßen. Wer immer eine Fern-Biketour plant – oder nur davon träumt – kommt an unseren RAD & BIKE-Bänden nicht vorbei!

Anzeige

BLÜTENESSENZEN weltweit

Neu!!

Durchgehend illustriert, durchgehend farbig.

Dieses einmalige Nachschlagewerk liefert ausführliche Informationen zu **über 750 Blütenessenzen nach der Methode von Dr. Bach:** Themen der Blüten, Anwendung, Wirkung, botanische Information, Akupunkturpunkte, Hersteller, Bezugsmöglichkeiten, detaillierte Register.

ISBN: 3-89416-780-7

832 Seiten, über 700 Abb., komplett in Farbe, fester Einband, 22 x 16 cm, DM 89.-

Alle Blütenessenzen von Aditi Himalaya Essences (IND), Alaskan Flower Essence Project (USA), Aloha (USA), Araretama (BR), Bailey (GB), Bloesem Remedies (NL), Blütenarbeitskreis Steyerberg (D), Bush Flowers (AUS), Desert Alchemy (USA), FES (USA), Fox Mountain (USA), Healing Herbs (GB), Horus (D), Irisflora (D), Living Essence (AUS), Master's (USA), Milagra Bachblüten (CH), NZ Flower Ess. (NZ), Noreia (A), Pacific Essences (CDN), Phytomed (CH), Sardinian Remedies (I), Yggdrasil (D).

Edition Tirta
im **Reise Know-How Verlag Peter Rump GmbH, Bielefeld**
(Fordern Sie unser kostenloses Informationsmaterial an)

Kauderwelsch?
Kauderwelsch!

Die **Sprachführer der Reihe Kauderwelsch** helfen dem Reisenden, wirklich zu sprechen und die Leute zu verstehen. Wie wird das gemacht?

- Die **Grammatik** wird in einfacher Sprache so weit erklärt, daß es möglich wird, ohne viel Paukerei mit dem Sprechen zu beginnen, wenn auch nicht gerade druckreif.
- Alle Beispielsätze werden doppelt ins Deutsche übertragen: zum einen **Wort-für-Wort,** zum anderen in "ordentliches" Hochdeutsch. So wird das fremde Sprachsystem sehr gut durchschaubar. Ohne eine Wort-für-Wort-Übersetzung ist es so gut wie unmöglich, einzelne Wörter in einem Satz auszutauschen.
- Die **Autorinnen und Autoren** der Reihe sind Globetrotter, die die Sprache im Lande gelernt haben. Sie wissen daher genau, wie und was die Leute auf der Straße sprechen. Deren Ausdrucksweise ist häufig viel einfacher und direkter als z.B. die Sprache der Literatur. Außer der Sprache vermitteln die Autoren Verhaltenstips und erklären Besonderheiten des Landes.
- **Jeder Band** hat 96 bis 160 Seiten. Zu jedem Titel ist eine begleitende **Tonband-Kassette** (60 Min) erhältlich. Buch und Kassette kosten jeweils DM 14,80.
- **Kauderwelsch-Sprachführer** gibt es für über 70 Sprachen in **mehr als 100 Bänden,** z.B.:

Englisch - Wort für Wort
Band 64, 128 Seiten, ISBN 3-89416-254-6
British Slang - das andere Englisch
Band 47, 80 Seiten, ISBN 3-922376-37-1
Scots - die Sprache der Schotten
Band 19, 160 Seiten, ISBN 3-89416-277-5

Reise Know-How Verlag Peter Rump
GmbH, Bielefeld

Anzeige

Ganz in Farbe 9. Auflage 1997

Hans R. Grundmann
USA/CANADA

Das Handbuch für individuelles Reisen

Dieser praxisorientierte Reiseführer ist der richtige Begleiter für alle, die eine grenzüberschreitende Reise durch die USA und Canada oder eine Fahrt von Ost nach West planen. Routenvorschläge und -beschreibungen beruhen auf über 250.000 km Unterwegs-Erfahrung des Autors auf Nordamerikas Straßen. Seit der Ersterscheinung 1987 wurde das Buch fast jedes Jahr verbessert und aktualisiert. Ein herausnehmbarer New York City Taschenführer steckt im Umschlag. **Außerdem mit separater farbiger Straßenkarte für ganz Nordamerika.**

788 Seiten, 87 Karten, über 200 Farbabbildungen und zahlreiche Illustrationen.

New York City Extra: 44 Seiten und 8 Karten

9. Aufl. 1997: ISBN 3-89662-154-8

by Reise Know-How Verlag Hohenthann
© Dr. Hans-R. Grundmann GmbH
27777 Ganderkesee Steinkimmen

Hans R. Grundmann
Durch den Westen der USA

Ganz in Farbe 7. Auflage 1997

1991 erstmalig erschienen, liegt dieses Titel seit April 1997 bereits in 7. aktualisierter und durchgehend farbiger Auflage vor. In wenigen Jahren hat sich dieses Buch zu einem Standardwerk für alle entwickelt, die den Westen der USA auf eigene Faust kennenlernen wollen. Der Allgemeine Teil zu Reiseplanung und -vorbereitung und zum Thema "Touristischer Alltag" läßt keine Frage offen. Der Reiseteil führt den Leser über ein dichtes Routennetz zu allen populären Zielen und unzähligen kaum bekannten Kleinoden in den 11 Weststaaten.

644 Seiten, **76 farbige Karten, 230 Farbbilder** und zahlreiche Illustrationen. **Separate farbige Straßenkarte** der US-Weststaaten.

7. Auflage 1997: ISBN 389662-155-6

by Reise Know-How Verlag Hohenthann
© Dr. Hans-R. Grundmann GmbH
Heinrich-Schwarz-Weg 36
27777 Ganderkesee Steinkimmen

Anzeige

mit Campingführer Alberta und BC '97

Heike und Bernd Wagner/Hans R. Grundmann
Canada, der Westen (mit Alaska)

Ein detaillierter und praxisnaher Reiseführer für Reisen im Campmobil oder Mietwagen (Zelt oder Motel) durch Canadas Westen und den hohen Norden einschließlich Alaska. In ausführlichen Kapiteln beschreiben die Autoren außerdem die besten Routen durch die Prärieprovinzen und Ontario: von Toronto und den Niagara-Fällen nach Westen. In Aufbau und Schwerpunktsetzung ähnlich wie „Durch den Westen der USA": Umfangreicher allgemeiner Teil mit allen Aspekten und Informationen zu Reisevorbereitung und -planung und „Unterwegskapitel".

628 Seiten, 56 Karten, zahlreiche Farb- und s/w-Fotos/Zeichnungen. Seit Auflage 1996 *mit separatem Campingführer Alberta/BC und Straßenkarte für Canadas Westprovinzen.*
Preis: 39,80 DM   ISBN 3-89662-157-2
by Reise Know-How Verlag Hohenthann
©Dr. Hans-R. Grundmann GmbH

Eyke Berghahn, Petrima Thomas, Hans R. Grundmann
Canadas Osten und Nordosten der USA
Reisen zwischen Atlantik und Großen Seen

Ganz in Farbe Neu 1997

Dieser neue Reiseführer behandelt auf kanadischer Seite Ontario, Québec und die Küstenprovinzen New Brunswick, Nova Scotia und Newfoundland. In den USA sind es die Neu-England-Staaten mit Boston und New York sowie Michigan mit Chicago und Detroit. Das Buch setzt Schwerpunkte auf Natur und Kultur, Geschichte und City-Life und eignet sich vor allem für Reisen auf eigene Faust per Pkw oder Campmobil. Die Kapitel zu Reiseplanung und -vorbereitung und unterwegs sind fundiert und umfassend wie gewohnt.

680 Seiten, 56 Karten, zahlreiche Farbabbildungen.
Mit **separater Karte der Region** und beigelegten
New York City Extra (44 S.)
Preis 39,80 DM   ISBN 3-89662-151-3
Reise Know-How Verlag Dr. Grundmann GmbH
27777 Ganderkesee Steinkimmen

Anzeige

Atlanta & New Orleans

Zwei Südstaatenmetropolen wie sie unterschiedlicher nicht sein können: südländisches Alte-Welt-Flair hier, modernes amerikanisches Geschäftszentrum dort.

Ein Führer durch New Orleans, ehemalige französische Kronkolonie und heute noch Hochburg des guten Essens und des Jazz.

Ein Führer durch Atlanta, während des Bürgerkriegs „Gone with the Wind", heute eine boomtown und Sammelpunkt hochmoderner Architektur und spektakulärer neuer Museen. Und schließlich ein Führer mit Routenvorschlag durch den „deep south", den Süden der Vereinigten Staaten.

Margit Brinke, Peter Kränzle: **Atlanta & New Orleans**
360 Seiten, ISBN 3-89416-230-9, DM 28,80

New & Old South

San Francisco und Umgebung

Der praktische City Guide für die weltweit beliebteste Stadt. Alle wichtigen Stadtviertel werden einzeln vorgestellt, dazu vieles über die Geschichte der Stadt und den „Californian Way of Live". Ausflüge rund um die Bay Area und bis Monterey und Sacramento.

Margit Brinke, Peter Kränzle:
San Francisco und Umgebung
384 Seiten plus 24 Seiten farbiger Kartenteil,
ISBN 3-89416-232-5, DM 24,80

Beide Bände bieten:
- Umfassende Reiseinfos zur Vorbereitung, bei der Anreise und vor Ort
- Detaillierte Beschreibung der Sehenswürdigkeiten in Rundfahrten oder Rundgängen
- Tips zu Unterkünften, Gastronomie, Kultur und Freizeitaktivitäten
- Ausflüge in die Umgebung
- Exkurse mit interessanten Hintergrundinformationen
- Geschichte, Kultur und Kunst der Südstaaten bzw. Kaliforniens
- Detaillierte Karten und Pläne, Ausführliches Register

Mit farbigem Kartenteil

Reise Know-How Verlag Peter Rump GmbH, Bielefeld

Anzeige

Amerikanisch sprechen

Sprachführer der Reihe KAUDERWELSCH

American Slang
das andere Englisch
112 Seiten, über 1000 Stichworte
DM 14.80

More American Slang
mehr anderes Englisch
112 Seiten, über 1000 Stichworte
DM 14.80

Canadian Slang
das Englisch Kanadas
96 Seiten, über 1000 Stichworte
DM 14.80

Franko-Kanadisch Québécois
das Französisch Ost-Kanadas
96 Seiten, über 1000 Stichworte
DM 14.80

Schulenglisch oder -französisch ist eine Sache, was man wirklich spricht, eine andere
Die Slang-Bände der KAUDERWELSCH-Reihe vermitteln die heute gesprochene Alltagssprache, ohne ein Blatt vor den Mund zu nehmen. Wörter, Sätze und Ausdrücke, die man in Kneipen, Discos, auf der Straße oder im Bett hört und sagt. Die Sprache der Szene und des "einfachen Mannes". Umgangssprache, die man kaum im Wörterbuch findet und garantiert nicht in der Schule gelernt hat. Alle Stichworte sind erklärt, ehrlich übersetzt und praxisorientiert geordnet.

Kauderwelsch: REISE KNOW-HOW Verlag Peter Rump GmbH, Bielefeld

Register

A
ABL 117
ACC 160
AHL 129
Alabama Crimson Tide 238
Albuquerque, NM 295
Allen, Paul 333
American Football 67
Anaheim Angels 317
Anaheim Mighty Ducks 318
Anaheim, CA 316
Ann Arbor, MI 218
Anreise 14
Arizona Cardinals 292
Arizona Diamondbacks 292
Arizona State Sun Devils 294
Arizona Wildcats 294
Arkansas Razorbacks 267
Arzt 16
Athens, GA 235
Atlanta Braves 226
Atlanta Falcons 226
Atlanta Glory 240
Atlanta Hawks 226
Atlanta, GA 224, 231
Auburn Tigers 238
Auburn, AL 238
Ausrüstung 18
Austin, TX 265
Autorennen 60

B
Bahn 28
Ballparks 94
Baltimore Orioles 186
Baltimore Ravens 186
Baltimore, MD 184
Baseball 85
Basketball 103
Baton Rouge, LA 240
Berkeley, CA 323

Bettman, Gary 124
Big 12 Conference 160
Big East Conference 160
Big Ten Conference 160
Big West Conference 160
Bloomington, IN 216
Boise, ID 338
Boston Bruins 169
Boston Celtics 169
Boston College Eagles 190
Boston Red Sox 169
Boston, MA 168
Botschaften 15
Boulder, CO 295
Brigham Young Cougars 296
Buffalo Bills 177
Buffalo Sabres 177
Buffalo, NY 177
Busse 29

C
Calgary Flames 354
Calgary Stampeders 354
Calgary, Alberta 353
California Golden Bears 323
Canadian Football 83
Carolina Hurricanes 230
Carolina Panthers 223
CBA 113
CFL 83
Chapel Hill, NC 231
Charlotte Hornets 223
Charlotte Sting 240
Charlotte, NC 222
Charlottesville, VA 192
Cheerleader 22
Chicago Bears 207
Chicago Blackhawks 207
Chicago Bulls 207
Chicago Cubs 207
Chicago White Sox 207
Chicago Wolves 208
Chicago, IL 205

Register

CHL 131, 133
Cincinnati Bearcats 216
Cincinnati Bengals 199
Cincinnati Cyclones 199
Cincinnati Reds 199
Cincinnati, OH 198
CISL 141
Clemson Tigers 234
Clemson, SC 234
Cleveland Cavaliers 197
Cleveland Indians 197
Cleveland Lumberjacks 197
Cleveland Rockers 218
Cleveland, OH 196
ColHL 131
College Basketball 154
College Bowl 151
College Draft 53
College Football 150
College Station, TX 266
College-Sport 144, 57
Colorado Avalanche 286
Colorado Buffaloes 295
Colorado Rapids 287
Colorado Rockies 286
Colorado Xplosion 296
Columbia, MO 280
Columbia, SC 234
Columbus Quest 218
Columbus, OH 216
Conference USA 161
Connecticut Huskies 192
Connecticut Pride 190

D

Dallas Burn 260
Dallas Cowboys 259
Dallas Mavericks 259
Dallas Stars 259
Dallas, TX 258
Demokratie 46
Denver Broncos 286
Denver Nuggets 286

Denver, Co 284
Detroit Lions 203
Detroit Pistons 203
Detroit Red Wings 203
Detroit Tigers 202
Detroit Vipers 204
Detroit, MI 202
Diebstahl 18
Diplomatische Vertretungen 15
Duke Blue Devils 232
Durham Bulls 233
Durham, NC 232

E

East Rutherford, NY 179
ECHL 129
Edmonton Eskimos 351
Edmonton Oilers 351
Edmonton, Alberta 351
Einkaufen 20
Eishockey 119
Essen 15
Eugene & Corvallis, OR 339

F

Fayetteville, AR 267
Florida Beachdogs 253
Florida Gators 254
Florida Marlins 250
Florida Panthers 251
Florida State Seminoles 255
Flugzeug 14, 25
Fort Wayne Fury 215
Fort Wayne Komets 215
Fort Wayne, IN 215
Franchises 52
Frauen-Profibasketball 115

G

Gainesville, FL
Geld 18
Georgetown Hoyas 191
Georgia Bulldogs 235

Register

Georgia Tech Yellow Jackets 231
Geschichte des Sports 39
Gesundheit 16
Golden State Warriors 307
Grand Rapids Griffins 215
Grand Rapids Hoops 215
Grand Rapids, MI 215
Green Bay Packers 214
Green Bay, WI 214

H

Halls of Fame 65
Hamilton 357
Hamilton Tiger-Cats 357
Hotels 16
Houston Aeros 264
Houston Astros 264
Houston Comets 267
Houston Rockets 264
Houston, TX 263

I, J

Idaho Stampedes 338
IHL 129
Indiana Hoosiers 216
Indiana Pacers 201
Indianapolis Colts 201
Indianapolis Ice 201
Indianapolis, IN 200
Indoor Soccer 141
Indy Car Racing 60
Informationen 17
Inline-Hockey 135
Iowa City, IA 280
Iowa Hawkeyes 280
Jacksonville Jaguars 243
Jacksonville, FL 242
Jordan, Michael 209

K

Kalamazoo, MI 215
Kansas City Blades 274
Kansas City Chiefs 273

Kansas City Royals 273
Kansas City Wiz 274
Kansas City, MO 273
Kansas Jayhawks 279
Kansas State Wildcats 279
Kentucky Wildcats 237
Kleidung 18
Knoxville, TN 236
Konsulate 15
Krankheit 16
Krupp, Uwe 285

L

La Crosse Bobcats 216
La Crosse, WI 216
Lacrosse 64
Laramie, WY 340
Las Vegas Thunder 321
Las Vegas, NV 321
Lawrence & Manhattan, KS 279
Lexington, KY 237
Lincoln, NE 279
Long Beach Icedogs 314
Los Angeles Clippers 313
Los Angeles Dodgers 313
Los Angeles Galaxy 313
Los Angeles Kings 313
Los Angeles Sparks 325
Los Angeles, CA 311
Louisiana State Tigers 240
Louisville Cardinals 237
Louisville, KY 237

M

Major Leagues 48
Manitoba Moose 358
Medikamente 16
Memphis Tigers 236
Memphis, TN 236
Miami Dolphins 251
Miami Heat 251
Miami Hurricanes 253
Miami, FL 248

Michigan K-Wings 215
Michigan Wolverines 218
Mid-American Conference 161
Mietwagen 25
Millionäre 42
Milwaukee Admirals 212
Milwaukee Brewers 211
Milwaukee Bucks 211
Milwaukee, WI 210
Minneapolis/St. Paul, MN 270
Minnesota Golden Gophers 277
Minnesota Timberwolves 271
Minnesota Twins 271
Minnesota Vikings 272
Minor League Baseball 98
Minor Leagues 49
Mississippi Ole Miss Rebels 238
Missouri Tigers 280
MLB 92
MLS 138
Montréal Alouettes 345
Montréal Canadiens 345
Montréal Expos 345
Montréal, Québec 344

N
Nachwuchsarbeit 53
NASCAR Racing 61
Nashville, TN 230
NBA 109
NCAA 160
Nebraska Cornhuskers 279
Nevada Wolf Pack 324
New England Blizzards 193
New England Patriots 169
New England Revolution 170
New Jersey Devils 179
New Jersey Nets 179
New Mexico Lobos 295
New Orleans Saints 229
New Orleans, LA 228
New York Giants 175
New York Islanders 175

New York Knicks 173
New York Liberty 193
New York Yankees 173
New York, NY 171
New York/New Jersey MetroStars 175
NFL 77
NHL 124
Norman &Stilwater, OK 266
North Carolina State Wolfpack 232
North Carolina Tar Heels 231
Notfälle 18
Notre Dam Fighting Irish 217
NPSL 141

O
Oakland Athletics 307
Oakland Raiders 307
Oakland, CA 306
Öffentliche Verkehrsmittel 31
Ohio State Buckeyes 216
OHL 133
Oklahoma City Cavalry 265
Oklahoma City, OK 265
Oklahoma Sooners 266
Oklahoma State Cowboys 266
Omaha Racers 277
Omaha, NE 277
Oregon Ducks 340
Oregon State Beavers 340
Orlando Magic 245
Orlando Solar Bears 245
Orlando, FL 244
Ottawa Senators 350
Ottawa, Ontario 350
Oxford, MS 238

P
Pacific 10 Conference 161
Parken 27
Philadelphia 76ers 181
Philadelphia Eagles 181
Philadelphia Flyers 182

Register

Philadelphia Phillies 180
Philadelphia, PA 180
Phoenix Coyotes 293
Phoenix Mercury 297
Phoenix Suns 292
Phoenix, AZ 291
Pittsburgh Penguins 183
Pittsburgh Pirates 183
Pittsburgh Steelers 183
Pittsburgh, PA 183
Portland Blackhawks 342
Portland Power 341
Portland Trail Blazers 332
Portland, OR 330
Postgame-Show 23
Pregame-Show 23
Profiligen 48
Provo, UT 296
Pullman, WA 340

Q
QMJHL 133
Quad City Thunder 215
Québec City 358
Québec Rafales 358

R
Raleigh, NC 230, 232
Regina 357
Reiseveranstalter 20
Reno, NV 324
RHI 135
Richmond Rage 193
Ripken, Cal 187
Rock Island, IL 215
Rockford Lightning 216
Rockford, IL 216
Rodeo 59

S
Sacramento Kings 301
Sacramento Monarchs 325
Sacramento, CA 300
Sakatchewan Roughriders 357
Salt Lake City, UT 288
San Antonio Dragons 263
San Antonio Spurs 263
San Antonio, TX 262
San Diego Chargers 320
San Diego Padres 320
San Diego State Aztecs 322
San Diego, CA 319
San Francisco 49ers 304
San Francisco Giants 304
San Francisco, CA 301
San Jose Clash 310
San Jose Lasers 325
San Jose Sharks 310
San Jose, CA 308
Schrempf, Detlef 337
Scorecard 91
Seattle Mariners 335
Seattle Reign 341
Seattle Seahawks 335
Seattle SuperSonics 335
Seattle Thunderbirds 342
Seattle, WA 333
SEC 161
Shopping 20
Sioux Falls Skyforce 277
Sioux Falls, SD 277
Soccer 137
Softball 100
South Bend, IN 217
South Carolina Gamecocks 234
Spectator-Sport 58
Spokane Chiefs 342
Sportkalender 30
Sportmedien 23
Spring Training 96
St. Louis Blues 276
St. Louis Cardinals 275
St. Louis Rams 276
St. Louis, MO 275
Stanford Cardinals 323
Stanford, CA 323

Register

Stanley Cup 126
Storrs, CT 192
Super Bowl 81,77
Syracuse Orangemen 192
Syracuse, NY 192

T
Tailgate Party 76
Tallahassee, FL 255
Tampa Bay Buccaneers 247
Tampa Bay Devil Rays 247
Tampa Bay Lightning 247
Tampa Bay Mutiny 247
Tampa Bay, FL 246
Tempe, AZ 294
Temple Owls 191
Tennessee Oilers 230
Tennessee Volunteers 236
Texas A&M Aggies 266
Texas Longhorns 265
Texas Rangers 259
Ticket-Vorbestellung 24
Toronto Argonauts 349
Toronto Blue Jays 349
Toronto Maple Leafs 348
Toronto Raptors 348
Toronto, Ontario 347
Trampen 28
Tri-Cities Americans 342
Trinken 15
Tucson, AZ 294
Tuscaloosa, AL 238
TV-Sender 24

U
U.S. Soccer 143
UCLA Bruins 322
Unfall 18
UNLV Runnin' Rebels 324
USC Trojans 322
USISL 143
Utah Grizzlies 290
Utah Jazz 290

Utah Starzz 297
Utah Utes 294

V
Vancouver Canucks 356
Vancouver Grizzlies 356
Vancouver, British Columbia 355
Verhaltensregeln 31
Verkehrsmittel, öffentliche 31
Versicherungen 32
Villanova Wildcats 191
Virginia Cavaliers 192
Visa 33

W
WAC 161
Wake Forest Demon Deacons 234
Washington Capitals 189
Washington D.C. United 189
Washington Huskies 338
Washington Redskins 188
Washington State Cougars 340
Washington Wizards 188
Washington, DC 188
WCHL 131
Werbung 41
West Palm Beach, FL
WHL 133
Winnipeg 358
Winnipeg Blue Bombers 358
Winston-Salem, NC 234
WNBA 117
Wohnmobile 28
WPHL 131
Wyoming Cowboys 340

Y
Yakima Sun Kings 338
Yakima, WA 338

Z
Zeitzonen 14

Hilfe

HILFE!

Dieses Reisehandbuch ist gespickt mit unzähligen Adressen, Preisen, Tips und Infos. Nur vor Ort kann überprüft werden, was noch stimmt, was sich verändert hat, ob Preise gestiegen oder gefallen sind, ob ein Hotel, ein Restaurant immer noch empfehlenswert ist oder nicht mehr, ob ein Ziel noch oder jetzt erreichbar ist, ob es eine lohnende Alternative gibt usw.

Unsere Autoren sind zwar stetig unterwegs und versuchen, alle zwei Jahre eine komplette Aktualisierung zu erstellen, aber auf die Mithilfe von Reisenden können sie nicht verzichten.

Darum: Schreiben Sie uns, was sich geändert hat, was besser sein könnte, was gestrichen bzw. ergänzt werden soll. Nur so bleibt dieses Buch immer aktuell und zuverlässig. Gut verwertbare Informationen belohnt der Verlag mit einem Sprechführer Ihrer Wahl aus der über 100 Bände umfassenden Reihe "Kauderwelsch" (siehe unten).

Bitte schreiben Sie an:
REISE KNOW-HOW Verlag Peter Rump GmbH, Hauptstr. 198, D-33647 Bielefeld, oder per e-mail an: reise-know-how@t-online.de

Danke!

Kauderwelsch-Sprechführer –
sprechen und verstehen rund um den Globus

Afrikaans ● Ägyptisch-Arabisch ● Albanisch ● American Slang
Amharisch ● Aussie-Slang ● Bairisch ● Bengali ● Brasilianisch
British Slang ● Bulgarisch ● Burmesisch ● Canadian Slang
Chinesisch (Mandarin) ● Dänisch ● Englisch ● Esperanto ● Estnisch
Finnisch ● Franko-Kanadisch ● Französisch ● Französisch Slang
Französisch für Afrika ● Galicisch ● Georgisch ● German ● Griechisch
Guarani ● Hausa ● Hebräisch ● Hindi ● Hocharabisch ● Indonesisch
Irisch-Gälisch ● Isländisch ● Italienisch ● Italienisch für Opernfans
Italo-Slang ● Japanisch ● Kantonesisch ● Kasachisch ● Katalanisch
Khmer ● Kisuaheli ● Kiwi-Slang ● Kölsch ● Koreanisch ● Kroatisch
Kurdisch ● Laotisch ● Lettisch ● Lingala ● Litauisch ● Madagassisch
Malaiisch ● Maltesisch ● Mandinka ● Marokkanisch-Arabisch
Mongolisch ● More American Slang ● Nepali ● Niederländisch
Norwegisch ● Palästinensisch/Syrisch-Arabisch ● Paschto ● Patois
Persisch (Farsi) ● Pidgin-English ● Polnisch ● Portugiesisch ● Quechua
Rumänisch ● Russisch ● Sächsisch ● Schwedisch ● Schwiizertüütsch
Scots ● Serbisch ● Slowakisch ● Slowenisch ● Spanisch
Spanisch Slang ● Spanisch für Lateinamerika ● Spanisch f. Argentinien
Spanisch f. Chile ● Spanisch f. Costa Rica ● Spanisch f. Ecuador
Spanisch f. Guatemala ● Spanisch f. Honduras ● Spanisch f. Mexiko
Spanisch f. Venezuela ● Sudanesisch-Arabisch ● Tagalog ● Tamil ● Thai
Tibetisch ● Tschechisch ● Tunesisch-Arabisch ● Türkisch ● Ukrainisch
Ungarisch ● Vietnamesisch ● Wienerisch ● Wolof

Die Autoren

Dr. Peter Kränzle und Dr. Margit Brinke sind nicht nur regelmäßig in Nordamerika unterwegs und kennen deshalb den Kontinent wie ihre Westentasche, sondern berichten als freiberufliche Journalisten und Autoren seit Jahrzehnten regelmäßig für verschiedene Tages- und Sportzeitungen über die nordamerikanische Sportszene. Abgesehen von zehn bereits publizierten Sportbüchern, wie „Faszination Basketball" und „Faszination Eishockey", „Streetball", „Streethockey" oder „Michael Jordan", sind sie Herausgeber der jährlich erscheinenden Eishockey- und Basketball-Jahrbücher (COPRESS im Bruckmann-Verlag München).

Das vorliegende Buch stellte für die beiden Autoren eine besondere Herausforderung dar, da es endlich die Möglichkeit gab, die Vorlieben für Sport und Reise miteinander zu verknüpfen und die gewonnenen Erfahrungen in beiden Bereichen weiterzugeben. Auch im Reisebereich sind von den beiden Autoren nämlich schon mehrere Bücher über die unterschiedlichsten Regionen Nordamerikas erschienen, darunter im Reise Know-How Verlag zwei City Guides, über Atlanta/New Orleans und San Francisico.

Danksagung

Dieser Sport-Reiseführer hätte ohne den kontinuierlichen Informationsfluß seitens vieler Liga- und Teambüros nicht entstehen können. Besonders möchten wir uns bedanken bei *Nicole Anderson* und *Terry Lions* von der NBA-Zentrale in New York sowie *Ray Lalonde* von der „NBA-Filiale" in Paris, außerdem *Pete Abitante,* Director of International Public Relations der NFL-Zentrale in New York, *Andrew McGowan* als Repräsentant der NHL New York und *Guido Tognoni* (NHL Europe, Zürich). Dank gebührt überdies *Jim Small* von der MLB, dem Büro der MLS, speziell *Dan Courtemanche,* und *Scott Lemere* von US College Sports Collection in Carpinteria (Kalifornien). Die Liga Offices der CBA, IHL, CHL, WHL, CFL und insbesondere jenes der Green Bay Packers (NFL) waren darüber hinaus hilfreich. Daß unsere zahlreichen USA-Reisen auch als „Sportfans" so fruchtbar waren, dazu trugen viele staatliche Tourismusbüros, städtische Convention & Visitors Bureaus und College Athletic Departments bei. Ihnen allen danke!